杨大春　张尧均　主编

梅洛-庞蒂文集
第 7 卷

符　号

张尧均　杨大春　译

商务印书馆
The Commercial Press
创于1897

Maurice Merleau-Ponty

Sigines

本书根据 Gallimard 出版社 1960 年版译出

国家社会科学基金重大项目成果

总　　序

　　梅洛-庞蒂被称为"哲学家的哲学家"。他非常自然地接受了法国哲学主流传统,其哲学内在地包含了笛卡尔主义和反笛卡尔主义之间、观念主义与精神主义之间的张力;与此同时,他创造性地接受了现代德语哲学传统的影响,含混地将 3H(黑格尔、胡塞尔和海德格尔)和 3M(马克思、尼采和弗洛伊德三位怀疑大师)的思想综合在一起。这一哲学其实处于现代哲学与当代哲学转折点上,并因此在西方哲学的主流传统中占据着一个非常独特的位置。梅洛-庞蒂对以笛卡尔哲学和康德哲学为代表的早期现代哲学的批判反思、对以身体哲学或实存哲学为核心的后期现代哲学的理论贡献以及对以结构-后结构主义为理论支撑的当代哲学的重大启示,已经毫无争议地把他推入著名哲学家之列。

　　梅洛-庞蒂哲学在汉语学术界的翻译和研究起步比较晚,尽管在新千年以来取得了较大的进展,新生的研究力量也在不断壮大,但从总体上看仍然难以让人满意。笔者于 2014 初提出的《梅洛-庞蒂著作集编译与研究》选题有幸获得国家社会科学基金重大招标项目资助,这里陆续出版的梅洛-庞蒂主要著作就是该重大项目在翻译方面的成果。收入本文集的译作既包括新译,也包括重译和修订。我们希望通过各种努力,为梅洛-庞蒂哲学以及法国哲学的深入研究提供相对可靠的文献。需要说明的是,由于梅洛-庞蒂著作在风格上的含混性,由于一些作品是在他死后经他人整理而成的,翻译难度是非常大的,我们欢迎相关专家和广大读者提出建设性和批评性的意见和建议。此外,由于这些译作是由 10 多位学者完成的,虽然课题组进行了一些沟通和协调,风格和术语选择上仍然不可能实现一致,这是需要学界和读者们谅解的。

德国学术界在胡塞尔著作、海德格尔著作的整理和出版方面有序推进,成果显著。法国学术界对梅洛-庞蒂著作的整理和出版也取得了相当大的进展,但还没有形成统一规划,至少没有出版全集之类计划。因此,我们在推出《梅洛-庞蒂文集》中文版时不可能参照统一的法文版。《文集》中文版将陆续出版梅洛-庞蒂生前已经出版或死后经整理出版的著述 18 种,它们基本上反映了这位著名哲学家的思想全貌。梅洛-庞蒂于 1961 年突然英年早逝,留下了多达 4000 多页的手稿,它们大多是为他自己的研究和教学工作而作的准备,不是为读者写的,所以整理出版的难度非常大,从而进展缓慢。正因为如此,《文集》始终保持开放,在前述计划之外,未来将视情况翻译出版一些新整理出版的作品。

杨大春

2017 年 11 月 11 日

目　　录

前言……………………………………………………… 1

一　间接语言与沉默的声音：答萨特………………… 50

二　论语言现象学……………………………………… 114

　　1. 胡塞尔与语言问题 ……………………………… 114

　　2. 语言现象 ………………………………………… 116

　　3. 关涉现象学哲学的一些推论 …………………… 125

三　哲学家与社会学…………………………………… 132

四　从莫斯到克劳德·列维-斯特劳斯 ……………… 153

五　无处不在与无处在………………………………… 169

　　1. 哲学与"外部" …………………………………… 169

　　2. 东方与哲学 ……………………………………… 179

　　3. 基督教与哲学 …………………………………… 189

　　4. 大理性主义 ……………………………………… 199

　　5. 主体性的发现 …………………………………… 206

　　6. 实存与辩证法 …………………………………… 210

六　哲学家及其阴影…………………………………… 217

七　成长中的柏格森…………………………………… 249

八　爱因斯坦与理性的危机…………………………… 263

九　读蒙田……………………………………………… 271

十 评马基亚维里 …………………………………………… 290

十一 人与厄运 ……………………………………………… 309

十二 随谈 …………………………………………………… 336

　　1. 妄想狂的政治 ……………………………………… 336

　　2. 马克思主义和迷信 ………………………………… 358

　　3. 苏联和劳改营 ……………………………………… 360

　　4. 雅尔塔文件 ………………………………………… 374

　　5. 革命的未来 ………………………………………… 379

　　6. 论去斯大林化 ……………………………………… 398

　　7. 论色情 ……………………………………………… 420

　　8. 论社会新闻 ………………………………………… 423

　　9. 论克洛代尔 ………………………………………… 427

　　10. 论弃权 …………………………………………… 435

　　11. 关于印度支那 …………………………………… 440

　　12. 关于马达加斯加(访谈) ………………………… 447

　　13. 关于 1958 年 5 月 13 日 ……………………… 459

　　14. 明天(访谈) ……………………………………… 466

中西人名对照表……………………………………………… 480

西中人名对照表……………………………………………… 486

中法重要术语对照表………………………………………… 492

法中重要术语对照表………………………………………… 504

译后记………………………………………………………… 515

前　言

构成本书的哲学论文和几乎全都涉及政治的应时随谈,它们
乍看起来是多么地不同、多么地不协调啊!在哲学方面,道路也许
是艰难的,但我们可以确信,每一步伐都使其它步伐变得可能;在
政治方面,我们则有一种总是要重新开拓的难以承受的印象。我
们甚至不谈论偶然性和意外事件:读者将在这里发现某些预测错
误;坦率地讲,他将会发现这种错误比他担心的要少。情况当然要
更为严重:就好像有一种邪恶的机制在事件初露端倪之际就马上
把它掩盖起来,就好像历史对自己被制作成的剧目实施了一番审
查,就好像历史喜欢隐藏自己,只在短暂的混乱时期才微微露出真
相,在其余的时间里则竭力压制各种"越界",规范其保存剧库的形
式和作用,总之,它要使我们相信什么都没有发生过。莫拉斯[①]曾
说,他在政治方面认识到了一些明证,而在纯粹哲学方面则从来没
有。这是因为他只考虑已经过去了的历史,并且梦想着一种本身
已经被确立的哲学。如果考察正在形成中的它们,我们就会看到,
哲学在开端时刻就找到了其最可靠的明证,而处于诞生阶段的历

[①]　莫拉斯(C. Maurras,1868~1952),法国理论家和政治家,主张在法国恢复君
主制。(译本中所涉真实人物或虚构人物注释均为译者所加,其他注释则为法文版原
注,个别加上"译注"的除外,后面不再一一说明。)

史则是梦想或梦魇。当我们终于提出一个问题,当累积起来的焦虑和愤怒最终在人类空间中呈现出一种可以辨认的形式时,我们想象在这之后一切都将不同于以前。但是,即使有一些总体的考问,答案就其肯定性而言也不可能是整体的。毋宁说,是问题变得不重要了,出现了一种无问题的状态,就像一种激情有一天停止了,被它自身的持续摧毁了。由于一次战争或一场革命而流血的这个国家突然又变得完好无损了。死者是这种平息的同谋:他们只有在活着时才能重新产生那不复存在的匮乏和需要。保守的历史学家把德雷福斯①的无辜当作不言而喻的事实记录下来,但他们并没有因此而减少其保守性。德雷福斯没有得到雪耻,甚至没有得到平反。他的无辜已成为陈词滥调,不足以抵消他的受辱。在他蒙受不白之冤、在他的辩护人要求还他清白的意义上,他的无辜没有被记录在历史中。历史依然在剥夺丧失一切者,依然在给予拥有一切者。因为包含一切的时效性洗白了不义者,驳回了受害者的申诉。历史从来不会认罪。

　　尽管这一切已是众所周知,但是,每当我们遇到同样的事情时,仍不免要感到震惊。这个时代的大事情在于调和旧世界和另一个世界。面对这个问题,苏联和它昨天的对手们或许处于同一边,处于旧世界的一边。我们一直以来都在宣告冷战的结束,在和平竞争中,如果西方没有发明一种经济的民主管理,它就几乎不再有突出地位。事实上,工业社会是在一种极度的混乱中才发展为

---

　　① 德雷福斯(A. Dreyfus,1859～1935)法国军官,19世纪末期法国著名反犹太案件中受到不公正待遇的主角。

如今这样的。资本主义任意地挥舞着大棒，使一个国家的经济受制于一种支配性的工业，后者充斥于道路和乡镇，摧毁了人类制度的各种古典形式……。在所有层面，都出现了大量的问题：有待于发现的不仅仅是技术，还有政治形式、动机、精神、生存理由……。而这就是为什么，一支在殖民战争中长期孤立于世界、并从中学会了社会斗争的军队，将其全部重量重新落在了它应该依赖的国家上面，并且使冷战的意识形态倒流到一个将会摆脱它的时代中。某个在 20 年前已经知道如何判别"精英"（尤其是军事精英）的人，现在认为应该通过独立于国家高层来建立一种持久的权力，而且他使权力摆脱议会的纠缠，但却只使它陷入宗派的纷争之中。曾经说一个人不能取代一个民族（但是，这无疑只不过是一种绝望的、"无所助益"的说法）的他，把国家的抱负与他称之为生活水平的东西区分开来，就好像没有哪个成熟的国家能够接受这些困境，就好像在现实社会中的经济能一直以军需处的方式从属于军队的人为社会，就好像与那些历史书相比，面包、葡萄酒和工作本身是不怎么重要，不那么神圣的事情。

　　我们可能会说，这种不变的、乡土的历史就是法国的历史。但是，这个世界是否就能更坦率地面对它致力于解决的问题呢？由于这些问题有模糊共产主义和资本主义界限的危险，所以教会竭尽全力压制它们，恢复它的那些已经被忘记的禁令，再次谴责社会主义（如果它不是民主的），试图重新采取国家宗教的立场，到处遏制（首先在它自己的领域）研究的精神和对真理的信任。

　　至于共产党人的政治，我们知道去斯大林化的思潮在它最终到达巴黎或罗马之前要通过多少层的过滤。在对"修正主义"进行了那么多的否定之后,特别是在布达佩斯事件之后,需要锐利的眼光来看到苏联社会进入了另一个时期,它清除了社会战争的精神连同斯大林主义,并走向了各种新的统治形式。这一点在官方被叫作向共产主义高级阶段过渡。对一种向着世界共产主义自发演进的预测掩盖了那些不变的控制计划,抑或只不过是一种表明人们放弃了强行过渡的体面方式? 或者,它在两条路线之间首鼠两端,准备在危急的情况下不得已而选择从前的路线? 有关目标的问题并不是真正的问题,关于面具和面子的问题也不是。也许,这些具体的计划不如人的实在和整体的运动来得重要。苏联可能有多张面孔,模棱两可充斥在各种事情之中。于是,我们应该欢迎黑色的幽默与不稳定的和平伴随着赫鲁晓夫进入国际舞台,把它们看作是向着开端之光明的进步。如果像弗洛伊德①所说的,幽默是超我的缓和,那么这也许是历史的超我所能容许的最大的缓和。

　　如果这些明天的真理不能使今天的一个年轻人不去做法西斯主义或共产主义的冒险,如果它们只要没有以政治的方式言说就是贫乏的(用那种说而没有说出什么,触及了每个人身上的愤怒和希望之源却又从来没有成为关于真实之散文的语言),那么在昨天合理地反对斯大林主义,在今天合理地反对阿尔及尔,又有什么用处呢? 耐心地解开共产主义和反共产主义的虚假纽结,并且白纸黑字地记下双方都比我们更清楚的东西,这又有什么用处呢? 如果所有的、或几乎所有的哲学家都认为应该有一种政治,而这种政

---

①　弗洛伊德(S. Freud,1856~1939),奥地利心理学家,精神分析学家。

治属于"生活习俗"之列并且避开了知性，这难道不是一种难以置信的误解吗？哲学家的政治是没有能够进行的政治。那么，这还是一种政治吗？不是有他们能够更确定地谈论的大量的事情吗？当他们描述其当事人根本不想知道的一些明智观点时，难道他们不是干脆承认了自己不知道涉及的是什么事情吗？

＊　　　　＊　　　　＊

这些反思几乎潜在于所有的地方。在是或曾是马克思主义者的一些读者和作者那里，我们能预料到它们，他们在其它所有事情上都有分歧，却似乎一致地确认了哲学和政治的分离。他们比任何人都更想同时依据这两个方面来生活。他们的经验支配着问题，应该通过它来重新考虑问题。

首先，有一件事情是确定的，那就是，在既没有从事出色的政治，也没有从事出色的哲学的哲学家那里，有一种政治嗜好。因为，众所周知，政治是现代的悲剧，我们期待它的一个结局。以人 11 的所有问题都能在它那里发现为借口，所有政治愤怒都成了神圣的愤怒，而阅读报纸正如黑格尔①在其年轻时所说的成了哲学晨祷。马克思主义在历史中发现了关于存在和虚无的所有抽象剧目，它有理由让一种巨大的形而上学负荷沉淀在历史之中，因为它思考结构，思考历史的建筑术，思考物质与精神、人与自然、实存与意识的结合，而哲学给出的只是它们的代数学或图式。人类的各种起源在一个全新未来中的完整再现，即革命政治，要经由这一形

---

① 黑格尔(G. F. W. Hegel，1770～1831)，德国哲学家。

而上学中心。但是,在最近的时期,我们把精神和生命的所有形式都与纯粹策略的政治,即没有希望的一系列不连续的行动和插曲关联起来。从那以后,政治和哲学就不是结合它们的优点,而是交换它们的缺陷:我们有一种狡猾的实践和一种迷信的思想。对于议会党团的一次选举或毕加索①的一幅绘画,我们不知耗费了多少时间、多少争论,就好像普遍历史、大革命、辩证法、否定性真的是以这些贫乏的形式呈现的。事实上,一旦剔除了与知识、技术、艺术、经济变化的联系,这些宏大的历史-哲学的概念就会变得苍白无力,而(最好的那些情况除外)政治的严谨会助懒散、缺乏兴趣和即兴发挥一臂之力。如果这就是哲学和政治的联姻,那么我们会认为应该为它们的离异感到高兴。一些马克思主义作家与这一切决裂,并且重新扮演自己的角色:还有比这更好的吗?然而,存在着哲学和政治的一种"坏的"决裂,它什么都没有挽救,它使它们两者都陷入其贫困之中。

倾听这些作家,我们有时会感到一种不安。时而,他们说自己在一些最重要的观点上仍然是马克思主义者,却没有非常明确指出是哪些观点,或一个人如何能在某些观点上是马克思主义者——尽管他们嘲笑他们中间经常会有人混淆马克思主义者、马克思的追随者和马克思研究专家;时而相反,他们需要一种新的学说,一种几乎全新的体系,但他们不太会在从赫拉克里特②、海德

---

① 毕加索(P. Picasso,1881~1973),西班牙画家。
② 赫拉克里特(Heraclitus,约公元前530年~前470年),古希腊哲学家。

格尔①、萨特②那里借来的某些东西之外冒险。这两种胆怯是可以理解的。多年以来,他们都是在马克思主义中从事哲学。当他们发现青年马克思、追溯到黑格尔源头、再次回到列宁那里时,他们好几次碰到了自己的未来剧本的抽象表达,他们知道,我们能在这种传统中找到一种或多种反对立场的所有武器,他们自然地觉得自己始终是马克思主义者。但是,由于正是马克思主义长期以来为他们提供了继续做共产党人和要求重新恢复共产主义作为历史解释者的特权的理由,所以我们不难明白,当他们回到事物本身时,他们想要排除任何中间之物,并要求一种全新的学说。继续忠实于自己曾经之所是,一切从头重新开始,这两个任务中的每一个都是无比巨大的。为了明确地说出他们为什么仍然是马克思主义者,应该说出马克思的精髓在哪里,它在何时失去了,他们处在谱系树的哪一分枝上,他们是否想成为一个新的枝条,一个新的主干,或者他们是否想连接树干的生长主茎,或者,最终说来,他们是否想把马克思整个地整合到一种较早和较近的思想(他只不过是其过渡的形式)中,——简言之,应该重新界定青年马克思与马克思、这两者与黑格尔、整个这一传统与列宁、列宁与斯大林乃至与赫鲁晓夫的关系,最后还有黑格尔式的马克思主义与先于它的马克思主义、后于它的马克思主义的关系。这是一项超乎寻常的工作(卢卡奇③的全部写作构成了它的迟疑不决的开始),它在共产党时代吸引了他们,因为这在当时是不徒有其表地从事哲学的唯

①　海德格尔(M. Heidegger,1889～1976),德国哲学家。
②　萨特(J. P. Sartre,1905～1980),法国哲学家,作家。
③　卢卡奇(G. Lukács,1885～1971),匈牙利马克思主义哲学家和文学批评家。

一方式,但既然现在他们已不再处于这个时代,它对他们来说就是难以忍受的、可笑的。因此,他们转向科学、转向艺术、转向无党派的研究。但是,如果他们不能再依靠马克思主义近一个世纪以来的基础,如果必须自己负责,没有任何帮助,白手起家地进行尝试,并且还要与自己只想打发掉而不想与之讨论的那些碍手碍脚、从来不做其它事情的人为邻,那该是多么的惶恐不安啊!

因此,他们仍在忠诚的要求和决裂的要求之间犹豫不决,他们既不能完全接受前者,也不能完全接受后者。他们有时就像从来没有马克思主义那样写作,比如说,他们根据博弈论的形式主义看待历史。然而,在其它时候,他们又保留马克思主义,回避任何的修正。事实上,一种修正在进行之中,但他们向自己隐瞒了这一点,他们把它乔装为向各种起源的回归。因为他们说,已经和正统信条一起破产的终究是教条主义、是哲学。真正的马克思主义不是一种哲学,我们忠实于这种马克思主义,它此外还包含了一切,因此包含了斯大林主义和反斯大林主义,以及世界的整个生活。在经历了一些难以置信的曲折之后,或许有一天无产阶级将重新发现它作为普遍阶级的作用,将重新承担起这种在目前没有担纲者,也没有历史影响的马克思主义的普遍批判……。这样,他们就把目前正受到质疑的马克思主义关于思想和行动的同一性向后推延了。在学说难以作为一种生活方式时,对一个不确定的未来的诉诸就把它作为思考方式和关乎面子的事情保留下来了。在马克思看来,这恰恰就是哲学的缺陷。但是,既然在同一时刻,他们正好把哲学当作了替罪羊,那么谁会料到这一点呢?马克思为了革命实践而教导的非哲学现在成了不确定性的庇护所。这些作家比任何人都更清楚地知道，把哲学和政治绑在一起的马克思主义绳索已经断了。但是，他们使哲学好像原则上在一个未来的，也即想象的世界中仍然保持为马克思认为它之所是：是在历史中既获得实现又遭到破坏的哲学，是拯救的否定，是实现的破坏。这种形而上学的作用还没有发生过，这甚至就是这些作家离开共产主义（它为了自己的价值，它很少实现抽象的价值，以至破坏了它们）的缘由。他们无法充分地确信形而上学的作用是不是会发生。为此，他们不是检查它的哲学根基，而是把它本身、它的大胆和决心转化为梦想和希望。这是一种并不纯然无辜的慰藉，因为它关闭了在他们那里和在他们周围的公开争论，它窒息了一些已经被提出来的问题：首先，问题在于知道是否有一种破坏-实现的作用，尤其是思想的实现（它使作为独立机制的思想变成多余的），或者这个图式是否并不暗含着自然的绝对肯定性、历史或反自然的绝对否定性：马克思相信在自己周围的事物中观察到了它们，但它们也许只不过属于某一哲学，不能够被排除在重新检查之外。其次，问题在于知道这一作为"是"的"否"（革命的哲学表达方式）是否不能为一种无限权威的实践提供辩护：各个机构因凌驾于任何可确定的标准之上而掌握着否定的历史角色，任何"矛盾"，即使是布达佩斯的矛盾，从法理上说对它们也是没有效力的。如果他们一开始就宣布马克思主义是对后来有效的真理，那么对马克思主义本体论的这一系列的考问就被回避了。这些探究始终构成了马克思主义的感染力和深远的生命：这是对创造性否定、对实现-破坏的尝试或考验；由于忘记了它们，他们不承认它就是革命。无论如何，如果他们无争议地承认马克思主义认为自己不是一种哲学，而是一个

14

独一无二的重大历史事实的表达（以及它对作为反对历史的借口和错误的任何哲学的批判）的宣称，因为他们在别处指出，目前还不存在世界范围内的无产阶级运动，那么他们就会把马克思主义置于不活动的状态，他们会把自己界定为名誉上的马克思主义者。如果哲学和政治的离异仅仅被归咎于各种哲学错误，那么这将是一种错误的离异。因为人们可能像错过一种联姻那样错过一种离异。

我们在此不假设任何预先确定的论题；尤其是，面对作为绝对知识的哲学法庭，我们不会以马克思主义和共产主义都排斥哲学为由而把两者混为一谈；在如果不实现哲学就不可能破坏哲学的马克思主义准则和简单地破坏哲学的斯大林主义实践之间，差异是很明显的。我们甚至没有暗示这种原则在这种实践中会不可避免地蜕变。我们要说，随着最近几年的事件，马克思主义已经决定性地进入了其历史的一个新阶段：在该阶段，它能够激发、引导各种分析，能够保留一种严肃的启发性价值，但在它认为自己正确的意义上，它确实不再是真理；把它置于第二位的真理秩序中的最近经验，给予马克思主义者一种新的基础和一种差不多新的方法（它们使得责令他们变成徒劳的）。当我们问他们——以及当他们自问——他们是否仍然是马克思主义者时，对于这一糟糕的问题，只有一些糟糕的回答，这不只是因为（正如我们前面所说）一种确切的回答假定了一种超乎寻常的展望工作已经完成，而且因为，即使已经做成，它也不能够通过任何简单的回答做出结论，因为这个问题一被提出，它就排斥了"是"与"否"。把最近那些事件当作"判决性实验"——尽管有一些根深蒂固的传奇说法，判决性实验甚至在物理学中也是不存在的——之一是荒谬的,而且在它们之后,我们还是可能得出理论被"证实了"或被"反驳了"的结论。不可思议的是,问题会借助这些基本术语被提出来,就好像"真"和"假"是理智实存的两种仅有的方式。即使在各门科学中,一个被超越的理论整体也可能借助于超越它的那个理论整体的语言而获得恢复,它仍然是有意义的,它保留着它的真理。当涉及到马克思主义的整个内在历史及其与哲学、与前马克思主义的和后马克思主义的历史之关系时,我们从现在起已经清楚地知道,结论不可能是我们经常听到的这些陈词滥调之一:它"始终有效",或者它"已经被各种事实揭穿了"。在被证实或被揭穿的各种马克思主义陈述后面,始终有作为各种理智的、历史的经验之基质的马克思主义,它总是能够借助某些辅助性假设从失败中被挽救回来,正如另一方面,我们也总是可以主张它并不因其成功而全部有效一样。自一个世纪以来,这种学说已经激发了那么多的理论和实践事业,已经成为那么多的成功或失败经验的实验室,甚至对于其敌人来说,也已经成了那么多的具有深刻意义的回应、烦扰和对立学说的刺激物,以致在此之后,简单地谈论对它的"驳倒"就像谈论对它的"证实"一样完全是粗野的。即使我们在马克思主义的那些基本表述中、在我们刚才提及的它的本体论中看到了一些"错误",它们也不是我们能够简单地阻止或忘却的错误。即使没有作为一个"是"的或作为对它自身的绝对否定的纯粹否定,这里的"错误"也不是真理的简单对立面,它毋宁说是一种有缺陷的真理。在肯定和否定之间有一种内在的联系,马克思已经看到了这种联系,尽管他错误地把它限制在客体-主体的二分法中;这一联系在其著作的一些完整部分起作用,它为他的历史分析开辟了一些新的维度并使它们在马克思所理解的意义上不再是结论性的,但没有停止成为意义的来源并且是可以重新解释的。马克思的那些论题可以保持为真的,就像毕达哥拉斯①定理是真的一样,但不再是在它对创立它的人来说为真的意义上,不再是不变的真理和空间本身的属性,而是在其它可能空间之中的某种空间样式的属性。思想史并不简单地宣布:这是真的,那是假的。和任何历史一样,它也有一些暗中决定,它使某些学说失去作用或者把它们封存起来,把它们转换成"信息"或者博物馆文件。也有一些思想史相反地使其具有活力的学说,这不是因为在它们与不变的"实在"之间有某种奇迹般的符合或对应(为了让一种学说成为伟大的,这种点状的或干巴巴的真理不是充分的,甚至也不是必要的),而是因为它们在各种陈述和命题之外仍然是富有表现力的,如果我们想走得更远的话,它们是一些必不可少的中间步骤。这些就是经典学说。我们这样来认识它们,即没有人会从字面上来理解它们,然而各种新的事实从来不会绝对地在它们的语言能力之外,它们从这些事实那里得到新的共鸣,它们在那里显示出一些新的突出之处。我们说,对马克思的重新考察就是对一位经典作家的沉思,他既不应该以毋庸置疑(nihil obstat)、也不应该以被列为危险人物而告终。您是或不是笛卡尔主义者? 这个问题并不具有重要意义,因为拒绝接受笛卡尔②著作中的这点或那点的那些人只有借助一些在很大程度上归功于笛

---

① 毕达哥拉斯(Pythagore,约前 580 年约～前 500[490]),古希腊哲学家、数学家。

② 笛卡尔(R. Descartes,1596～1650),法国哲学家、数学家。

卡尔的理由才能做到这一点。我们说，马克思正在过渡到这种第二位的真理。

我们只是以最近的经验，尤其是以一些马克思主义作家的经验的名义这样说的。因为最终，当他们作为长期的共产党人而离开党或被排除在党之外时，他们这样做是作为"马克思主义者"还是作为"非马克思主义者"呢？在这样做时，他们已经确切地表明，困境只是言语上的，应该摆脱它，没有一个学说能够胜过事物，能够把布达佩斯的镇压转变成无产阶级的胜利。他们并不是以意识自由和哲学观念论的名义与正统信条决裂，而是因为正统信条已经削弱了无产阶级及其反抗和武器批判，伴随它的还削弱了其工会和经济生活，伴随后者还削弱了内在真理、科学与艺术生活。因此，他们作为马克思主义者进行了这种决裂。不过，在进行决裂时，他们也违背了马克思主义准则：它规定，每时每刻都有一个无产阶级阵营和一个敌对阵营，任何的创举都是相对于这一历史裂缝来评价的，在任何情况下，我们都不应该"玩敌人的把戏"。当他们说，今天他们仍然是马克思主义者时，他们没有欺骗自己，也没有欺骗我们，但前提是要补充说：他们的马克思主义不再等同于任何机器，它是一种历史观，而不是正在进行中的历史运动，简言之，它是一种哲学。在他们决裂的时候，他们在愤怒或绝望中已经预感到或参与到了历史的默默发展之中，毕竟，正是他们使马克思成了一位经典作家或一位哲学家。

有人对他们说，归根结底，任何创举、任何政治或非政治的研究都是根据各种政治结果，政治路线都是根据党的利益，党的利益 18
都是根据领导者们的观点来评价的。他们已经拒绝连锁式地把所有的要求、所有的标准都归结为唯一一个,他们已经断言,历史的运动是通过各种不同方式,根据政治组织层次上的各种不同节奏,在无产阶级中,在各个工会中,在艺术和在科学中展开的,历史有不止一个中心、不止一个维度、不止一个参照平面、不止一个意义的来源。他们拒绝了某种客体-存在、同一和差异的观念,采用了与多中心或多维度相一致的存在的观念。他们说了他们不是哲学家吗?

有人重复说,您谈论马克思主义,但您是在它里面还是外面谈论呢?在马克思主义或许正在出现、无论如何正在展现的时候,这个问题不再具有重要意义。当我们有可能的时候,就从里面谈论它,当不再有办法时,就从外面来谈论。何者做得更好呢?当我们对它进行它曾经建议我们对所有学说进行的著名的"从里面超越"时,我们是在里面还是在外面呢?只要我们不是重述已经说过的东西,而是试图通过它们理解自己和理解各种实存着的事物,我们就已经在外面了。知道我们在里面还是不在里面的问题,只不过是就刚刚诞生的一种历史运动或一个学说而提出来的。马克思主义刚好就是这样:沉淀下来的一个巨型历史和思想场,我们将在那里进行思考、学会思考。对于想要成为被置于词中的历史运作的它来说,转变是庄严的。然而,这正是哲学傲慢的顶点。

在世界范围内,当然有大量的阶级斗争局面。在一些历史悠久的国家(如伊夫·弗朗①的瑞士)中有这种局面,在那些新近独立的国家中也有。可以肯定,如果它们的发展重点是按照发达国

---

① 伊夫·弗朗(Yves Velan,1925~2017),瑞士作家。

家的利益确定的,那么其独立就不过是一句空话,各种新民族独立运动左翼在这方面与当地的资产阶级发生冲突。此外可以肯定的是,欧洲的新经济领域和工业社会的发展使得旧式的议会和政治 19 生活失去效力,而把控制和管理新的经济机器的斗争提上了议事日程。我们当然能从马克思主义出发构造一些能指引当前分析的范畴,"结构性帝国主义"也许就是其中之一。[①] 同样可以断定,如果忽视了这些问题以及把它们揭示出来的马克思主义参照系,那么没有哪一种沿袭长久的政策将会成为我们时代的政策。这就是刚才我们说马克思是一位经典作家时所要表达的意思。——但是,这种马克思主义本身是一种政策的开端吗?它对历史的理论把握也是一种实践把握吗?在马克思的马克思主义中,这两者是携手并进的。我们可能随着问题而发现了答案,问题可能只不过是一种答案的开始,社会主义是资本主义的不安和运动。北非的各个独立国家通过联合起来正在掌控自己的发展,但"它们没有法国的资本、技术人员和贸易就一筹莫展"[②];法国政治的和工会的左派远没有认识到新问题;共产党对新资本主义尤其持一种简单否定的态度;最后,在苏联,即使在苏共二十大之后,"结构性帝国主义"也没有被抛弃,当我们读到这些时,我们需要有更多的乐观主义才能指望"各个非洲民族独立运动的最前端很快就会去对比自己关注的东西和经济上占统治地位国家的工人所关注的东

[①] 塞尔热·马勒(Serge Mallet,1927~1973,法国马克思主义者,新闻学者,社会学家):"戴高乐主义和新资本主义",载《精神》,1960 年 2 月号。

[②] 同上书,第 211 页。

西"。① 即使对比产生了,又能从中产生何种政策呢? 即使各国无产阶级相互认识,它们又能提出何种共同行动呢? 如何原封不动地恢复关于党的列宁主义概念,如何部分地恢复? 我们感受到了作为理论分析工具的马克思主义和把理论定义为一种实践意识的马克思主义之间的距离。存在着阶级斗争的各种处境,可以说,我们甚至可以用无产阶级和资产阶级的观点来表述世界性的处境:但这只是一种说话方式,而无产阶级只是一种合理的政治的名称。

　　我们在此以哲学的名义所要捍卫的,完全就是马克思主义者被事物重新引向的那种思想。我们的时代每天都会辜负素朴的合理性:由于通过其所有的裂缝察觉到了一种根本性的东西,我们的时代呼唤一种哲学解读。我们的时代没有吸收哲学,哲学并没有突出在它之上。哲学既不是历史的女仆,也不是其主人,它们的关系比我们相信的要更简单:严格地说,这是一种有距离的作用,每一方从其差异性的深处出发都要求混合和混杂。我们仍然需要学会正确地使用这种侵越——尤其是这样一种哲学:因为它有自己的各种各样的责任,所以它就更少地受到政治责任的束缚;因为它不取代任何人,因为它不玩弄激情、政治和生活,因为它不在想象物中重建它们,而是明确地揭示我们所寓居的存在,所以它越是能够自由地进入任何地方。

＊　　　＊　　　＊

　　人们讥笑希望"历史过程"通过其写字台而进展的哲学家,而他

---

　　① 塞尔热·马勒:"戴高乐主义和新资本主义",载《精神》,1960 年 2 月号,第 214 页。

则以清算历史的各种荒谬性来予以报复。这就是他在如今的世俗滑稽剧中扮演的角色。不管是远溯过去，还是寻思当今的哲学是什么，我们都会看到，俯视的哲学已是一段插曲，而且它已经过去了。

哲学在现在和在过去一样，都从"何谓思考？"这一问题开始，并且首先专注于此。这里既没有手段，也没有工具。这是一个纯粹的"在我看来……"，一切都向之呈现的那个他不可能是向自己隐藏的，他一开始就显现自身，他就是这种自己对自己的显现，他是从乌有中涌现的，没有任何东西和任何人能够阻止他成为他自己，或者有助于他成为他自己。他时时存在，他处处存在，他是自己荒岛上的国王。21

但是，最初的真理只可能是一种半真理。它向其它东西开放。如果没有这种自我的深渊，就不会有任何的东西。然而，一个深渊不是乌有，它有边界和四周。我们总是就某物，基于、依据、根据某物，正对、背对某物进行思考。甚至思维活动也是在存在的推动中获得把握的。我不再能在一瞬间同样地思考同一个事物。开口原则上立刻就被填满了，就好像思想只不过活跃在初生状态。如果说它得以维持原状，那么这是透过——这是通过把它投入到非现时中的滑移实现的。因为有被遗忘者的非现时，也有作为既得者的非现时。正是通过时间，我的各种思想才标明了日期，也正是通过它，它们才具有划时代的意义，它们才开启了一个思想上的未来、一个周期、一个场域，它们才整个连成一体，它们才成为一种独一无二的思想，它们才是我。思想并不穿破时间，它延续着先前思想的航迹，甚至没有行使它推定的重新勾勒航迹的权力，正如我们只要愿意就能够重新看山岗的另一个坡面一样；但是，既然山岗在那里,那又何必呢?何必要确信自己今天的思想包含了自己昨天的思想呢?我清楚地知道这一点,因为我今天看得更远。我之所以思考,不是因为我跳出时间进入了一个可知世界,也不是因为我每一次都以乌有为起点重新创造出含义,而是因为,时间之矢携裹着一切,它使我的连续的思想在二阶的意义上变成为同时性的,或至少它们合理地一个向着另一个侵越。我由此通过建构而发挥作用。我被安顿在已经就是我的一座时间金字塔上。我占有这个场,我创造自身,但并非不带着自己的时间配置,正如我在世界中走动,并非不带着自己的未知的身体团块一样。时间就是瓦莱里谈到过的"精神的身体"。时间和思想一个混杂在另一个之中,思想的黑夜被存在的一丝微光萦绕。

思想如何把任何必然性强加给事物呢?思想如何把它们归结22 为它自己构造的纯粹客体呢?借助时间的隐秘关联,我得知了可感存在的隐秘关联,即它的不相容却同时的各个"侧面"。我看到了可感存在,如同它就在我的眼前,但也如同我会从另一个地方看到它,这不是可能如此,而是现实如此,因为从现在起,它也在别处闪烁着许多向我遮掩了的火花。当我们谈同时性时,我们想谈时间?我们想谈空间?从我到地平线的这条线,是我的注视移动的轨道。地平线上的房屋庄严地闪光,宛若一个过去之物或一个希望之物。而反过来,我的过去有自己的空间、自己的各条道路、自己的各种地标、自己的各个遗迹。在连续物和同时物相交织的但又区别的秩序下面,在把线添加给线的一系列同时性下面,我们重新发现了一张无名之网,即多个系列的空间时刻和地点-事件。当每一事物都远不是它自己,当每一事实都可能是维度,当观念有它们自己的领域时,还有必要谈事物、有必要谈想象物或观念吗？对于我们的景致和我们的世界轮廓的任何描述,对于我们的内心独白的任何描述,都有待于重新进行。各种颜色、各种声音、各个事物,就如同梵高①的繁星,是存在的一些中心和光芒。

让我们来看看出现在世界之肉中的他人。我们说,如果我不认识他们,如果我在他们那里没有辨识出我拥有其独一无二样式的面对自身在场的某种符号,他们对我来说是不存在的。但是,尽管我的思想只不过是我的时间、我的被动而可感的存在的反面,当我试图抓住自己时,整个可感世界的整个材质出现了,他人被纳入到了整个材质中。在成为和服从我的各种可能性条件,并且按照我的形象被重建之前,他们就应该作为我也分有的一种唯一的**看**的凸起、偏差和变化而在那里。因为他们不是我用以填补我的荒漠的一些虚构,不是我的精神的一些子嗣,不是一些永远非现时的可能之物,而是我的孪生兄弟或我的肉中之肉。当然,我没有亲历过他们的生活,他们明确地是与我分开的,我也是与他们分开的。但是,只要我们重新发现了可感者的存在,这种距离就是一种奇特的接近,因为可感者是无需移动其位置就可以纠缠不止一个身体的东西。我的注视所触摸到的这张桌子,没有人将会看到它:它应该属于我。可是,我知道它在同时完全以同样的方式对任何注视产生影响。因为我也看到了其它注视。正是在各种事物存在于斯的同一个场域中,它们勾勒出了桌子的表现,它们把桌子的各个部分逐一连接成了一种新的共同在场。在那里,一个注视与一个可

23

---

①　梵高(V. Van Gogh,1853～1890),荷兰画家。

见者的连接,以我刚才进行的连接的名义重新开始或者漫延开来。我的看覆盖了另一种看,更确切地说,它们一起运作,它们原则上落在了同一个可见者上面。我的可见者之一让自己变成了看者。我目睹了这一变形。从此以后,他不再是事物中的一个,他参与到它们之中,或者说他介入它们之间。当我注视他时,我的目光不再像停留在事物那里那样停留在他那里,或者不再像终止于事物那里那样终止于他那里。通过他,就如同通过一个驿站,我的目光继续朝向各种事物:我曾经独自看的,我始终会独自看的,但他从此以后也以他的方式独自看的相同的事物。我现在知道,他也是独自成为自己的。一切都取决于可感者的不可超越的丰富性、取决于它的奇迹般的多样。这使得相同的事物具有是对于不止一个人而言的事物的力量,它们中的某几个事物——人和动物的身体——不仅仅有被隐藏的面,而且它们的"另一面"①是以我的可感者为出发点来考虑的另一种感觉。一切就在于,这张桌子,我的注视刚刚扫视并考问过其纹理的这张桌子并不隶属于任何意识空间,而且在循环中也附着于其它身体;在于我们的注视不是一些其中每一个都要求没有性、数、格变化的优先性的意识行为,而是我们的肉的立刻被世界的普遍之肉填满的开口;在于以至各个活的身体都面向世界关闭,让自己成为在看的身体、在触摸的身体,更不用说对于它们自己来说是可感的,因为如果不能触摸自己和看自己,我们就不能够触摸或看。整个的谜都在可感者中,都在使我们在自己最私密的生命中与其他人、与世界同时的这种远-视

---

① 胡塞尔(胡塞尔[E. Husserl, 1859～1938],德国哲学家)。

（télé-vision）中。

当他们中的一个转向我，经受住我的注视并且将他的注视集中于我的身体、我的面孔时，这将是什么情况呢？除非我们依靠言语的狡计，把一个公共的思想领域当作第三者置于我们之间，否则体验就是难以忍受的。除了一个注视，不再有任何要注视的东西，在看者和被看者完全是可以替换的，两个注视一个停在另一个上面，没有什么东西能够使它们一个从另一个那里分心，能够一个区别于另一个，因为事物已经被取消，因为每一个注视都只对它的复制品产生影响。对于反思而言，存在的只是两个没有共同尺度的"视点"，两个我思，其中每一个都可能以为自己是比赛的胜者，这是因为，即使我思考他人在思考我，毕竟这仍然只不过是我的思想之一。看形成了反思永远不会理解的东西：战斗有时是没有胜者的，而思想从此以后没有了所有者。我在注视他，他看我在注视他。我看他看我在注视他。他看我看他看我在注视他……分析是无穷无尽的，而如果分析是万物的尺度，那么注视将没完没了地从一个滑向另一个，那么同时将只能有一个唯一的我思。尽管反映之反映原则上是没有穷尽的，但看能使来自两个注视的阴暗部分相互配合，而我们得到的不再是两个意识连同它们的目的论，而是一个在另一个之中、独自在世界之中的两个注视。当欲望把两种"思想"赶向在它们之间的这条火线，即这一燃烧的表面（它们在这里寻求一种对它们两者来说都是同等地相同的实现，就像可感世界属于所有人一样）时，看就勾勒出了欲望所实现的东西的轮廓。

我们要说，言语破坏了这种吸引力。它没有取消之，而是使其推迟，将其带向更远。因为它鼓足劲头，它被卷入到无声的交流浪潮中。它在可命名者的未经分化的整体中夺取或撕开一些含义，就像我们的各种姿势在可感者的未经分化的整体中夺取或撕开那样。当我们使语言成为思维的工具或代码时，我们就破坏了它，我们就阻止自己去理解：词在我们这里将通向何种深度；只要我们一思考，就存在着说话的需要和激情，就有必要对自己说话；词有引发一些思想——确立一些从此以后就不可剥夺的思想维度——的能力；词把我们不知道自己能够做出的一些反应放在我们的嘴唇上；词就像萨特所说的，把我们自己的思想告诉我们。用弗洛伊德的话来说，如果语言只是外在地复制了一种在孤独中为任何可能的其它思想定规则的思想，那么它就不会是我们的生命的全面"再投入"，就不会像水是鱼的元素那样是我们的元素。一种平行的思想和表达，各自在自己的秩序中都应该是完整的，我们不能设想一个侵入到了另一个之中、一个被另一个截断了。不过，一种完全陈述的观念本身是矛盾的：不是因为它在己地是完全的，所以我们才理解它，而是因为我们已经理解了，所以我们才说它是完全的和充分的。陈述更不是一种完全就是思想，不要求一些词作为向自己呈现之手段的思想。思想和言语相互期待。它们不断地彼此替代。它们一个对于另一个而言是中继站和刺激。任何思想都来自于一些言语并且返回到它们那里，任何言语都诞生于各种思想中并在它们那里宣告结束。在人与人之间和在每一个人那里，都有以各种"思想"为其叶脉的各种言语的难以置信的生长。——我们要说：最终说来，之所以言语是有别于噪音或声音的东西，是因为思想在言语中存放了意义（首先是词汇意义和语法意义）的负荷，以至存在着的从来都只是思想与思想的接触。当然啦，一些声音只是为了思想才说话，但这不意味着言语是派生的或第二位的；当然啦，语言系统本身有其可思考的结构。但是，当我们说话时，我们并不像语言学家那样思考它，我们甚至没有思考它，我们思考我们所说的东西。这不只是因为我们不可能同时思考两个东西；我们要说，为了在我们面前拥有一个所指——不管它是要发送的还是要接收的——，我们应该不再向自己表呈代码，甚至信息，我们应该使自己成为言语的纯粹运作者。运作中的言语使人思考，而活的思想神奇般地找到了自己的各种用词。不存在这思想(la pensée)和那语言(le langage)，在考察时，这两个秩序中的每一秩序都一分为二，并且把一个分支延伸到另一秩序中。存在着我们称之为思想的合乎情理的言语，也存在着我们称之为语言的有缺陷的言语。我们不理解时我们说：那是一些词，相反，我们自己的那些话语对我们来说是纯粹的思想。① 存在着一种含糊不清的思想(心理学家的啊哈-体验)，存在着已经实现的思想——它在不知不觉中就突然被各种词包围了。各种表达活动发生在能思维的言语和会说话的思维之间，而不像有人轻巧地所说的那样发生在思维和语言之间。不是因为思维和语言是平行的，我们才说话，而是因为我们说话，它们才是平行的。任何"平行论"的缺陷就在于，它表现为秩序之间的一些对应，却向我们掩盖了首先通过侵越已产生了对应的那些运作。覆盖了言语并且使它成为一种可理解的系统的"思想"、大作家和我们自己的工作已经将之安置在我们这里的思想场或思想维度，是我们不能重新激活的那些可支配含义的

① 让·波朗(Jean Paulhan，1884～1968)，法国作家，文学评论家。

一些开放的集合,是我们不能重新绘制、只能延伸下去的一些思维航迹。我们拥有这种获得,就像我们拥有两只胳膊、两条腿一样,我们毋须思考它们就能使用它们,就像我们毋须思考我们的腿、我们的胳膊就能"找到"它们一样,而瓦莱里做得很对,他把表达在那里预先谋划它自己的这种说话能力称为"词语动物"。我们不能把这种能力理解为两种确定的秩序之结合。但是,如果符号只不过是各个符号之间的某种差别,含义只不过是各个含义之间的一种相同的差别,那么思维和言语就像两种地形那样相互覆盖。作为纯粹的差异,它们是难以分辨的。在表达中,问题在于重新组织那些已经被说出的东西,使它们带有一种新的曲率指数,使它们服从于某个特定的意义地形。存在过自己理解自己和自己说出自己的东西——尤其存在过更神秘地从语言的深处事先追问作为可命名者的所有事物的东西——,存在着有待于说出的、在那些被说出的东西的世界中仍然只不过是一种明确的不安的东西。问题在于使思维和言语相互覆盖或彼此交叉。如果我对远处目标的看在我的身体中找不到使之转变为近看的自然方法,那么我就永远不能迈出一步。如果我的思维打开的意义视域不能通过言语变成我们在舞台上称作一种布景之物的东西,那么我的思维就不能迈出一步。

语言能如我们所愿地改变和扩大身体间的交流:它与后者具有同样的活力和风格。曾经是隐秘的东西应该再度成为公开的、差不多可见的。在两者那里,各种含义都是以整体的方式传递的,几乎没有获得不容置疑的姿势的支撑。在两者那里,我都一起地瞄向各种事物和他人。当我对他人(或对我自己)说的时候,我不是就我的各种思想而说,我说它们,以及在它们之间的东西,我的各种事后想法，我的各种言外想法。有人将回答说，这不是你说出的东西，而是对话者引出的东西……。让我们听听马里沃[①]的话："我不想说你卖弄风情。它们是在我们想到它们之前就已经被说出来的东西。"是由谁说的呢？又是对谁说的呢？不是由一个精神对另一个精神说的，而是由一个拥有身体和语言的存在对另一个拥有身体和语言的存在说的，两个中的每一个都像掌控提线木偶的人那样通过一些不可见的线牵引另一个，使另一个说话，使另一个思考，使他成为他之所是却永远不可能独自是的东西。因此，各种事物似乎是通过我们不拥有的**言语**和**思维**（相反，言语和思维拥有我们）而被说出和被思考的。有人说，在我们和他人之间有一堵墙，但这是我们共同建造的一堵墙：每一个都把自己的石块放在另一个留下的窟窿中，甚至各种理性的工作也以这些无止境的对话为前提。我们爱过的、恨过的、认识的或只有一面之缘的所有人都通过我们的声音说话。正如空间不是由一些在己地同时的点构成的，正如我们的绵延不会中断它对一个绵延空间的各种粘附，交流的世界也不是一束平行的意识。各种痕迹彼此相混、一个过渡到另一个之中，它们构成为"公共绵延"的单一的航迹。

应该依据这一样式来思考历史世界。既然人的首创性显然不能取消事物的分量，既然"事物的力量"始终通过人来起作用，那么又何必要问历史是由人构成的还是由事物构成的呢？该分析——它想把一切都折叠在一个唯一平面上——的这种失败揭示了历史的真实环境。不存在一种终极的分析，因为存在着一种历史之肉，

① 马里沃（P. C. de Marivaux，1688～1763），法国喜剧作家。

在它那里,就如同在我们的身体中一样,一切都获得支撑,一切都是重要的:基础结构和我们形成的关于它的观念,尤其是两者之间的各种永久交流——在它们那里,各种事物的分量也成为了符号,各种思想成为了力量,总结成为了事件。人们要问:历史是在哪里形成的呢?谁创造了它呢?勾画了并且在其后留下了各种航迹的图形的这种运动又是什么呢?它与**言语**和**思维**的运动,最终说来与感性世界在我们之间的分裂属于相同的秩序:在每一"意识"能够产生的东西之外,到处都存在着意义、维度和图形,不过,正是人在说话、思考和看。我们处在历史场中,就如同处在语言场或存在场中一样。

从私人到公共、从事件到沉思、从思想到言语和从言语到思想的这些变形,这种来自四面八方的回响(它使一个人在对他人说话的时候,也对自身说话,而且他说的是存在),这种词在词后面、思想在思想后面的麇集,——这种普遍的替代也是一种稳定性。儒贝尔①写信给夏多布里昂②说,他或许只需要"摇动他的法宝"。虽然生活比写书更难,但一个事实是,一旦我们的身体和语言装置被给定了,我们所做的一切最终都有一种意义和一个名称,即使我们一开始不知道是何种意义、何种名称。观念不再是第二种实证性,不再是把自己的丰富性暴露在另一个太阳下的另一个世界。通过重新发现"垂直的"世界或存在,即在我直立的身体面前直立的世界以及在它那里的他人,我们就获悉了各种观念也在那里获得它

① 儒贝尔(J. Joubert,1754～1824),法国作家。

② 夏多布里昂(F. R. de Chateaubriand,1768～1848),法国作家,政治家,外交家。

们的真正可靠性的一个维度。它们是各种隐秘的枢轴，或如斯汤达[①]所说的，是我们的言语的各个"桩基"，是我们的各个引力中心，是语言的拱门围绕它而得以建立的、只能现时地实存于石头的重量和平衡中的这一确定的空无。此外，事物和可见的世界是以不一样的方式构成的吗？它们始终处于我在视域中从它们那里看到的东西之后，我们称之为可见性的东西就是这种超越性本身。没有哪个事物、没有事物的哪个面能够展示自己，除非通过积极地掩藏其它事物、通过在掩盖它们的行为中揭示它们。看，原则上是比我们看的还要多，是通达一种潜在的存在。不可见者是可见者的凸起和深度，可见者并不比不可见者包含更多的纯粹实证性。至于各种思想的源泉本身，我们现在知道，为了找到它，我们应该在各种陈述之下，尤其是在笛卡尔的著名陈述之下去寻找。它的逻辑真理——那就是：为了思考，必须存在——和它的陈述含义原则上背叛了它，因为在应该找到通向思维者、通向他的天生内聚力的入口（各种事物的存在和各种观念的存在是其复制品）时，它们却与思维的对象联系在一起。笛卡尔的言语是在我们每一个那里都指出了有待于发现的这种能思的思维的姿势，是基本思维的"芝麻开门"。它是基本的，因为它不是由任何东西来传递的。但它又不是如此这般基本的，仿佛靠了它，我们就能到达我们应该在那里确立自己并且停留下来的一个基底。它原则上是无基底的，也可以说是深渊；这意味着它从来不是由于它自己，意味着我们根据被

---

① 斯汤达(Stendhal，1783～1842)，本名马里-亨利·贝尔(Marie-Henri Beyle)，法国作家。

思考的事物或以它们为起点发现它,意味着它是开放,是把我们固定在各种事物和各种观念上的枢轴的不可见的另一端。应该说这个端点是乌有吗? 如果它是"乌有",那么近处和远处的各种差别、存在的凸起将在它面前消失。维度性和开放不再有意义。绝对地开放完全适用于一个不受限制的存在,我们称之为"垂直性"的东西,也就是现在由于缺少了它将要与之相区别的另一个维度,就不再意味着任何东西。与其谈论存在和虚无,毋宁应该谈论可见者和不可见者:要再三说的是,它们并不是矛盾的。我们谈论不可见的,就像我们谈不动的:不是指外在于运动者,而是指在运动中保持不动者。这就是可见性的零点或零度,是可见者的一个维度的开启。一种全方面的零度、一种不受限制的存在不在考虑之列。当我谈论虚无的时候,就已经有了存在,因此,这个虚无并不是真的在虚无化,而这个存在并不是毫无问题地与自身同一的。在某种意义上,哲学的最高点也许只不过在于重新发现这些自明之理:思维在思维,言语在言语,注视在注视,但是,在两个相同的词之间,每一次都存在着我们为了思、为了说和为了看要跨过的整个距离。

揭示可见者和不可见者的这一交织的哲学完全是统览的对立面。它深入可感者、深入时间、深入历史,走向它们的关节处,它不是通过它自己具有的一些力量来超越它们,它只是在它们的意义中超越它们。我们最近又想起蒙田[1]的"任何运动都使我们暴露"

---

[1]　蒙田(M. E. de Montaigne,1533～1592),法国散文作家,哲学家。

这句话，我们有理由从中得出，人只不过是在运动之中。^① 同样，世界只集中在、**存在**只集中在运动中，只是由于这样，所有的事物才能够是在一起的。哲学是对科学不关注的这种存在的回忆，因为科学把存在与认识的各种关系构想为实测平面图与它的各种投影的关系，因为科学忘却了周围的存在，我们可能称之为存在的拓扑学的那种东西。但是，相反地，在科学下面进行探究的这种哲学并不比激情、政治和生活更"深刻"。没有什么东西比穿过存在之墙的经验更深刻。马里沃还写过："我们的生活对我们来说不比我们、不比我们的激情更宝贵。偶尔观察一下发生在我们的本能上面的东西，我们就会说，活着对于存在来说不是必要的，我们活着只是出于偶然，但我们存在却是自然的。"通过激情和欲望一直到达这种存在的那些人知道有必要知道的一切。哲学对他们的理解并不好过他们自己的理解，哲学正是在他们的体验中才得知了存在。哲学并没有掌握躺在其脚下的世界，它不是我们能够由之囊括全面局部视角的一个"高级视点"，它探寻与原始存在的接触，且还向那些从来没有离开过这种接触的人学习。当和各种事物本身、可感者本身、各种存在一道产生的文学、艺术、生活经验，除了在极限情况下，都可能拥有并且让人产生处于习惯之物和被构造物中的错觉时，像铜版画那样不用彩色只用黑白进行描绘的哲学则不会让我们无视人们也和它一样、甚至比它更好地（虽然可以说是在半沉默中）正视的世界的奇

31

---

① 让·斯塔罗宾斯基（Jean Starobinski，1920～2019，瑞士观念史家，文学理论家，精神病医生）："运动中的蒙田"，《新法兰西杂志》，1960 年 2 月号。

异性。

＊　　　＊　　　＊

无论如何,这就是人们将在这里发现其某些尝试的哲学。人们将看到,如果他们觉得我们在政治方面谈得有些远离现实,有些过于书卷气,那么应该受到质疑的不是哲学。实际情况或许是非常简单的:一个人需要多种多样的生活才能够带着每一经验领域所要求的完全放弃进入到每一经验领域。

但是,这种口吻难道不是很虚伪、几乎不值得称道吗?人们以为已经被思考过的、而且是被深思熟虑过的一切——自由和权力、抵制权力的公民、市民的英雄主义、自由的人道主义、形式民主和既取消又实现它的实质民主、革命的英雄主义和人道主义——都处于毁灭之中。我们在这上面顾虑重重,我们指责自己过于冷漠地谈论它们。但对此要小心。我们称之为混乱和毁灭的东西,其他那些人,更年轻的人把它作为自然的来经历,他们也许将自然地驾驭它,恰恰因为他们不再在我们获得参照的地方去寻找自己的参照。在各种各样的毁坏的喧嚣中,许多的忧郁激情,许多的伪善或疯狂,许多的虚假困境也消失了。在十年前,谁曾对此有过期待?也许,我们处在历史忽视了的这些时刻之一中。我们被各种法国事件或外交上的各种嘈杂插曲弄得迟钝了。但是,在噪音下面,一种沉默形成了,一种期待形成了。这为什么就不是一种希望呢?

当萨特在对我们青年时代的美好回忆中第一次发现了绝望和

反抗的口吻①时，他犹豫不决地写下了这些话。但这种反抗不是指责、控诉世界和他人，不是宽恕自己。它并不沉溺于自己，它对自己的各种限度有完全的认识。它就像是一种反思的反抗。确切地说，这是对没有从反抗而开始的遗憾，这是一种即使在回顾中也不可能是不容质疑的"我本应该"，因为萨特在今天和以前都清楚地知道，并且在为尼赞②所做的序中清楚地指出，反抗既不能维持自己，也不能在革命中获得实现。因此，他珍爱反抗的青春的观念，而这是一种幻想，不仅因为它不再合时宜，而且因为他早熟的清醒没有构成为其他人的那些狂暴错误旁边的非常糟糕的形象：有人怀疑，他本来会（如果他处在充满幻想的年龄的话）把这个形象换成那些愤怒的幻想的。正如他所暗示的，这个形象并不是他本性上的贫乏，同样的敏锐、对于各种自身妥协和各种可疑态度的同样的焦急、同样的谨慎、同样的无私已经防止他无耻地成为自己，并且激励他正确地对自己进行了我们刚刚看到的那种高尚的自我批评。为《阿拉伯的亚丁》写的这篇序言是成熟的萨特对年轻的萨特的责备，后者像所有的年轻人一样，对此毫不介意，坚持我们的过去；更确切地说，在翻过一页后，他又获得了新生，烦扰其法官，用法官的嘴说话，并且以如此坚定的方式，以致我们难以相信他就这样过时了，就这样应该受到指责，以致我们怀疑最终的事情：只有唯一一个萨特。我们不建议年轻的读者过于仓促地相信：萨特因为错过了反抗而错过了生活，因此，如果他们充分地反抗

33

---

① 《阿拉伯的亚丁》序言，F. Maspéro 版。
② 尼赞（P. Nizan，1905～1940），法国作家，共产党人。

了,就可以指望自己在 40 或 50 岁时问心无愧。在透过过去、现在和他人而进行的这场萨特对萨特的争辩中,在这场在 20 岁的萨特和解放时期以及最近几年的萨特之间的,在这些人物与 20 岁的尼赞、共产党人尼赞以及 1939 年的尼赞之间的,在所有这些人与今天的"愤怒的青年"之间的,以显示真相为目标的严厉对质中,我们不应该忘记,剧情是属于萨特的;他的始终一贯的准则——因为这是他的自由——是拒绝接受他慷慨地给予其他人的那些辩解理由;他唯一的错误——如果是一个错误的话——是他在他自己与我们之间做了这种区分;无论如何,如果我们依赖于这种区分,那我们就愚弄自己了;因此我们不得不修正目标、重新进行总结,在这里,他照亮反抗和革命之迷宫的可恶清醒,不顾他地记载了我们为原谅他而所需的一切。这一文本不是在萨特的道路上来回移动的一面镜子,而是今日萨特的一份契约。阅读的我们、回忆的我们不可能轻易地把罪犯与其法官区分开来,我们在他们之间找到了一种家族氛围。不,20 岁的萨特并非与今天否认他的萨特如此不相称;他今日的法官仍然因为其判决的严厉性而与之相似。作为一种自我理解的经验的努力,作为自身解释和通过自身对所有事物的解释,这一文本不是为了像一个笔录或一份清单那样被动地被阅读而写的,而是为了被释读、被沉思和被重读而写的;它肯定有——这是任何优秀的文学的命运——一种更为丰富的意义,或许是有别于作者置于其中的意义的一种意义。

34　　　如果这是适合于对之进行分析的地方,就应该分析在 30 年后对已经逝去的他人的这种不同寻常的重新发现,以及它所具有的难以置信的东西,当然,这不是因为在优雅的外表和卓越的天资下面,尼赞不是萨特所描绘的那个正直、勇敢和忠于其天赋的人,而是因为从前的萨特在我们的记忆中既不缺乏实在性也不缺乏分量。

他说,我反复对他说我们是自由的,而嘴角牵强的笑意——这是他唯一的反应——却比我的所有话语都更意味深长。我不想感受到我的那些枷锁的物理重量,也不想认识向我隐瞒了我的真正存在并使我依恋于自由之荣誉的那些外部原因。我没有看到能损害和威胁自由的任何东西,我疯狂地相信自己是不死的,我既没有在死亡中也没有在焦虑中找到我们能够思考的任何东西。我在我这里没有感觉到有任何东西处于正在失去的危险中,我被拯救了,我被选择了。事实上,我是思维的或写作的主体,我活在我之外,我在那里有居所的**精神**只不过是我作为学生在陆军子弟学校接受教育的抽象条件。不知道自己的各种需要和束缚,所以我也不知道其他人的需要和束缚,这就是说,我不知道他们的生活的运作。当我看到苦难和焦虑时,我把它们归咎于自满,甚或娇情。恼怒、恐慌、对友谊与爱情的恐惧、采取令人不快的立场,总之,否定的东西,真的不可能持续下去:它们都是被选择的态度。我相信尼赞已经决定成为一个完美的共产党人。因为我那时处于任何斗争,尤其是政治斗争之外(当我参与政治斗争时,是为了把我的正当,我的建设性的、随和的性情带给它),我一点也不理解尼赞为了摆脱其童年不得不做出的努力,也不理解他的孤独,不理解他对得救的追求。他的恨出自其生活,它们是纯金,我的恨来自头脑,它们是伪币……

在唯一一点上,我们认为萨特是对的。实际上令人吃惊的是,他没有在尼赞那里看到显而易见的东西:在节制下面、在反讽和沉着下面,是对死亡和脆弱的沉思。这意味着有两种做年轻人的方式,它们彼此之间不容易相互理解:一些人着迷于他们的童年,童年缠住他们,使他们沉浸在一系列优先的可能中。另一些人则被童年抛向成人生活,他们认为自己没有过去,同等地接近所有的可能。萨特是第二类人,因此,要做他的朋友是不容易的。他在他自己和他的各种被给定的东西之间设置的距离也使他与其他人不得不经历的东西分开。他同等地不允许他们和他自己"接受"——成为——他眼里的他们的苦恼或他们的焦虑,就像除他之外他们秘密地和可耻地所是的那样。他应该懂得,在他那里和在其他人那里,没有什么东西是没有一些根基的,无根基地采取立场是承认它们的另一种方式。

但其他人,那些继续他们的童年,或想在超越它的同时保存它,因而寻求一些得救之道的人,他们有理由反对他吗?他们应该记住,一个人不能超越他所保留的东西,没有任何东西能够把他们对其怀有乡愁的整体性归还给他们,如果他们顽固不化,那他们很快就只能选择要么做傻瓜要么做骗子了。萨特没有在他们的寻找中陪伴过他们。但寻找是公开的吗?从妥协到妥协,它难道不需要一种明暗对照?而他们清楚地知道这一点。由此在萨特和他们之间产生了一些既亲密又疏远的幽默关系。萨特今天为了他们而指责自己,他们能容忍其他人这样吗?我们最多只能说,羞耻和讽刺是有感染力的。萨特没有理解尼赞,因为后者把自己的各种受苦转变成了华丽的文字。需要尼赞的书、他的生命结局,以及萨特在他死后的 20 年经验,尼赞才最终获得了理解。但是,尼赞希望萨特理解他吗？萨特今天谈到的尼赞的痛苦难道不是尼赞更愿意对读者，而不是对某个人做的吐露吗？在萨特和他之间，尼赞曾经容忍过这种讲知心话的口吻吗？萨特比我们更清楚地知道这一点。可是，还是让我们提供几个微不足道的事实。

在我们准备应试高师的某一天，我们看到一位不知道为何回校的老生，带着中选者的气息走进我们的课堂。他令人羡慕地穿着深蓝色服装，佩戴瓦卢瓦三色饰结。有人对我说，他是尼赞。从他的穿着、他的神态一点也看不出高师文科预备班或高师的种种艰辛，当我们的老师（他相反地仍然感受到这种艰辛）微笑着提议尼赞重新回到我们中间时，他用一种冷漠的语调说："为什么不呢？"并且迅速地坐到了靠近我的一个空位上，接着就没有表情地沉浸在我的那本索福克勒斯之中了，就好像这真的是他那天早晨的唯一目标一样。当他从亚丁回来时，我在自己的信件中发现了保尔-伊夫·尼赞的明信片，邀请他在亚丁熟悉其表亲的新生梅洛-庞蒂近日到他与萨特合住的房间去拜访他。见面是礼节性的。萨特的地方是空的，没有任何装饰。相反，尼赞则在墙上的一张击剑面罩下面交叉地挂了两把花剑。就是在这个背景中，我后来才得知在阿拉伯时已经濒临自杀的他出现在我面前。过了好长一段时间，我在 S 公共汽车站碰到他，他已经结婚，成了积极分子，他那天携带了一只很重的公文包，奇特地戴着一顶帽子。他称自己为海德格尔，说了几句赞扬他的话；我相信自己从中感觉到他想表明他没有放弃哲学，但他说得十分冷淡，所以我没敢公开向他提出这个问题。我确实喜欢想起这些琐事：它们什么都不能证明，但它们来自生活。它们使人感到，如果说萨特没有特别仔细地注意在尼赞那里进行的工作,那么在尼赞方面,由于幽默、保守和有礼貌,他把多于一半的精力投入到了游戏中。我已经说过,萨特30年后才理解他,因为萨特就是萨特,也因为尼赞就是尼赞。尤其是因为他们那时都还年轻,也就是说,都是专断而害羞的。最终说来,或许由于一个最后的、更深刻的原因。

　　萨特责备自己误解了的那个尼赞在1928年——先于成家、著书、积极分子生活、与党决裂,特别是35岁时去世——完全存在吗?因为他自我完善、自我封闭并且自我凝固在这短暂的35载中,所以它们作为一个整体已经滑过我们身后20年了,而我们现在希望,他应该是的一切能够从它们的开头、并且在它们的每一瞬间都被给出。他的生活既如开端那样炽热,又如结束时那样坚实;他永远年轻。相反,由于被给予我们的时间不止一次地使我们出错,又使我们纠正错误,我们的来来回回已经弄乱了我们的足迹,我们自己的青春对我们来说已经被耗尽了,成了微不足道的,它的真正样子已经不可触及了。我把各种希望标准用于另一个已经过早结束了的生命,而把各种严酷的死亡标准用于我的永久延续的生命。一个年轻人如果是一个或许,那他就已经做了很多事情;而一个始终在那里的成年人,在我们看来却像是什么事情也没有做。就像在童年的那些事情中一样,我在逝去的同伴中发现了充实,这要么因为创造性的信仰在我这里已经枯竭了,要么因为现实只在记忆中形成。① 存在着柏格森没有谈论过的另一种回顾性的幻觉:不再是关于预先实存的幻觉,而是关于衰退的幻觉。也许,时

---

　　① 《在斯万家那边》,第一卷,第265页。

间既不是从将来,也不是从过去流逝。也许,正是距离为我们形成了他者的,尤其是逝去的他者的实在性。但是,如果我们能够从这个距离来看我们自己,那么这一距离就能使我们重获自身。为了平衡萨特今天就他自己和 20 岁时的尼赞所写的东西,50 岁时的尼赞会对他们的青年时代所说的东西永远付诸阙如了。在我们看来,他们那时是两个刚刚起步的人,并且是在相反方向上起步的。

让萨特的叙述产生伤感的东西,是我们在那里看到两位朋友慢慢地从一些事物中学到了他们本来一开始就能够相互从对方那里学到的东西。尼赞无法忘记父亲的形象,无法摆脱发生在他之前的一位工人的悲剧:这位工人脱离了自己的阶级,意识到他的生活从此以后就是不真实的和失败的,在自我憎恨中结束了它;尼赞从一开始就知道了童年、身体和社会的分量,知道父子关系和历史关系是交织在一起的,是唯一一种焦虑。他可能没有摆脱这种迷恋,他或许通过简单地选择婚姻、家庭,通过自己也承担父亲的角色,加重了这种迷恋。如果他想重新回到他父亲的生活把他驱逐出去的生活循环,他就应该净化源头,与导致了他们的孤独的社会决裂,他应该让自己摆脱父亲的所作所为,在相反的方向上重走他的道路。随着岁月流逝,各种预兆不断增加,明证性逐渐临近。逃到亚丁是一种通过冒险来解决的最后尝试。如果尼赞没有在殖民制度中发现我们明确依赖外部的形象(或是出于偶然,或是由于他在秘密地寻找这种教诲),那么它只不过是一次散心。因此,痛苦有一些在我们之外的原因,它们是可以辨识的,它们有一个名称,我们可以取消它们。因此,有一个外部的敌人,如果我们停留为单

独的,那我们就对它无能为力。因此,生活就是战争和社会战争,
尼赞已经知道萨特很久以后才说的东西:在开始时不是游戏,而是
需要,我们并不把世界、各种处境或在注视另一端的他人当作一些
景致,我们与它们融为一体,我们通过自己所有的毛孔吸收它们,
我们就是其余的一切所欠缺的东西;伴随着我们的中心虚无,在我
们这里被给予的是一种普遍的异化原则。尼赞从根本上已经先于
萨特进入这种泛悲剧主义中,进入这种也是历史之流的焦虑浪
潮中。

　　但是,出于同样的理由,并且因为没有在悲剧中生活过,萨特
很早就理解了得救和向实际回归的那些骗人把戏。他不是一个严
格意义上的乐观主义者:他从来不把善与存在相等同。他更没有
得救、没有被挑选。他精力充沛、活泼快乐、敢作敢为,所有的事情
在他面前都是新奇有趣的。确切地说,他是先于悲剧和希望的堕
落前预定论者,因此已经配备好去解开它们的秘密纽结。尼赞战
前十年的经验是对他的各种预感的实际证明,当他如今描述这一
经验时——当他以自己的名义深情地、兄弟般地重新提到它
时——,他只是准确地重新发现自从一些转变以来他所告诉我们
的东西。有人某一天在自称是基督徒、共产党人。他究竟想要说
什么呢?他不可能立刻就完全改变自己。只是在认识到自己的命
运的外部原因时,人才会突然接受——我认为,就像马里坦①曾经
说过的——生活在自己的自然生活的信仰内的允诺,甚至使命。
要让他的骚动停止是不必要的,也是不可能的;它们从此以后被

---

　　①　马里坦(J. Maritain,1882~1973),法国哲学家。

"祝圣"了。① 他遭受的那些痛苦现在成了其标记是一种巨大**真理**的圣伤痕。他遭受的恶帮助他和帮助他人活下去。他并没有被要求舍弃自己的各种天赋,如果他有的话。相反,通过解除扼住其咽喉的焦虑,它们被释放出来了。活着、过得愉快、写作就是认同困倦,就是可疑,就是低俗。现在是要从罪恶那里夺回被它取走的东西,或者像列宁说过的,要从资产阶级那里拿回被它窃取的东西。共产主义在展望中隐约看到了另一种人、另一种社会。但是,在目前、在相当长的一个所谓的否定阶段,它将其转而对抗资产阶级国家的正是国家机器。它将其转而对抗恶的正是一些恶的手段。从那以后,每个事物都依据我们从其罪恶起源还是从其所召唤的未来前景来考虑它而分身为二了。马克思主义者是他曾经是的那个不幸者,他也是这种被重新放回它在整体中的位置并通过它的各种原因被认识到的不幸。和"道德败坏"的作家一样,他延续了资产阶级的没落;但正是在这方面,他见证并超越它而走向另一个未来。共产党人尼赞"看到了世界并且在那里看到了自己"。② 他是主体,而且他是客体。作为客体,他与其时代偕亡,作为主体,他靠着未来得救。然而,这种分成两半的生活却是一种单一的生活。马克思主义的人是历史的一个产物,因此,他也从里面参与到作为另一种社会和另一种人之产物的历史中。这如何可能呢? 他应该作为有限的存在,重新融入到无限的生产力之中。这就是为什么众多马克思主义者都受到斯宾诺莎主义的诱惑,尼赞是其中一员。

---

① 《阿拉伯的亚丁》序言,第 51 页。
② 同上书,第 48 页。

40 萨特像他一样喜欢过斯宾诺莎[①]，但反对超越者、反对那些调和者，他没过多久就在斯宾诺莎那里认识到了他们的那些骗人把戏的类似物，"既打破自己的各种界限又返回无限实体的有限样式的肯定性充实"。[②] 说到底，斯宾诺莎所做的一切都是为了掩盖否定的固有功效和运作，而斯宾诺莎主义的马克思主义则仅仅是向我们保证从这一生命开始回归肯定的一种欺骗方式。对一种无限肯定性的赞同，乃是纯粹焦虑的一种假名，是跨过否定并抵达彼岸，耗尽、整体化和内在化死亡的企图。"我们甚至没有这个，甚至没有与我们的虚无的这种无中介的沟通。"[③]这一哲学表述，萨特是在后来找到它的。但是，他在 25 岁时感觉到，当得救之人把自己排除在考虑之外时，存在着欺骗和弄虚作假。尼赞希望不再想到自身并且做到了这一点，他只关注因果链条。但是，最终在各种事物中投降的仍然是他这个否定者、不可取代者。[④] 真正的否定性不可能是由两种并合的肯定性构成的：作为资本主义之产物的我的存在和透过我对另一个未来的肯定。因为在它们之间存在着对抗，必定是或者一个或者另一个占优势。要么反抗变成了感化的手段和职业的主题，不再被感觉到，不再被体验到。马克思主义的人通过学说和运动而得救，他被安顿在职业中——按照他的那些旧有标准，他是没有希望了。要么（而这是在最好的情况下出现的），他没有忘记，他没有说谎，正是从他每时每刻的痛苦中，他的

---

① 斯宾诺莎（B. de Spinoza，1632～1677），荷兰哲学家。
② 《阿拉伯的亚丁》序言，第 55 页。
③ 同上书，第 41 页。
④ 同上书，第 55 页。

智慧重新产生了，他的不信就是他的信仰，但他不能说出来，这样一来，他就必定对他人说谎。这就是与那些共产党人的许多谈话留给我们的印象：最客观的思想却也是最焦虑的思想，而在强硬下面是一种软弱和一种隐秘的水分。萨特始终知道，始终在说（而这让他放弃了成为共产党人）：共产党人的否定作为颠倒的肯定性，41是与它之所说有别的东西，或者它说了两件事，它是作腹语者。

　　人们可能会感到惊奇，在如此清楚地看到"否定的人"的各种遁词后，他有时还会用一些怀旧的话谈 1930 年之前的整个批判时期，如同其"建设"阶段那样，大革命已经有了它的伪币。这是因为他后来已经能在反思中容忍它们，就像容忍一种较小的恶一样。他从来没有简单地重新采取尼赞在 30 年前所持的立场。他根据一些始终属于他自己的理由，以把他引向介入但又没有改变他一直以来对得救的看法的经验的名义，尽最大可能地使它们合法化。但是，对开始于 1939 年的这一切，我们还需重新勾勒其轨迹。

　　在 1939 年，尼赞突然发现，他没有很快就得救，加入共产党不能摆脱他的那些困境和痛苦——在这同时，已经知道这一点的萨特开始针对肯定和历史的学习，这在后来把他引向了一种外部的共产主义。这样，他们的道路就交叉了。尼赞从共产党人的政治回到反抗，而非政治的萨特对社会产生了认识。应该读一下这一优美的叙述。应该在萨特的肩膀上面阅读，随着他的笔触的勾画，一切都与他的各种反思混杂在一起，我们的反思也混杂在那里。

　　他说，尼赞已经承认新人和新社会还没有到来，承认他本人可能看不到它们，承认应该不怕牺牲、不计代价地献身于这个未知的将来，在任何时候都不怀疑大革命的那些方式。关于莫斯科审判，他什么也没有说。出现了另一个对他来说更为明确的考验。由于负责一家党报的对外政策,他上百次地表明,苏维埃联盟既能避免法西斯主义,也能避免战争。1939 年 7 月在马赛偶然遇到萨特时,他向萨特重申了这个看法。这里我们要补充一点,尼赞知道,我们也许既不能避免法西斯主义,也不能避免战争,而且他自己已经接受了战争,如果战争是遏制法西斯主义的唯一手段的话。碰巧我能证实这一点。也许是在他与萨特会面三个星期后,我也见了他。如果我没有记错的话,是在科西嘉的波尔托,在卡萨诺瓦① 家里。他很高兴,面带微笑,就像萨特看到的那样。但是——我不知道是他的朋友们为他预备好了拐点,还是他们自己被上级煽动了——他不再说法西斯主义将在秋天屈服。他说,我们将与德国作战,但与苏联结盟,我们最终将赢得战争。他这样说时很坚定、平静,我仍能听到他的声音,就好像他终于使自己解脱了……。十五天以后,苏德条约签订,尼赞退出了共产党。他解释说,不是因为条约(它以自己的方式打击了希特勒的西方盟友)。但是,法国共产党本来应该维护自己的尊严,应该装出义愤填膺的样子,应该在表面决裂。尼赞意识到,做共产党人不是扮演某人已经选择的一个角色,而是陷入到他在那里在不知道的情况下接受另一个角色的一出戏剧中;这是一生的事业,它或者是在信仰中继续,或者是在痛苦中结束,但它无论如何都超出了那些约定的界限和那些有见识的承诺。如果事情就是这样,如果在共产党人的生活中就

---

① 卡萨诺瓦(L. Casanova,1906~1972),法国政治家,法国抵抗运动领袖,法共高级官员。

像在别的生活中那样，一个人确实从来都不能真正地做什么，如果多年的工作和行动可能在瞬间就沦为笑柄，那么他会想，我不能这样做，应该说不。

在同一时候，萨特在想什么呢？他可能会认为尼赞欺骗了他。但并非如此，尼赞放弃了。正是他被人欺骗了。他们是政治世界的两个孩童。严酷的世界，一个人不可能在那里测度各种危险，和平在那里或许只被给予那些无惧战争的人。只有当一个人决定运用力量时，才能通过展示自己的力量而投入行动。如果一个人怯懦地展示自己的力量，他就会有战争，他就会失败。"我发现了……整整一代人的巨大错误……；人们透过一个残酷的战前阶段把我们推向大屠杀，而我们以为正在走向和平的草坪。"①因此，在他和尼赞那里，受到的欺骗是不同的，教训也是不同的。尼赞由于一个极其明确的原因而接受暴力、战争和死亡；事件戏弄了他的牺牲，除了在他自己那里外，他不再有任何的庇护所。相信和平的萨特则发现了一种应该予以充分考虑的无名的厄运，一个他将不会忘记的教训。这一教训是其政治实用主义的源头。在一个走火入魔的世界中，问题不在于知道谁有理，谁走了最正确的道路，而是谁能与**大骗子**棋逢对手，哪一种软硬兼施的手段能够让他趋于理性。

于是，我们就能理解萨特今天对 1939 年的尼赞提出的那些异议，还有它们为什么对尼赞是没有力度的。他说，尼赞处于愤怒状态。但是，这种愤怒属于心情问题吗？如果它涉及到根本性的东

---

① 《阿拉伯的亚丁》序言，第 57 页。

西,那它就是一种应该还算恰当的认识方式。对于一个已经成为共产党人、日复一日地在党内活动的人来说,说过的和做过的事情都有一种分量,因为是他说了和做了它们。为了把1939年的转变看作它应该的那样,尼赞应该是一个木偶,他应该被摧垮了,他成为一个共产党人不是为了扮演怀疑论者的角色。也可以说,他本来应该只是一个同情者。萨特还说,党没有什么问题。他并不是由于党才死的。"大屠杀是由地球产生的,在到处都出现。"[1]我相信这一点。然而,这是相对地为党辩护,把它当作地球史的一个事实。对于在其中的尼赞来说,它要么是全部,要么什么都不是……。萨特指责说:"冲动之举"。"我对自己说,如果他还活着,抵抗运动会把他就像其他那些人一样带回到队伍中。"[2]到队伍中是肯定的。但是,到党的队伍中吗?那是另一回事。几乎正好相反:一个有权力的职位,一种特殊的标志。即使重新归队,他也不会忘记那段插曲。他离开的共产主义是那种要恢复大革命中的祖国和家庭的明智学说。他可能会重新发现一种冒险的共产主义,它在扮演了失败主义的角色之后,会通过抵抗运动来扮演大革命的角色,并期待着在战后扮演重建与和解的角色。即使他想这样做,对相信马克思主义真理的他来说,他能跟上这一步伐吗?如果每次都不表明立场,他可能会做到。从外面或在事后(这是同一回事)引经据典地解释共产主义的各种迂回曲折是一回事,策划阴谋和做骗子是另一回事。我记得,我于1939年10月在洛林写了一些

---

① 《阿拉伯的亚丁》序言,第60页。

② 同上书,第58页。

预言式的信,以马基亚维里主义的方式在苏联和我们之间分配各种角色。但是,我并没有经年累月地鼓吹苏维埃联盟。和萨特一样,我也是无党派的:这是平静地公正评价各个党派的最强硬姿态的一个好位置。我们没有错,但是,尼赞也有道理。外部的共产主义没有资格给共产党人上课。它有时比他们更愤世嫉俗,有时又不如他们愤世嫉俗,它在他们赞同的地方反对,在他们拒绝的地方容忍,它对共产党人的生活天然地缺乏理解。尼赞"忘记了学过的东西",但这也是学习。以他存在和做共产党人的那些理由为根据,如果他在 1939 年的反抗是一种后退,那么我们也把布达佩斯的起义叫作后退。

　　一个从焦虑出发,另一个从快乐出发,一个走向幸福,另一个走向悲剧,两者都向共产主义靠拢,一个通过其常规的一面,另一个则通过其阴影的一面,最后,两者都被事件抛弃;当他们的经验在这些深刻的篇幅中相互阐明时,萨特和尼赞也许从来没有像在如今这样彼此接近。现在,为了说出这一切将会导致何种结论,应该再援引这一思考从萨特那里夺取来的一些闪烁着才华的文字。在他那里未受损伤的是新奇和自由的意义:"除非创造它,我们不能重新恢复已经失去的自由;不要往后看,即使是为了确定我们的各种'本真'需要的尺度。"[①]但是,对于这种真正的否定性(它不满足于对同样的一些事物冠上一些不同的名称),我们现在能在哪里找到它的标记和武器呢? 对于十月革命那一代人的俄国没有提供给世界的东西,是否应该期待新的进程或一些新的民族呢? 我们 45

---

①　《阿拉伯的亚丁》序言,第 44～45 页。

能够转移我们的激进主义吗？但在历史中，没有纯粹而简单的结
转。让我们对年轻人说："依据你们的喜好，你们要做古巴人，要做
俄国人还是要做中国人，抑或要做非洲人？他们会回答我们说，要
想改变出身已经太晚了。"[1]在中国可能是明确的东西在这里至少
是不明确的和含糊的，两种历史不会一种影响另一种。即使中国
哪一天有了力量，谁敢肯定它将会解放比如说匈牙利或法国呢？
在 1960 年的法国，在哪里能够找到野性的自由的意义呢？一些年
轻人在他们的生活中维持这种意义，一些第欧根尼[2]派则在他们
的书中维持这种意义。它在哪里，让我们甚至不说它是在公共生
活中，而是在群众中？自由、创造在少数人那里，处在对立面中。
人被藏起来了，而且藏得很好，而这一次不应该弄错了：这并不意
味着他戴着面具在那里，准备好露面。异化不是对依据自然权利
属于我们的东西的简单剥夺，而中止这种剥夺、拿回被窃取的东
西、把我们应得的东西结转给我们不足以让异化停止。远为严重
的是：在面具下面，不存在面孔，历史的人从来都没有成为人，然
而，没有人是孤单的……

　　因此，我们看出了萨特以何种名义、在哪种意义上能够在今天
重提年轻尼赞的要求，并把它交给反抗的年轻人。"尼赞苦涩地谈
到那些与我们的女人做爱并想要阉割我们的老家伙。"[3]他写道：
"只要人不是全面而自由的，他们在夜里就会做梦。"[4]他说："爱是

---

① 《阿拉伯的亚丁》序言，第 17 页。
② 第欧根尼(Diogènes，约前 412～前 324)，古希腊哲学家。
③ 《阿拉伯的亚丁》序言，第 29 页。
④ 同上书，第 30 页。

真实的,但有人阻止我们去爱;生命可能是真实的,它能够产生一种真实的死,但有人要我们甚至在出生之前就死去。"①因此,有了我们的兄弟,爱就在那里,有了我们的姐妹,生命就在那里;即使我们的姐妹是身体的死亡,也如同一种出生一样充满希望。**存在**就在触手可及之处,只需要让它摆脱老人和富人的统治。你们欲望吧,你们贪得无厌吧,"把你们的愤怒引向那些激起它的人,不要试图回避你们的痛苦,要找出其原因并清除它们。"②唉!他随后讲述的尼赞的故事足以表明,要找到真正的原因不是那么容易的。清除它们,这恰恰是敌人在那里难以被抓住的一场战争的口号。全面的人,即不做梦的、因为满意地生活而能够满意地死去的、因为面对其死亡而能够热爱其生命的人,就像雌雄同体的神话一样,是我们缺失的东西的象征。

　　由于这种真理太过粗暴,所以萨特用年轻人的语言,用年轻尼赞的语言来重新表达它。"在一个将其女人保留给老人和富人的社会里……"③这是儿子们的语言。这是我们在每一代人那里都听得到的俄狄浦斯④式的话。萨特说得非常好:每一个儿童在成为父亲的时候,既杀死了其父亲,又重复其父亲。让我们补充一点:好父亲是无法追忆的童稚行为的同谋者,他把自己交给他的童年在那里得以复活、并且确认他是父亲的谋杀。宁愿是一个罪犯,也不要作一个阳痿者。向儿童掩盖生活的高级伎俩。这个邪恶的

---

①　《阿拉伯的亚丁》序言,第 45 页。

②　同上书,第 18 页。

③　同上书,第 29 页。

④　俄狄浦斯(Œdipe),希腊神话中的悲剧人物。

世界是"我们为他们造就的"①世界。这些被毁坏了生活是"我们造成的……，我们今天为年轻人制造的"②生活。然而，这不是真的。我们并不真的在任何时候都是事物的支配者，在一些明确的问题摆在我们面前时，我们也并不真的由于轻浮而搞坏了一切。在读这篇序言时，年轻人将确切地得知他们的长辈过的并不是如此轻松的生活。萨特溺爱他们。毋宁说，他确切地按照一贯的模式（它对他的那些年届四十多岁的精神之子来说是严厉的），把一切都交给了那些追随者，并且把他们抛入竞争的永恒轮回之中。有道理的是尼赞，他是你们的人，请你们读读他的著作……。我想47 补充一点：请你们也读读萨特的著作。比如，这个如此有分量的短句："各种相同的理由拿走了我们的幸福，还回给我们的永远都是不能享受幸福。"③他想说的是各种相同的原因，而且快乐的是另一人类而不是这一人类吗？这将是像帕斯卡尔④那样把一切都寄托在彼岸。在其它地方他说的是各种相同的理由。因此，失败不是一个偶然事件，那些原因在我们这里有一些同谋者。只指责自己和只相信各种外部原因，有着同样的缺点。总而言之，这始终都落在边上。恶并不是由我们或由其他人造成的，它是在我们已经在我们之间编织起来的、窒息我们的这个织体中诞生的。哪些充分强硬的新人有充分的耐心来真正地解开它呢？

结论不是反抗，而是决不屈服的品德。对那些相信得救、相信

---

① 《阿拉伯的亚丁》序言，第 18 页。
② 同上书，第 16 页。
③ 同上书，第 51 页。
④ 帕斯卡尔（B. Pascal，1623～1662），法国哲学家。

在所有秩序中只有一种得救方法的人来说,是失望。对相信历史如同一把折扇那样能折回到自身中的人来说,我们的历史——空间在那里重新出现,中国、非洲、俄国、西方在那里不以相同的步伐进展——是一种没落。但是,如果这种时代哲学仍然是对旧的苦难的一种梦想,那么我们为什么要以它的名义如此高调地评判现在? 不存在普遍的时钟,而是有一些局部的历史在我们眼前成形,并且开始自己调整自己,尝试着一个与另一个相互连接,要求生存下去,在大量的冒险和对它们的混乱之意识给予它们的智慧中肯定权贵。世界比起以往任何时候来都更加在其所有部分中面对它自身在场。在世界资本主义中、在世界共产主义中,以及在两者之间,比起二十年前有更多的真理在流传。历史永远不会供认,甚至不会供认它的那些破灭的幻想,但它也不会重新开始它们。

(1960 年 2 月和 9 月)

一　间接语言与沉默的声音:答萨特

49　　我们已经从索绪尔[1]那里学到的是,符号单个地说并不意指任何东西,它们中的每一个与其说表达了一个意义,不如说标示了它自己与其它符号之间的意义差别。既然我们可以同等地谈论其它那些符号,那么语言就是由一些差异而不是由一些词项构成的,或更确切地说,词项在它那里只不过是由在它们之间显现出来的差异产生的。(这是一个)难以被接受的概念,因为常识会回应说,如果词项 A 和词项 B 根本就没有意义的话,那么我们就看不出在它们之间如何会有意义的对比;如果交流真的是从被说出的语言整体通向被听到的语言整体,那么就应该知道语言以便学会它……但是,这种异议与芝诺[2]的那些悖论出自相同的类型:如同它们通过运动的进行而得以克服一样,它也通过言语的使用被克服。这种使语言能够在学习它的人先于自己、教会了自己,并且暗示了自己的破译的循环,或许就是那种界定语言的奇迹。

　　语言是被教会的,在这个意义上,我们的确不得不从各个部分50 走向整体。在索绪尔那里居于第一位的整体,也许不可能是像语

---

①　索绪尔(F. de Saussure,1857～1913),瑞士语言学家。
②　芝诺(Zénon,前 490～前 425),古希腊哲学家。

法书和词典所记录的完整语言的明确而有关联的整体。他没有看到像一个哲学体系——其所有元素（原则上）能从一个唯一的观念推导出来——的整体性那样的逻辑整体性。既然他正好拒绝把除"区分性"之外的任何其它意义给予符号，他就不可能把语言建立在由各种肯定的观念构成的一个系统之上。他谈到的统一性是一种共存的统一性，就像一个拱顶的那些一个支撑另一个的元素所构成的统一性一样。在这种类型的一个集合中，语言的那些习得的部分一开始就相当于整体，各种进步与其说是通过补充和并列，不如说是通过一种在自己的方式上已经完整的功能的内在衔接来实现的。我们很早就知道，在儿童那里，词首先是作为句子起作用的，甚至某些音位有可能是作为词起作用的。但是，今天的语言学更精确地考虑语言的统一性，从词——或许甚至从形式和风格——的起源上隔离出一些"对立的"和"相对的"原则，索绪尔式的符号定义更严格地适用于它们而不是词，因为这里涉及的是语言的组成部分，这些部分就其自身来说并不拥有可确定的意义，其唯一的功能只是使那些严格意义上的符号的区分成为可能。不过，这些最初的音位对立可能是不完全的，它们完全可能在随后的其它维度中变得丰富起来，语链将找到其它一些自我区分的手段；重要的是，音位一开始就是一种唯一的言语机制的一些变体，而依靠它们，儿童似乎已经"捕捉到了"符号的一种相互区分的原则，并且同时获得了符号的意义。因为与交流的各种最初尝试同时的音位对立，与儿童的咿呀学语没有任何关系地出现了、展开了、咿呀学语通常受到音位对立的抑制，咿呀学语无论如何在此后只保持一种边缘的实存，它的各种材料不会被整合到真正言语的新系统中,仿佛以只是对自己说话的咿呀学语之元素的名义拥有一种声音和作为一项交流活动的环节拥有一种声音,不是同一回事。因此,我们可以说,儿童从那时起才说话,他后来学的只是以不同的方式运用言语的原理。索绪尔的直观被明确化了:依靠最初的那些音位对立,儿童开始把符号与符号的边音联诵——借助它在所涉及的语言中具有的特殊形式——理解为符号与意义的一种最终关系的基础。音位学家之所以能够把他们的分析延伸到那些词之外,直至各种形式、直至句法,甚至直至各种文体学上的差异,是因为正是语言整个地作为表达的风格、作为摆弄言语的独特方式,已经随着最初的那些音位对立被儿童预先把握了。被说的语言整体在他周围就像一个漩涡那样抓住了他,通过它的各种其内部关联吸引了他,并且几乎把他一直引向整个这一声音将意指某个东西的时刻。语链由于它自己而形成的不懈的交叉印证,话语据之得以显然地被构成的一个音位系列有朝一日的不容置疑的出现,最终使儿童突然倒向了讲话者一边。只有作为整体的语言才能够使我们明白语言如何把儿童引向它自己,他如何开始进入这个我们认为只有从里面才能打开其大门的领域。这是因为符号从一开始就是区分性的,因为符号由于自己而构成自己、组织自己,因为符号有一个内部,符号最终宣告了一种意义。

在各个符号边上产生的这种意义、整体在各个部分中的这种迫近,可以在整个文化史中找到。存在着布鲁内莱斯基[①]在与地形的一种确定关系中建造佛罗伦萨大教堂穹顶的时刻。应该说他

---

① 布鲁内莱斯基(F. Brunelleschi,1377～1446),意大利文艺复兴时期的建筑师。

已经与中世纪的封闭空间决裂,并发现了文艺复兴时期的普遍空间吗?但是,从一种艺术操作转到把空间当作世界环境来精心运用还有许多事情要做。那么,应该能说这种空间尚未存在吗?但 52是,布鲁内莱斯基已经制造出了一个奇特的机械,在它那里,圣洗堂和市政议会厅两个视点,连同围绕着它们的那些街道和广场反映在一面镜子中,而一块光滑的金属板在这上面投射来自天空的光线。因此,在他那里有一种空间研究、有一个空间问题。同样,也很难说广义数在数学史中是从何时开始的:它在己地(即,如同黑格尔所说的,在把它投射到数学史中的我们看来)已经处在带分数中,而带分数在代数数之前已经把整数纳入一个连续的系列中——但是,它是在不知道的情况下处于其中的,它不是为己地在那里的。同样,应该放弃确定拉丁语转变为法语的时刻,因为那些语法形式在被系统地使用之前就已经是有效的、就已经明确起来,因为语言有时长期地酝酿着将突然降临的各种转变,因为在语言那里,对各种表达方法的列举是没有意义的,那些已经过时的表达方式继续在它那里维持一种递减的生命,而那些将取代它们的表达方式的位置有时已经被标示出来,尽管这只能以一种缺陷、一种需要或一种趋势的形式。即使在有可能确定一种为己原则出现的时期的时候,这一原则在这之前就已经作为一种烦忧或预期出现在文化中,把它作为明确含义提出来的意识觉醒只是使它的长期酝酿通过一种有效的意义完成了。然而,这种意识觉醒从来都不是没有残余:文艺复兴时期的空间在后来也会被设想为一个可能的绘画空间的非常特殊的例子。因此,文化从来不会给予我们一些绝对透明的含义,意义的发生从来没有完成。对于我们有充分理由称为我们的真理的东西,我们只有在注明了我们的知识之时期的那些符号的语境中才能予以沉思。我们只与其意义不可能单独被确定的那些符号的一些结构打交道:这些意义只不过是那些符号一个向另一个表现自己、一个与另一个相区分的方式,而我们没有从一种含糊的相对主义中获得忧郁的安慰,因为这些方法中的任何一个方法都确确实实是一个真理,并且将在未来的更全面的真理中获得保全……

就涉及语言而言,如果是符号与符号的侧面关系使符号中的每一个都是有含义的,那么意义只是出现在各个词的相汇处以及间隙中。这阻止我们像通常所做的那样设想语言和其意义的区分和结合。我们相信意义原则上超越于符号,就像思想原则上将超越于一些声音标志或视觉标志一样,——而且我们相信意义内在于符号,因为它们中的每一个一劳永逸地获得了自己的意义,既不会在自己和我们之间塞入任何不透明性,甚至也不会供我们去思考:符号也许只有一种告诫作用,它们提醒听者应当考虑他的各种思想中的某一种。说实在的,意义并不是以这种方式寓于词链中的,也不是以这种方式与之相区别的。如果符号只在它向其它符号显示其轮廓的范围内表示某个东西,那么它的意义完全寓于语言中,言语总是在言语的背景上起作用,它只不过是说话的庞大系统中的一个褶皱。为了理解它,我们并非必须查询某一内部词汇(它对照一些词或形式把它们包含的一些纯粹思想提供给我们):我们只需要顺从于它的生命、它的区分和连接的运动、它的富有表情的姿势就行了。因此,存在着语言的一种不透明性:它不会在任何地方停止以便让位给纯粹的意义,它从来都还只是受到语言的限制,意义只有被嵌入词中才会出现在它那里。像字谜游戏一样,它只有通过符号之间的相互作用才能被理解:被单独考察的每一个符号都是有歧义的或者是寻常的,只有它们的结合才能产生意义。在说话者那里,就像在听话者那里一样,语言与对那些完全现成的含义进行编码或解码的技术确实不是一回事:它首先应该使它们以可定位的实体的名义实存,把它们作为各种语言动作一致同意地显示的东西置于语言动作的交织之中。我们对思想进行的各种分析,使得它在找到它的那些词之前,就好像已经是我们的句子寻求传达的一种理想的文本。但是,作者本人并不拥有他能够将之与自己的作品相对照的文本,并不拥有先于语言的语言。他的言语之所以使他满意,是因为它达至了它规定自己条件的平衡,是因为它达至了一种无原型的完善。语言远不只是一种手段,它是如同一种存在那样的某种东西,这就是为什么它能如此完美地使某人面向我们在场;在电话里的一位朋友的言语能够把自己给予我们,就好像整个地在以这种方式打招呼、在告辞、在开始和结束他的话、在透过那些没有说出的东西逐步推进。意义是言语的整体运动,这就是为什么我们的思想在语言中延伸。这也就是为什么我们的思想也穿过语言,就像动作超越它的那些经过点。语言在充满我们的精神,不为一种不纳入其振动中的思想留出最小的位置的那一时刻,并且正是在我们把自己交给它的范围内,超越"些符号"而通向符号的意义。没有任何东西还能把我们与这一意义分开:语言不预设它的对应表,它自己揭示自己的各种秘密,把它们告诉给每一个来到世上的儿童,它完全就是指示。它的不透明性、它对自身的固执参照、它朝向自身的回归和折返,正是使它成为一种精神力量的东西：因为它也会轮到成为某种东西，像一个世界那样，能够让事物本身停留在它那里——在把它们变成它们的意义之后。

然而，如果我们从我们的精神中驱逐出关于原文——我们的语言也许是它的译本或密码版——的观念，我们就将看到，关于完整表达的观念是无意义的，任何语言都是间接的或暗示的，如果你愿意，也可以说就是沉默。意义与言语的关系不再可能是我们总是看到的点对点的一致。索绪尔还指出，英语说 the man I love（我爱的那个男人）表达得和法语说 l'homme *que* j'aime（我爱的那个男人）一样完整。我们会说，法语中的关系代词在英语中没有获得表达。实际情况是，它不是通过一个词获得表达的，而是通过词与词之间的空白进入语言的。但是，我们甚至不说它在那里被省略了。这种省略概念素朴地表达了我们的信念：一种语言（通常是我们的母语）能把事物本身纳入它的各种形式中，任何其它语言，如果它也想到达它们的话，至少应该暗暗地使用同样的一些工具。然而，法语对我们来说之所以能够通达事物本身，显然不是因为它复制了存在的各种关联：它有一个不同的词用以表达关系，但它并不以一种特殊的词尾来标出补语功能；我们可以说，它省略了德语所表达的性数格变化（俄语所表达的体，希腊语所表达的祈愿式）。在我们看来，法语之所以看起来对于各种事物是移印的，不是因为它就是如此的，而是因为它通过从符号到符号的各种内在关系给予我们它就是如此的错觉。但是，the man I love 也同样如此。符号的不在场可能是一个符号，表达并不是把一个话语元素配接给一个意义元素，而是针对突然偏离自己、走向自己的意义的语言的一种语言作用。说话,不是把一个词置于每一个思想之下:如果我们这样做,那么什么都不会被说出来,我们就不会有生活在语言中的感受,我们停留在沉默中,因为符号在属于自己的意义的一种意义面前立即就自行消失了,因为思想从来都只与一些思想相遇:它想要表达的那种思想,它将以一种明确的语言形成的那种思想。相反,我们有时感觉到,一种思想已经被说出了——不是被一些语言标记所取代,而是被纳入到各个词中并且在它们那里变成为可自由支配的,——最后,存在着各个词的某种力量,因为在一些作用于另一些时,它们有距离地为思想所萦绕,就像潮汐被月亮所萦绕一样,而且它们比其中每一个要更加专横地在这种潮涌中唤起自己的意义:它们中的每一个仅仅带回来它将会是其无关紧要的、预先规定的标志的一种虚弱含义。在自己拒绝说出事物本身时,语言在不容置疑地说。如同代数学使我们不知它们是什么的一些大小获得考虑一样,言语也区分了其中每一个都不能够单独被认识的一些含义,语言正是由于把它们当作是可以被认识的,由于为我们提供了关于它们、它们的交流的一幅抽象画像,才以在转瞬之间把最明确的认同强加给我们而告结束。语言在不是复制思想,而是让自己被思想瓦解和重建时,才意指。它含有自己的意义,就像足迹意味着一个身体的运动和努力一样。让我们区分已构成的语言的经验使用和创造性使用,前一种使用只能够是后一种使用的结果。在经验语言的意义上是言语的东西(即对一个现成符号的及时诉诸),从真正语言的角度来看就不是了。正如玛拉美①所说,它是有人无言地放在我手中的已经磨损的硬币。相反,真正的言语,那种在意指着的,最终使"所有花束的不在场"在场并且把囚禁在事物中的意义释放出来的言语,就经验的使用而言,只不过是沉默,因为它将不会到达普通名词的程度。语言不言而喻是倾斜的、自主的,而且,即使出现它直接地意指一种思想或一个事物的情况,这也只不过是一种派生自其内在生命的第二位的能力。因此,和织布工人一样,作家也是在反面朝外地进行工作:他只是与语言打交道,就是这样他突然被意义包围了。

如果这是真的,那么他的活动与画家的活动就没有很大的不同。我们通常说,画家透过由各种颜色和线条组成的无声世界让我们感动,在我们这里唤起一种没有表示出来的,我们只有在盲目地运用过它、在喜欢上作品之后才能够正确地驾驭的解码能力。相反,作家则处在一些已经被推敲过的符号中,处在一个已经在说话的世界中,他向我们要求的只是一种根据他推荐给我们的那些符号的指示来重新调整我们的各种含义的能力。但是,如果语言同等地通过在词之间的东西和词来表达呢?同等地通过它没有"说出"的东西和它"说出"的东西呢?如果存在着一种隐藏在经验语言中的二阶语言(符号将把各种颜色的模糊生命重新引向它那里,含义在它那里不会完全摆脱各个符号之间的交流)呢?

绘画活动有两个面:存在着我们添加在画布上某一处的颜色斑点或颜色线条,存在着与它们没有共同尺度的它们在整体上的效果,因为它们几乎什么都不是,却足以改变一幅肖像或一道风

① 玛拉美(S. Mallarmé,1842~1898),法国诗人,文学评论家。

景。鼻子贴着其画笔过于靠近地观察画家的人，只能看到其工作的反面。反面，就是普桑①的画笔或羽毛笔的微弱移动，正面，则是它开启的阳光通道。一架摄影机用慢镜头记录了马蒂斯②的创作。据说，印象是如此奇妙，以致马蒂斯本人也为之激动。用肉眼看从一个动作跳到另一动作的同一只画笔，我们看到它在一段缓慢庄重的时间里、在世界开端的一种临近中酝酿着，尝试着十种可能的动作，在画布面前跳舞，多次轻轻地触及它，并且最终就像闪电一样扑向唯一必需的轮廓线。当然，在这一分析中存在着某种人为的东西，而如果马蒂斯依据对胶片的信任，相信他那天确实在所有可能的轮廓线中进行了选择，就像莱布尼茨③的神一样解决了关于无穷小和无穷大的重大问题，那么他就弄错了；他不是造物主，他是人。他并没有通过他的精神注视掌握全部可能的动作，为了给他的选择提供理由，他不需要排除其它全部可能动作而只保留其中一种。是慢镜头列举了这些可能。被安顿在一段时间中和人的视觉中的马蒂斯，注意到了自己的已经开始的画布的开放整体，已经把画笔移向在呼唤它的轮廓线，以便绘画最终能成为它正在成为的东西。他用一个简单的动作解决了事后看来隐含着无穷数量的所予的问题，根据柏格森④的说法，就像在铁屑中的手一下子就得到了给它让出位置的复杂排列那样。一切都发生在人的知觉和动作的世界中，摄影机之所以为我们提供了事件的一个奇妙

---

① 普森（N. Poussin，1594～1665），法国画家。

② 马蒂斯（H. Matisse，1869～1954），法国画家、雕塑家、版画家。

③ 莱布尼茨（G. W. Leibniz，1646～1716），德国哲学家。

④ 柏格森（H. Bergson，1859～1941），法国哲学家。

的版本,是因为它使我们相信画家的手在有无数可能选择的物理
世界中活动。不过,马蒂斯的手确实犹豫过,因此,确实存在过选
择,而且被选择的轮廓线确实是以如下方式被选择的:对于马蒂斯
之外任何人来说,可以看到有 20 种未获得表现的、也无法获得表
现的状况散布在绘画上,因为它们只有通过创作这幅尚未存在的
绘画的意向才能够获得界定和规定。

　　这与真正具有表现力的言语,因此与处于其确立阶段的任何
语言并没有什么不同。有表现力的言语并不仅仅为一个已经获得
界定的含义选择一个符号,就像我们寻找一把锤子来敲进颗钉子,
或寻找一把钳子来拔出它一样。它围绕一种意指意向进行探索,
而这一意向并不依靠一个文本来引导自己,而是正在写下这一文
本。如果我们要公正地对待它,那么我们就应该想到本来可以出
现在它的位置上的、已经被放弃的言语中某几个;就应该感受到,
因为被放弃的言语本来可以以另一种方式触动和动摇语言的链
条,所以,如果这一含义要问世的话,这一言语在何种程度上真的
成了唯一的可能……最终说来,我们应该在言语被说出来之前考
虑言语,考虑不停地围绕着言语、言语如果缺了它就不能说出任何
东西的沉默背景,甚或应该揭示言语与之混杂在一起的那些沉默
的线索。对于那些已经获得的表达来说,存在着一种直接意义,它
逐点对应于一些已经确立的措词、形式和词。从表面上看,在这里
绝不存在空白、不存在任何在说话的沉默。但是,那些正在获得实
现的表达的意义不可能属于这一类型:这是一种融合到词中的侧
面的或倾斜的意义,——这是另一种摆脱语言或叙事的机制以便
为它争取一种新声音的方式。如果我们想要理解处于其最初活动

中的语言,那么我们就应该假装从来没有说过话,应该对它进行还
原(如果没有这种还原,通过把我们重新引向它向我们意指的东
西,它还是会逃离我们),应该像聋人注视正在说话者那样注视语
言,应该比较语言艺术和其它表达艺术,应该尝试着把它当作这些
无声艺术中的一种。语言的意义也许有一种决定性的优势,但是,
正是在尝试着进行比较时,我们才觉察到了或许使比较最终成为 59
不可能的东西。让我们以这样的理解开始:存在着一种沉默的语
言,而绘画以自己的方式说话。

＊　　　＊　　　＊

马尔罗①观察到,只有当我们已经把绘画和语言与它们所"表
象"的东西分开,以便把它们重新归并到创造性表达的范畴中时,
它们才是可比较的。因为它们在这种情况下作为同一尝试的两副
面孔而相互获得承认。在几个世纪中,画家和作家进行创作,毫不
怀疑他们的同源关系。但是,他们已经经历了相同的冒险乃是一
个事实。艺术和诗歌首先被奉献给城邦、诸神、圣物。只是在关于
一种外部力量的镜子中,它们才看到了它们自己的奇迹的诞生。
后来,两者都经历了作为圣物时代之世俗化的一个古典时期:艺术
在当时是对它最多能够加以美化的一种自然的表象,但要依据自
然本身向它提供的一些秘诀;正如拉布吕耶尔②所希望的,言语具
有的角色不外乎是重新发现由事物本身的一种语言事先为每一思
想所规定的正确表达,而对艺术之前的艺术、言语之前的言语的这

---

① 马尔罗(A. Malraux,1901~1976),法国作家、评论家、政治家。
② 拉布吕耶尔(J. de La Bruyère,1645~1696),法国作家。

种双重求助为作品规定了某个完善、完成或完满的点（它将让所有的人都认同作品，就如同是落入我们感官中的那些事物那样）。马尔罗出色地分析了现代艺术和文学予以质疑的这种"客观主义"偏见——但是，他或许没有估计到这种偏见扎根在何种深度，他或许过快地放弃了可见世界的领域，或许正是这一点导致他相反地把现代绘画定义为回归主体——回归"无与伦比的怪物"，并且把它隐藏在世界之外的一种秘密生活之中……我们应该重新开始他的分析。

　　因此，油画的优势（比起其它绘画，它让我们能够更好地赋予物体和人脸的每一组成成分一种分明的图像代理），对符号的探究（它们使得我们能够产生深度或立体的错觉，运动、各种形状、各种触觉值和各种不同质料的错觉——我们想到那些已经使天鹅绒的表象臻于完美的细致研究），在每一代人那里积累起来的这些程序和这些秘密，是在极限情况下能够到达事物本身、人本身的表象的一种一般技巧的诸要素，我们不能想象它们会包含偶然或模糊，它们对于绘画来说就在于与完全自主的机能相匹配。在这条道路上，一些已经跨出的步子不可能再收回。一位画家的职业、一个学派的各种创作、绘画的发展本身都走向一些杰作（在它们那里，到目前为止所要寻找的那种东西最终获得了，它们至少暂时地使从前的那些尝试成为无用的，而且标志着绘画的一种进步）。绘画也想和事物一样令人信服，想和它们一样能够到达我们：通过把一种不容置疑的景致强加给我们。它原则上依赖于被视为人与人之间交流的一种自然的、给定的手段的知觉器官。我们不是都有差不多以同样方式进行工作的眼睛吗？如果画家能够发现深度或天鹅绒的一些充分的符号,我们通过注视绘画,不是都会看到能够与自然相媲美的相同景致吗?

古典画家无论如何是画家,任何有价值的绘画无论如何都不在于单纯地进行表象。马尔罗指出,作为创造性表达的现代的绘画概念,更多地是对公众来说而不是对画家本身——他们始终在画画,哪怕他们没有提出关于绘画的理论——来说是一种创新。就是这一点使得古典画家的那些作品具有一种不同的意义,而且具有或许不止于他们所认为的意义,使得他们经常预示一种脱离自己的标准的绘画,并且保持为任何的绘画入门的说情者。在眼睛凝视世界的时刻,他们以为是在向世界要求一种充分表象的秘密,他们在不知不觉中进行了后来才成为有意识的这种变形。但在那时,我们不能用对自然的表象或用对"我们的五官"的参照来定义古典绘画,也因此不能用对主观的参照来定义现代绘画。古典画家的知觉已经属于他们的文化,我们的文化仍然能够形塑我们对可见者的知觉,不应该把可见世界交给那些古典方法去支配,也不应该把现代绘画封闭在个人的居处中;不必在世界和艺术之间、在"我们的五官"和绝对绘画之间进行选择:它们一个进入到另一个中。

马尔罗偶尔谈到,似乎各种"感官所予"在几个世纪以来一直没有变过,似乎只要绘画一参照它们,古典透视法就是必不可少的。不过,可以肯定的是,这种透视法是由人发明的把被知觉世界,而不是其移印投射在他面前的方式之一。它是对自发的视觉的一种有选择的解释,不是因为被知觉世界推翻了它的各种法则,为它规定了其它一些法则,而毋宁是因为它不要求任何法则,它不属于法则的秩序。在不受约束的知觉中,那些按照深度分级排列的物体没有确定的"表观大小"。甚至不应该说透视"骗了我们",裸眼看到的那些远处的物体比它们在一张图画或一张相片上的投影要"更大"——至少不是这种与那些远景和那些最近平面有一个共同尺度的大小。地平线上的月亮的大小是无法通过我拿在手里的硬币的一定数量的可整除部分来测量的,这涉及一种"远处的大小",一种像冷和热附着于其它物体一样附着于月亮的性质。在此,我们处在瓦隆①提到的那些"超事物"的秩序内,它们没有连同那些邻近物体被放在一种唯一的梯度透视中。超过某种大小和某种距离,就会出现所有的超事物在那里汇聚的大小之绝对,这就是为什么儿童会谈论太阳说它"像一座房子那么大"。如果我想由此回到透视法,那么我就应该停止不受约束地知觉一切,我就应该限

62 定我的视觉范围,我就应该依据我拥有的测量标准标示出我所谓的月亮和硬币的"表观大小",我最终应该把这些测量转到纸上。但是,在这期间,被知觉世界连同物体的真正同时性已经消失了,这一同时性并不就是物体平和地隶属于各种大小的一个唯一刻度。当我一起看硬币和月亮的时候,我的注视必定落在两者中的一个上面,另一个在我看来则处于边缘,——"近-看-的-小-物体"或"远-看-的-大-物体",——它是无法与前者类比的。我转到纸上的东西不是一些被知觉事物的共存,不是它们在我的注视面前的竞争。我找到了裁决它们之间冲突的手段,这一冲突构成为深度。我决定让它们在同一个平面上成为共同可能的;如果我把一

---

① 瓦隆(H. Wallon,1879～1962),法国心理学家,心理分析学家。

系列局部的和单眼的视觉凝结在纸上,而其中的每一视觉与活的
知觉场的诸环节是不可重合的,那我就能做到这一点。即使各个
事物彼此争夺我的注视,即使我的注视锚定在其中一个事物上面,
我依据自己的注视感受到了其它事物的诱引(它实现了这些事物
与前者的共存)——一个地平线的要求以及它对实存的企求,我现
在还是构造了一个表象:每一事物都停止把整个视觉引向自己,它
对其它事物做出一些让步,认可在纸上只占据由它们留给它的空
间。即使我的因为轮番完全接受和完全抛弃它们而不受约束地扫
视深度、高度和宽度的注视不受制于任何视点,我还是抛弃了这种
无所不在,我还是同意只让一只凝视着某条"地平线"的某个"没影
点"的不动的眼睛从某个观测点看到的东西出现在我的图画中。
(骗人的谦虚,这是因为,如果我通过在纸上投下一个透视的狭小
区域而抛开了世界,那么我也停止作为一个因为处在世界中而向
世界开放的人在看,我思考和支配我的视觉,就像当神考虑他所具
有的关于我的观念时所做的那样。)即使我有关于由各种麇集的、
专属的事物构成的一个世界(它只能通过在其间有得就有失的一
种时间旅程才能够被把握)的经验,无法穷尽的存在还是凝结在一 63
个有序的透视中:远景在那里甘心于只能是远景,如同被认可的那
样是难以通达的和模糊的,而近处的物体在那里则放弃了它们的
挑衅性的东西,按照景致的共同法则排列它们的内在线条,准备好
一旦有必要就变成为远景——总之,没有任何东西能够在那里吸
引我的注视、呈现为在场的样子。整幅图画处在结束或永恒的方
式之中;一切都呈现出得体和审慎的样子;事物不再考问我,我也
不再受到它们的连累。如果我在这一技巧上再添加空中透视的技

巧，我们就会感觉到，在绘画的我和那些在注视我的景致的人在何种程度上支配着情景。为了模仿一种如此这般地呈现给所有人的实在，透视法远不只是一种隐秘的技艺；它是对一个在即时的综合中被贯穿地支配和把握的世界的创造，而自发的注视最多把这一世界的粗坯提供给我们：它徒劳地想要整体地把握所有这些事物，而这些事物的每一个则想整个地占有注视。古典肖像画的那些面孔始终服务于一种性格、一种激情或一种性情，——始终是富有意味的，而古典绘画的那些婴儿和动物，如此渴望进入人类世界、如此少地考虑回避它，以至显示了人与世界的相同的"成年"关系，尽管，当顺从于自己的幸运神灵，伟大的画家通过使偶然性在其中颤动而为这一过于自信的世界增添了一个新维度时，这种关系并不存在……

　　不过，如果"客观的"绘画本身就是一种创造，那么现代绘画因为想成为一种创造，我们就不再有理由将它理解为向主观的过渡，理解为荣耀个人的仪式，——在这里马尔罗的分析在我们看来不是那么可靠。他说，在绘画中只有一个主体：画家本人。[①] 这不再是有人，比如夏尔丹[②]，所寻求的桃子的柔滑，而是像布拉克[③]所寻求的绘画的柔滑。古典画家是在不知不觉中成为他们自己的；而

----

　　① 《想象的博物馆》，第 59 页。这几页在《艺术心理学》的确定版本出版时(《沉默的声音》，Gallimard 出版社出版)已经写成了。我们引用的是 Skira 版。(《艺术心理学》是马尔罗的代表作之一，分为《想象的博物馆》、《审美的创造》、《绝对的零头》三卷，其中，《审美的创造》在梅洛-庞蒂的未刊稿《世界的散文》中为《艺术的创造》。——译注)

　　② 夏尔丹(J. B. Chardin，1699~1779)，法国画家。

　　③ 布拉克(G. Braque，1882~1963)，法国画家。

现代画家则首先想成为原创性的，他的表达能力对于他来说是与自己的个体差异相混的。① 既然绘画不再是为了信仰或为了美，那它就是为了个体②，它乃是"经世界被个体所吞并"③。因此，艺术家将"来自于有野心者、吸毒者的家庭"④，并且就像他们一样沉溺于出自他自己的固执的享乐、出自恶棍的享乐，即出自在人那里却摧毁人的一切东西的享乐……。然而，很清楚的是，我们的确很难把这些定义用到比如塞尚⑤和克利⑥那里。至于现代艺术家（他们把草图当作绘画提交出来，他们的每一幅画作为生命的某一时刻的签名都要求在一系列连续的画的"展出"中被看到），这种对未完成的东西的容忍可能意味着两种情况：要么实际上他们已经放弃了作品，只追求直接的东西、被感觉者和个体的东西，就像马尔罗所说，"原始表达"；要么完成作品，客观的、令人信服的表象对于各个感官来说不再是真正完成了的作品的手段或符号，因为从此以后，表达透过他们亲历的共同世界从人走向人，不必经由各个感官或大自然的匿名领域。波德莱尔⑦曾经写道——用马尔罗及时提醒我们的一句话——，"一部完成了的作品并不必然结束了，而一部结束了的作品并不必然完成了。"⑧因此，完成了的作品并不是像某一事物那样的在己地实存着的作品，而是影响了它的观看

①　《想象的博物馆》，第79页。
②　同上书，第83页。
③　《绝对的零头》，第118页。
④　《审美的创造》第144页。
⑤　塞尚（P. Cézanne，1839～1906），法国画家。
⑥　克利（P. Klee，1879～1940），瑞士画家。
⑦　波德莱尔（C. P. Baudelaire，1821～1867），法国诗人。
⑧　《想象的博物馆》，第63页。

者的作品,它敦促他重新采取创作了它的动作,跳过了各种中介环节,不需要除被创造出的线条(一条几乎无形的轮廓线)的某一运动外的其它指导,敦促他重返画家的(从此以后发出声音的、可通达的)沉默的世界。存在着一些幼稚画家的即兴创作,他们没有学会他们自己的动作,而且以一位画家就是一只手为借口,认为有一只手就足以画画。他们从自己的身体中抽取一些细微的奇迹,就像一个忧郁的年轻人总是能够从他自己的身体——只要他以充分的自鸣得意来观察它——那里抽取能够支撑他对他自己的信仰的某种微小的奇特事物一样。但是,也有这样的人的即兴创作,这样的人转向他想要说出的世界,已经一句话唤起另一句话地最终构建了比他最初的叫喊更属于他自己的一种习得的声音。存在着自动写作的即兴创作、存在着《巴尔马修道院》的即兴创作。既然知觉本身从来都没有结束,既然我们的各种视觉透视要求我们表达和思考一个包含它们、超出于它们,并且通过像一句话或一条曲线那样的一些闪烁的符号来宣告自己的世界,那么为什么世界的表达会受制于各个感官的散文或概念的散文? 它应该是诗歌,也就是说,它整个地唤醒和重新召唤我们的进行表达的纯粹能力,超越于已经被说出或看见的那些事物。现代绘画提出了一个与向个体回归问题完全不同的问题:问题在于知道我们如何能够不求助于一种前定的、我们的全部感官都向之敞开的自然而进行交流,我们如何借助自己最本己地拥有的东西而与普遍结合起来。

　　这就是我们能够让马尔罗的分析向之延伸的那些哲学之一。只是应该把它与在他那里占据首要地位的关于个体或死亡的哲学(对于那些圣物文明并非不带有某些怀旧的感情)分别开来。画家置入绘画中的，不是直接的自身，不是感觉行为的细微差别，而是他的风格；对自己的各种尝试、对其他人的绘画、对世界，画家都要掌握这一风格。马尔罗说，一位作家在学会用自己的声音说话之前，需要多少的时间！就像我们一样没有铺展在自己面前的作品，而只是在创作它的画家，在从其早期那些画作中认出属于其完成的作品中的线条之前（只是如果他没有骗自己的话），又需要多长的时间！进而言之，画家并不比阅读自己作品的作家更能够看清自己的绘画。正是在其他人那里，表达才突现出来并且真正变成为含义。对于作家或画家来说，只存在着我们也称之为内心独白的那种从自身到自身的暗示、那种对个人嗡嗡声的熟悉。画家创作并留下了形迹，除非他在作为消遣以便由此重新发现自己变成了什么的时候涉及旧的作品，否则他不会喜欢那么多地看自己的作品：他更愿意拥有自身，他在成熟时期的语言突出地包含了他的早期作品的缺点。不向它们回头，而且只是因为它们已经实现了某些表达活动，他具有了一些新的器官；而且，体验到有待于说出的东西超出了它们的已经被证实的力量，他能够——除非一种神秘的疲劳起作用，其例子不止一个——在同一个方向走得"更远"，好像每一步都要求另一步并使之成为可能，好像每一成功的表达都为精神自动机规定了另一任务，或者还确立了一种永远不会结束检验其有效性的制度。这一"内在图式"对于每一幅新的绘画来说总是更强制的（以致马尔罗说，著名的椅子成了"梵高这一名字的原始的表意文字"），但对于梵高来说，在他的早期作品中，甚至在他的"内在生命"中都无法辨认出这一"内在图式"（因为那样的话，梵高就不需要绘画以便重新回归自身，他会停止绘画），它就是这一生命本身,因为生命离开了它的内在性,停止享受自己,成了理解和使人理解、看和让人看的普遍手段,——因此,它不是被封闭在沉默个体的内心深处,而是扩散到他所看见的一切东西中。在风格对其他人来说变成偏好的对象、对艺术家本人来说是愉悦的对象(极大地有损于其作品)之前,应该存在着这一多产的时刻:风格在此时在他的体验之表面萌芽,一种展开着和潜存的意义在此时找到了应该能够释放这种意义、并使之被艺术家运用自如,同时能够被其他人理解的标志。即使画家已经画过画,即使他在某个方面成了自己的主人,和他的风格一起被提供给他的东西也不是一种方式、不是他能够对之清点的一定数量的程序或怪癖,而是一种像其侧影或其每天的动作一样也够被其他人认识、而对自己来说几乎不可见的一种表述模式。因此,当马尔罗写道,风格是"依据发现世界的人的各种价值来重新创造世界的手段"[1],或者它是"被提供给世界的一种含义的表达,是呼唤,而不是一种视觉的结果"[2],或者,最后,它是"向人类对永恒世界——它把我们带到依据神秘节奏进行的星球漂移中——的脆弱透视的还原"[3]时,他没有置自己于风格本身的运作之中;和公众一样,他从外部注视这一运作,他指出它的某些结果(真正说来,它们是轰动性的),——人对世界的胜利,——但画家没有看到它们。正在创作的画家不知道人与世界、含义与荒谬、风格与"表象"的二律背反;他过于专注地表达他与世界的交流而没有自鸣得意于似乎不知不

---

[1] 《审美的创造》,第 51 页。

[2] 同上书,第 154 页。

[3] 同上。

觉地诞生的一种风格。完全真实的是，在现代画家看来，风格远不止是一种表象手段：它没有外部模特儿，绘画并不先于绘画而存在。但是，不应该就像马尔罗所做的那样得出结论说：对世界的表象对画家来说只不过是一种风格的手段①，仿佛风格能够在与世界的任何接触之外被认识和规定，仿佛它是一种目的。应该看到它出现在作为画家的画家的知觉的境遇中：它是一种出自他的知觉的要求。马尔罗在自己的那些最佳段落中说到了这一点：知觉已经在风格化。一个路过的女人在我看来首先不是一个有形的轮廓、一个着色的人体模型、一个景致，而是"一种个体的、情感的和性的表达"，是某种作为肉的方式（整个地给定在步态之中，甚或在脚后跟对大地的独一无二的撞击之中，就像弓的张力呈现在木料的每一纤维之中），——是我因为自己是身体而拥有的走路、注视、触摸、说话的标准的非常引人注目的变体。如果此外我还是画家，那么将在画布上画出的就不再仅仅是一种生命的或肉欲的价值，在画面上将不仅仅有"一个女人"，或"一个不幸的女人"，或"一个制作女帽的女工"，而且也将有寓居世界，对待它，通过面孔和服饰、通过动作的敏捷和身体的迟钝来解释它的方式——简言之，与存在的某种关系——的标志。但是，真正图像的这种风格和这种意义，即使它们并不在见到的女人那里（因为绘画在那时已经完成了），也至少是由她唤起的。"任何的风格都是对世界的一些元素——它们让风格能够被引向世界的那些重要部分的一个——的

---

① 《审美的创造》，第 158 页。

赋形。"当世界的各种所予被我们置于一种"一致的变形"①中时，含义就存在了。绘画中全部可见的、精神的矢量向一种相同的含义 X 的汇聚，这在画家的知觉中已经初露端倪。一旦他进行知觉，即一旦他在各种事物的不可进入的充实中安排某些窟窿和某些裂缝、一些图形和一些背景、一个高和一个低、一种常规和一种偏离，一旦世界的某些元素获得了维度的价值（从那以后，我们就把一切其余的东西都转到它们上面，借助它们的语言来表达之），这一汇聚就已经开始了。在每个画家那里，风格都是他为了这一显示的作品而构建的等价物的系统，都是"一致的变形"——他正是通过它才把依然散乱的意义集中在知觉中了，并且使它充满表现力地实存——的普遍标示。作品不是远离事物地、在画家拥有并且独白拥有其钥匙的某个私人实验室里被做成的：不管注视一些真花，还是注视各种纸花，他始终都想着自己的世界，仿佛他藉以显示它的等价物的原理长期以来就埋藏在它那里。

69　　　在这里，作家不应该低估画家的工作和研究，这一与思维的努力如此相似的、使我们能够谈论绘画语言的努力。确实，画家把自己的刚刚从世界场景中抽取出来的等价物的系统重新投注在画布上的一些颜色中、一个准空间中。与其说绘画表达意义，毋宁说它浸润绘画。"在各各他②上空的黄色裂缝，……是一种成为了事物的焦虑，一种转变成了天空的黄色裂缝的、立刻由于事物特有的性质而被淹没和变得黏糊起来的焦虑……"③意义与其说通过绘画

---

① 《审美的创造》，第 152 页。

② 各各他(Golgotha)是耶稣遇难之处。——译注

③ 萨特：《境况》，第二卷，第 61 页。

显现出来,不如说沉入其中,"就像一团热雾"①在它周围颤动。这
是"就像一种巨大而徒劳的、始终都停留在天和地的中途的努力",
为的是表达绘画的本性阻止它去表达的东西。这一印象在语言的
专业工作者那里可能是不可避免的,这种情形对于他们,就像我们
在听我们说得不好的一种外语时所发生的情形:我们觉得它单调,
带有一种难以容忍的口音和味道,这恰恰是因为它不是我们的母
语,我们没有让它成为我们与世界的各种关系的主要工具。在不
通过绘画与世界建立联系的我们看来,绘画的意义仍然是受到约
束的。但是,对于画家来说,甚至对于我们来说(如果我们开始生
活在绘画中的话),它远不只是画布表面上的一团"热雾",因为它
宁可要求这一颜色或这一对象而不是其它颜色或其它对象,因为
它像必然要求一种句法或一种逻辑那样要求绘画的布局。因为并
不是整幅画都处在撒满它的这些细微的焦虑或局部的快乐之中:
它们只不过是一种不那么悲怆、但更加明显和更加持久的整体意
义的构成部分。马尔罗有理由援引看过雷诺阿②面对大海创作并
且走近他的加西斯旅店老板的轶闻:"这是一些在另一个地方沐浴
的裸体女人。他注视着不知什么东西,而且只是改变了一个小小
的角落。"马尔罗评论说:"大海的蓝色变成了《洗衣妇》③中的小溪 70
的蓝色。他的看,与其说是一种注视大海的方式,不如说是对他大
量地获取的这一蓝色深处所归属的一个世界的秘密转化。"④不管

---

① 萨特:《境况》,第 60 页。
② 雷诺阿(P. A. Renoir,1841～1919),法国画家。
③ 这里的《洗衣妇》为雷诺阿所创作。——译注
④ 《审美的创造》,第 113 页。

怎么说,雷诺阿在注视大海。为什么大海的蓝色属于他的绘画的世界?它怎么能够告诉他关于《洗衣妇》的小溪的某种东西?这是因为世界的每一个片断——尤其是大海,它那里时而波涛汹涌,翻若飞羽,时而浩瀚辽阔,平静无波——都包含着存在的全部类型的外观,而且借助于响应注视的追问的方式,它们唤起了一系列可能的变体,并告知我们除了这种方式本身之外的一种言说存在的一般方式。我们能够面对加西斯的大海画出一些浴女和一条小溪,因为我们向大海——只有它能够告知——询问的只是它解释和展示流动的实体,并且将其与自己组成一体的方式,总而言之,是水的各种显示类型的一种。我们能够一边注视世界一边画画,因为在其他人眼里将要规定画家的风格,在他自己看来可以在各种显象本身中找到,因为他相信自己在重新创造自然的那一刻是在拼读自然。"那些颜色和线条的某种不容置疑的平衡或不平衡,震惊了发现在那边的半开之门是另一个世界之门的人。"[①]另一个世界,——让我们这样理解它:画家所看到的,说着它自己的语言的世界,它只是摆脱了在后面拖住它并且将其维系在模棱两可中的无名重负。画家或诗人如何能够谈论他们与世界的相遇之外的东西呢?如果不谈论对世界的否定或拒绝,抽象艺术能够谈论什么呢?不过,朴实无华,对各种几何表面和形状的萦念(或者对纤毛虫和微生物的萦念,因为对生命的禁令奇怪地只开始于后生动物)仍然有一种生活的气息——即使涉及的是一种可耻的或绝望的生活。因此,绘画始终说出了某种东西,正是一种新的等价物系统明

---

① 《审美的创造》,142页。

确地要求这种震惊,而且事物之间的通常联系正是以它们之间的更真实关系的名义被解开了。最终说来不受约束的看、行动偏移并重组了画家的世界客体,诗人的词。但是,为了写出《灵光集》①,粉碎或燃烧语言是不够的,而马尔罗深刻地评论一些现代画家说:"尽管没有人谈论真理,但面对他们对手的作品,全都在谈论欺骗。"②他们不想要就是绘画与世界的相似这样的真理,他们接受一幅画与它自己相一致——使每一表达方式都带有某种使用价值的一种独特原则在它那里在场——这样一种真理的观念。不过,当出自画笔的纹路取代原则上完全重建各种显象,以便把我们导向羊毛和肉时,取代客体的东西并不是主体,而是被知觉世界的暗示逻辑。我们总是想有所意指,总是存在着某种要说出来的东西,我们或多或能够接近它。只是,梵高在画《麦地里的鸦群》时的"走得更远",不再指他应该向之迈进的实在,而是指为了恢复注视与吸引注视的事物、应该存在者与实际存在者之间的相遇,还需要做的东西。这种关系当然不是自我复制的关系。萨特说的有道理:"在艺术中,说谎往往是为了成真。"我们说,一次精彩绝伦的交谈的如实录音,在后来给人留下的是平淡无味的印象。录音中缺少了说话者的在场,各种动作,各种表情,对一件正要突然发生的事件、对一种连续的即兴发挥的感受。从此以后,交谈不再存在,被压扁在音响的独一无二的维度中,随着这一完全听觉的媒介成了一个被阅读的文本的媒介,它是更加令人失望的。艺术作

---

① 《灵光集》是法国象征主义诗人兰波(J. N. A. Rimbaud,1854~1891)的散文诗集。——译注

② 《绝对的零头》,第125页。

品——它通常恰恰只诉诸我们的感官之一，从来都不像实际体验
那样从各个方面包围我们——为了就像它所做的那样充满我们的
精神，应该是有别于冷漠的实存的东西，应该是像加斯通·巴什
拉[1]所说的"超实存"。但是，艺术作品并不出自任性，或如同有人
所说的出自虚构。现代绘画，如同一般的现代思想，要求我们承认
一种不相似于事物、没有外部模特儿、没有各种预定的表达工具，
却仍然是真理的真理。

如果我们就像我们试图做的那样，把画家重新放到与其世界
的接触中，我们或许就会发现，变形就不再是那么不可思议的了，
这一变形通过画家把世界转变成绘画，把画家（从其开始到其成
熟）变成为画家自己，最后，在每一代人那里都赋予过去的某些作
品以一种我们还没有察觉到的意义。当一位作家考虑绘画和画家
时，他有点像是处在背对作家的读者或思念不在场的女人的恋人
的位置。我们从作品出发设想作家，恋人把不在场的她归结为她
在其中获得了最纯粹的表达的某些词或某些态度。当他重新见到
她时，却想重复斯汤达的名句："怎么，仅此而已？"当我们结识作家
时，我们因为在其出场的每一时刻没有发现我们习惯于以他的名
字来指称的无瑕疵的本质、言语而傻傻地感到失望。那么，这就是
他在那个时代做过的事情？这就是他居住过的陋屋？这就是他的
朋友们、他与之一起生活的女人？这就是他关注的那些平凡琐
事？——但是，这一切都不过是梦幻，甚或是忌妒、隐秘的仇恨。
我们一定是在明白了不存在超人，没有人不必过一种人的生活之

---

① 巴什拉（G. Bachelard，1884～1962），法国哲学家，科学史家。

后,明白了所爱的女人、作家或画家的秘密不在其经验生活的某个
彼岸,而是如此地与他的各种平凡经验混杂在一起,与其世界知觉
如此遮遮掩掩地混杂在一起,以至不可能单独面对面地与它相遇
之后,才会真正地欣赏。读《艺术心理学》的时候,我们有时会想 73
作为作家,马尔罗当然知道这一切,但在涉及一些绘画时,他却忘
记了这一切,他把我们认为他不会从自己的读者那里接受的一种
相同类型的崇拜献给了它们,并最终神化它们。"有哪位天才不会
迷恋于绘画的这种极致、这种连时间在它面前都会颤抖的召唤?
这乃是拥有世界的时刻。但愿绘画不会走得更远,但愿老哈尔
斯①成为神。"②这也许就是他人眼里的画家。画家本人是一个在
创作的人,每天早晨,他都在事物的图形中重新发现同样的考问、
他总是仍在回应的同样的呼唤。在他眼里,自己的作品从来都没
有完成,它始终都在途中,以至没有人能够利用它来贬低世界。总
有一天,生命会远走,身体会消失,在其它时候并且更让人悲伤的
是,分散在世界各个场景中的考问不再被提出来。那时,画家不再
是画家,或者说他成了荣誉画家。但是,只要他在绘画,他涉及的
始终是各种可见者,或者,如果他是瞎子或成了瞎子,涉及的就是
他通过其它感官进入的,他用能看者的话语谈论的这个不容置疑
的世界。这就是为什么他的创作虽然对他自己来说是模糊的,却
仍然是受到指引的、有方向的。问题从来都只在于把已经开辟的
犁沟本身的印迹引向更远,在于重新开始或者普遍化已经在一幅

---

①　弗朗士·哈尔斯(F. Hals,1588~1666),荷兰画家。
②　《审美的创造》,第 150 页。

先前绘画的某个角度中,或者其经验的某个瞬间中出现的独特风格,而画家本人从来都没有能够指出出自于他的东西和出自于事物的东西,新作添加给旧作的东西,他取自其他人的东西和属于他自己的东西,因为这种区分没有什么意义。使表达活动成为一种假性永恒的这三重恢复,不仅仅是各种童话故事意义上的变形(在一种好斗的孤独中的奇迹、魔法和绝对创造),它也是对世界、过去和已经完成的作品所提要求的回应,是成就和友谊。胡塞尔使用创建(Stiftung)——奠基或确立——这一贴切的词首先来表示每74 一现在所具有的无限丰富性(正因为现在是独一无二的,正因为它在流逝,所以它将永远不会停止曾经存在并因此普遍地存在),尤其是各种文化产品的无限丰富性(它们在出现后就持续地有价值,并且开辟了它们在其中历久弥新的一个研究领域)。因此,正是自他看见它以来的世界、他画画的那些最初尝试和绘画的整个过去为画家留下了一种传统,即胡塞尔所说的忘记起源的,并且不是把一种残存(它是遗忘的虚伪形式)、而是一种新生命赋予过去的能力,这乃是记忆的崇高形式。

　　马尔罗强调在精神喜剧中存在的欺骗的、嘲讽性的东西:后人将之认作是双胞胎的德拉克罗瓦①和安格尔②这两位同时代仇敌;那些想要成为古典主义者,却只不过是新古典主义者,也就是其对立面的画家;避开了创造者的注意,只有当博物馆把分散在全球的各种作品汇集在一起,只有当摄影术放大了细密画,通过它的取景

---

　　①　德拉克罗瓦(F. V. Delacroix,1798~1863),法国画家。
　　②　安格尔(J. A. D. Ingres,1780~1867),法国画家。

改变了一幅画,把彩绘玻璃窗、地毯和钱币变成了绘画,并带给绘画一种始终是回溯性的对它自身的意识时,才成为可见的风格……但是,如果说表达进行再创造和产生变形,那么这一点对于先于我们时代的那些时代、甚至对于我们的先于绘画的世界知觉来说已经是真实的,因为它已经在各种事物中留下了一种人类制作的印迹。过去的作品,作为我们时代的所予,本身也超越先前的作品而走向我们所在的将来,并且在这一意义上召唤(除了别的以外)我们强加给它们的变形。我们不可能盘点一幅绘画——说出在它那里存在的东西和在它那里不存在的东西,——一如在语言学家们看来,我们不可能清点一个词汇表,并且出于相同的理由:不管在这里还是那里,问题都不在于符号的一个有限总量,而在于人类文化的一个开放领域或一个新器官。我们能够否认那位古典画家在画如此残卷时已经发明了这位现代画家的手势吗? 但是,我们能够忘记他还没有使它成为自己绘画的原则,并且在这个意义上,他还没有发明它,正如圣奥古斯丁①还没有以中心思想的名义发明我思,而只是碰到了它吗? 然而,正像阿隆②所说的,每一个时代从先前时代那里寻找到自己的梦想之所以是可能的,只是因为所有的时代都隶属于同一个世界。古典画家和现代画家都隶属于绘画的世界:从各个洞穴的岩壁上的那些早期图案到我们的"有意识"绘画,绘画都被设想为一项独一无二的任务。我们的有意识绘画之所以碰巧恢复了与我们的经验相去甚远的经验联系在

①　奥古斯丁(saint Augustin,354～430),中世纪哲学家。
②　阿隆(R. Aron,1905～1983),法国社会学家、哲学家。

一起的一些艺术中的某种东西,或许是因为它已经改变了它们,但也是因为它们已经预示了它,因为它们至少有某种东西要向它诉说,因为在它们那里的认为自己延续了各种原始恐惧或者延续了亚洲和埃及的恐惧的艺术家,秘密地开创了仍然属于我们、并且为我们呈现了这些恐惧的另一种历史,然而他们想要归属的那些帝国和信仰早就已经消亡了。绘画的统一性不仅仅在博物馆中,也在这一独特任务中:该任务是向所有的画家提出来的,它使得他们有朝一日在博物馆里将是可以比较的,使得这些火光在黑夜中交相辉映。那些洞壁上的各种早期图案把世界确定为是"需要描绘"或"需要勾画"的,唤起了绘画的一个不定的未来,正是这一点使得它们向我们诉说,使得我们通过它们在其中与我们进行合作的一些变形对它们做出回应。因此,有两种历史性。一种是反讽的、甚或是嘲讽的,是由曲解造成的,因为每一个时代都与其它时代——就如同与一些外来者——做斗争,把自己的各种忧虑和视角强加给它们。它与其说是记忆,不如说是遗忘,它是分裂、无知和外在性。但是,另一种历史性(第一种历史性没了它就会是不可能的)是由利益(它把我们带向不属于我们的东西)、由如下这一生命(它是过去在一种持续的交流中带给我们并且在我们这里发现的,它也在每一位在每一幅新作中都重新激活、重现恢复和重新推动绘画的整个历程的画家那里延续下去)逐步地构成和重建的。

76　　这一累积的历史(各种绘画在其中通过它们所肯定的东西而汇聚在一起),马尔罗通常让它从属于画家在其中因相互否定而相互对立的残酷的历史。在他看来,和解只有在死后才会发生,我们总是在事后才觉察到彼此对抗的画家回应的是使他们成为同时代人的独特问题。但是,如果这一问题不是早已在画家们那里出现并且起作用(即使不在他们的意识中心,至少也是在他们的创作视域中),那么我们就看不出未来的博物馆是从哪里使它涌现的。我们谈论画家近似于瓦莱里①谈论教士:他过着一种双重的生活,他的一半面包是用于祝圣的。画家确实就是这种易怒的、遭受苦难的人,对他来说,任何其它的绘画都是竞争的。但是,他的愤怒和憎恨是一件作品的废弃物。这个怀着嫉妒的不幸者在所有地方都随身携带着这个摆脱了他的各种萦念的不可见的复本:就像其绘画所揭示的那样的他自己;只有当画家同意不把自己当作神,不把自己的每一抹笔触都当作独一无二的来敬重时,才会清楚地认识到贝玑②所说的"历史的记载"所显明的一些演变关系或亲缘关系。马尔罗完美地表明,对我们来说,构成"一幅维米尔③绘画"的东西,不是这幅画好的画在某一天出自维米尔这个人的双手,而是绘画遵循等价的系统,依据该系统,它的每一个要素就如同百只钟表上的百根指针那样,标示了相同的偏向,是绘画说出的维米尔语言。如果伪造者不仅成功地重新采用维米尔的手法,而且还有维米尔杰作的风格,那么他可能就不再是一个伪造者,他可能是在一些古典画家的画室里为大师绘画的那些画家之一。确实,这是不可能的:在经历了几个世纪的其它绘画之后,而且当绘画的问题本身已经改变了意义时,我们不可能像维米尔那样自发地画画。但是,该画是由我们同时代人中的某一位秘密地制作出来的,这一事

---

①　瓦莱里(P. Valéry,1871～1945)法国诗人。

②　贝玑(C. Péguy,1873～1914)法国作家,独立派社会主义者。

③　维米尔(J. Vermeer 1632～1675),荷兰画家。

实只是在自己阻止它真正地汇入维米尔风格中的范围内，才能够起到对伪作进行定性的作用。这是因为维米尔的名字和每一位大画家的名字最终都指称像一项制度那样的某种东西；同样，历史的任务是在"旧制度的议会"后面或在"法国大革命"后面发现它们在各种人类关系的动力学中真正意指的东西，它们所代表的关系有何种调整；而为了做到这一点，应该指明这是次要的、那是主要的，同样，一种真正的绘画史应该透过所谓的维米尔绘画的直接外观去研究一种结构、一种风格、一种意义，因为疲劳、情势或自我模仿而夺去他的画笔的各种不协调细节（如果有这些的话）是不可能占据这些东西的上风的。绘画史之所以只有通过查验绘画才能判断一幅画作的真实性，不仅仅是因为我们缺乏最初的信息，而且因为一位大师的完整作品目录不足以让我们知道真正出自他的东西，因为他自身是处在绘画话语中的某种言语（它恰恰在没有寻找朝向过去和朝向将来的共鸣时引起共鸣），因为在他坚决地关注他的世界的严格范围内，他把自己与所有其它的尝试关联起来了。为了这一真正的历史能够从只关注事件并且始终不考虑降临的经验历史中涌现出来，回顾可能完全是必不可少的，——但是，它首先是在画家的整体意愿中获得描绘的；历史向过去看，只是因为画家首先已经向将要来临的作品看；只是在死亡中才存在着画家们之间的友谊，因为他们亲历了同样的问题。

在这方面，博物馆的功能就如同图书馆的功能一样，并非只是有益的。它确实为我们提供了手段，使我们能够把一些隐藏在整个世界的，被淹没在它们想要成为其装饰的各种祭仪或文明中的作品一起看作是一种单一的努力的诸环节，在这个意义上，它确立了我们的绘画之为绘画的意识。但是，绘画首先是在每一位进行创作的画家中，它在那里处于纯粹的状态中，而博物馆由于回顾的各种迷茫的快乐使它受到了损害。应该像画家那样，带着创作的适度欣喜走进博物馆，而不应该像我们那样，带着一种不完全货真价实的崇敬走进博物馆。博物馆带给我们一种强盗意识。我们不时会产生这样的想法：这些作品实际上不是为了完结在这些阴沉沉的墙壁间、不是为了星期天的闲逛者们或星期一的"知识分子们"的快乐而创作出来的。我们确实感觉到：有东西消失了，对陵墓的冥思不是艺术的真正环境，如此多的欢乐和辛劳、如此多的愤怒、如此多的劳作并不是注定要在有朝一日映照出博物馆的凄凉之光。通过把一些尝试变成为"作品"，博物馆使一部绘画的历史得以可能。然而，对人来说最重要的或许是，他们只有在并非刻意寻求伟大的时候，才能在其作品中达到伟大；画家和作家不太知道他们正在确立人性，这或许不是坏事；最终说来，当他们在自己的创作中延续艺术史时，比起让自己成为"业余爱好者"在博物馆里凝视它时，他们或许对艺术史有了一种更真实、更生动的感受。通过把作品与它们得以产生的环境的各种偶然性分开，通过使我们相信一些不幸在永远指引着艺术家的手，博物馆把一种虚假的声誉加到了它们的真正价值之上。每一个画家的风格就像自己的心跳那样生动，并且使他能够公正地认识到自己之外的任何其它努力，而博物馆却把这种隐秘的、谨慎的、非故意的、不自愿的，最终说来活的历史性变成了正式的和浮夸的历史。一种倒退的临近赋予我们对这样一位画家的友爱一种他对之完全陌生的细微悲怆感。在他看来，他的整个人生都在创作，而我们呢，我们认为他的

78

作品是某个悬崖边上的一些花朵。对我们来说，博物馆使画家变得像章鱼和龙虾一样神秘。这些在某一生命的活力中得以诞生的作品，博物馆把它们变成了另一个世界的奇迹；在博物馆的沉思气氛中，在它的防护玻璃罩下面，维持着作品的气息只是在表面的一丝脉动。博物馆扼杀了绘画的生动，就像——正如萨特所说——图书馆把首先是一个人的各种动作的那些写作变成了"信息"。它是死亡的历史性。存在着它只不过提供了其逝去之形象的一种生命的历史性：那种寓于创作中的画家——当他以一个单一的动作把他继承的传统和他建立的传统联系在一起时——的历史性；那种一下子就使他——他无需离开自己的位置、自己的时间、自己受祝福或被诅咒的创作——与世界上所有曾经被画过的东西相契合的历史性（它调解各种绘画，因为它们中的每一幅都表达了整个实存，因为它们全都是成功的，而不是因为它们全都已经结束了，并且是同等徒劳的动作）。

如果我们现在回忆起绘画，那么我们将会看到，它不会接受我们的纯洁主义想要在画家和其他人之间、在画家和他自己的生活之间增加的各种障碍。加西斯的旅店老板即使并不懂得雷诺阿将地中海的蓝色转换到了《洗衣妇》的水中，但仍愿意看雷诺阿作画，这也使他感兴趣，而且毕竟没有什么东西阻止他重新发现那些洞穴居民有一天没有传统地开辟出的道路。雷诺阿征求他的意见并极力取悦他应该是完全错误的。在这个意义上，他不是为了旅店老板而绘画。他本身通过他的绘画来界定自己期望被赞扬要受制的那些条件。但是，最终说来，他在绘画，他考问可见者并且产生出可见者。他正是向世界和海水讨要了《洗衣妇》之水的秘密，而且他为那些和他一道在世界之中忙碌的人开启了从前者到后者的通道。正如于耶曼①所说的，问题不在于说他们的语言，而是通过表达自己来表达他们。画家与他自己的生活的关系属于相同的秩序：他的风格不是他的生活的风格，但他把生活本身引向表达。我们理解马尔罗不喜欢对绘画的各种精神分析的解释。即使圣安娜②的斗篷是一只秃鹫，即使我们承认芬奇③在把秃鹫画成斗篷的时候，芬奇那里的第二个芬奇歪着头以猜谜语者的方式把斗篷辨识为秃鹫（这毕竟不是不可能的：在芬奇的生活中有一种对可怕的 ₈₀故弄玄虚的喜好，这完全可能启发他把自己的那些怪物转入一件艺术作品中），——这幅画如果没有另一种意义的话，就没有人会再谈论这只秃鹫。这一解释只能解释一些细节，至多能解释一些质料。即使画家喜欢摆弄各种颜料（雕塑家喜欢揉捏胶泥），因为他是一个"肛门性虐待狂"，——这并不总是能告诉我们什么是作画（什么是雕刻）。④ 但是，完全相反的态度，对艺术家的崇敬——它使我们丝毫不知道他们的生活，并且把他们的作品作为一种奇迹置于私人的或公共的历史之外、置于世界之外——也向我们掩盖了他们的真正伟大。列昂纳多之所以与悲惨童年的无数牺牲品之一不是一回事，不是因为他有一只脚已经跨进彼岸，而是因为他

---

　　① 　于耶曼（J. Vuillemin，1920～2001），法国哲学家，法兰西学院教授，为梅洛-庞蒂教席之继任者。

　　② 　圣安娜（sainte Anne）传统上被认定为圣母马利亚之母，即耶稣的外祖母。

　　③ 　芬奇（L. da Vinci，1452～1519），全名列昂纳多·达·芬奇，意大利画家，文艺复兴时期科学与艺术的杰出代言人。

　　④ 　弗洛伊德也从来没有说过他用秃鹫来说明芬奇：他大致说，分析终止于绘画开始之处。

从自己亲历的一切中成功地构造了一种解释世界的手段，——不是因为他没有身体或者视觉，而是因为其身体的或生命的处境已经被他构造成了语言。当我们从事件的秩序过渡到表达的秩序时，我们并没有改变世界；被接受下来的同样的所予变成了有含义的系统。这些所予从内部被掏空和被加工，最终从压在我们上面的、使它们痛苦或受伤的重负中解放出来，变成了透明的、甚或发光的，能够澄明不仅仅是世界与它们相似的那些方面，而且还有其它方面；这些所予不论怎样变形，它们都没有停止存在。我们对它们形成的认识不能代替对作品本身的经验。但是，这种认识有助于评估创造，它告诉我们作为唯一没有回归的超越的就地超越。如果我们处在画家的位置来目睹这一决定性的时刻（作为身体的命运、各种个人冒险或者各种历史事件被给予他的东西结晶成了"动机"），我们就会认识到，他的从来不是一种结果的作品是对这些所予的一种回应，而能够窒息绘画的身体、生命、风景、学派、情妇、债权人、警察、革命，也是它进行其圣事的面包。生活在绘画中仍然是在呼吸这个世界的空气——尤其是对在世界中看出了有待画下来的某种东西的人来说，而每个人都有点像是这个人。

　　让我们进展到问题的尽头。马尔罗思考细密画和钱币（摄影放大术在它们那里奇迹般地揭示出了那些大尺寸作品的风格本身），——或者思考在欧洲范围之外的远离任何"影响"的地下出土作品（现代画家在它们那里惊奇地发现了一幅有意识的绘画已经在别处重新创造出来的同一种风格）。当我们把艺术藏在个人的最秘密的深处时，作品之间的趋同只能通过支配它们的某种命运才能获得说明。"……仿佛一种想象的艺术精神以一种同样的征服从细密画推进到了绘画、从壁画推进到了玻璃窗彩绘,并且突然放弃这一征服以便启用平行的或者突然对立的另一种征服,仿佛历史的一条暗流通过卷走全部这些分散的作品而把它们统一起来了……在它的演变和它的各种变形中认识到的风格与其说成为了一种观念,还不如说成为了关于一种有生命力的命运的幻觉。再现、也只有再现才使这些想象的超艺术家进入到了艺术之中:他们有一种混乱的出生,有一种由对财富或诱惑的喜好的反复征服、反复服从构成的生命,有一种末日和一种再生,而它们就被称作为风格。"①因此,马尔罗至少以隐喻的名义遭遇了一种把那些相去甚远的尝试统一起来的**历史**的观念,一种在画家背后运作的**绘画**的观念,一种他只是其工具的历史**理性**的观念。这些黑格尔式的怪物是他的个人主义的反题和补充。当知觉理论把画家重新安顿在可见世界中,并且重新发现作为自发表达的身体时,这些怪物会变成什么呢?

让我们从最简单的事实出发——我们在别处已经就此提供了某些阐释。放大镜在徽章或细密画中揭示了与那些大尺寸作品同样的风格,因为手把自己的在动作中不可分化的风格带到了所有的地方,不需要强调轮廓线的每一个点就能够通过其纹路对质料做出标记。不管我们是用三个指头握笔在纸上写字,还是用整个手臂拿粉笔在黑板上写字,我们的笔迹都可以被认出;因为它在我们身体中不是一种与某些肌肉联系在一起的、旨在完成某些实质上确定的运动的自动作用,而是能够有各种变换(它们形成了风格

①　《想象的博物馆》,第 52 页。

的恒常性)的一种一般的运动表达能力。或毋宁说,甚至不存在着
变换:我们干脆就没有在在己的空间中,用每一新的处境都会向之
提出一些新问题的一只作为事物的手、一个作为事物的身体写字。
我们在被知觉的空间中写字,相同形式的各种结果在这里一上来
就是相似的,各种梯度差异被忽略了,就像用不同音高演奏的同一
个旋律直接就被认出来了。我们用来写字的手是一只现象之手,
它以运动的方式拥有类似于各种特殊情形——它可能不得不在那
里实现自己——的有效法则的东西。因此,已经呈现在一幅作品
的不可见因素中的风格的任何奇迹都归于这一点:在人类世界中
对被知觉事物进行加工,艺术家碰巧把自己的标记置入了各种视
觉器官揭示出来的非人类世界中,就像潜水员在不知道的情况下
粗略地看了借助潜水镜他会惊恐地发现的整个一个水底世
界——,或者就像阿基里斯①,只用简单的一步,就实现了诸多空
间和瞬间的无穷之和。当然,这是一个伟大的奇迹,人这个词不应
该向我们隐瞒这一奇迹的奇特性。至少我们在这里能够看出,这
一奇迹对于我们来说是自然的,它伴随我们的肉身化的生命开始,
没有必要在某种**世界精神**中去寻找关于它的说明:世界精神无需
我们地在我们这里起作用,在我们的位置上、超出被知觉的世界、
在微观的层次上进行知觉。在这里,只要我们能移动自己,只要我
们能够注视,世界精神就是我们。这些简单的行为已经包含了表
达活动的秘密:我移动自己的身体,甚至不用知道哪些肌肉、哪些

---

　　① 阿基里斯(Achille),或译阿喀琉斯,是荷马史诗《伊利亚特》中所描绘的特洛伊
战争中的半神英雄。

神经通道应该起作用，也不用知道应该到哪里去寻找这一活动的各种工具，就像艺术家让自己的风格一直辐射到了他所加工的质料的纤维中一样。我想走到那边去，我就到了那里，不需要进入到身体机械的非人的秘密中，不需要将这一机械调整得适合于问题的各种所予，比如说，适合于由它与某个协调系统的关系来规定的目标位置。我注视目标，我被它吸引，为了我能够处于它那里，身体装置做了自己要做的事情。在我看来，一切都发生在人类知觉和动作的世界中，但我的"地理的"或"物理的"身体却服从于不停地在身体那里引起成千上万自然奇迹的这个小舞台的种种要求。我的朝向目标的注视本身也已经有自己的各种奇迹：它本身也带着权威把自己安顿在存在之中，并且在那里表现得就像在被征服的国度中一样。并不是物体从我的眼睛那里获得了各种适应和收敛的运动；相反，我们已经可以证明，如果我没有按照使我对单一物体的看得以可能的方式支配我的双眼的话，那么我永远不会清晰地看到任何东西，而且对于我而言不会存在物体。在这里，不是精神接替身体并预见到我们将要看到的东西。不，正是我的各种注视本身，是它们的协同、它们的扫视、它们的探索聚焦了临近的物体，如果我们的矫正必须建立在对结果的真正计算上面，那么它们不可能是充分迅速和精确的。因此，应该在注视、手、一般地说在身体的名义下，去重新认识旨在审视一个世界，能够跨越各种距离、穿透知觉的未来、在存在的难以设想的平凡中描绘一些凹陷和凸起、一些距离和间隔的一个系统的系统，即一种意义……。艺术家在无限质料中画其线状图案的活动扩大和延续了受引导的移动以及一些抓握动作的单纯奇迹。在指示的动作中，身体不仅仅涌

向它在自己那里带有其图式的一个世界：与其说它被世界拥有，毋
84　宁说它有距离地拥有世界。更不用说表达的动作了：它负责勾勒
它自己，并使它瞄向的东西在外面显现出来，它复得了世界。但
是，伴随我们最初的有方位的动作，某个人与自己的处境的那些无
限关系就已经侵入了我们平凡的星球，并为我们的行为开辟了一
个不可穷竭的场域。任何知觉、任何以它为前提的行动，简言之，
身体的任何人类运用都已经是原初的表达，——不是用各个符号
的意义及其使用规则来代替在别处给定的符号的被表达者这种派
生的工作，而是一种原始的活动：它首先把符号构成为符号，借助
它们的排列和构型的唯一表现力来使被表达者寓于它们那里，把
一种意义植入不曾有意义的东西中，因此，它远远没有被耗尽在它
发生的那一时刻，它开启了一种秩序，确立了一种制度或一种传
统……

　　不过，如果风格在一些没有人见过、在某种意义上从来没有完
成的细密画中的在场是与我们的身体性的事实混杂在一起的，并
且不需要任何神秘的说明，那么在我们看来，我们也可以这样谈论
大量的独特汇合：它们使彼此相似的一些作品不受任何影响地出
现在世界的一端到另一端。我们要问能够说明这些相似的一个原
因，我们谈到历史中的一种理性，或者引领着艺术家们的一些超艺
术家。然而，谈论各种相似，这首先就是不恰当地提出了问题：与
文化之间的不可胜数的差异和多样性相比，它们毕竟是微不足道
的。一种既无指南也无原型的重新创造的哪怕微弱的可能性就足
以说明这些例外的交叉印证。真正的问题在于理解，为什么一些
如此不同的文化在从事着同样的探究，提出了同样的任务（在它们

遇见的路上,有时提出了各种相同的表达方式);为什么一种文化产生的东西具有对于其它文化而言的意义,尽管这不是它的最初意义;为什么我们要费力地把一些偶像变形为艺术;最后,为什么存在着一种·绘·画或一·个·绘·画·世·界。但是,除非我们开始把自己安置在地理的或物理的世界中,并把作品也当作众多孤立的事件(它们的相似或只是它们的关联在那时是不可能的,而且要求一种说明的原则)安放其中,这一切才成其为问题。相反,我们建议承认文化或意义的秩序是一种原本的降临①秩序,如果它实存着的话,那么它不应该派生自纯粹事件的秩序,也不能被当作是各种不同寻常的巧合的简单结果。如果人类动作的特性是在其单纯的实际实存之外有所意指,开创一种意义,那么就可以得出:任·何·一·个·动·作·和·任·何·其·它·动·作·都·是·可·以·比·较·的;它们都属于一种唯一的句法;它们中的任何一个都是一种开始(和一种后续),都宣示了一种后续或一些新的开端,因为它不像事件那样封闭在它的差异中并且一劳永逸地成了过去,因为它在其单纯的在场之外仍有价值,因为在这方面它事先就已经与所有其它的表达尝试结盟或合谋。这里的困难和最重要的东西就是要明白,提出不同于事件的经验秩序的一个场域,我们并没有提出一种绘画精神(它把自己克制在它在那里逐步显示自己的世界之背面)。在事件的因果性上面,并不存在一种使绘画世界成为一种有它自己的各种规律的"超感性世界"的二阶因果性。如果文化创造不能够在外部环境中找到一个载体,那么它就是没有功效的。但是,只要它们稍微接纳这种创造,

---

①　这一表达来自利科(P. Ricoeur,1913～2005,法国哲学家)。

一幅保存和流传下来的绘画就能够在其继承者们那里产生一种与它所是的东西不相称的诱惑力：不仅是一块已经被画过的画布，而且甚至是被它的创作者赋予了一种确定的含义的作品。作品对各种有意识的意向的这种超出把它嵌入了多种多样的关系之中，绘画小史和关于画家的心理学只包含了对它们的某些反映，因为朝向世界的身体动作把身体引入了纯粹生理学和生物学没有猜测到的一系列关系中。尽管它的那些组成部分的多样性使自己变得脆弱和易受伤害，身体仍然能够集中为一个动作，以便暂时克服其分散，并把它的印迹强加给它所做的一切。正是以相同的方式，超越于空间和时间的距离，我们能够谈论人类风格的统一性：它把所有画家的动作都汇集为一种单一的尝试，把他们的作品都汇集为一种单一的累积的历史、一种单一的艺术。当一个意识就像有人所说的被封印在一个身体中时，当一个新人出现在世界上时（不知道的什么东西会在他那里发生，但是，从此以后，不可能没有某种东西在他那里发生，哪怕是这个刚刚才开始的生命的结束），文化的统一性就使相同类型的包纳扩展到了个人生活的限度之外（在他接受教育或他得以诞生的那一瞬间，这种包纳事先就把个人生活的全部时刻汇集在一起了）。分析思维破坏了从一个时刻到另一个时刻、一个地点到另一个地点、一个视角到另一个视角的视角转换，并且随后从精神方面寻找当我们进行知觉时就已经在那里存在的统一性的保证。它也破坏了文化的统一性，并且随后试图从外面予以重建。它要说的是，无论如何，只存在着一些就其本身来说空洞僵死的作品，以及一些不受约束地赋予它们以一种意义的个体。那么，一些彼此相似的作品来自何处，一些相互理解的个体来自何处？于是,我们引进了**绘画精神**。但是,正如我们应该承认对多样性的实存跨越,尤其是空间的身体拥有是最后的事实;正如在其体验和做出动作的范围内,我们的身体只有依靠自己的努力才能够在世界上存在,保持为直立的(因为它的倾向是朝着高处的,因为它的知觉场把它引向这一危险的位置),不能够从一个单独的精神获得这一能力,——同样,从一幅作品走向另一幅作品的绘画史也依赖于它自己,只是通过我们的各种努力女柱像才得以支撑起来(它们之所以汇聚在一起,只因为它们都是表达的努力)。意义的内在秩序并不是永恒的:即便它不一直保持经验历史的每一曲折历程,它也要勾画、呼唤一系列的连续步骤。这是因为,正如我们刚才暂时所说的,它不是由它在一个单一任务中的所有环节之间的亲缘关系来确定的:正因为它们全都是绘画的环节,所以它们中的每一个环节,如果被保存和流传下来了,就会改变这一事业的状况,并且要求继它而来的那些环节正好是与它不同的。只有当两种文化的动作互不了解时,它们才可能是同一的。因此,对艺术来说最重要的是自我发展,也就是说,既要发生变化,又要像黑格尔所说的"在自身中回归",从而以历史的形式表现自身,而我们据以建立绘画的统一性的表达性动作的意义原则上是一种发生中的意义。降临是对各种事件的允诺。在绘画史中一对多的支配与我们在能知觉的身体训练中看到的支配一样,并没有把连续性完结在永恒性中:相反,它要求连续性,在把连续性建立在含义中的同时,它需要连续性。在这两个问题之间,不存在一种简单的类比:正是始于最微弱知觉的身体表达活动在绘画和艺术中获得了增强。自从有一个人出现在世界上,绘画含义的场域就开启了。

在洞穴岩壁上的第一幅画只是由于承接了另一个传统——知觉的传统——才建立起了一种传统。艺术的类永恒性与肉身化实存的类永恒性融为一体,我们在我们的身体和五官的操练(在它们让我们进入世界的范围内)中找到了得以理解我们的文化姿势(在它让我们进入历史的范围内)的东西。语言学家有时候会说,既然严格说来没有办法确定在历史上比如说拉丁语停止而法语开始的时间,那么就只存在一种单一的语言,差不多一种单一的在继续活动的语言。我们要更一般地说,表达的持续尝试奠立了一种单一的历史,正如我们的身体对任何可能的物体的把握确立了一种单一的空间。

　　以这种方式被理解,历史可能避开了(我们在这里只能指出这一点)如今它成了其对象的那些混乱的讨论,而且可能重新成了对于哲学家而言它应该是的东西:他的反思的中心,当然不是作为一种因其本身而绝对清楚的"简单本性",相反地作为我们的各种考问和惊奇的处所。不管崇敬它,还是憎恨它,我们今天都把历史和历史辩证法设想为一种外在**力量**。这样,就应该在历史和我们之间做出选择,而选择历史,这意味着把身和心都献给我们甚至不是其雏形的一种未来人的降临,意味着为了这一未来而放弃对各种手段的任何判断、为了实效而放弃对价值的任何判断,并且放弃"自己对自己的赞同"。这种历史-偶像让关于神的基本概念世俗化了,而当代的各种讨论如此自愿地重新回到我们所谓的历史的"水平超越"和神的"垂直超越"之间的平行就并非出自偶然。

　　真正说来,这是两次错误地提出问题。世界上最好的百科全书也不能不顾这一事实:欧洲和世界的大部分地区放弃所谓的垂直超越至少有二十个世纪了，而忘记基督教是对于（除其它东西之外）人与神的各种关系中的一种神秘（这恰恰就在于，基督教的神不希望一种垂直的从属关系）的承认是有些过头了。它不仅仅是我们是其结果的一个本原，我们是其工具的一种意志，或各种人类价值只不过是其反映的一种原型；似乎存在着因为缺了我们而出现的神的一种无能为力，基督证明，神如果不与人的条件相结合就不完全是神。克洛代尔[①]甚至说，神不在我们之上，而是在我们之下，——意思是说我们并不觉得神是一个超感性的观念，而是萦绕并证实了我们的晦暗的另一个我们自身。超越不再突出于人之上；他已经令人奇怪地成为了它的优先载体。

另外，没有任何历史哲学把现在的任何内容转移给了未来，也不会为了让位于他人而摧毁自身。这种针对将来的神经官能症恰恰就是非哲学，是故意地拒绝知道我们所相信的东西。没有哪种哲学在于在各种超越之间（比如在神的超越和人的未来的超越之间）进行选择，所有的哲学都忙于中介它们，忙于理解比如神如何变成人或人如何变成神，忙于阐明这一奇特的包纳（它使得手段之间的选择已经是对一种目的的选择，使得自身变成了世界、文化和历史，使得文化和它同时趋于消亡）。在黑格尔那里，正如我们不停地重复的，一切现实的都是合理的，因此是正当的；但是，时而作为真正的获得是正当的，时而作为停顿是正当的，时而作为一种新的冲动之前的回流和后退是正当的，总之作为整体历史的环节相对地是正当的：前提是这种历史是被构成的，因此是在据说我们的

---

① 克洛代尔（P. Claudel，1868～1955），法国剧作家，诗人，外交家。

错误本身包含着宝石,而我们的进步是获得了理解的错误的意义上的,这并没有消除上升和衰退、出生和死亡、倒退和进步之间的差别。

确实,黑格尔的国家理论和战争理论似乎把历史作品的判断留给了熟悉历史秘密的哲学家的绝对知识,并剥夺了其他人的判断。这不能作为一个理由而忘记:甚至在自己的《法哲学原理》中,黑格尔既拒绝单单从各种结果来判断行动,也拒绝单单从各种意图来判断行动:"原则:在行动中不考虑各种后果;另一个原则:依据行动的各种后果来判断行动,把后果作为什么是正义的和善的尺度,这两者都属于抽象的知性。"①一些如此各别的生命(我们能够根据每一个生命所梦想的东西的各种有意的、必然的后果来限定它的责任),一种**历史**(它可能是同等地不配称为失败和成功的历史,因此,它可能依照一些会歪曲或美化他们的所作所为的外部偶然性来记录那些可敬的或可耻的人)——这是黑格尔不希望的成对抽象。他自己所看到的,就是内部在那里得以变成外部的环节,就是我们借以进入他人和进入作为世界的世界、他人借以进入我们的转弯或转向,换言之,就是行动。通过行为,我对一切负责,我接受各种外部偶然性的帮助一如我接受它们的背叛,"必然性转化为偶然性,反之亦然"。② 我自以为不仅是我的各种意向的主人,而且也是各种事物将让它们成为的东西的主人,我把世界、把他人当作他们之所是,我把我当作我自己之所是,我为这一切担

---

① 《法哲学原理》,第 118 节。
② 同上。

保。"行动就是……把自己交给这一法则。"①行动非常正确地使
事件成为自己的事件，所以我们对犯罪未遂的处罚轻于对犯罪既
遂的处罚，所以俄狄浦斯觉得自己是弑父者和乱伦者，尽管他只能
在事实上如此。面对对事物的进程承担责任的这种行动的疯狂，
我们可能倾向于不加区分地得出结论：只存在一些犯罪者，因为行
动，甚或活着就已经接受了伴有荣誉机会的耻辱风险，——只存在
着一些无辜者，因为没有任何东西、哪怕犯罪是从无开始地（ex
nihilo）被欲求的，没有人选择过出生。但是，超出于这些关于内部
和外部的哲学（一切在它们面前都是等值的），黑格尔所暗示的东
西——因为当一切都被说出来时，在有价值的东西和无价值的东
西之间，在我们接受的东西和我们拒绝的东西之间，存在着一种差
异——乃是对尝试、事业或作品的一种判断：不是对单纯的意向或
者各种单纯的后果，而是对我们对自己的善良意志已经进行的运
用、对我们据以评估事实处境的方式的判断。评判一个人的东西
不是意向、不是事实，而是他是否使一些价值进入事实之中。如果
这种情况出现，那么，行动的意义既不会耗尽在已经成为行动之契
机的处境中，也不会耗尽在某种含糊的价值判断中，它保持为典
范，并且在其它处境中以另一种显象继续存在。它开辟了一个场
域，有时甚至构成了一个世界，无论如何它都勾勒了一个将来。在
黑格尔那里，历史是一个将来在现在中的成熟过程，而不是为了一
个未知的将来而牺牲现在；在他那里，行动的准则不是不惜一切代
价地成为有效的，而是首先成为多产的。

91

---

① 《法哲学原理》，第 118 节。

因此，以（被接纳的或只是让人怀念的）"垂直超越"的名义反对"水平超越"的争论对黑格尔的不公正不亚于对基督教的不公正；这些争论不仅把它们认为的那样的沾满血污的偶像以及历史，而且还把使原则进入到各个事物中的义务抛到船舷之外，它们具有带回来一种虚假的纯朴（它无法补救对于辩证法的各种滥用）的缺陷。这是新马克思主义者的悲观主义，也是非马克思主义思想的懒惰；同以往一样，如今一个成了另一个的同谋，它们在我们这里和在我们之外把辩证法表述为一种谎言和失败的力量、从善到恶的转变、受欺骗的命运。在黑格尔那里，这只是辩证法诸方面的一个方面：它也是类似于事件的一种恩宠的某种东西（它把我们从恶引向善，它比如说，在我们只相信追求自己的利益时，把我们投向了普遍）。黑格尔差不多这样说过：这是一个既自己开辟自己的道路又在自身那里回归的进程——因此是一场除了自己的首创性外没有其它引导的，无论如何不会在它自身之外消失的、时不时地自我印证或自我证实的运动。因此，它就是我们用另一个名称称谓的表达现象，它通过一种合理性之谜而重新恢复自己、重新发动自己。如果我们习惯于以艺术和语言的范例来构成历史概念，那么我们也许能够重新发现真正意义上的历史概念。因为任何表达与任何表达的密切关系，它们对于一个单一秩序的隶属，通过这一事实实现了个别与普遍的结合。黑格尔的辩证法以成百上千种方式重新回到的中心事实就是：我们没有必要在为己和为他之间，在依据我们自己的思想和依据他人的思想之间进行选择；在表达的时刻，我对之讲话的他人和表达自己的我无需相互让步就联系在一起了。如其所是的或如其将会是的他人不是我所做事情的唯一评判者：如果我愿意为了他们而否定自己，那么我也会否定作为"**自我**"的他们；他们具有价值完全同于我具有价值，我给予他们的全部力量，我立刻就把它们给予了我自己。我服从一个他者的，最终说来，我自己选择的一个同类的评判，他本身配得上我尝试做出的评判。历史是评判者，但不是作为一个时刻或一个世纪的力量的历史：超出于诸多国家和诸多时代的界限，作为（考虑了各种各样的处境）我们做过的和说过的最真实和最有价值的东西之记录和累积的历史。他人评判我所做的事情，因为我在可见者中绘画，并且为那些有耳朵的人说话，但是，不管艺术还是政治都不是为了讨好或奉承他们。他们从艺术家或政治家那里所期待的，是他把他们引向一些价值，而他们只是在后来才在它们那里认识到自己的价值。画家和政治家更多的是塑造他人而不是追随他们。他指向的公众并不是给定的，而是其作品正好要唤起的，——他想到的那些他者不是经验的、由他们在这一时刻转向他的期望所规定的"那些他者"（更不是被设想为一个有"人类尊严"或"做人的荣誉"的物种的人类，就像其它物种有甲壳或鳔一样），他们是成为了他能够与他们一起生活者的他者。作家参与其中的历史（而他越是不过多地想"创造历史"、在文学史上留下标记，并且真诚地创作自己的作品，他就越是参与其中），不是他对之屈膝下跪的一种力量，而是在有效的全部言语和行动之间进行的持久交谈，每一种言行都在自己的位置上质疑和证实另一种言行，每一种言行都重新创造所有其它的言行。对历史评判的呼唤不是对讨好公众的呼唤，更不应该说是对世俗权威的呼唤：它与在事物中期待着被说出的，因此不会不被 X 听到的东西的内在确定性相混在一起……"我将在一百年后被人阅读,"斯汤达如此认为。这意味着他想要被阅读,也意味着他同意等待一个世纪,意味着通过承认他当时应该去创造的东西是既得的,他的自由就会唤起一个仍然处于未成型状态的世界,让它变得像他一样自由。对历史的这种纯粹呼唤是对真理的一种祈求(真理不是通过历史记载而创造出来的,但是,它作为真理要求这种记载)。这种呼唤不仅寓于文学或艺术中,而且也寓于任何的生活举动中。或许除了只想赢或只想有道理的几个不幸者外,任何行动和任何爱情都萦绕着对一种叙事(它将把它们变成它们的真理)、对这一时刻(我们在它那里最终知道了这一叙事涉及的是什么)的期待,——如果某一天,在尊重他人的外表下,实际上是一个人的矜持最终拒绝了另一个人,他从此以后将百倍地思念他;或者相反,如果自这一时刻起,游戏已经结束了,而这种爱情是可能的……。或许这种期待在某种事情上总是会落空的:从人到人的各种仿效是如此恒常,以致我们的意愿和我们的思想的每一活动都在其他人那里鼓起其劲头,以致在这个意义上,除非草率地,不可能清点归结为每个人的东西。始终是关于一种整体显示的这一心愿赋予了生命以及文学以活力,在各种微小的动机之外,正是它使得作家想要被阅读,使得人有时让自己成为了作家,使得无论如何他在说话,使得每一个人都想在 X 面前说明自己……,这是把他的生活和所有的生活看作是我们能够讲述的某种东西,是在其全部意义上的一段历史。因此,真正的历史完全靠我们而存在,正是在我们的现在中,它获得了把其余的一切重新置于现在中的力量。我尊重的他人靠我而存在,就像我靠他而存在。一种历史哲学没有剥夺我的权利中的任何一种、我的首创性中的任何一种。真实的只是,在我作为独居者的各种义务之外,增加了理解除我的处境之外的其它处境、在我的生活和他人的生活之间开辟一条道路,即自我表达的义务。通过文化活动,我把自己安顿在不属于我的生活的一些生活中,我对比它们,我让一种生活向另一种生活显示,我使它们在一种真理的秩序中成为共同可能的,我让自己对所有人负责,我使一种普遍的生活出现了,就像我通过自己身体的活的、厚重的在场一下子就把自己安顿在空间中了。就像身体的运行一样,词或绘画的运行对我来也是模糊不清的:表达我的词、线条和颜色就像我的动作一样出自于我,它们通过我想说的脱离了我,就像我的动作通过我想做的而脱离我一样。在这个意义上,在任何表达中都有一种不能容忍指令的自发性,甚至不能容忍我想向我自己发出的指令。即使在散文艺术中,词也都把说话者和听话者带入了一个公共世界:通过超出于它们已经被认可的界定的一种指称力量,通过它们在我们这里已经过的和继续过的沉闷生活,通过蓬热①愉快地称之为它们的"语义厚度"、萨特称之为它们的"含义土壤"的东西,把他们引向一种新的含义。把我们统一起来的语言的自发性不是一个指令,它确立的历史不是一种外部偶像:它是我们自己连同我们的各种根基、我们的推动力,以及就像我们所说的,我们的各种劳动成果。

　　知觉、历史、表达,只有通过比较这三个问题,我们才能在它们的本来意义中纠正马尔罗的那些分析。我们同时将会看到,为什么把绘画作为一种语言来对待是合法的:这种对待阐明了一种受

---

①　蓬热(F. Ponge,1889~1988),法国诗人,评论家。

到可见的构型的严格约束、却能够把一系列先前的表达汇集到一种始终有待重建的永恒性中的知觉意义。这种比较不仅有助于我们对绘画的分析，而且也有助于我们对语言的分析。因为它或许使我们能够在被言说的语言下面发现一种活动着的或言说着的语言，它的词过着一种不太被知道的生活，就像它们的侧面含义或间接含义所要求的那样相互结合、彼此分离，即使表达一旦完成，这些关系在我们看来是明见的。被言说的语言的透明，词（它只不过是声音）和意义（它只不过是意义）的朴实的明晰，它明显具有的提取符号的意义并将之孤立在纯粹状态中的属性（对意义在那里真正保持同一的好几个不同表述的简单预期），它所谓的把表达的任何一种生成都真正地概括和包纳在一种单一的行为中的能力，难道所有这一切只是绘画类型那样的一种沉默的、不言明的累积的最高点？

95

＊　　　＊　　　＊

　　一部小说就像一幅绘画那样沉默地表达。我们可以像讲述绘画的主题那样讲述小说的主题。然而，重要的与其说是于连·索黑尔①在得知自己被知德·瑞那夫人②背叛之后，前往维里埃尔并试图把她杀掉，毋宁说是在知道消息后的那种沉默、那种梦想中的旅行、那种不需要反复思考的坚信、那种不变的决心。然而，这一切并没有在任何地方被说出来。不需要"于连想"、"于连希望"之类。为了表达，只需要斯汤达进入到于连那里，以旅行的速度让那

---

① 于连·索黑尔(Julien Sorel)，斯汤达著名小说《红与黑》中的人物。

② 德·瑞那夫人(Mme de Rênal)，斯汤达著名小说《红与黑》中的人物。

些物品、那些障碍、那些手段和那些偶然事件出现在我们眼前就足够了。只需要他决定用一页而不是五页纸来讲述就足够了。这种简洁、这种在那些被省略掉的东西与那些被说出来的东西之间的不同寻常的比例，甚至不是出自于一种选择。参照他自己对于他人的感受性，斯汤达突然为其找到了一个比他自己的身体更敏捷的想象的身体，仿佛通过一种第二生命，他依循一种干涸了的激情的节奏——这已经为他选择了可见者和不可见者、需要表达的和需要对之保持沉默的东西——进行了维里埃尔之旅。因此，死亡的意愿不在词的任何地方：它在它们之间，在它们划定的空间、时间和含义的窟窿中，就如同电影里面的运动在那些相继出现的不动形象之间。小说家对自己的读者、任何人对任何人说一种内行的语言：对世界、对一个人类身体和一种人类生活占据的可能性的宇宙是内行的。他不得不说出的东西，他假定它是已知的，他把自己安顿在一个人物的行为中，并且只向读者提供它的标记、它在周遭环境中强劲有力而且不容置疑的印迹。如果作者是作家，也就是说能够找到为行为加上印记的那些省略和顿挫，那么读者就会对他的呼唤作出响应，就会在作品的虚拟中心与他相会，尽管无论是前者还是后者都没有认识到这一点。作为对一些事件的报道，作为对各种观念、各种论题或各种结论的陈述，作为明显或散漫的含义的小说，和作为一种风格的运作，倾斜的或潜在的含义的小说，处在一种简单的同名异义关系之中。这就是当马克思在接纳巴尔扎克①时已经充分理解的东西。我们可以相信，这里的问题

---

①　巴尔扎克（H. de Balzac，1799～1850），法国作家。

不在于自由主义的某种回归。马克思想要说的是，让（我们）看清金钱世界和现代社会的各种冲突的某种方式比巴尔扎克的那些（甚至政治的）主题更重要，而这种视觉一旦获得，就会导致它的各种结果，不管巴尔扎克同意与否。

　　我们完全有理由指责形式主义，但我们通常忘记了，它的错误不是太看重形式，而是太不看重之，以致使之与意义相分离。就此而言，形式主义与一种"主题"文学没有什么不同，后者也把作品的意义与其构型分离开来。形式主义的真正对立面是一种出色的风格或言语理论，它把它们放在"技术"或"手段"之上。言语不是一种服务于一个外在目的的手段，它在它自身那里就有自己的使用规则、自己的道德、自己的世界观，正如一种动作有时包含了一个人的全部真相。被形式主义和"主题"文学忽视的这种对语言的活的运用就是作为探索和获得的文学本身。一种只是寻求再现各种事物本身（不管它们是多么的重要）的语言，实际上在一些关于事实的陈述中耗尽了自己的教育力量。一种提供我们关于事物的各个视角并且在它们那里做出一种强调的语言，相反地开启了不会伴随它而结束、本身引发了探索的一种讨论。在艺术作品中不可取代的东西，使它与其说是一种消遣工具不如说是一种精神器官的那种东西（其类似物可以在任何一种假定具有生产性的哲学或政治思想中找到）就是：它包含着比观念更好的观念的基质；它为我们提供了我们从来都没有结束展开其意义的一些象征；正因为它把自己安顿在、把我们安顿在我们没有掌握其钥匙的一个世界中，所以它教会我们如何去看，并同意我们就像任何分析的著作都不能做到那样去思考，因为分析在对象中找到的只是我们已经放入其中的东西。在文学交流中存在的偶然的东西，在所有伟大的艺术作品中存在的含混的、不可还原为论题的东西，不是我们能够期望予以消除的一种暂时的缺陷，而是为了拥有一种文学（也就是说一种征服的语言，它把我们引向一些陌生的视角，而不是在我们的视角中确认我们）而必须付出的代价。如果我们不是借助我们的眼睛拥有了发现、考问和赋形无限数量的空间与颜色构型的手段，那么我们就什么都看不见。如果我们不是借助自己的身体拥有了超出于运动的所有神经和肌肉手段以便把我们带向目标的必需的东西，那么我们就什么都做不成。文学语言扮演的正是相同类型的一种职能，作家正是以同样急切而简练的方式，既没有过渡也没有准备地把我们从已经被说出的世界移转到了其它东西中。就像在我们只是运用我们的身体而不再分析它的条件下，我们的身体才在事物中间引导我们一样，同样，只是在我们不再为了追踪语言走向何处而每时每刻都向它要求一些证明的条件下，只是在我们让书中的词和全部表达手段都被笼罩在它们由于自己的独特排列而带有的含义光环中，并且让整个作品转向它在那里差不多可以与绘画的沉默光辉相汇合的一种二阶价值的条件下，语言才是文学的，即生产性的。小说的意义也首先只有作为一种强加给可见者的一致的变形才是可知觉的。它将永远都只不过是这样。批判确实能够对比一位小说家的表达方式和另一位的表达方式，使如此叙事类型进入到可能的其它类型的家族中。只有在它之前有一种关于小说的知觉（在这里，"技巧"的那些特殊性与整体计划以及意义的那些特殊性是混杂的）的情况下，这一工作才是合法的，而且，它注定只是要向我们说明我们已经知觉到的东西。就像

98

一张面孔的体貌特征并没有让我们能够想象它，即使这明确表达了它的某些特征，同样，宣称拥有其对象的批评家的语言也不能取代小说家的语言，后者让人看到真实或者使它隐约显现，却没有触摸到它。对于真实来说，最重要的是首先并且始终把自己呈现在一种使我们的世界形象偏离中心、产生膨胀并且要求更多意义的运动中。正因为如此，引入到一个图形中的辅助线开启了通向一些新关系的道路；正因为如此，艺术作品作用于我们并且将始终作用于我们——只要有艺术作品。

然而，这些评论远没有穷尽问题：语言的各种精确形式仍然存在，哲学仍然存在。我们可以问：它们的雄心——真正地拥有被说出的东西，重新获得文学对于我们的经验给予我们的逐渐的把握——是不是公正地（远比文学要更好地）表达了语言的最重要的方面。这个问题或许需要一些不可能在这里找到的逻辑分析。尽管无法彻底地探讨它，但我们至少能够确定其地位，并且指出：无论如何，没有哪种语言能够完全摆脱沉默的表达形式的脆弱性，能够消除它自己的偶然性，能够把自己耗尽在使事物本身显现出来；在这一意义上，语言对于绘画或者对于生活习俗的优势地位停留为相对的；最终说来，表达不是精神能够让自己去审查的诸多好奇之一，而是它的在活动中的实存。

当然，决定去写作的人针对过去采取了一种只属于他自己的态度。任何文化都延续过去：今天的父辈们在自己儿女们的童年中看到了自己的童年，并且重新采取了自己父辈们的方式来对待儿女们。要么出于积怨，他们走向了极端对立面；如果他们接受的是专制教育，他们就会实行自由教育；而通过这一迂回，他们往往重新回到传统，因为自由的炫惑把儿童重新带回到安全的体系中，并且用 25 年的时间把他塑造为一个专制的父亲。表达艺术的新颖就在于：它使沉默的文化走出了其致命的循环。艺术家已经不满足于通过崇拜或反抗来延续过去。艺术家完全重新开始其尝试。画家之所以拿起画笔，是因为在某种意义上画还有待于去创作。然而，语言艺术在真正的创造中走得还要更远。正因为画始终有待于去创作，新画家将要创作的作品就会添加给已经完成的作品：它们不会使之成为无用的，它们不会明确地延续之，它们与之竞争。现在的绘画过于有意地否定过去，以至不能真正地摆脱过去：它只能是一边利用过去，一边忘记过去。新颖付出的代价乃是，使先它而来的绘画作为一种不成功的尝试出现，它也让人预感到，明天的另一种绘画也将使它作为另一种不成功的尝试出现。因此，整个绘画表现为说出某种始终有待于说出的东西的失败的努力。写作的人，如果他不满足于延续语言，那么他更不愿意用一种习语（就像绘画一样，它自给自足，封闭在自己的内在含义中）来取而代之。如果我们愿意这样说的话，他摧毁了共同语言，但以实现它的方式。贯穿地渗透他并且已经为他最私密的那些思想勾画了一种一般图形的给定的语言，在他面前并非就像是一个敌人，它完全准备好了要把他作为作家表示的东西转变为获得物。这仿佛就是它为了他已经被构成了，而他也为了它已经被构成了，仿佛他通过学习语言已经致力于的说话的任务比其心脏的跳动更名正言顺地属于他自己，仿佛制度化的语言同他一道呼唤他的诸多可能之一的实存。绘画实现了过去的一个心愿，它获得了其代理权，它以其名义行事,但它不是以显然的状态包含之,它是为我们的记忆;如果我们此外还认识了绘画史,那么它就不是为己的记忆,它并不打算整体化使它得以可能的东西。不满足于进展到过去之外,言语试图回顾它,恢复它,实质性地包含它;而且,由于除非通过语境性地重复过去,言语不可能在它的在场中把它给予我们,于是就使它接受一种作为语言之特征的准备:言语为我们提供了关于它的真理。言语不满足于在为自己在世界中获取位置时推开过去,它想把过去保留在自己的精神或自己的意义中。因此,它又系于它自己、重新开始自己、重新抓住自己。存在着语言的一种批判的、哲学的和普遍的使用,它想要把事物恢复为它们之所是(而绘画把它们变成绘画)、恢复一切,包括语言本身和其它学说已经对它进行的使用。从追求真理的那一刻起,哲学家就不认为它已经等待着以便能够成为真实的;因此,他把它作为对于所有的人而言的始终的真理来瞄准。对于真理来说,重要的是成为整全的,然而任何绘画都不能够被妄称为整全的。**绘画的精神**只出现在博物馆,因为这是一种在自身之外的**精神**。相反,言语力求拥有自身,力求获得它自己的各种创造的秘密;人并不画画,但他谈论言语,语言的精神想要的不外乎是掌握自身。绘画一上来就把其魅力安顿在一种梦幻般的永恒中,在许多世纪之后,即使我们不了解它带有其印迹的服装、家具、用具和文明的历史,也能毫无困难地回到那里。相反,写作只有透过我们应该对它有所认识的一种确切的历史才能把它最持久的意义提供给我们。《致外省人信札》[①]让十

---

① 《致外省人信札》为法国哲学家帕斯卡尔作品,他的最具代表性的著作是《思想录》。

七世纪的神学争论重新出场，《红与黑》让王朝复辟时期的黑暗重
新出场。但是，为了直接通达它给予自己的持久之物，绘画奇怪地
付出了代价，因为它远远地比写作要更多地屈从于时间的运动。
一种不合时代的快乐与我们对一些绘画的沉思混杂在一起，而斯
汤达和帕斯卡尔则完全就在现在。文学在拒绝接受艺术的虚伪永
恒性、在勇敢地面对时间、在展现之而不是含糊地提及之的范围
内，胜利地从时间中涌出，并且给予时间以含义。奥林匹克雕像虽
然在让我们依恋希腊中所做甚多，但与此同时，在它们流传给我们
的褪色、破碎、与整体作品分散开来的状态中也孕育了一种关于古
希腊的骗人神话，它们不能像一份哪怕不完整的、破碎的、难以辨
认的手稿那样抵御时间的侵蚀。赫拉克利特①的文本向我们发出
一道道光芒，这是由一些碎片组成的雕像所不能做到的，因为含义
在它那里和它们那里是以不同方式沉淀和浓缩的，因为没有任何
东西可以与言语的延展性相匹敌。最终说来，语言说话，而绘画的
声音是沉默的声音。

　　这是因为陈述试图揭示事物本身，因为它超出自身朝向它意
指的东西。就像索绪尔说明的那样，每一言语都徒劳地从所有其
它言语中获得自己的意义，在言语出现的时候，表达的任务就不再
被区别于、求助于其它言语，它获得了实现，而我们理解了某种东
西。索绪尔完全可以指出，每一个表达行为只有作为一个一般的
表达系统的细微变化，并且在它与其它语言姿势相区别的范围内
才是有含义的，——不可思议的是，在他之前，我们对此一无所知，

---

① 赫拉克利特（Héraclite，前 544～前 480），古希腊哲学家。

而且每当我们说话,开始于我们谈论索绪尔的看法的时候,我们会
又一次忘记。这就证明了,每一个局部的表达行为如同语言整体
的共同行为一样,并不局限于消耗在语言那里累积起来的一种表
达能力,而是通过在给定的、接受下来的意义的明证中向我们证实
说话者拥有的超越符号走向意义的能力,来重新创造表达能力和
重新创造语言。符号不仅仅为我们唤起其它符号(而且这是没完
没了的),语言不是像我们被囚禁于其中的监狱,或者不是像我们
应该盲目跟随的向导,因为在所有这些语言姿势的相交处,它们想
要说的、它们为我们安排了一个如此完整的通道以致我们似乎不
再需要它们就能够加以参照的东西最终出现了。因此,在我们把
语言与动作、绘画之类无声的表达形式进行比较时,应该补充说,
它不像它们那样满足于在世界的表面勾勒出一些方向、一些矢量、
一种"一致的变形"、一种沉默的意义,——以动物"智力"的方式竭
力在一个万花筒中产生一种新的行动景观:我们在这里不仅仅用
一种意义代替另一种意义,而且也进行等值意义的替代,新的结构
表现为似乎已经出现在旧的结构中,而后者则在它那里继续存在,
过去在现在获得了理解……

　　语言是对一种整体积累的推断,这是可以肯定的,而现在的言
语向哲学家提出了关于这一暂时的自身拥有的问题(它是暂时的,
但并非什么都不是)。然而,只有语言不再处于时间和处境中,它
才能够给出事物本身。唯有黑格尔认为自己的体系包含了所有其
它体系的真理,而只是透过自己的综合来认识它们的人根本就不
认识它们。即使黑格尔自始至终是正确的,也免不了要阅读那些
"前黑格尔主义者",因为他只能够"在他们所肯定的东西"中包含

他们。通过他们所否定的东西,他们向读者提供了并不完全在黑格尔那里、根本就不在他那里的另一种思想处境,由此黑格尔在一种他自己不知道的光明中成为可见的。唯有黑格尔认为自己不具有为他,并且在其他人眼里完完全全就是他知道自己之所是。即使我们承认从他们到黑格尔存在着进步,在这一运动中仍然为笛卡尔的《沉思集》和柏拉图的对话留有位置,这恰恰归因于一些"天真":它们让他们仍然偏离于黑格尔的"真理"——我们将在黑格尔那里发现的一种与诸事物的联系、一种含义火花,前提是我们已经在他们那里发现了它们,而且我们始终应该重新回到他们那里,即使这只是为了理解黑格尔。黑格尔就是博物馆,我们也可以说,就是所有的哲学,但是已被剥夺了它们的有限性和它们的影响力的哲学,被作了防腐处理,被转化成了——他认为——它们自己的哲学,真正说来被转化成了他。看看一种真理在其被整合到其它那些真理中时是如何消亡的,——看看例如在从笛卡尔过渡到笛卡尔主义者时,我思是如何差不多变成为人们心不在焉地重复的一种仪式的,——就足以承认,合题实际上并不包含所有过去了的思想,它并不是它们所是的一切,最终说来,它永远不会是一种既在己又为己的合题,即一个在同一运动中既是又知的合题:是它所知,知它所是,既保留又克服,既实现又摧毁。如果黑格尔想说,过去随着其自我远离而转变成了其意义,而我们事后可以追溯一种可知的思想史,那么他是有道理的;但这是有条件的:在这一合题中,每一项都是被考虑时期的世界整体;由各种哲学构成的链条把它们都当作众多的开放含义保留在它们的位置上,并且让一些预期和一些变化的交流在它们之间继续存在下去。哲学的意义是关于一种发生的意义，因此，它不可能在时间之外被整体化，而且它依然是表达。更不用说，在哲学以外，作家只有通过语言的运用而不是超越于语言才会有到达事物本身的感觉。玛拉美本人完全知道，如果他绝对地忠实于自己的无遗漏地说出一切的愿望，那么就不会有任何东西出自他的笔下，只有通过放弃那本废黜了所有其它书的**书**时，他才能够写出一些小书。无任何符号的含义，事物本身——明晰性的这一顶点可能就是任何明晰性的消失；我们能够拥有的明晰性，不是作为一个黄金时代处于语言的开端，而是处于其努力的末端。即使语言和真理体系通过建议我们一个借助另一个地印证和恢复我们的各种活动来移动我们的生活的重心，以致每一个活动都进入了全体之中，以致它们看起来都独立于我们最初已经给予它们的那些逐一表述；即使语言和真理体系由此把其它表达活动降低为"无声的"和从属的，——它们也不是毫无保留的，意义与其说是被词规定的，毋宁说是由它们的结构所包含的。

因此，我们应该相对于意义而谈语言，就像西蒙娜·德·波伏瓦[①]相对于精神而谈身体一样：它既不是第一位的，也不是第二位的。从来都没有人把身体当作一种单纯的工具或一种手段，也没有人主张过比如说我们可以根据一些原则而爱。由于更不是身体完全独自在爱，我们可以说它做了一切又什么都没做，它就是我们又不是我们。既非目的也非手段，总是与一些超越于它的事态混杂在一块，然而又总是唯恐失去自己的自主性，身体有相当强大的能力与任何只不过是刻意的目的相对抗，但是，如果我们最终转向

---

① 波伏娃(S. de Beauvoir，1908～1986)，法国作家。

它并求教于它，它不会就此向我们提出任何建议。有些时候（而正是在那时我们感觉到成为了我们自己），它让自己被赋予生机，它为自己获得了一种不绝对属于它自身的生命。它那时候是幸运的和自发的，而我们与它在一起。同样，语言并不服务于意义，可是也不支配意义。在它们之间不存在从属关系。在这里，没有人发命令，也没有人服从。我们想说出的东西并不作为一种纯粹含义不在我们面前、在任何言语之外。这只不过是我们实际经历到的东西对于已经被说出来的东西的超出。我们带着我们的表达器官安顿在它对之敏感的一种处境中，我们把前者与后者相对比，而我们的陈述只不过是这些交流的最后总结。政治思维本身也出自于这一秩序：它始终是对一种历史知觉（我们所有的知识，我们所有的经验和我们所有的价值都在这里发挥作用，我们的论题只不过是对它的纲要性的表述）的阐明。没有经由这种转化，希望提出一些尚未在我们个体或集体历史中具体化的价值，或者（这是同一回事）希望通过一种计算和一种完全技术的程序来选择各种手段的任何行动和任何认识，都将重新陷入它们想要解决的难题之中。个体生活、表达、认识和历史倾斜地而不是笔直地向一些目标或概念进展。我们过于刻意寻求的东西，我们反而不能够得到；相反地，一个在其沉思生活中已经懂得拯救各种观念和各种价值的自发源头的人，并不缺乏它们。

二 论语言现象学①

1. 胡塞尔与语言问题

正因为语言问题在哲学传统中不属于第一哲学,胡塞尔才更自由地接近它,而不是更自由地接近关于知觉或认识的问题。他把它推进到中心位置,他就此所做的片言支语的谈论是原创性的、谜一般的。因此,比起另一个问题,这一问题能够让我们更好地考问现象学:不仅仅是重复胡塞尔,而是重新开始他的努力;宁愿重新恢复他的反思运动,而不是他的那些论题。

某些先前的文本和新近的文本之间的对比是令人震惊的。在《逻辑研究》的第四研究中,胡塞尔提出了关于语言本质学和普遍语法的观念,它们规定了任何语言——如果它必定是语言的话——的各种必不可少的含义形式,并容许我们完全明确地把经验语言看作是本质语言的"混乱的"实现。这一计划假定,语言是意识最终构成的客体之一,各种现实语言则是意识掌握着其秘密的一种可能语言的一些非常特殊的例子,是通过一些没有歧义的

---

① 这是作者在首届"现象学国际研讨会"(布鲁塞尔,1951)上所作的报告。

关系与它们的含义联系在一起的符号系统,在它们的结构中就如同在它们的功能中一样能够接受一种整体的说明。这样被设定为思想面前的一种客体,语言在它自身方面扮演的无非是交流的伴随物、替代者、助记忆或第二位的手段的角色。

相反,在一些新近的文本中,语言作为一种瞄准某些客体的原初方式,作为思想的身体(《形式的与先验的逻辑》[①]),甚或作为一些思想藉之——没有它,思想就停留为私人现象——获得主体间价值、最终获得理想实存(《几何学的起源》[②])的活动而呈现。针对语言进行反思的哲学思想从此将是语言的受益者,被包裹和被定位在语言中。波斯[③]先生("现象学与语言学",《国际哲学评论》,1939)不是把语言现象学界定为在任何可能的语言的本质的范围内重新安置各种现存语言,即在普遍的、无时间的构造意识面前将它们客观化的一种努力,而是界定为回到说话者,回到我与我所说的语言的联系的努力。科学家、观察者查看过去的语言,他们

107

---

①　"然而,这个(即:含义)并不外在地处于词的边上;毋宁说我们以言说的方式持续地实施了一种与词相融合的、同时又似乎赋予它们以生机的含义行为。这种赋予生机的效果就是,词和所有的言说在自身中仿佛使一种含义肉身化了,并且把肉身化的含义作为意义包含在自身之中。"(第20页)

②　"本身可以为每个人所通达的'在世界之中'的客观的此在,只能依据双重的重复,尤其是依据感性具身化的重复,才能够拥有意义构造物的精神客观性。在感性具身化中,会出现一个根据其存在意义本来既非区域、又非时间的东西的'局域化'和'时间化'……那么,我们现在要问:……语言的肉身化如何从纯粹的主体间性的构造物中、从思想中造就客观之物的,比如,在对于每个人而言的行为中的、在全部未来时间中的作为几何学概念或者定理的客观之物是如何可理解地存在于那里的?关于语言在其观念化中的起源以及通过表达和记录而在现实世界得以确立的实存的问题,我们在这里不做详细讨论,尽管我们意识到,对这个'观念化的意义构造物'的存在方式的彻底阐明肯定会有其最深的问题基础。"(《国际哲学杂志》,1939,第210页)

③　波斯(H. J. Pos,1898～1955),荷兰哲学家。

考虑一种语言的漫长历史,以及最终使它成为今天这个样子的所有的偶然事件、所有的含义转移。作为许多偶然事件的结果,语言能够没有歧义地意指任何东西这一点变成难以理解的。把语言视为完成的事实、一些过去的含义行为的剩余、一些已经获得的含义的记录,科学家不可避免地错失说话的固有的明晰性、表达的丰富性。从现象学的观点看,即对于把其语言用作为与一个活的共同体交往的手段的说话者而言,语言重新获得了其统一性:它不再是一些孤立的语言事实的混乱的过去之结果,而是一个系统,该系统的全部元素汇合成一种朝向现在或未来的唯一的表达努力,并因此受到一种现实的逻辑的支配。

这些就是胡塞尔论及语言问题时的起点与终点,我们打算就几个命题进行探讨,首先涉及的是语言现象,然后是这一现象学所包含的关于主体间性、合理性和哲学的观念。

2. 语言现象

a. 语言与言语

我们可以将我们刚才据以区分语言的两个视角,即作为思维对象之语言与作为我的语言之语言简单并置在一起吗?例如,这乃是索绪尔在区别言语的共时语言学与语言的历时语言学时所做的区别,一种不能还原为另一种,因为一种演变缓慢的视点不可避免地抹掉现在的新颖性。同样,波斯先生局限于依次描述客观的态度和现象学的态度,而没有就它们之间的关系表明态度。但是,108 我们仍然可能认为现象学只不过就像心理学区别于语言科学那样区别于语言学。现象学把在我们这里的语言经验补充给语言知识，就像教育学把数学概念在学习它们的人的精神中形成的经验补充给关于它们的知识一样。言语经验不会就语言的存在告诉我们任何东西，言语不具有存在论意义。

这恰恰是不可能的。只要我们在关于语言的客观科学之外还区别出一种关于言语的现象学，我们就启动了两个学科藉以进入交流之中的一种辩证法。

首先，"主观的"观点包含了"客观的"观点，共时性包含了历时性。语言的过去已经通过作为现在而开始，客观视角所展示的一系列偶然的语言事实已经被融入到一种每时每刻都是一个具有某种内在逻辑的系统的语言之中。因此，如果说语言从一个横断面来考虑是一个系统的话，那么它在其发展中也应该如此。索绪尔徒然维持视角的双重性，他的继承者们被迫用次语言图式（古斯塔夫·纪尧姆①）来设想一个调解原则。

按照另一种关系，历时性包含着共时性。如果语言从一个纵断面来考虑包含着一些偶然性的话，那么共时系统应该在每时每刻都包含有原始事件能够进入其中的一些裂缝。

因此，我们被指定了双重任务。

ⅰ）我们不得不在语言的发展中寻找一种意义，设想它是运动中的一种平衡。例如，某些表达形式由于被反复使用而且已经丧失其"表达性"这一单独事实而进入退化状态，我们将指出，被如此构造出来的这些脆弱的空隙或区域，在那些愿意交流的说话者

---

①　纪尧姆（G. Guillaume，1883～1960），法国语言学家。

方面，是如何引起处于退化过程中的系统所留下的那些语言残骸的恢复的，以及是如何根据新的原则引起它们的利用的。正是这样，一种新的表达方法在语言中被构想出来了，而且，一种顽固的逻辑穿越了语言的各种衰退后果和流畅本身。正是这样，建立在前置词基础上的法语表达系统取代了建立在变格和曲折变化之上的拉丁语表达系统。

ⅱ）但是，相应地，我们应该懂得，共时性只不过是历时性之上的一个横断面，在它那里实现的系统从来都不会完全是现实的，它总是包含着一些潜在的或酝酿中的改变，它从来都不是由一些在某种透明的构造意识的注视下能够获得完全说明的绝对单义的含义构成的。它涉及的不是相互链接的各种含义形式的一个系统，不是根据一个严格的方案建构的各种语言思想的一座大厦，而是一些聚合的语言姿势的一个集合，其中的每一姿势与其说是由一个含义而不如说是由一种使用价值来界定的。各种特殊语言非但不是表现为某些理想的、普遍的含义形式的"混乱的"实现，相反，这样一种综合的可能性变得成问题起来。普遍性——假定它可以被达到——将不是通过一种普遍语言（它重新回到各种各样的语言那里，它为我们提供任何可能的语言的基础），而是通过我所说的这一语言的某种间接的途径而达到的：这一语言使我认识到我学习去说的另一语言的表达现象，这另一语言根据一种完全不同的风格来实践表达行为，这两种语言，最终说来全部给定的语言只是在终点并作为整体才可能是可比较的，而人们在此并不能认识到一种独一无二的规范结构的共同元素。

因此，通过把现在的语言保留为第一位的、过去的语言保留为第二位的,我们并不能够将一门语言心理学与一门语言科学并置在一起;只要过去曾经是现在,现在就弥散在过去之中;历史是连续的共时性的历史,而语言的过去的偶然性一直蔓延到共时系统之中。语言的现象学教导给我的不仅仅是一种心理学好奇:在我 110 这里的语言学家的语言,连同我添加给它的各种特殊情况。这是关于语言的存在的一种新概念:它现在是偶然中的逻辑,有方位却始终转化一些偶然情况的系统,意外的东西在一个有某种意义的整体中的重复,具体的逻辑。

b. 能指的类身体性

回到口头的或活的语言,我们发现其表达价值不是各自属于"言语链"中的每一元素的表达价值的总和。相反,在它们之中的每一个只不过意味着它对于其它元素的差异的意义上,它们在共时性中构成为系统;正像索绪尔所说的,各个符号实际上是"区分的",而既然这对于所有符号都是真实的,那么在语言中就只存在一些含义差异。语言之所以最终想要说或者说出了某种东西,不是因为它的每一符号会传递属于它的一种含义,而是因为这些符号一起暗示了当我们逐一考虑它们时,即便它们从来都没有包含,我们也会超越它们而指向的一种总是迟来的含义。它们中的每一个只能通过参照某种心理配置、参照我们的各种文化工具的某种布置才能够表达,而且它们全都一起成为我们尚未填满的一张空白表格,成为指向和划定我没有看到的世上的一个客体的各种他人姿势。

儿童在学习其语言时所掌握的说话能力并不是各种词法的、句法的和词汇的含义的总和:这些知识对于获得一门语言既非必要也非充分，而且，说话的行为一旦获得了，它并不假定在我想表达的东西和我所运用的表达方式的观念安排之间的任何对照。在我说话的时候，那些把我的含义意向引向表达所必需的词和词组，只有通过洪堡①所谓的内在说话形式（innere Sprachform）和现代学者所谓的词的观念（Wortbegriff），也即只有通过词和词组所属的、不需要我表象它们就可以据之组织起来的某种言语风格，才会将自己呈现给我。存在着语言的一种"语言的"含义，它在我仍然缄默的意向与词之间充当中介，以至我的言语突然出现在我自己面前并把我的思想告诉我。被组织起来的符号有其内在的意义，它不是从属于"我思"，而是从属于"我能"。

与含义相契合而不触及它们的这一有距离的语言作用，以不容置疑的方式指称它们却从不在词中改变它们、也不中止意识的沉默的这一雄辩术，乃是身体意向性的一个著名例子。我对我的各种姿势所及的范围和我的身体的空间性有一种严格的意识，它让我能够维持与世界的一些关系，却不用主题性地表象我将要抓住的各种对象或者我的身体与世界提供给我的通道之间的各种大小关系。只要我没有明确地对我的身体进行反思，我对它的意识就没有中介地意味着我周围的某种风景，就如同我对自己手指的意识意味着客体的纤维形态或粒状形态。正是以同样的方式，言语——我说出的和听到的言语——蕴含着在语言姿势的结构本身中可以读解出来的一种含义，以至声音的一丝颤抖和一点改变、对某种句法的选择都足以修正这一含义；然而，这种含义从来没有被

---

① 洪堡（W. von. Humboldt，1767～1835），德国语言学家、教育家、哲学家、政治学。

限制在语言姿势这里,任何表达都总是向我呈现为一种痕迹,没有什么观念只能在透明中被给予我,而且任何想要把寓于言语中的思想紧握在手中的企图的努力,都仅在我们的指头间留下一丁点儿的语言材料。

c. 能指与所指的关系。沉淀。

如果言语可以与一种姿势相比,那么它被要求去表达的东西和它之间的关系,就如同在目标和瞄准目标的姿势之间的关系一样,而我们关于能指机制的运作的看法已经涉及到某种有关言语所表达的含义的理论。我对于我周围的对象的身体瞄准是不言明的,既没有假定对我的身体,也没有假定对环境的任何主题化、任何"表象"。含义给予言语以生机,就像世界给予我的身体以生机一样:借助于一种唤醒我的各种意向却不用在它们面前展开的隐隐约约的在场。在我这里(以及在听我说话时找到了它的听者那里),含义意向在当下(尽管它应该随后在"思想"中产生效果)只不过是有待于用一些词来填充的确定的空无:我打算说的东西对于正被说出的或已被说出的东西的超出。这意味着:a)言语的含义始终是康德意义上的一些观念,是一定数量的聚合性表达行为的各个极点(它们磁化了那些并非为了它们的缘故而适当地被给定的话语);b)由此,表达从来都不是整体性的。就像索绪尔所说的,我们感觉到我们的语言在整体地表达。但是,不是因为它在整体地表达,所以它属于我们,而是因为它属于我们,所以我们相信它在整体地表达。"The man I love"(我所爱的男人)对于一个英国人来说,就像"L'homme que j'aime"(我所爱的男人)对于一个法国人来说,同样是完整的。而对于一个能够借助变格明确地表明直接补语的德国人来说,"J' aime cet homme"(我爱这个男人)是一种完全暗示性地表达的方式。因此,在表达中总是存在言外之意——或毋宁说,言外之意的观念应该抛弃:只有当我们将一种语言(通常是我们的语言)——它实际上就像所有其它语言一样,永远不能够"像是在用手"引导我们直至含义、直至各种事物本身——作为表达的模式或绝对来接受时,表达才有一种意义。因此,让我们不要说因为任何表达都包含着言外之意,所以它是不完美的,让我们说任何表达在其没有歧义地被理解的范围内都是完美的,并且让我们承认能指为所指所超出(使这种情况得以可能正是能指的效能)是表达的根本事实;c)这一表达行为,这一超越于言

113 语的语言学意义以及言语所瞄准的含义的结合,对于我们、对于说话者来说,并不是我们为了向他人沟通我们的思想才不得不诉诸的一种第二位的活动,相反,它是我们对要不然只能暗中被呈现给我们的各种含义的占有、获得。所指的主题化之所以并不先于言语,是因为这一主题化乃是言语的结果。让我们强调这第三个推论。

表达,对于说话者来说就是意识到;他并不只是为了别人才表达,他是为了知道他自己所瞄准的东西而表达。如果言语想要具体化只不过是某种空无的一个含义意向,这并不只是为了在他人那里重建同样的缺失,同样的褫夺,而且是为了知道存在着何种缺失和褫夺。言语如何达到这一点?含义意向给予自己一个身体,并且通过在我所说的语言、我属于其继承者的文字和文化的集合所表象的可自由使用的含义的系统之内为自己寻找一个等价物来认识它自己。为了含义意向所属的这一沉默的心愿,关键问题是对一些已经充满含义的工具或一些已经富有表达力的含义(各种

形态学的、句法学的、词汇学的工具，各种文学体裁，各种叙事类型，各种表达事件的模式，等等）进行某种整理，这在听者那里引起对另外的、新的含义的预感，反过来，在说和写的人那里实现把新的含义锚定在那些已经可以自由使用的含义之中。但是，这些含义为什么、如何、在何种意义上是可以自由使用的呢？它们在已经适时地作为我可以诉诸的、我通过同一种表达活动而拥有的含义被构成时，才成为如此的。因此，如果我想理解言语的功效，这一点就是应该加以描述的。我理解或相信自己理解法语的词和形式；我对给定的文化提供给我的文学与哲学表达方式有某种经验。使用所有这些已经富有表达力的手段，我只是在我使它们说某种它们从未说过的东西时才表达。我们对哲学家的读解，从赋予给他所使用的词以其"公共的"意义开始；逐渐地，通过一种最初没有感觉到的颠倒，他的言语主宰了他的语言，而他对词的使用以带有一种新的、专属于他的含义而告结束。当此之时，他已经让自己获得理解，而他的含义已经被安顿在我这里。只有当瞄准一种思想的那些聚合性的言语具有足够的数量和足够的雄辩，以便没有歧义地向我、向作者或向他人指示它，以便我们全都拥有它在言语中的肉身形态的在场的经验时，我们才说这一思想获得了表达。尽管唯有含义的一些映射（Abschattungen）是主题性地被给予的，事实却是，过了话语的某个点，在话语运动中被理解的那些映射（它们在这一运动之外什么都不是）立刻结合成了一种唯一的含义；我们体会到某种东西已经被说出了，就像我们有多于最低限度的感觉信息而知觉到了某一事物，尽管对事物的说明在原则上是无限的；或者就像一定数量的行为举止的旁观者，我们最终知觉到了某

114

个人，尽管在反思面前只有我自己而不是其他任何人能够真正地、并且在同一意义上成为自我……。言语的结果，就像知觉（尤其是他人知觉）的结果一样，总是超出它的前提。说话的我们自己并不比听我们说的人更好地知道我们所表达的东西。只有当围绕一种观念组织一些话语（它们形成了连贯的意义）的能力已经在我这里被确立，而且这种能力本身并不在于我在自己面前拥有这一观念、面对面地沉思这一观念，而在于我已经获得了某种思维方式时，我才说我知道这一观念。只有当我成功地使一种含义寓于一个事先没有保留给它的言语机制中时，我才说一种含义被获得了，而且它从此以后成了可以自由使用的。当然，这一表达机制的元素并没有实在地包括该含义，法语刚形成之际并没有包括法国文学；我应该将这些元素逐出中心又重新置于中心，以便使它们意指我所瞄准的这一含义。正是可自由使用的含义的这种"一致的变形"（马尔罗）赋予它们一种新的含义，并使听众、但也使说话者跨出了决定性的一步。因为自此以后，表达的准备性步骤——书的前面几页——重新出现在整体的最后意义中，并且一上来就作为这一意义的派生物而被给出，这种意义从此就被安置在文化中。说话者（和他人）可以直接走向全体，他不需要激活整个进程，他将在其结果中完美地拥有它，一种个人的和人际间的传统将被建立起来。摆脱了执行（Vollzug）的各种探索的再执行（Nachvollzug）把它的步骤凝聚在一种独特的视点中，存在着沉淀，而我可以思考得更远。作为与语言相区别的言语，是仍然沉默的和完全现实的含义意向在其中被证明能够将我的言语和别人的言语归并到文化中，能够通过改造文化工具的意义而构成我和构成他人的这一环节。

言语反过来成为了"可自由使用的",因为它事后给予我们这一错觉:它包含在那些已经可以自由使用的含义中,然而,借助某种狡计,它只不过是为了将它们融入到一种新的生命中才和它们结合在一起。

3. 关涉现象学哲学的一些推论

从这些描述中应该认识到什么哲学意义呢?各种现象学分析与严格而言的哲学之间的关系是不清楚的。我们常常把这些现象学分析看作是预备性的,而胡塞尔本人也总是区分宽泛意义上的各种"现象学研究"和应该为它们加冕的"哲学"。然而,在关于生活世界(Lebenswelt)的现象学探索之后,坚持哲学问题仍然保持完整不变是困难的。在胡塞尔最后的那些作品中,回到"生活世界"之所以被认为是绝对不可少的第一步骤,或许是因为它对于应该紧随其后的普遍构造工作不是没有后果的,是因为从某些角度看第一步骤中的某种东西仍然保留在第二步骤中,因为它在此以某种方式被保留,因为它因此从来没有完全被超越,因为现象学已经是哲学。如果哲学的主体是一种透明的构造意识,世界和语言在它面前作为其含义和对象是完全明确的,那么不管何种经验——现象学的与否,都足以推动朝向哲学的过渡,对生活世界的系统探索就不会是必要的。回到生活世界、尤其是由客观化的语言回到言语之所以被认为是绝对必要的,是因为哲学应该反思客体面向主体的在场模式,应该反思如其向现象学揭示所呈现的那样的客体概念和主体概念,而不是将它们替换为在一种整体反思

116

的观念主义哲学中被构想的从客体到主体的关系。从此,现象学相对于哲学来说是包含性的,它不会被简单地补充给哲学。

　　在涉及语言现象学时,这一点是特别清楚的。这一比任何其它难题都更为明显的难题,让我们不得不就现象学与哲学或形而上学的关系做出一种决断。因为,比任何其它难题都更为清楚的是,它既作为一种特别的难题,又作为一种包含了所有其它难题、包括哲学难题在内的难题出现。如果言语就像我们已经谈到过的那样,那么在言语中如何会存在一种可以支配这一实践的观念化,言语现象学如何不同时也是言语哲学,如何会在它之后还有高层次阐释的一席之地?我们绝对应该强调回到言语的哲学的意义。

　　如果我们可以将言语看作是生动的心理事态,那么我们已经给出的关于言语的含义能力、以及一般地说关于作为我们与对象的关系之中介的身体的描述,就不会提供任何的哲学征象。我们于是承认:事实上,身体——就像我们亲历的那样——在我们看来暗含着世界,而言语是思想的一道风景。但是,这只不过是表面现象:在严肃的思想面前,我的身体停留为客体,我的意识停留为纯粹意识,而它们的共存成为某一统觉的客体,我作为纯粹意识则停留为主体(在胡塞尔的早期著作中,事情差不多就是这样被表述的)。同样,如果我的言语或我听到的言语超出自己而通向一种含义(这一关系,就像任何的关系一样,只能够由作为意识的我设定),那么思想的根本自主性在其变成有问题的瞬间碰巧获得了重建……然而我既不能在这种情况下也不能在另一种情况下将肉身化的现象溯回到简单的心理显象;而且,如果我尝试如此做的话,我会受到他人知觉的妨碍。因为,在他人经验中,比在言语经验或被知觉世界经验中更清楚(但并非不同)的是,我不可避免地将我的身体领会为将我只能通过它才可能知道的东西告诉我的一种自发性。假如他人作为别的我自己的地位应该由意识来予以实现的话,这一地位事实上就是不可能的:意识到就是构造,因此,我不能够意识到他人,因为这等于作为构造者、作为就我藉以构造他人的活动本身而言的构造者构造他人。在《笛卡尔式的沉思》第五沉思开头作为一个界标被提出来的这一原则性的困难,在任何地方都没有被消除。胡塞尔对此不予理会:既然我有关于他人的观念,因此,在某种方式上,提到的困难事实上已经被克服了。只有当那个在我这里知觉到他人的人能够不在乎使得关于他人的理论概念成为不可能的根本矛盾,或毋宁说(因为,如果他不在乎这一矛盾,他要去构造的就不再是他人)能够把这一矛盾体验为他人的在场的定义本身,这种困难才可能事实上被克服。在作为构造者起作用之际体验到自己是被构造的这一主体,就是我的身体。这使我们想起,胡塞尔最终是如何把我对某个处在包围着我的空间中的举止(Gebaren)的知觉建立在他所谓的"耦合现象"和"意向性侵越" 118基础之上的。我的注视在某些场景(它们就是其他人体,推而广之动物)上面遇到了挫折,受到了欺骗。当我以为我在包围着它们时,我实际上被它们包围着,而且我看到一个形象在空间中呈现出来,它唤醒并召唤着我自己的身体的各种可能性,仿佛它关系着我的一些姿势或行为。一切的发生仿佛是:意向性和意向性对象的功能悖谬性地处在对换之中。场景要求我变成一个合适的观众,仿佛我的精神之外的一个其它的精神突然寓于我的身体,或毋宁说仿佛我的精神被吸引到那里,并移居到它正准备给予自己的场景之中。我被在我之外的第二个我自己粘住,我知觉到他人……
然而,言语显然是颠倒我与各个对象的通常关系、并且给予它们中
的一些对象以主体的价值的这些"行为"中的一种突出的情形。如
果说从我的或他人的活的身体角度看,客观化造成了无意义,也应
该把我称为他的思想的东西在他的整体言语中的肉身化看作是他
人的最后的、构成性的现象。就算现象学真的还没有卷入我们的
存在观念和我们的哲学之中,我们在触及哲学难题时也将处在引
发了现象学的那些困难本身面前。在某一意义上,现象学要么就是
一切,要么什么都不是。这种富有启发的自发性的秩序——身体的
"我能",给出了他人的"意向性侵越",给出了关于一种纯粹的或绝
对的含义的观念的"言语"——不可能随后由无宇宙的和泛宇宙的
意识所管辖,否则就会重新变得无意义;应该让我学会认识到任何
构造意识都不会知道的东西:我对于一个"前构造"的世界的隶属。
有人会反驳说:身体和言语如何能够给予我多于我已经置于其中的
东西? 在我是其观众的一个行为中,显然不是作为有机体的我的身
体教会我看到另外一个我自己的涌现:它充其量能够在另外一个有
机体中反映自己、认识自己。为了别的自我和别的思想能够向我呈
现,我就应该是这一我的身体的我,这一肉身化的生命的思想。实
现了意向性侵越的主体只是由于它是处境化的才能够如此做。他
人经验在处境构成为我思的一部分的精确范围内是可能的。

那么,我们同样应该严格对待现象学就能指与所指的关系所
教给我们的东西。如果语言的中心现象事实上是能指与所指的共
同行为,那么我们就通过在观念的天空中预先实现各种表达活动
的结果而剥夺了语言的功效,我们就没有看到它们从一些已经可

以自由使用的含义跨到我们正准备建构和获取的那些含义的步伐。我们试图把表达活动建立在其上的理智替代物，并没有免除我们去弄明白我们的认识器官如何扩张到理解它并不包含的东西。我们并没有通过把超越性安排给一个实际的超越物而省去自己的超越性。无论如何，真理的处所保持为每一言语或每一既有真理都藉以开启一个认识场的这一前瞻（Vorhabe），以及我们藉以推论出知识的这一发展或与他人的这一交往并把它们结合成一种新的视点的重复进行。我们当前的各种表达活动，不是追逐先前的那些表达活动，即简单地延续它们和取消它们，而是拯救它们、保留它们、重新开始它们，因为它们包含了某种真理；从他人的各种表达活动——不管它们是先前的还是同期的——的角度看，出现的是相同的现象。我们的现在掌握着过去的希望，我们掌握着他人的希望。每一文学的或哲学的表达行为都致力于实现这一心愿：收回已经伴随某种语言（也就是说一个自称原则上能够捕获任何呈现出来的存在的完善的符号系统）的出现而被宣告的世界。表达行为就它自己来说实现了这一计划的一部分，此外还通过开辟一个新的真理场而延长了刚刚到期的条约。只有经由给出了他人的同一种"意向性侵越"，这才是可能的；与此相同，理论上不可能的真理现象，只有经由形成它的实践才能够被认识。说存在真理，就是说当我的重新开始遇到了先前的或陌生的计划，而且成功的表达解救了一直以来被俘获在存在中的东西时，在个体的和个体间的时间厚度中，我们的现在藉以变成所有其它认知事件的真理的一种内在沟通被建立起来了。它就如同是我们插入到现在中的一个楔子，就如同是一个界标：它证实此时此刻某物已经在存在一直以来都期待着或"意味着"的位置上就位，它永远不会结束，即使不为真，也至少意味和激发我们的思维器官，在必要时从它那里引出比这一真理更广泛的真理。在此时此刻，某物已经在含义中被确立，一种经验已经被转换成了它的意义，已经变成了真理。真理是沉淀的另一个名称，它本身是全部现在在我们的现在中的在场。这就是说，对于而且尤其对于哲学主体来说，不存在说明了我们与全部时间的超客观的关系的客观性，不存在越过了活的现在之光的光。

在我们开始时所引的晚期文本中，胡塞尔写道：言语实现了"按其存在的意义"既非局域的也非时间的理想意义的"局域化"和"时间化"；而且他后来补充说：言语还以概念或命题的名义客观化那种先前只不过是属于一个主体的内在构成的东西，并且使之向主体的多元性开放。因此存在着一种运动，据此理想的实存下降到局域性与时间性之中，以及一种相反的运动，据此此地此时的言语行为确立了真实物的理想性。如果这两种运动发生在相同的极端项之间，那么它们就是矛盾的；而我们似乎有必要在此设想一种
121　反思的循环：它在最初的趋近中把理想的实存看作既非局域的也非时间的；然后它发觉到了言语的某种局域性和时间性（我们不能够从客观世界的局域性和时间性中得出它们来，此外也不能够将它们悬置在观念世界之中）；最后它让那些理想构成的存在模式取决于言语。理想的实存以文献为基础，当然不是以作为物理对象的文献，甚至不是以它藉以被写成的语言的各种约定为它确定的一个接一个的含义的承载者的文献为基础，而是以这样的文献为基础，它仍然借助一种"意向性侵越"，吸引和汇聚了所有的认知生

命,并在这一名义下建立和重建了文化世界的"逻各斯"。

因此,在我们看来,一种现象学哲学的特性将以确定的名义在不可能为心理主义、历史主义,更不可能为独断的形而上学所通达的富有启示的自发性秩序之内被建立起来。在全部现象学中,言语现象学最适宜于向我们揭示这一秩序。当我说话或当我听别人说话时,我体会到了作为主体间性理论的绊脚石的他人在我这里或我在他人那里的在场,体会到了作为时间理论的绊脚石的被表达者的在场,而且我最终明白了胡塞尔的"先验主体性就是主体间性"这个谜一般的命题想要说的东西。在我所说的东西具有意义的范围内,当我说话时,我对于我自己而言是一个他人的"他人",而在我听他人说话的范围内,我不再知道谁在说和谁在听。哲学的最后步骤是认识到康德所谓的各个时间环节和各种时间性的"先验亲合性"。这大概是当胡塞尔重新启用形而上学的目的论词汇,如单子、隐德莱希、目的论时寻求做的事情。但这些词往往被置于引号中,为的是表明他不打算连同它们引入某种从外部确保置于关系之中的这些术语的关联的动因。独断意义上的目的性是一种损害:它只是让有待连接的项和起连接作用的原则面面相对。122
然而,正是在我的现在的核心中我找到了那些已经先行发生的东西的意义,找到了从什么着手来理解在同一世界中的他人的在场,而且正是在言语练习本身中我学会了去理解。只是在海德格尔对其进行的界定的意义上才有目的性:他大体上说目的性是受到偶然性的威胁的、不知疲倦地自我创造着的某种统一性的颤音。当萨特说我们"被判定是自由的"时,他暗指的正是这种非有意的、无穷无尽的同一种自发性。

三　哲学家与社会学

哲学与社会学长期以来处在一种分离状态之下;只是通过拒绝承认它们有任何相遇的领地、通过约束它们的发展、通过使它们彼此不能为对方理解、并因此通过置文化于一种永久的危机状态之中,这种分离状态才会掩盖它们之间的竞争。探索的精神一如既往地绕过这些禁止,而且在我们看来,它们各自的进步使我们今天可以重新考察它们之间的各种关系。

我们也应该吁请注意胡塞尔致力于这些问题的各种思考。胡塞尔在我们看来是一个典范,就在于他或许比其他任何人都更好地感觉到了:所有的思想形式在某种方式上都是相互关联的;我们不需要为了确立哲学而毁掉人学,也不需要为了确立人学而毁掉哲学;任何科学都隐藏了一种存在论,而任何存在论都预示了一种知识;最终说来,得由我们来安排和处理它们,以便使哲学和科学两者都是可能的……

哲学与社会学的分离或许没有以我们将要陈述的那些术语在任何地方被宣布出来。非常幸运的是,哲学家和社会学家的工作常常不如他们的原则那样排他。但分离仍然构成为哲学家和社会学家的某种共同方向的一部分——通过把哲学和人文科学归结为它所相信的纯粹类型,这一方向最终同等地危害了知识和反思。

所有伟大的哲学都是通过它们对精神及其从属物——各种观念以及它们的运动、知性与感性——的思考的努力而获得承认的，然而存在着一种关于哲学的神话，它将哲学表述为关于精神的绝对自主性的权威断定。哲学不再是一种考问。它是某些学说的汇编——之所以形成这种汇编，是为了确保某一绝对不受约束的精神享有它自己以及它的那些观念。另外，还存在一种关于科学知识的神话：从关于各种事实的简单标记中，它不仅期待关于世界上的各种事物的科学，而且还期待关于这一科学的科学，一门知识社会学（它本身是以经验主义的方式被构想的）——这一知识社会学应该让各种事实构成的领域（通过甚至把我们为了解释它们而发明的那些观念塞入它们之中）自身封闭，应该可以说让我们摆脱我们自己。这两种神话既是对手又是同谋。如此对立的哲学家和社会学家至少在有关确保两者永不相遇的边界的限定方面是意见一致的。但是，如果封锁线被撤除的话，哲学和社会学将彼此毁掉对方。从现在起，它们争夺精神。分离就是冷战。

在这种氛围中，任何打算同时考虑一些观念和一些事实的研究即刻被分开了，因为事实不是被理解为一种达到它们的内在动力的建构努力的驱动者和保证者，相反它们被置于完全应该期待的一种不容置疑的圣宠之列，而观念原则上摆脱了与我们关于世界、他人和我们自己的经验的任何对抗。从事实到观念与从观念到事实的往复运动，作为既不属于科学也不属于哲学的一种折中过程（它从科学家那里收回了他们已经接受的关于事实的最后解释，并且把哲学与科学研究的始终暂时的结论调和起来），已经信誉扫地……

125　　　应该好好瞧瞧这一严格要求带来的各种蒙昧主义的后果。如果说"混和的"研究确实有我们刚才说到的各种缺陷,那么这就等于认识到了:哲学的视角和科学的视角是不会共同可能的,哲学与社会学只有以相互忽视为前提才能认识到确定性。因此应该对科学家隐瞒原始事实的这种"理想化",而这是其工作的最重要的东西。他应该忽视作为其存在理由的对各种含义的译解,忽视对实在物的各种理智模式的建构——没有这一建构今天不会有社会学,就像以往不会有伽利略的物理学一样。应该给他重新戴上培根①式的或"密尔②式的"归纳眼罩,即便他自己的研究完全明显地远离这些经典的方法。因此,他将假装在着手探讨社会事实,仿佛它对于他来说是陌生的,仿佛他的研究一点都不依赖于他作为社会主体而拥有的关于主体间性的经验。借口社会学实际上还没有伴随这一真实的经验而形成,借口它是对这种经验的分析、说明和客观化,借口它搞乱了我们对于社会关系的最初意识,并最终使我们体验为我们最初没有意识到的某种动力的非常特殊的变种的、只有通过接触其它文化构成才能被知道的关系呈现出来,客观主义忘记了这另一种明证:我们只有通过类比或对照我们已经经历的社会关系,简言之,只有通过它们的想象的变换,才能扩大我们对于各种社会关系的经验并形成关于各种真实的社会关系的观念;无疑,基于这种想象的变换,这些关系获得了一种新的含义——就像一个物体向着倾斜的平面下落被自由下落的纯观念置

---

①　培根(F. Bacon,1561~1626),英国哲学家。
②　密尔(J. S. Mill,1806~1873),或译穆勒,英国哲学家,逻辑学家。

于一种新的光明中一样，但它们为它提供了它所能有的全部社会
学意义。人类学教导我们，在这样的一些文化中，儿童把他们的表
（堂）兄弟（姊妹）中的某一些作为他们的"亲戚"对待，而这种类型
的一些事实最终容许我们勾勒一幅在所考虑的文明中的亲属关系
系统的图表。但是被如此注意到的这些关联给出的只是这一文明
中的亲属关系的侧影或轮廓，只是对处在某些仍然无名的含义点
X…Y…Z…上的"亲属关系"的根据名义上的定义说定的行为的
一种印证，简言之，它们还不具有社会学意义；而只要我们还没有
成功地将自己安顿在被这样划定的制度中，还没有理解所有这些
事实暗示的亲属关系的特征，还没有理解在这一文化中的某些主
体在何种意义上感觉到他们同代中的其它主体是他们的"亲属"，
最后，还没有抓住个体的和个体间的基础结构、与自然和他人的各
种制度关系（它们使已被证实的关联得以可能），那么概括这些关
联的那些表达式也完全能够以同样的形式表述这样的物理过程或
化学过程。再说一遍，社会整体的深层动力的确不是随着我们对
于复数形式的生命的狭隘经验而被给出的，但是，仅仅借助这一经
验的偏移和重新集中，我们就达成了对它进行表述，就像只有通过
把广义的数与基础算术的整数联系起来的关联，广义的数才对我
们而言保持为数一样。以弗洛伊德对性成熟前的性欲的看法为起
点，我们可以制定出儿童身体的各洞孔的全部可能的凸现模式的
一张图表；在这张图表中，那些已经被我们的文化体制所实现并且
已经被弗洛伊德主义者所描述的模式，表现为在一些仍然不为我
们所知的文明中或许是现实的大量的可能模式中的一些独特的变
种。但是，只要我们没有参照在我们的真实经验中的口腔、肛门或

126

生殖器的心理学含义,以便在不同的文化对它们形成的不同的使用中,看到作为在世存在之载体的身体的原始多形性的各种不同凝聚,这张图表就没有对那些界定了这些文化类型的与他人和自然的关系说出任何东西。人们向我们呈现的图表只不过是一种约请,它要求我们从我们的身体经验出发去想象其它身体技术。那种在我们这里已经获得实现的身体技术永远不会被归结为全部身127体技术中的一种纯粹可能的身体技术的条件,因为正是在我们学会认识到身体是一种"结构化"原则的这一优先经验的基础上,我们才会隐约地看出其它"可能的"身体技术,不管它们是多么地不同于它。重要的是永远不要把社会学研究与我们关于各种社会主体的经验(它当然不仅包括我们从我们自己方面体验到的东西,而且还有我们透过其他人的姿势、叙事和作品而知觉到的行为)割裂开来,因为只有在社会学家的那些公式所概括的各种关联被一个一个地衔接起来,而且被包含在关于社会事务和关于自然的一种独特的视点——这一视点是被考虑的社会所特有的,而且在这一社会中成为了整个公开机能的制度和秘密原则,尽管它与流行的各种官方观念是非常不同的——之中的时候,这些公式才开始表述社会事务。如果说客观主义或科学主义曾经成功地剥夺了社会学对于各种含义的完全求助的话,那么只有通过将社会学关闭在对其对象的理解之外,才把它从"哲学"中拯救了出来。我们或许在社会事务中运用一些数学,但我们并不拥有关于被考虑的社会的数学。在他不仅负责记录各种事实,而且理解它们的整个范围内,社会学家在从事哲学。在解释的环节,他已经是哲学家。这就是说,当事实说了其它的东西,而且超出于科学家从中看到的东西时，专业哲学家并没有被剥夺重新解释他自己没有观察过的事实的资格。就像胡塞尔说的，关于自然事物的本质学不是伴随现象学而是伴随伽利略开始的。而相应地，哲学家有权力阅读和解释伽利略。

我们与之作斗争的分离对于哲学的损害不亚于对知识发展的损害。一位清醒的哲学家怎么会严肃地提出禁止哲学与科学经常接触？因为最终说来，哲学家始终在就某种东西——就画在沙子上的正方形，就驴、马、骡，就体积的立方尺，就一硫化汞，就罗马帝国，就深入铁屑中的手……进行思考。哲学家思考他的经验和他的世界。如果不是由于专横的决定，人们怎么会给予他忘记科学关于这一相同的经验和这一相同的世界所谈论的东西的权利？在科学这一集合名词下面，存在的不外是伴随我们最初的知觉而开始的这一相同的经验的一种系统的整理、一种有条理的——更严格和更宽泛的，或多或少有远见的——操练。这是去知觉、去想象，最终说来去生活的方式的集合，它们被指向我们的最初经验在我们这里所要求的相同的真理。可能会发生科学以简化为代价来换取其精确性的情况。但是，补救的方式是让它与一种整体经验对峙，而不是把它对立于一种我们不知其来自何处的哲学知识。

胡塞尔已经从其哲学成熟开始，并且随着他延续其努力，越来越借助"本质看"、"形态学本质"和"现象学经验"划定哲学和实际知识能够在其中相遇的一个研究领域和一种研究态度，这乃是非常大的功绩。我们知道他是从肯定两者之间的一种严格的不同开始的，并始终保持。可是，在我们看来，他关于心理学–现象学平行论的观念——让我们概括地说，他有关实证知识与哲学之间肯定一方相应于肯定另一方的平行论的论题——实际上导向了一种相互包含的观念。在涉及社会事务方面,总的来说关键是要知道:社会事务如何能够既是一种可以不加偏见地认识的"事物",又是我们要认识的那些社会只不过为它提供了一个呈现的契机的一种"含义",它如何能够既在自己那里又在我们这里。已经陷入这一迷宫之中,让我们追随胡塞尔藉以通向某些最终看法的步骤,这些步骤在最终的看法中既被保留又被超越。

在其起点上,胡塞尔以似乎要消除实际知识的话语断定了哲学的权利。谈到显著的社会关系,即语言时他原则上提出①,除非首先已经构成了一张语言的"理想形式"以及各种必然属于它的表达模式(如果它是语言的话)的图表,否则我们就不会明白我们自己的语言的运作,我们也不会摆脱粘连在属于我们的语言之上的虚假明证并进入到对于其它语言的真实认识之中:只有这样我们才能够理解德语、拉丁语、汉语如何各以各的方式分有这一普遍本质,并根据各种原始的比例将这些语言中的每一种界定为一些普遍的"含义形式"的混和物,界定为"普遍唯理语法"的"混乱的"、不完全的实现。因此,从任何可能的语言的各种本质结构出发,事实上的语言需要通过一种综合的运作去重建:这些本质结构将它包含在它们的纯粹明晰之中。哲学思想呈现为绝对自主的,通过诉诸于一些提供事物的钥匙的本质,它能够、而且唯有它能够获得真正的知识。

一般来说,正是社会关系的整个历史经验在当时因为本质看而受到了质疑。它令人满意地向我们表达了一些"社会进程",一

---

① 《逻辑研究》,第二卷,第四研究,第 339 页。

些"文化构成",一些法律、艺术和宗教形式,但是,只要我们停留在与这些经验成就的联系之中,我们就甚至不知道我们藉以整理它们的那些标题想要说些什么,因而更少知道如此宗教、如此法律或艺术形式的历史变化是否真的取决于它们的本质,是否真的能裁定它们的价值;或者相反地,这种法律、这种艺术、这种宗教是否还包含有其它一些可能性。胡塞尔会说,历史不能够裁定一种观念,而当它进行裁定时,这一"进行评价"(wertende)的历史偷偷摸摸地从"理想领域"中借用了它自称从一些事实中得出的各种必然联系。① 至于甘愿只作为他在每一时刻被允许思考的东西的一种总结的、考虑了实际知识的各种收获的那些"世界观",胡塞尔完全承认它们提出了一个真正的难题,但以它们禁止自己去严肃地解决它的一些措词出现。真正的难题在于,如果哲学放弃评判现在,它就丧失了其意义。完全就像一种"原则上无止境的和超限的"道德不再是道德一样,一种原则上放弃在现在中采取任何立场的哲学不再是哲学。② 不过,事实是,在他们愿意让自己面对各种现实难题,"拥有关于它们的系统,并且随后有充分的时间去体验"③的时候,那些世界观(Weltanschauung)哲学家错失了一切:他们为这些难题提供的解决不会比其他人更严格,因为他们像后者一样处于世界观中,并不拥有世界科学(Weltwissenschaft);既然他们竭力思考现在,他们就使真正的哲学回避了它对无条件忠诚的要求。可是,一旦被构成了,它就会准许我们思考现在以及过去和永恒。

---

① 《作为严格科学的哲学》,第 325 页。
② 同上书,第 332 页。
③ 同上书,第 338 页。

直接走向现在,乃是为了抓住虚幻的东西而甩掉可靠的东西……

当胡塞尔在其职业生涯的第二阶段重新回到历史问题,首先是语言的历史问题时,我们不再能找到有关哲学家-主体,即各种可能物之主宰——他应该首先把他的语言从自己那里移开,以便在任何现实性之下重新找到某一普遍语言的各种理想形式——的观念。哲学在语言方面的第一任务,现在看来是从我们这里重新发现我们内在于我们充分有效地利用的某种说话系统,这恰恰因为它和我们的身体一样对我们是直接在场的。语言哲学不再像语言的一种整体客观化尝试对立于一种总是受到母语的各种成见的威胁的知识那样对立于经验语言学;相反,与必然把语言作为一种事物对待的语言科学相对照,它乃是对在说话的说话者的重新发现。波斯[1]先生很好地表明了,与科学的态度或观察的态度(它转向已经形成的语言,它在过去形态中把握它,并且把它拆分为其统一性已经消失了的一些语言学事实的总和)相对照,现象学态度现在是这样一种态度:它准许直接进入一个语言共同体的活的、现在的语言。这一共同体不仅利用它来保存,而且还利用它来奠定、来瞄准和界定一个未来。因此,语言在这里不再被拆分为一些逐步加起来的元素,它就像是一个其全部组织都协力达成唯一运作的器官,而不管它们的来源是多么的多样,它们最初进入到全体中是多么的偶然……然而,以这种方式着手处理语言之所以真的是现象学的特性,是因为它不再是对所有可能物的综合的规定;反思不再是向掌握着世界之钥匙的一个前经验主体的回归;它不再拥有

---

① 波斯:"现象学与语言学",《国际哲学评论》,1939 年 1 月。

现实客体的构成元素，不再全面审查它。它应该在一开始超出于它的理解能力的一种联系或一种接触中意识到现实客体。哲学家首先是觉察到自己处在语言之中、觉察到自己在说话的人，而现象学反思不再局限于以其完全的明晰列举"没了它们"就不会有语言的那些"条件"；它应该揭示那种造成存在言语的东西，揭示一个朝向未来的既说话又听他人说话的主体的悖谬，而不用顾及我们就意义的各种偶然性和逐渐转化（它们构成了语言）所知道的一切。因此，在言说的现实性中存在一种不处在任何单纯"可能的"表达之中的光明，在我们的语言学的"在场之场"中有一种运作，它充当我们构想其它可能的表达系统的样式，而不是它们的一个特殊的例子。反思不再是通向消除现实事物的秩序的另一秩序的通道，它首先是对我们在现实事物中的扎根的一种更敏锐的意识。经由现实之物的通道自此以后乃是一种有价值的哲学的绝对条件。 132

　　真正说来，不需要等到胡塞尔认识到生活世界是现象学的第一主题就可注意到胡塞尔对形式反思的否认。《观念》第一卷的读者应该注意到本质直观总已经是一种"验证"，现象学总已经是一种"经验"——胡塞尔说过，视觉现象学应该建立在我们首先进行有效检验的可见性（Sichtigkeit）的基础之上，而且他一般来说拒绝一门"现象数学"、一门"亲历的几何学"的可能性。很简单，上升的运动没有获得强调。思想几乎不以其事实上的各种结构为支撑以便解救它的可能的结构：一种完全想象的变换从某一卑微的经验中获取各种本质肯定的宝库。当关于被亲历的世界的认识，并因此关于被亲历的语言的认识，就像在最后的作品中那样成为了现象学的特点时，这只不过是一种更具决定性的表达方式：哲学并非一下子就拥有了关于语言和世界的真理,它毋宁是一种分散在我们的世界和我们的生活之中、与它们的各种具体结构联系在一起的逻各斯——《形式的与先验的逻辑》已经谈到的这一"感性世界的逻各斯"——的再现和最初表述。只是当他在其身后留下的一个片断中写下"语言的具体化使暂时的内在现象过渡到了理想的实存"[①]时,胡塞尔才完成了他整个的前期思想运动。理想实存——它应当在起点上奠定语言的可能性——现在是它的最本己的可能性⋯⋯可是,如果哲学不再向可能物的无限性过渡或者不再跳跃到绝对客观性之中,如果它首先是与现实之物的联系,那么我们就会明白,某些语言学研究预示了它的研究,某些语言学家在自己不知道的情况下已经踏上了现象学的领地。胡塞尔没有谈到这一点,波斯先生也没有;但是,不想到索绪尔是很难的,因为他要求人们从语言-客体回到言语。

133 实际上,哲学与历史的整个关系在寻求把哲学从历史中解放出来的反思运动本身中被转换了。随着他更多地反思永恒真理与事实真理的关系,胡塞尔不得不用一种远为简单的关系来替代他的那些最初的限定。他在至少 20 年中追求的对于先验反思及其可能性的各种沉思充分表明,在他的眼里,这个术语表示的并不像是能够限定、能够用手指指示、能够实实在在地分离出的、除经验的其它样式之外的一种不同的官能。尽管有全部那些总是重新肯定自然态度和先验态度的根本区别的断然表述,胡塞尔从一开始就完全知道,它们事实上彼此侵越,而任何意识事实在它自身之中

---

① "几何学的起源",载《国际哲学杂志》,1939 年 1 月,第 210 页。

都带有先验之物。在无论如何涉及到事实与本质的关系的工作中，同《作为严格科学的哲学》一样早的一个文本，就像我们想起的，在区别了"理想领域"和各种历史事实之后，明确地预见到了两种秩序的交迭；它说道，历史批评之所以正确地表明如此制度秩序是不具有实质性的实在的，最终说来只不过是用来指称一大堆没有内在关系的事实的一个普通名词，是因为经验的历史包含了一些混乱的本质直观，因为批评始终是一种已经在那里的积极的肯定的反面或者涌现……在同一篇文章中，胡塞尔已经承认，历史对于哲学家来说是珍贵的，因为它向他揭示了集体精神（Gemeingeist）。从这些最初的表述过渡到最晚的那些表述并不是那么困难。说历史告诉哲学家什么是集体精神，就是说它让他思考主体之间的交流。历史让他有必要明白，为何不仅仅存在一些各自拥有一种对于世界的视角的精神——哲学家可以对它们依次进行审视，却没有被允许、更不用说被指定去整体地思考它们，而且还存在着彼此共存的，并因此每一个都具有它们藉以变得可见的一个外部的精神共同体。因此哲学家不再能够谈论精神一般，不能以单一名称对待全体和每一个，也不能自诩构造了它们；他应该在精神之间的对话中看到自己就像他们全体一样是处境化的，并且在他为自己要求构造者的尊严的同一时刻承认他们作为构造者的尊严。我们已经接近于胡塞尔在《欧洲科学的危机》的那些文本中所达到的谜一般的表述，因为他写道："先验主体性就是主体间性"。然而，如果先验就是主体间性，那么如何避免先验与经验的边界会变得模糊不清呢？因为伴随着他人，正是他人就我所看到的一切、正是我的全部人为性被恢复到了主体性之中，或至少被设定为其定义的

134

不可少的一个元素。于是，先验下降到了历史之中，或者正像人们想要说的，历史不再是绝对自主的两个或多个主体之间的外在关系，它有一个内在，它粘附于它们的定义本身之中。它们知道自己不再仅仅就每一个对于自身而言，而且还就每一个对于另一个而言是主体。

在最后时期的那些未刊稿中，事实与本质的对立将明显被这一观念所中介：最纯粹的反思发现一种"意义的发生"（Sinngenesis）内在于它的各种对象之中，这种意义的发生要求（对象的）显示中有发展、有"先"和"后"，要求有一系列彼此包含的步伐或步骤，其中的此"在同一时间"就是彼，而且以过去的视域的名义假定它——的要求。当然，这一意向性的历史并不是那些被逐一把握的显示的简单总和：它恢复和整理它们，它在某一现在的现实性中复活和调整一种没有它就可能会流产的发生。但是，它只有保持与被给予者——通过在被给予者那里寻找自己的各种动机——的联系才能如此做。不再是仅仅由于一种不幸的偶然，含义研究和事实研究才相互侵越：如果一个含义不能浓缩真理的某种生成的话，它就是空的。

我们有希望很快就可在胡塞尔全集①中读到他读了《原始神话》后于1935年3月11日写给列维-布留尔②的信。他在信中似乎承认哲学家不能从单纯的反思直接达到普遍性，他既不能够超

---

① 范·布雷达（H. L. Van Breda，1911～1974，胡塞尔档案馆创建者和第一任馆长）主编，正由海牙的 Martinus Nijhof 出版社出版。我们没有获得编者们的任何授权来引用人们将要读到的几句未发表的话。因此，我们请读者在其中只是寻求预尝鲁汶胡塞尔档案馆准备好了其唯一权威版本的那些文本的滋味。
② 列维-布留尔（L. Lévy-Bruhl，1857～1939），法国社会学家，民族学家，哲学家。

出于人类学经验,也不能够借助他自己的经验的一种单纯想象的变换来建构形成其它经验和其它文明的意义的东西。他写道:"将我们投射到(einzufuhlen)封闭在活生生的、传统的社会性中的某一人类里去,就这一人类在它的整个社会生活中并以之为起点拥有世界——这对它来说不是一种"世界的表象",而是实在的世界——来理解它,是一项可能的、具有高度重要性的任务,是一项伟大的任务。"然而,我们要进入古老的世界却为我们自己的世界所阻拦:列维–布留尔的原始人是"没有历史的"(geschichtlos),在他们那儿涉及的是一种"只不过是在消逝的现在的生活"(ein Leben,das nur stromende Gegenwart ist)。相反,我们生活在一个历史的世界之中,也就是说,它有一个一部分实现了的未来(民族的"过去")和一个一部分有待实现的未来。将要重新发现和重新构造古老世界的结构的意向性分析不应该局限于说明我们自己的世界的结构:因为那给予这些结构以意义的乃是它们为其典型类别的环境、周围世界(Umwelt);因此,除非我们懂得时间是如何消逝的,存在是如何在这些文化中被构成的,否则就无法理解这些结构。胡塞尔甚至于这样写道:"在这一已经充分展开的意向性分析的路上,历史相对主义作为人类学事实获得了不容质疑的辩护……"

因此,作为结束,他对哲学做些什么呢?信件最后几行就此指出:哲学应该接受科学的各种获得的全部,它们是基础的知识,伴随它们的还有历史相对主义。但是,就像哲学一样,科学不满足于记载各种人类学事实的变量:"而人类学,就像任何实证科学和这些科学的全体一样,虽然是基础的知识,却不是最后的知识。"有一种出现在实证知识之后而不是之前的哲学自主性。这种自主性不会免除哲学家去获取人类学可以为我们提供的一切，其实就是见证我们与其它文化的有效交流；它绝不会窃取科学家得以通达其研究方法的权限。简单地说，它在任何科学知识都不会对它提出异议的一个维度中得以确立。我们试着谈谈这一维度。

如果哲学家不再把贯穿地思考他自己的思想的无条件权力归于自己；如果他承认他的各种"观念"、他的各种"明证"在某种程度上始终是素朴的，承认为了真实地认识它们，在他所属的文化的组织之内进行把握，对它们进行仔细观察并在思想中使它们变换是不够的，应该把它们与其它文化构成相对照，在其它成见的基础上来看它们——他这样难道不是从此放弃自己的各种权利并将它们委诸于各门实证学科、委诸于经验研究？恰恰不是这样。禁止哲学家窃取通向普遍或永恒的直接通道的相同的历史依赖，也禁止社会学家在这一功能中替代他、禁止他把存在论价值赋予社会事务的科学客观化。历史概念的更深层意义并不把思维主体封闭在一个时空点上；只有根据一种它自己能够走出整个局域性和时间性，以便能在它所在的地方和它所在的时间看到这一意义的思想，这一意义才能够这样呈现。然而这恰恰是历史意义使其信誉扫地的一种绝对思维的偏见。问题不在于像历史主义所做的那样，简单地将人们拒绝给予系统哲学的权威转移给科学。社会学家对哲学家说，您相信自己永远在思考、为了所有的人而思考，而在这一思考本身中，您只不过使您所在的文化的各种成见或自负获得了表达。这是真实的，但它对于独断的社会学家和对于哲学家来说是同样真实的。这样说话的他本人是在哪儿说的呢？只是在轮到置自己于历史之外并要求绝对旁观者的优势地位时,社会学家才会形成这一关于历史时间——它就像一个瓶子容纳一个物体一样容纳哲学家们——的观念。实际上,历史意识要求我们修改的乃是关于精神及其对象之间的各种关系的观念本身。确切地说,我的思想对于它自己的某种历史处境、并透过这一处境对于其它那些使它感兴趣的历史处境的内在性——既然它与科学和我们维持的客观关系相比是原本的——使关于社会事务的知识成为关于我自己的一种知识,命名和认可一种主体间的视点为我的视点(科学在利用它的时候忘了它,而它正是哲学的特性)。如果历史向我们掩盖了一切,那么我们需要明白的是:我们能够对真理有所拥有,不是通过对抗历史的内在性、而是借助历史的内在性来达到的。肤浅地被思考,它摧毁了整个真理;从根本上被考虑,它确立了一种新的真理观。只要我自己保持关于一个绝对观众的、一种没有视点的认识的理想,我在我的处境中能够看到的就只能是错误的一个来源。但是,如果我一旦已经认识到我凭借它与能够对我具有某种意义的任何活动和任何认识相对接,认识到它逐步地包含了能够是为我的一切东西,那么我在我的处境的有限性中与社会事务的联系就作为任何真理(包括科学的真理)的起点向我显示出来;而且,既然我们有一种关于真理的观念,既然我们处于真理之中且不能偏离真理,那么我始终只能够在我的处境中界定真理。知识将被建立在这一勿容置疑的事实之上:我们不能像一个客体在客观空间之中那样在处境之中;对于我们来说,处境是好奇、探讨和兴趣——首先针对作为我们的处境的一些变体的其它处境,然后针对我们自己的被其他人所阐明、而且这一次被视为他人的变体的生活——的来源；最终说来，处境是那种把我们与人类经验的整体联系在一起的东西，同样也是那种使我们与之相分离的东西。我们将称科学和社会学为建构一些客观化和图式化这种实际交流的运作的理想变量的尝试。我们将称哲学为我们应该捍卫的关于生活、说话和思考的某些一个面对另一个在场，并且全都处于与自然（就像我们推测的那样，在我们背后、我们周围和我们面前，处于我们的历史场的边缘，它来自我们的各种理论构造勾勒了其运作而且它们不会取而代之的最后的实在）的关系之中的他我的开放而连续的共同体的意识。因此，哲学不能被专属于它的某个领域所界定：和社会学一样，它谈论的不过是世界、人类和精神。它以某种我们拥有的关于他人、自然或我们自己的意识的模式著称：这里指的是处于现在时的自然和人，不是（黑格尔意义上的）"被压扁在"客观性中的属第二位的自然和人，而是像它们在我们对它们进行认识和采取行动的实际交往中被提供的那样，是在我们中的自然、在我们中的他人和在他们中的我们。在这一名义下面，我们不应该仅仅说哲学与社会学是相容的，应该说作为社会学的各种任务的恒常提醒者，哲学对于社会学来说是必要的；应该说每当社会学家重新回到其知识的活的源头、回到作为理解最远离他的那些文化构成的手段而在他那里运作的东西时，他就是在自发地从事哲学……哲学并不是某种知识，它是不会让我们忘了任何知识的源泉的警觉。

　　我们并不妄称胡塞尔曾经赞成过这一类型的某个界定，因为直到最后，他总是把回到活的言语与历史，回到生活世界作为一种预备性的步骤，紧接着这一步骤的应该是普遍构造的严格意义上的哲学任务。然而一个事实却是,在他最后出版的一部作品中,合理性只是我们面对的两种可能性之一,另一可能性是混乱。胡塞尔恰恰是在对一种威胁着合理性的无名的厄运的意识中寻找能够激励认识和行动的东西。作为提醒和作为任务的理性,必须将它转变成它自己并且使它回到自身的"潜在的理性"成为了哲学的标准。"仅仅据此就可以确定,天然存在于希腊哲学诞生以来欧洲的人的概念中的目的(Telos)——人将通过从潜在的理性到公开的理性的未定的运动、通过根据属于他的人类真理和本真性来治理他自己的未定的努力,根据哲学理性而成为人,且不可能以其它方式成为人——是否只不过是出自幻觉的简单的历史事实,只不过是全部其他人类和历史中的一个偶然人类的偶然获得。或者不如说、相反地说,本质上以隐德莱希的名义被包含在人的如此这般性质中的东西是不是在希腊关于人的观念中第一次得见天日。在它自己那里获得把握的人的性质本质上就在于:在发生地、社会地联系起来的人类的内部成为人;而且,如果说人是一种理性的存在,这只有在他所属的任何人类都是理性的人类的意义上才能如此:理性的人类要么是以潜在的方式为理性准备好的,要么是公开地为回到它自身的隐德莱希准备好的,而隐德莱希为了它自己而变成公开的了,并因此以有意识的方式、在完全的本质必然性中引导人的成长。于是,哲学和科学会成为揭示'天然地存在于'如此这般的人类中的普遍理性的历史运动。"[1]如此一来,人的本质不是给定的,无条件的本质必然性亦然:只有当希腊人给我们带来其观

---

[1] 《欧洲科学的危机与先验现象学》,第一卷,载《哲学》,贝尔格莱德,1936,第 92 页。

念的合理性不是停留为一种偶然,而是被它使它们得以可能的认
识和行动证明为是本质性的,而且使非理性的人类获得了认识的
时候,它才会起作用。胡塞尔式的本质从此以后被一种"隐德莱
希"所承载。

作为对偶然性中的合理性的意识,哲学的角色不是一种无意
义的结余。最终说来,唯有关于主体间性的哲学意识可以让我们
理解科学知识。没有它,科学知识将停留在未定的延缓中,总是被
延迟到关于因果性的讨论的结束,而这些讨论一旦涉及到人,依他
们的本性是不可能结束的。有人会问,比如说社会关系是否就像
精神分析社会学希望的那样,只不过是性侵犯悲剧的扩大和一般
化,或者相反地,依据精神分析学描述的形式,这一悲剧本身是否
只不过是西方社会中的一些制度关系的特例。这些讨论有利于促
使社会学家去观察,有利于揭示事实,有利于引起一些分析和直
观。但是,只要我们停留在因果的、"客观的"思维的领地上,这些
讨论就不会获得什么结论,因为我们既不能将因果链条的一环归
结为乌有,也不能整个地把它们作为因果链条来思考。只有以过
渡到一种非因果的思维方式(这就是哲学)为前提条件,我们才能
够把这些观点全都一起看作是真实的:必须同时明白,个体的悲剧
发生在已经属于制度整体的各个角色之间;因此自其生命中的开
端始,通过对人们给予他的关怀以及围绕他的用具的简单知觉,儿
童就开始进入对各种含义的辨识,他一下子就把他自己的悲剧一
般化为了其文化的悲剧;可是,整个象征意识终究要转化儿童经历
过或没有经历过的、遭受过或没有遭受过的、感受到或没有感受到
141　的东西,以至,当他——一开始就已经根据他认为这样做是好的而

思考和体验过,并且根据想象物知觉过其文化——最终颠倒这一
关系,悄悄进入他的言语和他的行为的各种含义之中,将其最秘密
的经验都转变成文化时,没有他最个人的历史的哪一个细节不会
为他将要揭示的他的这一含义提供某种东西。就算这一向心运动
与离心运动是一道可能的,这也不是可以从因果性的视角思考的。
只有在哲学态度中,这些颠倒,这些"变形",过去与现在、古风与
"摩登"的接近与距离,文化时空向着它们自己的缠绕,各种人类事
件的永久的复因决定——它认为,无论地点或时间条件是多么的
独特,社会事务总是向我们呈现为我们的生命也构成其一部分的
单一生命的变量,而任何他人对我们来说都是另一个我们自
己——才变成可构想的、甚或可见的。

　　哲学的确是、始终是与客观主义的决裂,是从各种建构向亲
历、从世界向我们自己的回归。只不过这一不可缺少的、刻画哲学
之特征的态度不再将哲学移转到内省的罕有氛围中或移转到从量
上有别于科学领域的一个领域,不再将哲学置于与知识的对抗之
中;从此以后人们已经认识到这一态度将我们引回的"内部"不是
一种"私人生活",而是一种逐步将我们与整体历史连接起来的主
体间性。当我觉察到社会事务不仅仅是一个客体,而首先是我的
处境时,当我在自己这里唤醒对于这种属于我的社会事务的意识
时,成为面对我在场的正是我的整个共时性;透过这一共时性,我
变得能够真的认为整个过去是共时性(它在它自己的时代曾经是
共时性);在我的活的现在中被实际给予我的正是历史共同体的一
致的和不一致的一切活动。放弃针对系统的说明机制不会使哲学
跌入客观知识的一个辅助者或宣传者之列,因为它拥有一个特有 142

的维度,这是一个共存的维度:不是作为已经完成的事实和凝思的
对象,而是作为普遍实践的永恒事件和场所。哲学是不可能被替
代的,因为它向我们揭示了生活藉以成为真理的运动以及这个独
特存在(他在某种意义上已经是他碰巧思考的一切)的循环性。

四 从莫斯到克劳德·列维-斯特劳斯

我们今天所谓的社会人类学——在法国之外的一个常用词，在法国获得传播——乃是社会学在其承认社会事务就像人本身一样具有两极或两面(它是有含义的，我们能够从内部理解它；与此同时，个人意向在那里被一般化、被弱化，它向程序靠拢，按照一句有名的话，它被一些事物中介了)的时候所变成的东西。然而，在法国没有哪个人像马塞尔·莫斯[①]那样预料到这一灵活的社会学。从多种角度看，所谓的社会人类学就是在我们眼前继续存在的莫斯的作品。

在 25 年之后，著名的《论礼物：交换的原始形式》才刚刚为盎格鲁-撒克逊读者翻译出来，附有埃文思-普里查德[②]写的一个序言。列维-斯特劳斯[③]写道："能够读到《论礼物》的人，几乎没有都有虽然还难以明确表达，却十分迫切的参与到一个决定性的科学革命事件中去的信念。"需要花些精力来描述唤起这样一些记忆的这一社会学时刻。

---

① 莫斯(M. Mauss，1872～1950)，法国人类学家。
② 埃文思-普里查德(E. E. Evans-Pritchard，1902～1973)，英国社会人类学家。
③ 列维-斯特劳斯(C. Lévi-Strauss，1908～2009)，法国结构人类学家，哲学家。

按照涂尔干①的著名的说法,新科学愿意把各种社会事实"作为一些事物",而不再作为一些"客观化的观念系统"来处理。但是,当它开始寻求明确表达时,它成功地做到的只不过是把社会事务界定为"出自心理的东西"。人们说,它就是"一些表象";只不过,它们不是个体的表象,而是"集体的"表象。由此,获得大量探讨的"集体意识"的观念被理解为历史核心中的一种有区别的存在。它与个人之间的关系,就像两个事物之间的关系一样,保持为外在的。我们给予它以社会学说明的东西,就不再给予它以心理学的或生理学的说明,反之亦然。

另外,涂尔干以社会形态学的名义,根据初级社会的联合和它们之间的各个构成部分的组合提出了各种社会的一种理想发生。简单的东西被混同为基本的东西和古老的东西。列维-布留尔特有的"前逻辑的心理"的观念,不会进一步使我们向那些所谓的原始文化中存在的、不能还原到我们的心理的那种心理开放,因为这一观念将原始文化凝固在了一种难以克服的差异中。法国学派在两种方式上错失了对他者的这一通达,而通达他者正是社会学的界定。如何能够理解他者,又不让他迁就我们的逻辑或让我们的逻辑迁就于他?不管是急于将实在物吸收到我们的各种观念之中,还是相反地宣称它是难以渗透的,社会学总是仿佛在说:它能够鸟瞰它的对象,社会学家是一个绝对的观察者。错失的正是对对象的耐心穿透、与对象的交流。

相反,马塞尔·莫斯已经本能地将它们付诸实践。无论他的

---

① 涂尔干(E. Durkheim,1858~1917),法国社会学家。

教学还是他的著述都与法国学派的那些原则没有什么分歧。作为
涂尔干的外甥和合作者，他有全部理由对涂尔干做出公正的评价。
正是在他接触社会事务的特有方式中显露出他们之间的不同。在
关于魔法的研究中，他说道：各种共变和各种外部联系留下了一种
需要加以描述的剩余物，因为信仰的那些深层理由正好是在它那
里。因此，应该经由思考进入现象，读解它或破译它。这一读解始
终在于抓住在人与人之间通过制度而得以构成的交换方式的世
界，抓住制度所确立的联系与均衡，抓住它用来规范工具、制造品
或食物、咒语、装饰物、歌曲、舞蹈、神话元素的使用——就像语言
规范着音素、形素、词汇和句法的使用一样——的系统方式。这种
社会事实——它不再是一种实心的实在，而是一个有效的象征系
统或一个象征价值的网络——将融入个体的最深处。但是，包围
着个体的调节并不能够消除个体。不用在个体和集体之间做出选
择。莫斯写道："真实的东西不是祈祷或权利，而是这个或那个小
岛的美拉尼西亚人、罗马、雅典。"同样，既不再有单纯的绝对，也不
再有纯粹的总和，到处都是链接在一起的或比较丰富或不那么丰
富的一些整体或集合。在原始心理的所谓混沌思维中，莫斯标识
出对他而言和著名的"互渗"同样重要的一些对立。通过把社会事
务构想成一种符号体系，他已经给出了尊重个人的实在、社会的实
在和文化的多样性，却并不妨碍它们彼此渗透的方法。一种扩大
的理性应当能够一直渗透到魔法和礼物的非理性状态中去。他
说："首先应该拟定最大可能的范畴目录；应该从就我们可以知道
的人类能够利用的一切范畴出发。于是我们会看到，在理性的苍
穹中仍然有许多或垂死、或苍白、或晦暗的星辰……"

145

　　莫斯对社会事务与其说形成了理论,不如说对社会事务有直觉。这或许是为什么在应该得出结论的时候,他仍然停留在他的发现之内。他在法力(mana)中寻求交换的来源,就像他曾经在豪(hau)中寻找过魔法的来源一样。这些谜一般的概念,它们与其说给出了一种关于事实的理论,不如说再现了土著的理论。它们实际上代表的不过是有必要重新联结起来的多种多样的事实之间的一种情感粘合剂。但是,这些事实首先是不同的,以便人们寻求重新统一它们吗?综合难道不是首要的?对个体而言,法力不正是他赠与、接受和回赠的东西之间的某些等值关系的明证,不正是

146 对他和他与他人的制度平衡偏差之间的差异的经验,不正是行为对自身和他人的一种双重参照的首要事实,不正是对一种不可见的整体(他自己和他人在他眼里是它的可以替换的元素)的要求?因此,交换不是社会的一个结果,它是活动中的社会本身。在法力中存在的神圣的东西取决于符号体系的本质,它可以透过各种言语的、与他人关系的悖谬为我们通达:它类同于语言学家所说的"零度音素",本身没有什么指称价值的它对立于音素的缺乏,它甚或是没有表达任何东西的"漂浮的能指",却开启了一个可能的含义场……但是,在这样说的时候,我们就随着莫斯的进展而超越了他所说的与他所写的,我们回顾性地在社会人类学视角中来看待他,我们已经越过了列维-斯特劳斯鲜明地代表的关于社会事务的另一看法与另一态度的界线。

＊　　　＊　　　＊

　　社会人类学把交换在社会的某一区域或整个社会中得以被组

织的方式称作结构。社会事实既不是一些事物也不是一些观念，它们是一些结构。这个在今天已被滥用的词起初有其确定的意义。在心理学家那里它被用来指称知觉场的各种构形，指称被某些力线链接起来的、任何现象在那里都由于它们而维持着其局域价值的整体。在语言学中也一样，结构是一个具体的、具体化的系统。当索绪尔说语言符号是区分性的（它只有通过它的差异，通过它与其它符号之间的某种差别，而不是首先通过揭示一种积极的含义才能起作用）时，他让我们感觉到了语言在明确含义之下的统一——在语言的理想原则被认识之前就已经在语言中形成的一种系统化。对于社会人类学而言，社会正是由这种方式的一些系统——亲属关系与亲子关系的系统（以及婚姻的各种合乎礼仪的规则），语言交流系统，经济交换、艺术、神话与仪式的系统……构成的。它本身是这些相互作用的系统的整体。说它们在这里是一些结构，我们就将它们与旧的社会哲学的一些"明确化了的观念"区别开来了。那些生活在某个社会中的主体没有必要认识支配着他们的交换原则，说话者为了说话也不必经由对其语言的语言学分析。结构毋宁说似乎不言而喻地被他们所实践。如果我们可以说的话，不是他们拥有它而是它"拥有他们"。假定我们将它比作语言，不管就言语的活的用法还是其诗意的用法，词在这里似乎都在说它们自己，在成为存在……

　　结构就像雅努斯[1]一样有两个面孔：一方面，它根据一种内在

─────────────

　　[1]　雅努斯（Janus）是罗马神话中最古老的神祇，也是罗马人的保护神。它是一个两面神，具有前后两个面孔。他的肖像被画成两张脸，因此也被称为"双面雅努斯"。

原则来组织那些进入其中的元素,它就是意义。但是,它承载的这一意义可以说是一种不清楚的意义。因此,当科学家概念地表述并固定结构,建构他藉以理解各种现存社会的一些辅助模式时,用模式替代实在对于他来说是没有问题的。原则上说,结构不是柏拉图①式的理念。想象主宰着全部可能的社会生活的一些不朽原型,就会犯旧的语言学同样的错误,因为后者假定在某种声音材料中存在着对于特定意义的自然的亲缘关系。这就会忘记,那些相同的面容特征,根据它们在其中获得理解的系统,在不同的社会中会有不同的意义。如今的美洲社会之所以在其神话中重新发现了在昔时或在别处已走过的道路,并不是因为一种超越的原型三次体现在罗马农神节、墨西哥克奇纳(Katchinas)神节和美洲圣诞节中,而是因为这一神话结构为解决某种局域的和现时的紧张提供了一条路径,是因为它在现在的动力中获得了重建。结构没有让社会丧失其任何厚度和任何分量。社会本身是众结构的一个结构:在它实践的语言系统、经济系统和亲属系统之间怎么会不具有任何关系呢? 但这一关系是微妙而可变的:有时这是一种同源性。在其它时候,比如在神话与仪式的例子中,一个结构是另一个结构的对立面与对手。作为结构的社会保持为一种可以从多个目标获得解释的多面实在。各种比较可以进展到何种程度? 就像严格意义上的社会学所意愿的那样,我们将以找到一些普遍的不变量作为结束? 这还要看一看。没有任何东西把结构研究限制在这一方向上,但也没有任何东西要求它一开始就假设存在这些不变量。

①　柏拉图(Platon,公元前 427～前 347),古希腊哲学家。

这一研究的主要兴趣在于尽可能用互补关系来替换自相对立。

因此,这一研究在所有方向上都朝着普遍、朝着专题论述,每次也都走得尽可能远,以便合理地证明在单独地被把握的每一个目标中可能缺少的东西。在各种亲属关系系统中,对基本元素的研究,透过多种多样的习俗,将指向这些习俗可以被视为其变量的一个结构图式。从血缘排斥联姻,也即男人放弃在他的生理家庭或在其群体中获得女人并且必须在外面缔结姻亲(为了平衡的缘故,这要求一种直接或间接的对等)的时候起,一种交换现象就开始了——当直接的相互性让位于一种普遍化的交换时,这一现象可能会无限地复杂化。因此,应该建构一些模式,它们将展示各种不同的可能群体,以及一些不同的优先婚姻类型和一些不同的亲属关系系统的内部排列。为了揭示这些特别复杂并且具有多重维度的结构,我们通常的心理配置是不够的,或许有必要求助于一种准数学的表达;目前的数学不局限于可以测量的东西和各种数量关系,这一表达也就更加可以利用了。人们甚至可以梦想一个可以与门捷列夫①的化学元素表相比较的亲属关系结构周期表。在限度之内提出诸结构的普遍规则的计划是合理的,它使我们能够 149 利用一些有规则的转换从一些结构推导出另一些结构,使我们能够超越现存的系统去建构各种不同的可能系统——即使这只不过是为了把经验的观察引向(就像人们已经做的那样)如若没有这一理论预见,就不会被觉察到的某些现存的制度。因此,一种形式的基础结构在各种社会制度的深处出现了,人们想要谈论一种无意

① 门捷列夫(D. I. Mendeleeff,1834~1907),俄国化学家。

识的思维，人类精神的一种预见；仿佛我们的科学在各种事物中已
经被构成了，仿佛人类的文化秩序是一种第二位的自然秩序，受到
其它不变量的支配。但是，即便这些不变量存在，既便社会科学在
一些结构之下——就像音位学在一些音素之下——找到了这些结
构与之相一致的元结构，人们这样达到的普遍也不会取代特殊，正
如普通几何学没有取消欧几里德空间的各种关系的局域真理一
样。在社会学中也存在对等级的种种考虑，普通社会学的真理绝
没有取消微观社会学的真理。某一形式结构的蕴含完全能够使如
此的发生序列的内在必然性呈现出来，但使得一些人、一个社会、
一种历史存在的并不是这些蕴含。对于社会的形式描述甚或对于
任何社会的一般表述不是一种形而上学。一种纯粹的客观方法所
勾勒的那些纯粹模式、那些图表乃是认识的一些工具。社会人类
学寻求的基本元素仍然是一些基础结构，也就是说一种处于网络
中的思维的各个纽节，这一思维将我们从它自己重新引向结构的
另一面、引向它的具体化。

　　诸社会的形式结构所证实的那些惊人的逻辑运算，在某种方
式上完全应当由体验到这些亲属关系系统的全部人口来进行。因
此，应该实存着形式结构的一种被亲历的等价物，人类学家这一次
应该通过一种不再仅仅是心理的，以其舒适甚至安全为代价的劳
作来研究它。客观分析与亲历的衔接或许是人类学最本来的任
务，这把它与其它社会科学如经济学和人口统计学区别开来。价
值、赢利、生产力或最大人口是处理社会事务的思想的对象，我们
不能要求它们在个人经验中以纯粹状态显示。相反地，对于人类
学的各种变量，我们应该或早或迟在各种现象在那里具有其直接

人类意义的层次上去重新找到它们。在这一汇聚方法中约束我们
的是将归纳和演绎对立起来的那些旧有的偏见,仿佛伽利略的例
子还没有证明有效的思想是在经验和理智建构或理智重构之间的
往复运动似的。然而在人类学中,经验就是我们作为社会主体融
入一个全体之中,我们的理智在那里艰难地寻找的综合已经被构
成,因为我们在一个独一无二的生命的统一中体验到我们的文化
藉以被构成的全部系统。从这一属于我们的综合中可以得出某种
认识。进而言之,我们的社会存在的装置可能会被旅行所拆解和
重装,就像我们能够学会说其它一些语言一样。这里存在着通向
普遍的第二个通道:不再是突出在一种严格客观的方法之上的普
遍,而是我们通过人种学的经验,即不断让自己接受别人和让别人
接受自己的考验而取得的一种侧面的普遍。问题在于建构土著的
观点、文明人的观点以及彼此对于对方的错误看法能够在其中寻
找到位置的一个普遍参照系统,在于构造一种原则上能够被另一
个国家和另一个时代的人所通达的扩大的经验。人种学不是由一
个特殊的对象——各个"原始"社会——所界定的专业;它是一种
思考方式,那种当对象是"他者"并要求我们转变我们自己时所必
不可少的思考方式。假如我们与我们自己的社会保持距离,我们
也就变成了关于我们自己的社会的人种学家。几十年来——自美
洲社会对自己不那么确信以来,它向人种学家们打开了各个国家 151
行政部门和各种智囊团的大门。独特的方法:重要的是学会把属
于我们的东西看作是陌生的,而把对于我们来说陌生的东西看作
是我们的。我们甚至也不能相信我们自己的从异国他乡来看的看
法:离开的意愿本身有各种私人的动机,它们会改变证据。因此,

也应当谈论这些动机,我们之所以期望人种学是正确的,并非因为它是文献,而是因为,相反地,只有当谈论人的人自己不再戴着一副面具时,它才停止为不确定的。真实与错误一起寓于两种文化的相交处,我们的教养要么向我们掩盖了需要去认识的东西,要么相反地在实地生活中成为了确定他者的各种差异的手段。当弗雷泽[①]就田野工作说"神让我不受制于它"时,他不仅仅放弃了一些事实,而且放弃了一种认识模式。当然,同一个人从经验中认识他谈到的所有社会既是不可能的,也是不必要的。他偶尔并且相当缓慢地让自己受到另一种文化的教育就足够了,因为他从此以后拥有了一个新的认识器官,他重新获得了在他自己的文化中没有被授权的、他藉以与其他那些人交流的他本人的野性区域。然后,他甚至在他的桌子上、甚至从远处就能够通过一种真实的知觉印证最为客观的分析的各种相关性。

以认识神话的结构为例。我们都知道普通神话学的那些尝试已经多么地让人失望。如果我们学会了听神话就像听一个消息提供者在现场的叙述,也就是说,听它的语气、姿态、节奏、反复不亚于听其明显的内容,那么它们或许就不会那么让人失望。打算借助神话所说的东西把神话理解为一个命题,这乃是把我们的语法、我们的词汇运用到一种陌生的语言中去。神话整个地需要我们去破译,这甚至不需要我们能够假定,需要重新发现的密码和我们的密码具有同样的结构,就像破译者假定的那样。把神话一开始要告诉我们的东西、那种确切地说使我们离开真实的意义的东西放

[①]　弗雷泽(J. G. Frazer,1854～1941),英国人类学家,宗教历史学家,民俗学家。

在一边,在内在连接中进行研究,把那些情节仅仅理解为它们就像 152
索绪尔所说的具有区分的价值、它们演示了循环发生的如此关系
或如此对立。我们会看到——假定这是为了演示其方法,而不是
以理论的名义——直直地朝前走的困难在俄狄浦斯神话中重复出
现了三次,对一个地狱之神的造物的谋杀出现了两次。两种其它
对立系统将证实这些元素。我们很惊奇地发现它们与北美神话是
可以比较的。于是,我们通过我们在这里不能够再现的一些印证
得出这一假设:俄狄浦斯神话在其结构中表达了在相信人出自大
地与过高估计亲属关系之间的冲突。从这一视点看,我们能够排
列已知的变量,通过有规则的转换从一个变量出发产生出另一个
变量,在它们那里看出用以裁决一种根本矛盾的大量的逻辑工具、
大量的调和模式。我们已经开始关注神话,我们将获得一张逻辑
的——我们同样可以说存在论的——图表:太平洋加拿大海岸的
某一个神话假定,最终说来,存在在土著人看来是非存在的否定。
在这些抽象的表述与一开始的准人种学方法之间,存在这一共同
点:始终是结构在引导着——最初是在它的各种强制性反复中被
感觉到,最终是在它的精确形式中获得理解。

　　人类学在这儿与心理学联系起来了。弗洛伊德的俄狄浦斯神
话版本作为一个特例回到其结构版本之中。人与大地的关系在此
没有出现,在弗洛伊德看来,构成俄狄浦斯神话的关键当然是生育
者的二元性、人类亲属关系秩序的悖谬。弗洛伊德的解释学本身
在其最少受到质疑的范围内,也是对一种梦幻的、有保留的语言,
即我们的行为语言的译解。神经官能症是一种个人神话。当我们
在神话中看到一系列层叠或层次时,我们也可以说,当我们在神话

153　中看到一种总是在不断地掩盖其根本的矛盾的螺旋式上升的思想时,神话就像神经官能症一样获得了阐明。

　　但是,人类学通过将精神分析或心理学的那些获得安置在它自己的维度之内给予它们一种新的深度:弗洛伊德或当今的心理学家不是一些绝对的观察者,他们隶属于西方思想史。因此,不应该认为西方国家的各种情结、各种梦幻,或各种神经官能症明晰地向我们提供了神话、魔法或巫术的真理。况且,根据属于人种学方法之规则的双重批评规则,重要的是将精神分析学看作是神话、将精神分析医师看作是巫师或萨满。我们的各种心理-生理研究使我们明白了萨满是如何治疗的,比如他是如何为一次难产提供帮助的。但是,萨满也使我们明白精神分析医师是我们的巫师。即便是在它的那些最规范的、最尊重人的形式下,精神分析也只能透过两个生命的关系,在并非一种纯粹客观方法的移情——如果存在移情的话——的郑重的环境中,达到某一生命的真相。更何况,当精神分析成为制度时,当它被应用于那些所谓的"正常的"被试时,它完全不再是我们可以通过一些事例来证明或讨论的一种概念,它不再治疗,它说服,它使被试本身顺从地符合它对人的解释,它拥有其皈依者,或许还拥有其抗拒者,但它不再拥有其坚信者。处于真实与虚假之外,它成为一种神话,而这样遭到贬低的弗洛伊德主义不再是对俄狄浦斯神话的一种解释,它成了这一神话的一个变种。

　　在更深的层次上说:对于人类学而言重要的不是制服原始人或者认为他有理由反对我们,而是把自己安置在一个我们在那里可以相互理解的土壤之上,既不进行还原,也不做鲁莽的换位。这就是当我们在象征功能中看到任何理性和任何非理性的起源时所做的事情，因为人拥有的含义的数量和丰富性始终超出了配得上那些所指之名称的某些确定的对象，因为象征功能总是应该先于其对象，并且它只有在想象中先于实在时才能找到实在。因此，任务就在于扩大我们的理性，以便使它能够理解在我们这里或在他者那里先于和超出理性的东西。

　　这一努力汇入到其它"符号"科学，一般地说其它科学的努力之中。尼尔·波尔[①]写道："（人类文化的）各种传统的差异……在许多方面相似于物理学经验在其中可以获得描述的各种差异的和等量的方式。"每一个传统范畴都在今天呼唤一种补充的，也就是说不相容却不可分割的观点，而且我们正是在这些难以满足的条件中寻找构成世界的框架的东西。语言学的时间不再是古典思想习以为常的、索绪尔在明确地分离开同时与持续两种视角时仍然会想到的同时性系列，伴随特鲁别茨科伊[②]，同时性就像传说的时间或神话的时间，向着持续性、向着历时性延伸。如果象征功能抢先于所予，那么在它支撑的任何文化秩序中都必然存在着某种被弄得混乱的东西。自然与文化的对比不再是纯粹的。人类学重新回到各种摆脱了乱伦禁忌的文化事实的一个重要的集合。印度的内婚制，伊朗或埃及或阿拉伯的血缘婚姻或旁系亲属婚姻习俗，都证明文化有时会向自然妥协。然而，在那里重要的恰恰是使科学知识和一种累积的、进步的社会生活成为可能的一些文化形式。

---

　　①　尼尔·波尔（N. H. D. Bohr，1885～1962），丹麦物理学家。

　　②　特鲁别茨科伊（N. S. Troubetzkoy，1890～1938），俄国语言学家。

154

那些如果不是最令人满意的、至少也是最有效的形式的文化毋宁是对自然的一种改造,是结构从来都不会一开始就作为纯粹的普遍出现在那里的一系列中介。如果不把一种充满偶然性的形式在其中突然开启了未来的一个循环,并且以制度化的东西的权威来支配它的这一环境叫作历史,那应该把它叫作什么呢？当然这一历史不是那种想要用定位并定时在线性时间之内的一些事件、用一些瞬间决定来构织整个人类场的历史,而是这样一种历史,它完全知道神话、传说的时代总是以其它一些形式萦绕着各种人类事业,它在各种细分的事件之外或之下寻找,它可以正当地被称为结构的历史。

　　这是借助结构观念而建立起来的整个一个思想王国,它在全部领域中的当前境遇回应了一种精神需要。对于哲学家来说,在我们之外以各种自然与社会系统的方式、在我们这里作为象征功能而呈现,结构揭示了超越主宰着从笛卡尔到黑格尔的哲学的主-客体关联的道路。它尤其使我们明白了,我们如何与社会历史的世界处于一种循环之中:人从他自己偏离,而社会事务只能在他那里找到中心。但这过于哲学化,人类学并非必须承担其重负。在人类学中,让哲学家感兴趣的恰恰是它把人看作他在其生命和认识的实际处境中之所是。人类学感兴趣的不是那个打算说明与建构世界的哲学家,而是那个寻求使我们更加深入地渗透到存在中的哲学家。因此,他的建议在此不会危害到人类学,因为它是建立在人类学方法的最具体的东西的基础之上的。

*　　*　　*

列维-斯特劳斯目前的工作以及他为今后做准备的工作明显出自相同的灵感；但与此同时，研究本身在自我更新，它由已经获得的东西而进一步向前。他计划实地收集美拉尼西亚地区的能在理论上使其理解亲属关系的各种复杂结构，也就是说理解尤其是我们的婚姻系统所归属的结构的资料。可是在他看来，从今以后，这将不是先前的那些工作的简单扩展，相反地将给予它们以额外的意义。亲属关系的那些现代系统——它们让配偶的确定受制于人口统计学的、经济学的或心理学的条件——在各种最初的视角中，应该被界定为交换的一些"更复杂"的变种。但是，对复杂交换的充分理解并没有让交换的中心现象的意义不被触及，它要求这一意义并且使得对这一意义的一种决定性的深化得以可能。列维-斯特劳斯没有考虑推演地、独断地将那些复杂系统同化到一些简单系统之中。他相反地认为：人们不能放弃跨越中世纪、跨越印欧和闪米特制度的历史方法；历史分析必定区分两种文化，一种是绝对禁止乱伦的、简单和直接否定自然的文化，另一种是当代亲属关系系统之源的、对自然玩花招的，并且有时绕过乱伦禁忌的文化。恰恰是第二种文化被证明能够"与自然短兵相接"，能够创立科学，即创立对人和我们所谓的累积历史的技术控制。因此，从亲属关系的各种现代系统的、各种历史社会的视点看，作为自然的直接否定的交换表现为更一般的他性关系的一个极限情况。只是在这里，列维-斯特劳斯最初的那些研究的最终意义，交换和象征功能的深层本性才会被明确地确定。在各个基本结构的层次上，那些完全掩盖了行为的交换规则易于接受一种静态研究，而人服从它们——甚至并非总是以一种土著理论表述它们——几近于一个原

156

子遵循界定它的分布规律。在人类学领域的另一端,在某些复杂的系统中,这些结构在涉及配偶的确定时向着"历史的"动机显露和开放。在这里,交换、象征功能、社会不再作为与另一自然一样专横,并且使之变得模糊的第二自然运转。每一文化都被要求去界定它自己的交换系统;由此,各个文化的边缘变得模糊不清,或157 许一种世界性文明第一次提上了议事日程。这一复杂的人性与自然以及生命的关系既不简单也不纯粹:动物心理学和人种学在动物性中揭示的确实不是人性的起源,而是一些初胚,一些局部征兆,有点像一些预期的漫画形象。人和社会并非严格地外在于自然和生物性的东西:他们毋宁是通过集中自然的各种"赌注",并且以它们全体为赌注才与自然区别开来。这一混乱意味着一些巨大的胜利,一些全新的可能性,此外,还意味着一些应该能够测度的失败,一些我们开始去确定的危险。交换和象征功能丧失了它们的严格性,也丧失了它们的庄严呆板的美;神话和仪式被理性和方法所取代,但也被一种完全世俗的生活所取代,这种世俗生活带有一些没有深度补偿性的无关紧要的神话。正是在这一通盘考虑中,社会人类学朝着人类精神的一种平衡、朝着关于它之所是和可能所是的一个视点迈进……

由此,这一研究从一些最初显得与它无关的事实中得到滋养,在进展中获得了一些新的维度,通过最初那些结论所激发的各种新的调查来重新解释这些结论。所覆盖领域的范围和关于事实的精确理解同时得以增加。我们正是由这些征象认识到了一种伟大的理智尝试。

五　无处不在与无处在^①

1. 哲学与"外部"

编写一部关于著名哲学家的集体著作,这一事业可能看起来是无可指责的。然而,我们不可能无所顾忌地这样做:它引起了人们应对哲学史,甚至应对哲学持什么看法的问题。

这是因为,借助哲学家们的一些面孔、一些轶闻趣事、看得见的生活,读者在这里毕竟是要从一些不同的作者写成的短短数页中找到哲学家们透过多卷著作打算说的东西之梗概。即使生活、作品,进而言之一部作品和一种生活的整体每一次都完美地获得了译解,我们在这里所拥有的仍然只是一部关于一些哲学家或一些哲学的历史,而不是一部关于哲学的历史;因此,这一关于哲学家的著作将会不忠实于构成他们的巨大关心的东西:一种超越于各种意见之外的真理。

一部集体写成的书如何有一个视角中心? 然而,为了让一些演变关系、一些进展、一些退步呈现出来,应该向所有的哲学家提

---

① 一部在 Lucien Mazenod 出版社出版的集体著作《著名哲学家》的导论部分。

出一个相同的问题,我们应该逐渐地标示出问题发展的方向。因此,我们在此既未能把握哲学家的谱系,也未能把握真理的生成,而哲学在我们的著作中有着只是一些"观点"和一些"理论"的一个编目的危险。一系列的知识分子肖像将给读者留下一种徒劳尝试的感受:每位哲学家当作真理提供出来的都是那些煽动自己的任性的古怪念头和其生活中的各种偶然事件,从问题的开端重新开始问题,把它们全盘留给他的后继者们,一个心理世界与另一个心理世界之间的对照没有了可能。同样的一些词,如观念、自由、知识,在此处与彼处不会有同样的含义;由于缺乏将它们归结为相同的分母的唯一见证,我们如何看出有一种唯一的哲学透过众多哲学家而成长?

由于考虑到他们已经寻求的东西,为了恰如其分地谈论他们,是否应该相反地把他们的学说理解为进展中的一个唯一学说的诸环节,并且以黑格尔的方式,通过在一个体系的统一中为其提供一个位置来保留它们?

体系的确以它自己的方式是非强制的:因为它将它们归并到一种整体哲学之中,它因此声称比它们更好更远地引导着哲学事业。对于一种想表达**存在**的哲学而言,作为真理的环节或者作为一个并非是哲学的最终体系的最初轮廓而幸存下来,并不是得到了保存。当我们"从内部""超越"一种哲学时,我们偷走了它的灵魂,我们以保留它的方式羞辱它,这种保留没有顾及它的各种限度:我们自充其法官,也就是说,不顾及它的词,它的概念,仿佛《巴门尼德①篇》的那些曲折或者《沉思集》的运行能够丝毫无损地微缩为**体系**的一个段落。

实际上,**体系**假定它们是已知的,而这就是为什么它能够走得更远……即使它推断出了它们,它也不能够将它们包括在内。正是在其他哲学家的学派中,我们领会了想要走得更远的黑格尔哲学的全部意义。一个过渡到另一个中的那些矛盾的运动、在否定中显露出来的肯定因素和表现为肯定性的否定因素,这一切都开始于芝诺,开始于《智者篇》,开始于笛卡尔的怀疑。**体系**在他们那里开始。它是一个集中了大量镜子的光线的焦点:如果它们在某个单一时刻不再向它射出它们的光线,它就会跌入零度。存在着过去在现在中的侵越和生长,而**真理**是与所有的哲学同时代的一种想象的体系,它会丝毫无损地捍卫它们的含义能力,而一种现存的哲学明显只不过是其未定型的毛坯……

黑格尔也懂得这一点。他说:"哲学史全都属于现在。"这意味着柏拉图、笛卡尔、康德只是在他们看到的东西中才是不正确的,在他们未曾看到的东西中则有可能不如此。这些迂回并没有因为预备黑格尔哲学而成为过去;它们仍然获得许可,进而言之,仍然是必要的;它们乃是道路,而**真理**只不过是我们在路上所找到的一切的回忆。黑格尔再度向历史关闭其体系,但被超越的那些哲学继续在此呼吸和移动;伴随它们,他把偶然事件的不宁、运动、功用也封存起来了。说**体系**是先于它的东西的真理,也是说伟大的哲

160

---

① 巴门尼德(Parménide,约公元前 515～前 5 世纪中叶),古希腊哲学家。

学是"坚不可摧的"①,而这不是因为他们已经部分地看到了**体系**应该整体地发现的东西,毋宁是因为他们树立了后人必须不断超越的一些界石——柏拉图的回忆和各种"理念"、亚里士多德的 φδσιs(自然)、笛卡尔的恶灵。

　　萨特一度将存在过的,体验过这一生命、说过这些话、写过这些作品的笛卡尔(无法割破的整块、坚不可摧的界石),与笛卡尔主义这种难以把握的"散漫无边的哲学"(因为它在其继承者们手中不停地改变)对立起来。他是有道理的,因为几乎没有任何边界线指明笛卡尔走到了哪一步,而其继承者们又从何处开始;而且,列举那些属于笛卡尔的思想和那些属于继承者们的思想,除了语言上的清点外不会有其它的意义。有了这一保留,具有重要性的当然是被我们叫作笛卡尔的这个在思维的生命,而他的作品则是他的被幸运地保留下来的足迹。使笛卡尔得以在场的东西是:受到今天已经被消除的一些情况的包围,受到他那个时代的一些关心和某些幻觉的纠缠,他以一种教会我们回应我们的各种偶然情况的方式回应这些偶然情况,尽管我们的偶然情况是不同的,而且我们的回应也是不同的。

　　我们进入哲学家们的万神殿并不是专心地为了仅仅拥有一些永恒的思想,相反,只有当作者呼唤其生命时,真理的音符才会如此长时间地振动。过去的哲学并不仅仅在它们的精神中作为最终体系的一些环节幸存下来。它们进入到非时间的东西中并不就是进入博物馆。它们要么作为一些整体工程连同它们的各种真理和

---

① 盖鲁(M. Gueroult,1891～1976),法国哲学家,曾任法兰西学院教授。

它们的各种疯癫一并延续下来,要么根本就不会延续。黑格尔本人,这个打算包纳**存在**的大脑在今天还活着,不仅仅通过他的各种深度,也通过他的各种狂热、他的各种怪癖为我们提供可供思考的东西。不存在一种把所有的哲学都包纳在内的哲学;哲学在某些环节整个地存在于每一哲学之中。不妨重新搬出这句著名的话:它的中心无处不在,而它的边界无处在。

因此,真理和全体从一开始就在那里,但作为需要完成的任务在那里,它们也因此还不在那里。哲学与它的过去的这一独特关系一般地揭示了它与外部,例如与个人的和社会的历史的关系。

就像一些已经过去了的学说,哲学体验到了偶然地发生在哲学家及其时代那里的一切,但是它使这一切从中心偏离出来,或者将其转移到各种象征的、被宣布出来的真理的秩序之中,以至根据生活来判断作品并不比用作品来判断生活更具有意义。

我们不需要在那些认为个体的或社会的历史掌握着哲学家的各种象征构造的真理的人,和那些相反地认为哲学意识原则上拥有社会史和个人史的钥匙的人之间进行选择。二者择一是想象中的,而其证明就是:那些为两个主题中的一个进行辩护的人总在偷偷摸摸地诉诸另一个。

只是在参照我们确信明显认识到了其意义和轨迹的一种历史的时候,我们才会想到用一种社会–历史的说明取代哲学的内在研 162 究。例如有人提出了某种关于“全面的人”的观念或者一种人与人、人与自然的“自然的”平衡。然而,一旦这一历史目的(τέλος)被给与,任何哲学都可能表现为对这一必然的将来的偏离、异化、抵制,或者相反地是通向它的阶段或进程。但是,这一指导观念从何处来,其价值如何?——问题不应该被提出:提出问题,就已经是对处在事物之中的辩证法的"抵制",是对它采取反对的立场。——但是,您如何知道它处于事物之中?通过哲学。只是,这是一种秘密的、被掩盖在**进程**中的哲学。我们使之与哲学的内在研究相对立的,从来都不是社会历史的说明,而始终是被掩藏在它那里的另一种哲学。

人们证明,黑格尔按照他所做的异化来构想异化,因为他眼皮下就有资本主义社会的异化,并据此而思考。只有在人们能够列举出人在其中将自己对象化而不自我异化的一个社会时,这一"说明"才能够清算黑格尔式的异化,才会使它仅仅成为资本主义的一段插曲。这样的一个社会对于马克思来说只不过是一种观念,即使对于我们而言,人们最起码可以说它不是一个事实。人们使之与黑格尔对立的,不是一种事实,而是一种关于人与社会整体的关系的观念。在客观说明的名义下,它始终是对立于另一思想的、并把它宣布为幻想的一种思想。假如有人回答说,马克思主义的观念作为历史假设阐明了马克思前后的资本主义的历史,那么它就过渡到了各种事实的、历史概率的地带。但是,应该针对这一领域以同样的方式"尝试"黑格尔式的异化观念,并且看看,比如它是否无助于理解建立在马克思主义观念基础之上的社会。当有人博学地宣称黑格尔式的异化观念是黑格尔生活于其中的社会的产物时,他恰恰排斥了这样一种考察;因此,他并不让自己依赖于事实的地带,而历史的"说明"是一种不摆哲学架势地从事哲学、把一些观念掩盖在各种事物之中而且不准确地进行思考的方式。一种历史的概念只有成为哲学本身、成为不言明的哲学时,才能够说明哲学。

从哲学家的角度来看，当他们把各种文化、各种社会制度传唤到他们的法庭，并从外部来裁决它们时，这些最迷恋内在性的哲学家奇怪地违背了自己的原则，仿佛当内在性不是他们的内在性时，就不再是重要的。

因此，"纯"哲学的拥护者与社会经济说明的拥护者在我们的眼皮下交换自己的角色，我们不需要进入他们的永久争论之中，我们不需要在一种虚假的"内部"概念与一种虚假的"外部"概念之间采取立场。哲学是无处不在的，甚至处在各种"事实"之中，但它并不拥有一处免受生活浸染的领地。

为了消除纯哲学与纯历史这一双胞胎神话，为了恢复它们的各种实际关系，我们要做的事情还很多。我们首先需要一种如其所是地把握哲学观念的概念理论或含义理论：哲学观念不会没有历史的意义、永远不能回溯到它的起源。就如从旧的语言系统的碎片或一般历史的偶然情况中产生出来的各种新的语法和句法形式，却根据一种把它们构成为一个新的系统的表达意向组织起来；在个人史和社会史的潮涨潮落中诞生的哲学观念，不仅仅是一种结论和一种事物，它还是一种开始和一种工具。作为一种新的思维类型和一种新的符号体系中的区别因素，它将自己构成为一个与它的各种起源没有共同尺度且只能从内部理解的应用领域。起源不是一种罪恶，更不是一种功绩，应该接受评判的正是处于其成熟状态的全体——按照它提供给我们的针对经验的各种视点和支撑点。历史的方法与其说有助于"说明"一种哲学，不如说有助于证明它的含义超出于各种情况，证明它作为历史事实如何把自己

开始时的处境转化成了理解该处境本身以及其它处境的手段。哲
学的普遍寓于这一时刻和这一地点：在此，一位哲学家的各种限度
是在另一历史——它并不平行于各种心理事实或社会事实的历
史，而是有时与之交叉有时与之分离，或毋宁说它们不属于同一维
度——中被给予的。

为了理解这一关系，同样应该改变的是我们关于心理发生或
历史发生的观念。应该重新将精神分析与马克思主义看作是各种
原则、各种尺度在其中在被测度者面前总是受到质疑的经验。重
要的不在于根据其接近没有阶级的社会或没有冲突的人类之标准
来分类人或社会：这些消极的存在物无助于思考一个现存的社会
或人类。尤其应该理解它们的各种矛盾的功能，即理解它们已经
勉强处于其间的平衡类型：从全面的角度来考虑，在精神分析那
里，是理解这种平衡使职业、工作以及性生活丧失了活力呢或是使
它们充满了生机；在马克思主义那里，则是要理解这种平衡使一些
亲历关系和一些经济分析变量一样、各种关系的人类性质和生产
一样、一些秘密的社会角色和一些官方规则一样丧失了活力呢或
是使它们充满了生机。这种类型的一些比较，就算它们能够确立
一种优先和选择，也没有提出一个理想的发生系列，而一种历史构
成与另一种历史构成的关系，就如同一类人与另一类人的关系一
样，将永远不是一种从虚假到真实的单纯关系。"健全"的人并不
就是从自身中消除了各种矛盾的人，而是利用它们并将它们引入
到自己的充满生命力的工作中去的人。我们还应该相对化马克思
主义关于将让位于历史的史前史的、关于全面而真实的**社会**（人在
这里将与人、与自然实现和解）即将来临的观点，因为尽管这是我

们的社会批判的要求,但在历史中不存在一种注定要产生这一社
会的力量。从现在起,人类历史不是为了有朝一日使它所有的钟
面都同时显示同一性的正午才被虚构出来的。社会经济史的进
步,以至其各种革命,与其说是向同质的或没有阶级的社会的一种
过渡,不如说是透过始终异型的各种文化机制来寻找一种对于多
数人并非过不下去的生活。在这一始终由肯定的东西通向肯定的
东西且从来不在纯粹否定中克服自己的历史,与从来没有中断其
与世界的各种联系的哲学概念之间,存在的关系和人们期望的一
样紧密,这不是因为,就像马克思和黑格尔以不同方式认为的那
样,同一种没有歧义的意义寓于理性的东西和实在的东西之中,而
是因为"实在的东西"与"理性的东西"是从人的历史实存这一共同
织料中分割出来的,因为实在物可以说通过这一历史实存而被应
许给了理性。

　　即便只考虑一个哲学家,他也充满着各种内在差异,而且应该
透过这些不协调才能够重新找到他的"全面的"意义。对于萨特谈
到的那个绝对的笛卡尔,那个在三世纪之前一劳永逸地生活和写
作过的笛卡尔,我之所以难以发现他的"根本选择",或许是因为笛
卡尔本人没有哪一时刻是与笛卡尔一致的:依据他的文本,他在我
们眼中之所是,只不过是通过他自己对自己的反应才逐步如其所
是;如果笛卡尔不是某种"中心直观"、一个永恒的外貌、一个绝对
的个体,完全从其源头上抓牢他的想法或许只能是幻想;但这一最
初迟疑不决的说法获得了经验和练习的肯定、逐渐领会了它自己,
而且从来没有完全停止以它坚决排斥的那种东西本身为目标。我
们不能把哲学作为一种对象来选择。选择不能压制未被选择者,

而是把它维系在边缘上。在属于纯粹知性的东西与隶属生活的习俗的东西之间进行明确区分的同一个笛卡尔,恰好同时又勾勒了把他区别开来的各种秩序之间的一致当作为主要主题的一种哲学的规划。哲学的选择(或许还有其它的选择)从来都不是单纯的。哲学和历史正是通过它们都含混地具有的东西才相互毗邻。

166　　上面说的这些诚然不足以界定哲学,但足以谅解这样一本作为哲学、历史和轶事的混和体的著作。这种无序构成哲学的一部分;哲学寻找手段,经由偏离和回归中心,从这一无序中形成其统一。这是某种景致或某种话语的统一类型,在这里,通过秘密地诉诸于没有任何标记事先指示过的一个兴趣中心或视角中心,全体被间接地连接起来了。就像欧洲或非洲一样,哲学史虽然有其海湾、海角、起伏、三角洲、小港湾,却仍然是一个全体;虽然它处在一个更大的世界之中,我们还是能够从中读出发生的一切的征兆。因此,怎么会出现某种探讨方式被禁止并且不适合于哲学家的情形呢?一系列肖像本身并不是哲学的一种妨碍。

　　至于说视角和评论者的多样性,它只有在哲学的统一是一种并置的或累积的统一的时候,才会中断哲学的统一。但是,既然各种哲学就像同样多的语言既不是能够彼此直接互译的,也不是可以逐词重叠的,既然每种哲学是以它的独特方式为其它哲学所必须,那么评论的多样性几乎没有扩大哲学的多样性。不仅如此,如果人们要求——就像我们已经做过的那样——每个人在一位哲学家面前做出其反应而不是"客观的"报告,那么在主体性的这一顶点上,人们或许会在同时代人中的每一个面对面地向其著名哲学家提出的各种问题中重新找到一种汇合,一种亲缘关系。

这些问题不会被一个前言所解决，它们也不应该如此。假如哲学的统一由于差异或偏差而被持续地削弱，我们就应该在此书的每一环节恢复思考这种统一的困难。当我们需要根据与东方思想或与基督教的关系来规定哲学的界线时，我们就应该问一问：哲学的名称只属于一些以概念来表达它们自身的学说呢，还是我们可以将它扩展到还没有达到这种意识程度或这种意识类型的一些经验、智慧、学科，我们要重新发现的正是哲学概念及其性质问题。每当我们冒险勾勒哲学家自己都未确信地看到的一些发展线索 167 并且围绕显然不是他们的主题的一些主题（一句话，用这本书的每一部分）来整理这些线索时，我们仍然要问一问：我们将那些过去的哲学置于我们所属的今天的权利究竟可以达到哪一步；我们是否能够像康德所说的那样，自我吹嘘对它们的理解更胜于它们的自我理解；最终来说要问的是，哲学究竟在什么程度上才是意义的主人。在我们与过去、我们与东方、哲学与宗教之间，我们每一次都应该重新学会跨越断裂，学会重新找到非直接的统一，而读者会重新回到我们在开始时刚表述过的考问：因为它不是哲学的前言，它就是哲学本身。

2. 东方与哲学

这一要求单独成卷的浩大的思想文献，真的构成为"哲学"的一部分吗？将它与西方由该名词所称呼的东西相对照是可能的吗？真理在这里不是被理解为一个无限系列的研究的地平线，也不是对于存在的征服和理智占有。它毋宁说是散布在全部哲学之

前的人类生活中的、还没有分化在各种学说之中的一份宝藏。思
维并没有感觉到有责任去将旧有的尝试推向更远,甚至在它们之
间进行选择,更不是通过构成一种新的关于全体的观念来真正超
越它们。它作为评论与混和、反响与和解出现。旧有的和新生的
各个对立的学说构成为整体,而非专业的读者看不出在那里存在
着既有的东西或已完成的东西,他感觉到自己处在一个魔法的世
界中,没有任何东西在那里已经完成,各种垂死的思想在那里维持
着,被认为难以相容的东西在那里相混在一起。

168　　确实应该在这里考虑到我们的无知:假如我们同样傲慢和同
样疏远地看西方思想,就像看印度和中国思想那样,我们或许也会
对它产生一种唠叨反复,一种永远重新解释,一种伪善地背叛,一
种非意愿的、不能自我驾驭的变化的印象。然而,对于东方的这种
感受在一些有识之士那里一直持续着。马松–乌黑塞①先生这样
谈印度:"我们在与一个庞大的、没有任何统一性的世界打交道,在
这里,没有任何东西在任何时刻以完全新颖的方式呈现,没有任何
我们相信不再'被超越'的东西不会被废除,人群混乱,争论不休的
各种宗教错综复杂地纠结在一起,学说大量繁衍。"一位当代中国
作家写道:"有些哲学著作,像孟子和荀子的,还是有系统的推理和
论证的。但是与西方哲学著作相比,它们还是不够明晰。这是由
于中国哲学家习惯于用名言隽语、比喻例证的形式表达自己的思
想……正因为中国哲学家的言论、文章不很明晰,所以它们所暗示

---

① 马松–乌黑塞(P. Masson-Oursel,1882~1956),法国东方学家,哲学家,比较
哲学家。

的几乎是无穷的……《论语》①、《老子》②中简短的言论，都不单纯是一些结论，而推出这些结论的前提都被丢掉了……你可以把你从《老子》中发现的思想全部收集起来，写成一部五万字甚至五十万字的新书。不管写得多么好，它也不过是一部新书。它可以与《老子》原书对照着读，也可以对人们理解原书大有帮助，但是它永远不能取代原书。郭象……是《庄子》的大注释家之一。他的注，本身就是道家文献的经典。他把庄子的比喻、隐喻变成推理和论证……但是，庄子原文的暗示，郭象注的明晰，二者之中，哪个好些？人们仍然会这样问。后来有一位禅宗和尚说：'曾见郭象注庄子，识者云：却是庄子注郭象。'"③ 169

当然，在西方哲学过去了的 20 个世纪中基督教的主题一直保持着。正像有人④说过的，或许我们应该再一次在一种文明之中存在，以便在停滞不前的表面现象下面洞见到运动与历史。然而，要将基督教在西方的延续与儒家在中国的延续进行比较是困难的。在我们中间持存着的基督教并不是一种哲学，它是对于经验、对各种谜一般的事件的整体——它们对它们自身提出了许多的哲学转化的要求，而且事实上没有停止过引发一些哲学，即使某一哲学被认为具优先性的时候也是如此——的叙述和沉思。那些基督

---

① 法文版的表述是"孔子的《对话录》"(*Entretiens de Confucius*)。

② 法文版的表述是"老子的哲学"(la philosophie du Lao-tseu)。

③ 冯友兰(Fong Yeon-Lan，1895～1990)：《中国哲学简史》，第 32～35 页(译者说明：梅洛-庞蒂所引版本的出版社和出版时间不详，中译直接抄录自冯友兰英文原著的涂又光中文译本，与法文版有不少出入。参冯友兰：《中国哲学简史》，北京大学出版社，1985，第 14～16 页)。

④ 列维-斯特劳斯。

教主题只是一些酵素而非一些圣物。对于儒家传统中各种伪经的大量衍生，对于公元三、四世纪新道家中各种主题的混杂，对于世代中国文人都为之献身的总体的清理与校勘工程，对于从朱熹（1130～1200）一直延续到1905年科举考试被废除时为止的这一哲学正统，我们没有任何可以与之相比较的东西吗？假如我们进入到各种学说的内容之中（就像本来应该的那样，因为最终说来，中国哲学的那些外在形式取决于它所表达的人与世界的关系），有哪一种西方学说曾经同样严格地教导过微观与宏观之间的一种协调一致？曾经甚至不以斯多亚主义的蔑视为出路来为每一事物和每一个人确定一个属于它们自己的位置和名称？曾经把"端正"作为基本品德加以界定？我们有这样的感受：中国哲学家不像西方哲学家那样懂得理解或认识的观念本身，他们没有提出过客体在理智中的发生，他们不寻求去抓住它，而只是在其原初的完满中展现它；这就是为什么他们暗示，为什么我们不能够在他们那里区别开评论与被评论的东西，包含与被包含者，能指与所指；这就是为什么在他们那里概念暗示着格言，一如格言暗示着概念。

如果这是真的，在这种存在论中、在这种不明确区分的时间中，如何发现一个轮廓、一种发生、一种历史？当这些哲学家全都围绕着他们不是寻求思考它而只是使它呈现的同一个远古世界转时，如何确定每位哲学家提供的东西？中国哲学家与世界的关系是一种魅力，我们不能够部分地进入其间。要么我们借助历史、借助一些风俗、借助文明初步入门，中国哲学于是变成为没有内在真理的历史奇迹的诸多上层建筑中的一种；要么就应该放弃去理解。就像人类制造和创立的一切东西一样，印度和中国是非常有趣的。

但是,就像所有的制度一样,这些制度等待着我们去辨别它们的真实意义,它们不会将它完全提供给我们。中国和印度并没有完全掌握它们所说的东西。为了拥有一些哲学,它们需要寻求抓住它们自己以及其余的一切……

可是,这些在今天很平常的看法并没有了结问题。它们是我们从黑格尔那里得来的。正是他发明了通过"理解"东方而"超越"东方;正是他将西方的真理观念——概念是对于处在千变万化中的世界的全面再现的观念——对立于东方,并且把东方界定为在同样的事业中的一种失败。在决定我们是否能够按照我们的意思而利用这一责难之前,有必要回顾一下关于它的各种表达。

对于黑格尔来说,在精神学会了让自己摆脱表面现象和虚荣的意义上,东方思想完全就是哲学。但是,就像人类世界的许多其它怪现象,比如金字塔一样,它只不过是在己的哲学,也就是说,哲学家在此读出的是尚未处在它的意识或纯粹状态的精神的征候。因为,只要精神被分离开来、被置于表面现象之上,它就还不是精神:这一抽象思想把大量的未被主宰的表面现象作为其对立面。因此,一方面,人们拥有一种"什么也没有看到"的直观,一种"什么也没有思考"的思想,无身体的一,永恒、宁静、巨大的实体,一种无与伦比的冥思,神的神秘名称,不定地低声发出的 om 声——也就是说无意识与空无;而在另一方面,人们拥有一大堆荒诞不经的细节、离奇古怪的礼仪、没完没了的清点、过分无度的列举,一种人们不管什么都可以从中期待的诡诈的身体、呼吸和感官技术:对他人想法的猜度、大象的力量、狮子的勇气和风的神速。在那些闯荡江

171

湖的魔术师那里，就像在希腊的犬儒主义者和基督教的行乞僧侣那里一样，我们发现了"一些外在关系的深层抽象"，但它本身是撩拨人心的、鲜艳夺目的、别致动人的。无处不存在从内部到外部、从外部回到自身的中介或通道。印度忽视"概念在有限中的光芒"，这就是为什么精神的这种预感在"幼稚状态①"就中断了。

中国本身有一种历史；它将野蛮和文明区别开来并且毫不犹豫地从前者向后者进展，但这是"一种在自己的原则内部稳定下来的文化"，它没有拓展得更远。处在不同于印度的另一个层次，中国通过僵化内部与外部而使普遍与平庸的智慧直接面对面；我们看到它在龟甲中寻找世界的秘密，它实践一种形式主义的、不带道德批判的权利，"一个欧洲人的精神永远不会将感性事物如此近地置于抽象边上"。② 思想不利用抽象就进入到感性物之中，在此期间，它没有生成，没有成熟。

172　　黑格尔补充说，我们甚至不说东方思想是宗教；它异于我们意义上的宗教，就像异于哲学一样，并且缘于一些相同的理由。西方宗教假定了"自由和个体性的原则"；它经历了"反思主体性"的经验，经历了精神对世界作用的经验。西方已经懂得，抓住自身和走出自身、形成自身和否定自身对精神来说是同一回事。东方思想甚至没有想到过这种正在现实化的否定；它处在我们的各个范畴的之外：既非有神论亦非无神论、既非宗教亦非哲学。梵天、毗湿奴、湿婆既不是个体，也不是人类基本处境中的密码与标记；印度

---

① 黑格尔：《哲学史讲演录》。
② 同上。

由它们而讲述的东西不具有希腊神话或基督教寓言所具有的永不竭尽的含义能力。它们差不多是一些存在物或一些哲学元素，而中国人却自夸是最不具宗教和最具哲学的文明。由于没有认识到精神在与直接世界的联系中的作用，它实际上并不是哲学性多于宗教性。因此，东方思想具有原创性：只有在我们忘却了我们的文化的最后形式之时，它才会信赖我们。但是，我们在我们个体的或集体的过去中拥有理解它的必要的东西；它存在于一个还没有宗教、还没有哲学的未定的区域；它是我们已经能够避免的直接精神的死胡同。黑格尔于是通过将它作为反常的或异型的思想合并到精神的真实生成中来超越它。

黑格尔的这些观点无处不在：当我们根据科学的发明或根据资本主义的发明来界定西方时，我们始终接受了来自他的影响；因为只有当我们将资本主义和科学理解为"在世的苦行"或"否定因素的作用"时，资本主义和科学才能够界定一个文明，而我们对东方的指责始终是它忽略了它们。

因此，问题是完全清楚的：黑格尔及其追随者们只是通过把东方思想看作是对概念的一种遥远的接近，才承认了它在哲学上的尊严。我们的知识观念是如此地苛求，以至它把任何其它类型的 173 思想都置于这种二者择一之中：要么被归属于概念的最初轮廓，要么作为非理性的而丧失资格。然而，问题在于知道：我们是否能够像黑格尔那样自以为拥有东方已经对其关闭通道的这种绝对知识，这一具体的普遍。如果我们事实上并不拥有它，那么就应该重新审查我们对于其它文化的整个评价。

即使在其职业生涯的最后时期,正当他揭示西方知识的危机的时候,胡塞尔仍然写道:"中国……印度……是一些经验的或人类学的样本。"①因此,看起来他在重走黑格尔的老路。不过,他尽管维护西方哲学的优越性,但不是依据西方哲学拥有一种权利,仿佛它在一种绝对的明证中拥有任何可能的文化的各种原则,而是以一个事实的名义,并且是为了给它规定一个任务。胡塞尔承认任何思想都构成为一个历史整体或一个"生活世界"的一部分;因此原则上说,它们都是一些"人类学样本",没有哪一种具有一些特殊的权利。他也承认那些所谓的原始文化在探索生活世界中扮演着一种重要的角色,它们为我们提供了这一世界的一些变体,没有这些变体,我们将始终处在我们的各种成见之中,甚至不能看出我们自己的生活的意义。然而事实仍然是:西方构造了一种迫使它、授权它去理解其它文化,并因此把它们恢复为一个整体真理的诸环节的真理观念。事实上,存在着历史形成向其自身的奇迹般回转,西方思想正是借着这种回转才从自己的特殊性和"局域性"中浮现出来。推测和意向仍然等待着实现。如果西方思想是它自以为是的东西,它就应该通过理解全部"生活世界"来为之进行证明,它就应该用事实来证明它的超出那些"人类学样本"之外的独特含义。因此,作为"严格科学"——或作为绝对知识——的哲学的观念在这里重新出现,但从之以后带着一个问号。胡塞尔在其最后几年

---

① 《欧洲科学的危机与先验现象学》,法文译本,载《哲学研究》,1949 年 4～6 月号,第 140 页。

里说:"作为严格科学的哲学之梦已经完全结束了。"[①]哲学家不再能够凭良心夸耀一种绝对根本的思想,也不再能够妄称对世界的理智拥有和概念的严格性。对自身和任何事物的核查保持为哲学家的任务,但他从来都没有能够了结它,因为从今以后他应该透过现象场继续它,没有任何的形式先天能够预先保证他对它的支配。

胡塞尔已经懂得这一点:我们的哲学问题是展示概念而不破坏它。

在西方思想中存在着某种难以取代的东西:构思的努力和概念的严格保持为典范,即便它们从来都没有穷尽实存着的东西。一种文化根据其透明的程度、根据它对自己和其它文化的意识而获得评价。在这一方面,(广义上的)西方保持为参照系:正是它发明了关于意识觉醒的各种理论的和实践的手段,正是它开辟了通向真理的道路。

但是,唯有西方才把它作为主题的这种对它自己、对真实物的拥有,却经历了其它文明的各种迷梦,而且它在西方也没有获得实现。我们依据希腊与东方的各种历史关系而学到的东西,以及反过来说,我们在东方思想中发现的属于"西方的"一切东西(一种诡辩,一种怀疑论,各种辩证的、逻辑的元素),阻止我们在哲学与非哲学之间划出一条地理上的边界线。黑格尔以之排斥东方的纯粹哲学或绝对哲学,也排斥了西方过去的优秀的部分。如果严格地运用,这一标准或许只能为黑格尔所独有。

----

① "作为严格科学的哲学,——这是黄粱一梦。"(《胡塞尔作品集》,第六卷,第508页)

175 　　特别是,既然像胡塞尔所说的,西方应该通过一些新的创造来证明它的"历史的隐德莱希"价值,既然它自己也是一种历史的创造,只是理解其它文化的繁重任务的承诺,那么它的命运本身就是去重新审查它关于真理和概念的观念,以及其全部的制度——科学、资本主义,你爱这么说也行,还有俄狄浦斯情结——,它们或直接或间接地与其哲学有关。这并不必然是为了破坏它们,而是为了正视它们所经历的危机,为了重新找到它们由以派生并因此长期繁荣的源泉。经由这一迂回的方式,那些不具有我们的配置的文明重新获得了一种教育的价值。重要的不是在先于科学或先于哲学意识的东西中去寻找真理和拯救,也不是将一些神话片断原封不动地搬到我们的哲学中,而是面对这些我们如此远离的人性变体,去获得我们的各种制度所面临的一些理论与实际问题的意义,去重新发现它们在那里得以诞生的、它们的长期成功使我们遗忘了的实存场。东方的"幼稚"有某种可以告诉我们的东西,这就是我们的成人观念的狭隘性。在东方和西方之间,正像在儿童与成人之间一样,其关系不是无知与知识、非哲学与哲学的关系;这种关系要微妙得多,它代表东方承认了所有的预测,所有的"早熟"。人类精神的统一并不是由"非哲学"向真正的哲学的简单归顺和臣服构成的。它已经实存于每一文化与其它文化的侧面关系之中、一种文化在另一文化那里唤起的反响之中。

　　应该将旅行者们向我们讲述的他们与各种外国文明的关系运用到哲学普遍性的问题中来。如果有关中国的那些照片停留在风景优美方面——即仅仅停留在我们的剪辑、我们关于中国的观念

176 上面,那么我们就会觉得那是一个难以渗透的世界。相反地,如果

一张照片试图单纯抓住正集体地生活着的中国人，那么悖论性地他们对于我们来说就开始生活了，而我们也就理解他们了。对于那些看起来抵制概念的学说，如果我们能够在它们的历史的和人性的背景中去抓住它们，我们就能够在那里发现人与存在的各种关系的一个变种（它将向我们阐明我们自己），一种倾斜的普遍性。印度哲学和中国哲学一直寻求的与其说是主宰实存，不如说是成为我们与存在的关系的回响或共鸣。西方哲学或许能由它们学会重新发现与存在的关系、它由以诞生的原初选择，学会估量我们在变成为"西方"时所关闭了的各种可能性，或许还能学会重新开启它们。

　　这就是为什么我们应该让东方出现在著名哲学家的博物馆中，这就是为什么——由于无法给予它一种详尽的研究所要求的全部空间——我们更喜欢某些稍微精确的样本而不是梗概，读者或许能从这里认清东方对于哲学的秘而不宣的贡献。

3. 基督教与哲学

　　与基督教的对照是哲学最好地显示其本质的证明之一。这并不是说，一方面存在着全体一致的基督教，另一方面存在着全体一致的哲学。相反，在 25 年前①就这一主题进行的著名讨论中，令人震惊的是人们由此猜测：在关于基督教哲学的观念或关于各种基督教哲学的实存的争论背后，存在着关于哲学本性的另一种更

---

　　①　"基督教哲学的观念"（《法兰西哲学学会通报》，1931 年 3 月 21 日会议）。

深层的争辩；在这一争辩中，基督徒并非全都站在同一边，非基督徒也是如此。

吉尔松①和马利坦说：哲学就其本质而言不是基督教的，它只是通过思想和宗教生活在同一时代中、最终在同一个人那里的结合，才在它的状态中是基督教的；在这一意义上，他们离布雷赫②并不是那么远，后者将作为观念的严格系统的哲学与作为人的超自然的历史之启示的基督教分别开来，并且从他那方面得出结论说，没有任何哲学作为哲学能够是基督教的。相反地，当思考帕斯卡尔和马勒伯朗士的布伦茨威格③为一种确认实存与观念的不一致、因此还有它自身的不充分的哲学保留可能性，并且将其作为对现存的人和社会的解释引入到基督教之中时，他离布龙代尔④并不是那么远——对后者来说，哲学是那种洞察到自己不会"封闭"的思维，它在我们这里和我们之外标示出并触摸到了哲学意识不是其源泉的一种实在。超过成熟、经验或临界的某个点之后，分开和聚合人类的与其说是他们的各种信念的最后文字或表述，不如说是他们处置他们固有的二元性并在他们自己那里组织观念物与实在物的各种关系的或基督教或非基督教的方式。

作为关于基督教哲学的争论之基础的真正问题是本质与实存的关系问题。我们承认在人那里存在着与生活（在此即宗教生活）相妥协的一种哲学本质或一种纯粹哲学知识，但同时始终存在着

---

① 吉尔松（E. Gilson，1884～1978），法国哲学家。
② 布雷赫（É. Bréhier，1876～1952），法国哲学家，哲学史家。
③ 布伦茨威格（L. Brunschvicg，1869～1944），法国哲学家。
④ 布龙代尔（M. Blondel，1861～1949），法国宗教哲学家，心理学家。

真正地和直接地可沟通的东西,即为任何来到这个世上的人提供启示的永恒圣言? 或者我们可以相反地说,哲学是根本的,恰恰因为它在看起来可以直接沟通的东西之下,在各种可自由使用的思想和各种观念的知识之下进行发掘,并且揭示出了人与人之间以及人与自然之间的一种先于观念性并且为观念性奠基的关联?

这一问题左右着基督教哲学的问题,人们只要看一下1931年曲折的讨论就能证明这一点。一些人在一些原则、一些观念和可能物的秩序内提出了哲学的自主性和宗教的自主性,当他们转向各种事实或转向历史时,他们承认在哲学中的宗教贡献:这就是创造的观念、无限主体性的观念,或者发展与历史的观念。因此,不管那些本质如何,在宗教与理性之间存在着一种交流,这一交流重新提出了整个问题,因为最终说来,如果出自信仰的东西能够提供要被思考的东西(除非信仰在此只不过是没有信仰的一种觉醒的契机),就应该承认信仰揭示了存在的某些方面,而忽略了这些方面的思想不会"封闭",信仰的那些"没有被看到的东西"与理性的那些明证不会让自己被划定为两个领域。相反地,由于布雷赫,如果我们直接走向历史以便指出不存在属于基督教的哲学,我们只能通过把那些构成为障碍的基督教起源的观念作为外在于哲学的东西抛弃掉,或者不惜一切代价在基督教之外的一些先例中去寻找这些观念,才能够得出这一结论;这足以证明我们在此是根据关于哲学内在性的观念来参照一种准备好的、区分开的历史的。这样,要么我们提出一个事实上的问题,但在"纯粹"历史的领地之上,基督教哲学只能以一种完全有名无实的方式才能够被肯定或否定,而且唯有当它包容着一种关于哲学的观念时,所谓事实上的评判才将是规范的。要么我们依据一些本质公开地提出问题,于是,当我们由此进入到介于两者之间的、各种现存哲学的秩序时,一切都需要重新开始。在两种情况下,我们都错失了问题:只是对于能够在本质下面挖掘、能够形成各种本质与各种事实的相互过渡、能够用事实质疑本质和用本质质疑"事实"、尤其是能够质疑它自己的内在性的一种历史-系统的思想而言,这一问题才存在。

对于这种"开放的"思想而言,在某一意义上,问题一被提出就获得了解决。既然它没有将它的"本质"原封不动地看作是所有事物的尺度,既然它相信的更多地是一些含义的纽结而不是一些本质(这些纽结在知识与经验的新网络中将被拆解和不一样地被重构,并且只能作为它的过去才能继续存在),我们就看不出这种站不住脚的思想以什么名义拒绝给予一些间接的或想象的表达模式以哲学的名称,并且将这一名称保留给那些关于非时间的、内在的圣言的学说(它们自己被置于全部历史之上)。因此,确实存在一种基督教哲学,就像存在一种浪漫主义哲学或一种法国哲学一样;而且,因为它在这两种哲学之外还包含着两千年来在西方已经被思考过的全部东西,所以它难以比拟地更为广泛。如何从基督教中去掉诸如历史、主体性、具体化、肯定的有限这些观念,以便把它们归因于一种"普遍"而没有出生地的理性?

那没有由此获得解决——并构成为基督教哲学的真正问题——的东西,乃是这一制度化的、作为心理视域或文化基质的基督教与在一种肯定的信仰中被有效地体验和实践的基督教之间的关系。在基督教中寻找一种意义、一种巨大的历史功绩,和以个人的方式接受它是不同的事情。赞成作为文化事实或文明事实的基督教,就是赞成圣·托马斯,但也是赞成圣·奥古斯丁、奥卡姆[1]、库萨的尼古拉[2]、帕斯卡尔和马勒伯朗士,这种赞成不费我们什么精力,但他们中的每一位为了始终一贯地成为他自己则不得不费尽精力。哲学的和历史的意识将他们常常在孤独中进行的、到死方休的各种斗争转化进了宽厚的文化世界中。但是,正因为哲学家或历史学家理解他们全体,他也就不会是他们中的一员。另外,历史学家给予一块陶瓷碎片、一些无定形的梦幻、一些荒谬的仪式同样的注意和同样的无限尊重。对于他来说,重要的是知道世界是由什么构成的,人又能够做些什么,而不是因这一命题而遭受火刑,或因这一真理而惨遭屠戮。我们的哲学中充满的基督教,对于哲学家而言,乃是自己被自己超越的最令人震惊的标志。对于他自己来说,基督教并不是一种象征,它就是真理。在某一意义上, 180 在以人的考问方式理解一切的哲学家与哲学家所"理解"的宗教本身的严格而深刻的实践之间存在的张力,远远大于(因为距离很小)在声称说明了世界的理性主义与在理性主义眼里只不过是无意义的信仰之间的张力。

因此,在哲学与基督教之间存在着新的冲突,但这是我们在基督教世界内部和每一基督徒内部重新找到的,作为"被理解"的基督教和被亲历的基督教之间、普遍与选择之间的冲突。当哲学与介入的善恶二元论相冲突时,在其内部也是如此。只有当我们将在内部受到同样的矛盾折磨的基督教与哲学置于比较之中时,哲

---

① 奥康 (William of Occam,1285~1349),中世纪基督教哲学家。

② 库萨的尼古拉(Nicolas de Cuse,1401~1464),中世纪基督教哲学家。

学与基督教的复杂关系才会被发现。

"托马斯主义的宁静"与"笛卡尔式的宁静",这种被理解为两种肯定秩序或两种真理的哲学与基督教的单纯共存,仍然向我们掩盖了它们中的每一个与它自己、与另一个的秘密的冲突,以及那些产生这种冲突的扭曲的关系。

如果哲学是一种自足的、伴随概念的统握而开始和完成的活动,而信仰是对那些没有被看到的、由各种启示性的文本提供给人们去相信的事物的赞同,那么它们之间的差异就太过于深刻以至在此不会存在什么冲突。只有当合理的一致自以为穷尽了一切时,冲突才会存在。但是,如果仅有哲学在它作为其裁判的某些可能物之外认识到了其细节属于经验的现实世界的一种秩序,如果人们把被启示的给与者理解为一种超自然的经验,那么在信仰与理性之间就不存在敌对。它们之间的一致的秘密存在于无限的思维之中:在无限的思维构想各种可能物时和在创造现实的世界时都一样。我们并不拥有进入无限的思维所思考的一切的通道,无限的思维的各种意旨只有通过意旨的效果才能为我们所认识。因此,我们无法理解理性与信仰的统一。可以确信的是,统一是在神那里被构成的。理性与信仰的统一于是处于一种无关紧要的平衡状态之中。我们有时惊奇地看到,笛卡尔在审慎地界定了自然之光后,毫不困难地接受另一种光明,仿佛从有了两种光明起,至少两者中有一种不会变得相对晦暗。但这一困难并不比承认知性在心灵和身体之间做出的区分、另外还有它们的实质性联合的困难更大(而且不会有不同的解决):存在着知性,以及它的各种极端的区分;存在着我们通过生活的习俗认识到的实存着的人(即获得想象力之助并且与一个身体结合在一起的知性），因为我们就是这个人；而且这两种秩序就是一种唯一的秩序，因为同一个神既是各种本质的保证者又是我们的实存的根基。我们的二元性在神那里作为他的知性和他的意志的二元性被反映和被超越。我们并没有被赋予理解为什么的责任。神的绝对透明给予我们以事实上的保证。至于我们，我们能够、我们应该尊重秩序的差异，并且在两个层面和平地生活。

然而，这种和解协约是不稳定的。如果人真的与两种秩序对接，那么它们的联系也是在他那里形成的，而他应该对此知道点什么。他与神的哲学关系和他与神的宗教关系应该属于相同的类型。哲学与宗教应该有所象征。在我们看来，这就是马勒伯朗士哲学的含义。人不会一方面是"精神的自动玩偶"，另一方面是接受了超自然之光的宗教主体。在他的知性中，我们重新找到了宗教生活的各种结构和各种非连续性。知性在自然的秩序中是一种凝视，它是在神那里看。甚至在知识的秩序中，我们既不是我们自己的光明，也不是我们的各种观念的源泉。我们是我们的心灵，但我们并不拥有关于它的观念；我们与它只具有感觉上的模糊联系。在我们这里可能有的属于光明和意向存在的一切，都来自于我们对神的分有；我们不具有构想的力量，我们在认识中的全部首创性是对**圣言**做"自然的默祷"（这就是我们所谓的"注意"），**圣言**只是让自己总是保证这一点。属于我们的乃是这一祈祷，以及对于从中产生出来的各种各样的认知事件——用马勒伯朗士的话来说，"知觉"和"情感"——的被动见证。属于我们的还有可知的广延对于我们的心灵的现时的、最生动的挤压，这使得我们相信自己看到

182

了世界；事实上，我们并没有看到在己的世界，这一表面现象乃是我们对于我们自己、我们的心灵、心灵的各种样式之发生的无知；在我们拥有的关于世界的经验中真实地存在的一切，乃是对一个现时的、现存的世界的根本确信，这一确信超出我们所看到的东西，且依赖于神让我们看到的我们所看的东西。因此，最低的感性知觉是一种"自然的启示"。自然的认识分化为观念与知觉，就像宗教生活分化为神秘生活之光与那些启示文本的半明半暗一样。之所以可以说它是自然的，只是因为它服从一些法则，换句话说，神只有借助一些普遍意志才能在那里起作用。还有，标准并不是绝对的。如果自然的认识是由宗教关系维系的，那么超自然的东西反过来又模仿了自然。我们可以勾勒出一种**圣宠**动力学的轮廓，可以隐约地预感到道成肉身的**圣言**最经常地依据它们来进行其调停的一些法则、一种**秩序**。对于哲学（纯粹知性领域）与被创造的、现存的世界（自然或超自然的领域）的纵向区分，马勒伯朗士代之以一种横向的区分，并且在理性和宗教之间赋予同样的典型结构：光明与情感，理想与实在。自然哲学的概念侵入神学，而宗教的概念侵入自然哲学。我们不再局限于诉诸我们难以理解的无限——在我们看来一些不同的秩序在此得以统一。自然的各种结合只能通过神的活动来维系；差不多所有的**圣宠**作用都服从于一些规则。作为原因的神被我们所思考的每一观念所要求，而作为光明的神在他几乎所有的意志中都显示出来。人们从来都没有如此接近过奥古斯丁的计划："真正的宗教即真正的哲学，反过来，真正的哲学即真正的宗教。"

183　　　因此，马勒伯朗士寻求思考宗教与哲学的关系，而不是把它当作无须评说的事实加以接受。可是,同一或许就是这一关系的表述? 理性与信仰被作为矛盾的来把握,但它们毫无困难地共存。同样可以反过来说,我们一把它们看作是同一的,它们就进入对立状态。在属于所有人的自然的启示和默祷与首先只被教导给几个人的超自然的启示和默祷之间,在永恒的**圣言**与道成肉身的**圣言**之间,在我们一睁开眼就看到的神与在圣事中、在教会中应该通过超自然的生命来赢得和配享的神之间,在从其各种作品中猜测出的**建筑师**与只能在盲目献祭中通达的爱之神之间,这些范畴的相同却突出了不一致。如果我们要形成一种基督教哲学,就应该将这种不一致本身作为主题,应该在这种不一致中寻找信仰与理性的结合。这正是人们疏远马勒伯朗士之所在,但也是从他那里获得灵感之所在:这是因为,如果说他向宗教传递了某种来自理性之光的东西,并且在一个独特的思想世界的限度内视它们为同一的,如果说他将知性的实证性延伸到了宗教之中,他也宣布宗教的颠覆侵入到了我们的理性实存之中;他在这里引入了悖谬思维:一种作为智慧的疯癫、一种作为和平的耻辱、一种作为获得的赠与。

　　那么,在哲学与宗教之间究竟是什么关系呢? 莫里斯·布龙代尔曾经写道:"哲学在自己那里、在自己面前掘出了一块空地——这不仅仅是为它的那些最终的、在自己所在的领地上的发现,而且是为它本身所不是的也不能够成为其真正源泉的一些光明和一些礼物预备好的。"哲学揭示了各种欠缺、一种离心的存在、对于一种超越的期待;它预备好了各种肯定的选择,却没有使它们成为必然的,没有预设它们。它是某种肯定的否定,它不是无论什么样的一块空地,而恰恰是信仰将带来的某种东西的欠缺;它不是被掩盖的信仰,而是处于放任状态的信仰的可以普遍证实的前提。我们既不能通过延伸,也不能通过单纯的增添,而只能通过哲学所激发却没有完成的一种颠倒来实现从一个过渡到另一个。

问题得到解决了吗?或毋宁说,它是不是在否定的哲学与肯定的宗教之间的缝合处重新产生了呢?如果像布龙代尔所希望的,哲学是普遍而自主的,它怎么会将得出一些结论的责任留给一个绝对的决定?只有在一个生命的难以挽回和偏私中,它以虚线、以概念的方式在普遍的宁静中勾勒出其轮廓的东西才有完全的意义。但是,它怎么会不愿意成为这一转变本身的见证呢?它怎么会停留在否定中并且把肯定交付给一个绝对不同的机构呢?它本身应该在某种充实中认识到它预先空幻地勾勒其轮廓的东西,应该在实践中至少认识到某种已通过理论被看到的东西。哲学与基督教的关系不可能是否定与肯定、考问与确认这样的简单关系:哲学的考问本身包含有它的各种极其重要的选择,而且,在某一意义上,它在宗教的确认中获得了维持。否定包含其肯定,肯定包含其否定,恰恰是因为它们各自在自己那里都有其对立面,它们才能够从一个过渡到另一个之中,它们才能够在历史中永远扮演敌对兄弟的角色。这始终如此吗?在哲学家与基督徒之间(不管涉及到两种人还是涉及每一个基督徒在自己那里感受到的这两种人)从来没有过真正的交流吗?在我们看来,只有坚持他自己独自认定的最终灵感源泉的基督徒,能够不加限制地接受哲学只要不被消灭就不会放弃的调停努力,这种交流才是可能的。不用说这几行话只是对它们的签字者有约束,并不涉及到那些愿意向他提供他们的协助的基督教的合作者。这没有充分认识到他在他们的感受与他的感受之间引起的最起码的歧义。他也没有把这看作是他们的思想的导言。这些毋宁是他题写在他们的文本边缘上以便向他们提出的一些反思和一些问题。

这些文本本身给我们提供了对于基督教研究的多样性的生动感受(在这里,我们的意见或许是一致的)。它们提醒我们:基督教滋养了不止一种哲学,尽管其中一种被赋予了某种优先性;从原则上说,它并没有包含唯一的、穷尽的哲学表达;在这一意义上,不论它有多少的获得,基督教哲学从来都不是已经完成的东西。

4. 大理性主义

应该把人们在 1900 年宣称或讨论的、通过科学来说明**存在**的理性主义叫作"小理性主义"。这种理性主义假定事物中有一种无边的**科学**,实际的科学在其完成之日将汇入其中,它不再为我们留下任何可问的问题:任何合乎情理的问题都获得了答案。我们很难重新体验这一思想状态,尽管非常接近体验到。但是,人们幻想这样一个时刻:此时,已经将"实在物的整体"封闭在一个关系网络之中,并且似乎处于充实状态的精神,自此以后停留在休息状态中,或者它只需要从一种确定的知识中得出各种结论,只需要运用一些同样的原则来整理意外的东西的各种最后挣扎。

这一"理性主义"在我们看来充斥着各种神话:关于自然法则(它们模糊地处在规范和事实中间,人们认为这一盲目的世界正是依据它们才被构成了)的神话,关于科学说明的神话(仿佛关于各种关系的、甚至关于任何可以观察到的东西的知识,有朝一日能够把世界的实存本身转换成一个同一的、不言自明的命题似的)。对这两种神话,应该补充在科学的限度内繁衍的所有那些附加的神
186 话,例如围绕生与死的概念的神话。这是人们或是热情地或是焦虑地询问人类能否在实验室创造出生命的时代,而理性主义的雄辩家们在这一时代却乐意谈论"虚无"——他们自以为在死后所"回归"的另一个更加宁静的生活环境,就像人们回归一种超感性的命运那样。

但人们并没有打算顺从于一种神话学,人们自认为是在以理性的名义说话。理性被混同于对一些条件和一些原因的认识:在条件制约被揭示出来的各个地方,人们都认为已经使任何疑问沉默了,都已经解决了本质问题以及起源问题,都已经引导事实服从于其原因。介于科学与形而上学之间的问题仅仅在于知道:世界是否是服从唯一"发生公则"的唯一的伟大**进程**,时间终结时所存的只是其神秘程式的重复;或者,比如在生命涌现之处是否存在着人们能够在那里安顿精神的对立力量的一些缝隙、一些非连续。对决定论的每一征服都是形而上学意义的一种败退,其胜利强制性要求"科学的破产"。

这种理性主义之所以对于我们来说是难以想象的,是因为它是一种被歪曲的、难以辨认的遗产,是因为我们对逐渐产生了这一遗产的传统念念不忘。它是一种大理性主义——十七世纪的理性主义,它富有一种活跃的,在十八世纪已经衰弱,在1900年的理性主义中只留下了一些外在形式的存在论——的化石。

十七世纪是这一幸运时刻,自然知识和形而上学知识在当时

相信找到了一种共同的基础。它创立了自然科学,却没有使科学的对象成为存在论的标准。它承认一种哲学突出在科学之上,却没有成为科学的对手。科学对象是**存在**的一个方面或一个层次; 187 它在自己的位置上获得了辩护,或许我们甚至正是通过它学会了认识理性的力量。但这一力量并没有在科学对象那里被穷尽。笛卡尔、斯宾诺莎、莱布尼茨、马勒伯朗士以不同的方式,在因果关系链条下面认识到了成为这一链条的基础而没有中断它的另一存在类型。**存在**没有被整个地磨平到或被压缩到外部**存在**的平面上。还有主体或心灵的存在,它的各种观念的存在,以及观念之间的各种关系,真理的内在关系;这一世界跟另一世界同样大,或毋宁说它把另一世界包括在内,这是因为,不论外部事实之间的关联是多么的严格,也不是这个世界为另一个世界提供了最后的理由;它们一起分有它们的关联所展示的一个"内部"。科学主义的存在论——通过不加批判地在外部存在中将自己确立为普遍领域——将取消的所有那些问题,十七世纪的哲学不断地提出来。既然最终说来在我们这里与在我们之外的各个特殊事物的联系是如此紧密,它们之中没有任何一个在所有方面成为出自它的东西的充分原因,那么如何理解精神对身体和身体对精神,甚至身体对身体、或者精神对别的精神或对它自己所起的作用?整体的协调一致从何处而来?每一个笛卡尔主义者对此的构想都完全不同。但是,在他们所有的人那里,各种存在和各种外部关系都被提供给对于它们的深层前提的一种审视。哲学既不会被它们窒息,也不会为了给自己弄一个位置而被迫去否认它们的稳固。

只有借助一种肯定的无限或无穷的无限(因为对某种类型的

无限性的任何的限制都是否定的一个胚芽)的中介,外部与内部的这一奇特的一致才是可能的。正是在它那里,各种一些部分外在于另一些部分的事物的实际实存以及我们所思考的广延(它相反地是连续的、无限的)才互相沟通或连在一起。如果在中心,可以说在**存在**的核心,有一个无穷的无限,那么任何局部存在都或直接或间接地以它为前提,而作为交换,它也实在地或明显地被包含在局部存在之中。我们能够拥有的与**存在**的一切关系都应该在局部

188　存在中被同时确立。首先是我们关于真理的观念,它已经正确地将我们引向无限,它因此不可能再次受到无限的质疑。接下来是我们的感官向我们提供的关于现存事物的全部生动而混乱的概念。不管这两种类型的认识可能会多么不一样,它们都应该有唯一的起源;从我们的身体的构造出发,甚至非连续的、局部的与残缺的感性世界,最终也应该被理解为由可知的空间构成的各种内在关系的一个特例。

　　因此,肯定的无限观念是大理性主义的秘密,只有当它保持在活跃状态中的时候,大理性主义才会延续。笛卡尔有一瞬间已经预感到否定思想的可能性。他已经把精神描述为不是一种精微的物质,不是一种气息,也不是任何现存的事物,它本身始终缺少任何肯定的确定性。他已经用目光测度了这一创造与非创造的力量,他说它不包含有程度,因此它在人那里和在神那里一样是无限,而且是否定的无限,因为在一种既是非创造也完全是创造的自由中,肯定从来都只可能是被否定的否定。正是由于这一点,笛卡尔比笛卡尔主义者更现代,他预见到了各种关于主体性和否定的哲学。但是,在他那里,这只不过是一个开始,而且,当他最终宣

布:无限的观念在他那里先于有限的观念,而且任何否定思维在这一光明中都是一种阴影时,他义无反顾地超越了否定性。不管笛卡尔主义者在其它方面有些什么样的不同,他们在这一点上都是一致的。马勒伯朗士会反复说,虚无"没有什么属性"或"不是可见的",因此对于这种乌有没有什么可说。莱布尼茨要问为什么存在"某种东西而不是什么都没有",他立刻从**存在**的角度假定了虚无,但是这一向**存在**之内的退缩,这种对一种可能的虚无的呼唤,对于他来说就如同是运用归谬论证。这只不过是使**存在**的最高的自我产生呈现出来所必须的背景、最低程度的阴影。最后,斯宾诺莎的"作为否定"的规定——后来在否定的规定能力的意义上被理解——,只不过是强调那些被规定的事物内在于与自身等同的肯定实体之中的一种方式。

189

后来,人们再也不会重新寻找哲学与科学的这种一致,这种超越科学而不摧毁它、限制形而上学而不排斥它的自如。即便我们同时代的那些自称的和真实的笛卡尔主义者也把一种完全不同的哲学功能给予否定,而这就是为什么他们不会重新找到十七世纪的平衡。笛卡尔说神被我们构想,而不被我们理解,这一不表达了一种在我们这里的缺失和一种失败。现代笛卡尔主义者①表示:无限同样是不在场和在场,这就使否定和作为见证的人进入到了对神的界定之中。列奥·布伦茨威格接受斯宾诺莎的一切,《伦理学》的下降次序除外:他说,第一卷并不比第五卷更是首要的;《伦

---

① 阿尔盖(F. Alquié,1906～1985,法国笛卡尔研究专家):《笛卡尔关于人的形而上学发现》。

理学》应该被循环阅读,而神预设人就像人预设神一样。这或许或可以说这确实引出了笛卡尔主义的"真理"。但这是一种他本人并不拥有的真理。存在着一种以无限为起点进行思考的天真的方式,它形成了大理性主义,却没有任何东西会让我们重新发现它。

我们不应该在这些话中看出怀旧来。要不然,就会懒惰地怀念心理世界尚未被撕裂,同一个人能够既非屈从也不做作地献身于哲学、献身于科学(如果他愿意,还献身于神学)的一个时代。但这一宁静、这一未分化只是就人们停留在三条道路的入口而言才能够延续。把我们与十七世纪分开来的并不是衰退,而是意识与经验的进步。随后的几个世纪懂得了:我们的各种明证的思想与现存的世界的一致并非如此直接;这一一致并非永远是不可改变的;我们的那些明证永远不能自嘘随后支配着知识的全部发展;各种结果又都涌回到"原则";我们应该准备改造我们可能认为是"首要的"的那些观念;真理不是通过从简单通向复杂、从本质通向属性的组合而获得的;我们现在不能将来也不能将我们自己置于一些物理的、甚至数学的存在的中心;应该在探索中从外部考察它们,通过各种间接的方式接近它们,把它们当作一些人来加以考问。一个时刻已经来临,在内在明证中抓住各种原则(无限的知性依据它们已经构想或在构想世界)的信念——它支撑着笛卡尔主义者的事业,并且长期以来已经被笛卡尔式的科学的各种进步所证明——已经不再是知识的一种刺激,而是变成了一种新的经院哲学的威胁。因此,完全应该重新回到原则;应该将它们重新放回到各种"理想化"之列——这些理想化在赋予研究以生机时获得了证明,在使研究陷入瘫痪时则丧失了资格;完全应该学会根据这种

实存(康德说它应该不是一个谓词)来测度我们的思想；应该为了
超越笛卡尔主义而追溯笛卡尔主义的各种起源；应该重新找到这
一创造行为的教训——它伴随笛卡尔主义确立了思想的长期丰
富，但它在那些追随者的伪笛卡尔主义中耗尽了其效力，并且要求
自己从今以后重新开始。应该记住知识的历史性，记住这一奇特
的运动，思想藉此通过将它的那些旧有表述作为一些特殊而具有
优先性的例子整合到一种更全面、更一般的思想(它不会宣布自己
是彻底的)之中，以抛弃和拯救它们。各种现代研究——不管在科
学中，还是在哲学中，在文学中，在艺术中——的这种即兴的、暂时
的态度，这种有点让人惊恐的姿态，都是为了获得关于我们与**存在**
的各种关系的更加成熟的意识而应该付出的代价。

　　十七世纪曾经相信科学与形而上学、此外还有与宗教的直接
一致。就此而言，它离我们已经非常遥远。形而上学思想 50 年来
在世界的物理–数学协调之外寻找其道路，它的对立于科学的角色
看来是要向我们唤醒科学在思考和没有思考的"非关联的背
景"。[①]宗教思想在其最鲜活地拥有的东西中，将在同样的方向上　191
进展；使宗教思想与"无神论的"形而上学相和谐的东西，也使它与
之相对抗。今天的"无神论"并不像 1900 年的无神论那样声称要
说明"没有神"的世界：它声称世界是不可说明的，而 1900 年的理
性主义在它眼中是一种世俗化的神学。假如笛卡尔主义者重新回
到我们中间，他们会大为惊讶地发现一种哲学、甚至一种神学把世
界的根本偶然性当作特别喜欢的主题，而且它们在这方面恰恰是

---

　　① 　让·华尔(J. Wahl，1888～1974)，法国哲学家。

敌对的。我们的哲学处境完全对立于大理性主义的处境。

可是,大理性主义对于我们来说仍然是伟大的,在它是通向那些指责它的哲学的必要的居间环节的意义上,它接近我们,因为那些哲学指责它,借助的却是赋予它以活力的同样的要求。大理性主义在创立了自然科学的那一时刻,在同样的运动中已经证明自然科学不是存在的尺度,已经把存在论问题的意识带到其最高点。就此而言,它没有被超越。像它一样,我们寻求的不是要限制科学的原创性或使它失去影响,而是寻求将它作为意向系统安置在我们与存在的各种关系的整体场之中;通向无穷的无限在我们看来之所以并非就是一种解决,只是因为我们更激进地重新开始了这个固执的世纪相信已经永远完成了的任务。

5. 主体性的发现

我们归类在主体性旗号下的、分散在三个世纪的这些哲学的共同处何在?有蒙田比谁都更喜欢,而帕斯卡尔却憎恶的**自我**(Moi):我们日复一日地详细地记载它,我们从中看到了无耻、托词、间断、重复,我们把它作为无名者进行尝试和检验。有笛卡尔以及帕斯卡尔的思维之**我**(Je qui pense):它只短暂地回归自身,然而它完全出现在它的现象中,它完全是它认为是的东西而不是任何别的,它向所有的东西开放,从来都不是固定的,除这一透明本身之外没有别的神秘。有英国哲学家的主观系列(série subjective),即各种观念:它们在一种沉默的联系中彼此认识,而且似乎是通过自然的属性。有卢梭的自我(moi),即有罪与无辜的深渊：它自己构成了它觉得自己陷入其中的"阴谋"，可是它有正当理由在这一命运面前要求恢复其不会变质的善良。有康德主义者的，同等接近世界和心理深处、接近世界甚过心理深处的先验主体：它在建构它们两者之后沉思它们，可是也知道自己是世界的"居主"。有比朗①的主体（sujet）：它不仅知道自己在世界之中，而且它就是在世界之中，如果它没有一个可移动的身体的话，它甚至不能够成为主体。最后，有克尔凯戈尔意义上的主体性（subjectivité）：它不再是存在的一个区域，而是与存在相联系的唯一的根本方式；它使得我们是某种东西而不是在"客观的"思维中飞越一切东西；最终来说，它真的什么都不思考。为什么要使这些并不一致的"主体性"成为单一发现的诸环节？

　　还有，为什么说是"发现"？因此，应该相信主体性先于这些哲学家就在那儿了，完全就像他们随后应该把它理解成的那样？一旦反思突然产生了，一旦"我思"被宣布出来了，存在之思是如此完全地成为了我们的存在，以至如果我们要尝试表达已经先于它的东西，我们的整个努力就只能走到提出一种反思前的我思这一步。但是，在其还没有被揭示出来之前，自己与自己的这一联系是什么呢？难道它是其它东西而不是回顾的幻相的另一个例子？难道我们对它进行的认识真的只不过是向那种已经透过我们的生活被知道的东西回归？但我没有以适当的方式知道自己。那么，对并不拥有自身、还没有与自身相一致的自我的这一感受究竟是什么呢？有人已经说过：从主体性中去掉意识，就是取消其存在；一种无意

―――――――――――

①　比朗（M. de Biran，1766～1824），法国哲学家。

识的爱情什么都不是,因为喜爱就是把某人———一些行动、一些姿

193 势、一张面孔、一个身体———看作是可爱的。但是反思之前的我思,没有知识的自身感受产生了同样的困难。因此,要么意识忽略了它的各种起源,要么———如果它愿意通达它们———它就只能够把自己投射到它们那里。在这两种情况下,都不应该谈"发现"。反思不仅仅揭示未经反思者,而且已经改变它,这只不过是其真实的状态。主体性并不像未知的美洲在大西洋的薄雾中等待它的那些探险者一样等待着哲学家们。他们以不只一种方式建构和构成了它。而且他们已经构成的东西或许需要去拆除。海德格尔认为,他们在依据自我意识来确立存在之日就已经遗忘了存在。

可是,我们不会放弃谈论对"主体性"的"发现"。这些困难仅仅约束我们在何种意义上谈论。

首先,只要我们将这些主体性哲学置于与其它哲学的对比之中,它们的亲缘关系就是明显的。不管他们之间有什么样的不一致,现代人都有着共同的看法:心灵的存在或主体-存在不是一种较少的存在,它或许是存在的绝对形式,我们的标题要指明的正是这一点。诚然主体哲学的一些因素已经在希腊哲学中出现:古希腊哲学已经谈到"人是万物的尺度",已经在灵魂中认识到了那种想要知道它不知道的东西而忽视它所知道的东西的独特力量,一种与它的真理能力联系在一起的难以理喻的犯错的能力,一种在它那里就如同它与存在的关系一样本质的与非存在的关系。此外,希腊哲学构想了一种只不过是自身思维的思维(亚里士多德将其置于世界的顶点),一种超越我们的潜力的全部等级的根本自由。它因此认识到了作为黑夜与作为光明的主体性。但是对于希

腊人来说,主体的存在或灵魂的存在从来都不是存在的标准形式,对于他们来说,否定从来没有处于哲学的中心,也从未负有使肯定出现、接受肯定并转换肯定的责任。

相反,从蒙田到康德以及之后,受到质疑的是正是同样的主体-存在。各种哲学之间的不一致是由于主体性既不是事物也不是 194 实体,却既是特殊的一极又是普遍的一极,是由于它是普洛透斯①。这些哲学以某种方式一直保持着主体性的各种变形,但正是这一辩证法被这些哲学的不一致掩盖了。其实,只存在两种关于主体性的观念:空洞的、脱离联系的、普遍的主体性观念和充实的、融入到世界之中的主体性观念;它们是相同的观念,就像我们在萨特的虚无观念中看到的那样:虚无"来到世界上",它吸收世界,它需要世界以便成为无论什么东西,甚至成为虚无,它在把自己献祭给存在的同时仍然保持外在于世界。

当然,这不是在我们发现了美洲甚或发现了钾的意义上的发现。但它在这一意义上是发现:一旦被引入到哲学之中,关于主观的思想就不再让自己受到忽视。即便哲学最终要消除它,它也永远不再会是它在这一思想之前之所是。真实——尽管是被建构而成的(美洲也是由于无穷多的证据才变得完全必然的一种建构)——随后变得和一个事实一样坚固,而且关于主观的思想是哲学应该消化的坚固的东西之一。或者让我们这样来说,一旦被某些思想所"感染",哲学就不再能够消除它们,它应该通过更好地进行发明来治愈它们。在今天为巴门尼德感到惋惜,并且打算把我

---

① 普洛透斯(Protée)系希腊神话中变化无常的海神。

们与**存在**的各种关系恢复到它们在自我意识之前所是的哲学家本身，恰恰应该将他关于初始存在论的见解和爱好归功于自我意识。主体性是我们不能够重新回到其出现之前的那些思想中的一种，即使在、尤其在我们要超越它们的时候。

6. 实存与辩证法

当作家被要求总结他自己的思想的历史时，我们就会认识到他的苦恼。当我们应该概括我们的那些同代名人时，这种苦恼勉强少一些。我们既不能够把他们与我们通过阅读他们而学到的东西脱离开来，也不能把他们与接受他们的书并使他们成为名人的某些环境脱离开来。我们应该推测具有重要性的东西（既然这种喧哗已经平息下来），推测今后对于各种新的读者（如果有新的读者的话），对于这些将会前来、将会利用一些相同的书却从中读出别的东西来的陌生人具有重要性的东西。某一天在十六区的静默中、在埃克斯的虔诚的静默中、在弗莱堡的学院式静默中，或者在雷恩路的、在那不勒斯的、在维西内的喧嚣中写下的一句话，被最初的那些读者当作弃而不用的驿站付之一炬，而明天的读者可能会在那里停留：我们没有能够想象到的一个新的柏格森、一个新的布龙代尔、一个新的胡塞尔、一个新的阿兰①、一个新的克罗齐②诞生了。这是对我们的各种证据和我们的各种问题、我们的各种充

---

① 阿兰（Alain，1868~1951），本名夏提埃（É. Chartier），法国精神论（或译唯灵论）哲学家。

② 克罗齐（Groce，1866~1952），意大利哲学家。

实和我们的各种空虚进行分布,就如同它们也将在我们的子孙后代中被分布一样,这会使我们有别于我们自己,而世界的任何"客观性"都不会达到那种程度。在过去的半个世纪中,通过把关于实存和辩证法的主题确定为是本质性的,我们或许可以说一代人在其哲学中读出的东西,可能不是随后一代人将会从中读出的东西,更不是那些涉及到的哲学家有意识地说出的东西。

然而,对于我们来说,即便是那些从中获益最多的人,也都在努力地超越批判主义,努力地超出各种关系去揭示布伦茨威格所谓的"难以协调的东西"和我们所谓的实存,这乃是一个事实。当柏格森把知觉当作我们与存在的关系的基础模式时,当布龙代尔打算把一种事实上总是在向前进展、总是在超出于自己的思想的各种蕴含开展出来时,当阿兰把自由依赖于世界进程描述为游泳者依赖于既阻挡他却又是他的动力的水时,当克罗齐重新将哲学置于与历史的关系中时,当胡塞尔将事物的物质方面的在场作为明证的类型时,所有这些都对自我意识的自恋提出了责难,都在可能物和必然物之间寻求通向实在物的通道,都在把我们的事实上的实存和世界的事实上的实存确定为一种新的研究维度。因为实存哲学并不像一位珍视萨特的宣言①的急切读者所相信的那样,仅仅是将本质之前的自由置于人之中的哲学。这只不过是一个令人惊讶的推论,而且,在萨特本人那里,就像我们在《存在与虚无》中所看到的,在绝对选择的观念之内也存在着关于自由的另外的、真正说来对立的观念:它只能是一种融入到世界中的、作为对事实

196

---

① 《实存主义是一种人道主义》。

上的处境产生作用的自由。因此,甚至在萨特那里,实存也不仅仅是一个人类学词汇,面对自由,实存揭示了世界的一个全新的形象:作为它的希望和威胁的世界;为它设置各种陷阱,诱惑它或出卖它的世界;不再是康德式的科学对象的平坦世界,而是由各种障碍和通道构成的景致;最终说来,是我们实存于其间的世界而不仅仅是我们的知识和我们的自由放任的舞台。

　　我们或许还需花费更多的精力去说服读者,这个走向实存的世纪曾经走向辩证法。布龙代尔、阿兰已经谈到这一点,克罗齐自然也是如此。但柏格森呢,胡塞尔呢? 众所周知的是,他们寻求直观,对于他们来说,辩证法是那些爱争辩者的哲学,是盲目的、饶舌的,或者像波费雷①说过的,是"会腹语的"哲学。重读一些旧的手稿,胡塞尔偶尔在边上写道:"这是我直观到的"(Das habe ich angeschaut)。在这些专注于他们所看到的东西的、肯定的、有条有理的天真的哲学家,与那个总是在直观下面深挖以便找到别的直观,而且每一场景最终都反照他自己的狡猾的哲学家之间,究竟有什么共同的地方呢?

　　应该引入辩证法的当代史和黑格尔主义复兴的当代史来回答这些问题。就像冯·哈特曼②说过的,当代人重新找到的辩证法是关于实在物的辩证法。他们所恢复的黑格尔,不是十九世纪已经抛到一边的黑格尔,即那个掌握了令人惊奇的秘密,从而能够不经思考地谈论所有的东西、将辩证的秩序和联系机械地运用到它

---

① 波费雷(J. Beaufret,1907～1982),法国著名海德格尔研究专家。
② 哈特曼(N. von Hartmann,1882～1950),德国哲学家。

们之中的人，而是那个不愿意在逻辑学与人类学之间进行选择的 197
人，那个使人类经验的辩证法呈现出来、但把人界定为逻各斯的经
验负载者的人，那个把这两种视角以及将一种视角转换成另一种
视角的倒转置于哲学中心的人。这种辩证法与直观不仅是能够相
容的，而且它们之间还存在一个它们于其间合流的时刻。透过柏
格森主义，就如同透过胡塞尔的生涯一样，我们可以追踪一步一步
地将直观置于演变之中、把各种"直接所予"的肯定标记改变为一
种时间辩证法、把本质看改变为"发生的现象学"、并且在一种活的
统一中把最终与存在同外延的时间的各个对立维度关联起来的运
作。透过时间的变动可以隐约看见的这一存在，总是被我们的时
间性、我们的知觉、我们的肉身存在作为目标，但是或许不存在设
想自己处在那里的问题，因为被消除的距离会使这一存在丧失其
存在的坚实；海德格尔会说，这一总是在我们的超越性中被提出的
"来自远处"的存在，乃是《巴门尼德篇》所界定的那样的存在的辩
证法观念：它处在存在的事物的经验多样性之外，它原则上是透过
事物而被作为目标的，因为脱离了事物，它就只不过是光明或黑暗。
至于辩证法的主观的方面，现代学者从其希望在我们与世界的实际
关系中抓住我们的时候起，就重新发现了它。因为他们那时遇到的
是最初的、最深刻的对立，是辩证法的开初的、还没有被清算的阶
段，是反思的诞生（原则上说，它为了，也只是为了抓住未经反思者
才产生了自我分化）。对"直接的东西"或"事物本身"的研究，只要
是充分有意识的，就不是间接性的对立面；间接性只不过是对直观
不管愿意不愿意都得服从的一个悖谬的坚决承认：为了拥有自身，
应该从走出自身开始，为了看到世界本身，首先应该远离世界。

198　　　如果这些看法是合情合理的,那么唯有益格鲁-撒克逊和斯堪的纳维亚各国的逻辑实证主义处在这个世纪的哲学之外。我们刚才列举的所有哲学有着一种共同的语言;相反地,它们共同的全部问题在逻辑实证主义看来都是没有意义的。事实既不会被掩饰也不会被冲淡。我们或许只能问问它是不是可持续下去。如果我们消除哲学中所有不能够提供一种直接可确定的意义的词汇,这一清洗,就像所有其它的清洗一样,是不是揭示了一种危机呢?一旦对表面上清楚的单义的含义场进行整理,我们是不是又会受到整个围绕在周围的问题域的诱惑?难道不正是一个透明的心理世界与一个生活世界的对照正好越来越不成其为对照?难道无意义对于意义的挤压没有导致逻辑实证主义根据一种就是柏拉图所说的哲学态度的态度来修正它关于清楚与模糊的那些标准?如果这种价值颠倒起作用了,就应该把逻辑实证主义评价为对于具体哲学——本世纪以这种或那种方式从未停止寻求的目标——的最后的、最有力的"抵制"。

　　一种具体的哲学并不是一种令人满意的哲学。它应该维持与经验的靠近,可是它不能局限于经验的东西,它在每一经验中恢复它被内在地标记的存在论密码。尽管在这些情况下想象哲学的未来非常困难,但有两件事看来是确定的:这就是它再也不能够重新找回用它的概念来掌握自然或历史之钥匙的信心;这就是它没有放弃它的激进主义,没有放弃产生了各种伟大哲学的那种关于前提和基础的研究。

　　越是在各种体系都丧失了自己的信誉、各种技巧都超越自己并且重新推动哲学的时候,哲学放弃的越少。科学知识从来没有

像今天这样搞乱自己的先天性。文学从来没有像在二十世纪这样
是"哲学的",从来没有像在二十世纪这样对语言、真理和写作行为
的意义进行过反思。政治生活从来没有像今天这样展示过其根底
或脉络,怀疑过它自己的确信——最初是对对话的确信,今天则是
对革命的确信。即便哲学家都气馁了,其他人也会来呼唤他们回
到哲学。除非这一不宁耗尽了自己,除非世界在形成有关它自己
的经验时摧毁了自己,不然人们就会非常期待这样一个时代:它不
再相信凯旋的哲学,由于它的各种困难,它乃是对于严格、批评、普
遍性和战斗的哲学的一种呼唤。

当哲学丧失它对于先天、体系或建构的权利时,当它不再突出
于经验之上时,有人或许要问它还剩下些什么。差不多一切都还
剩着。因为体系、说明、演绎从来都不是本质性的东西。这些安排
表达了——和掩饰了——与存在、他人、世界的关系。不管表面上
怎么样,体系从来都只不过是用来表达笛卡尔式的、斯宾诺莎式的
或莱布尼茨式的相对于存在而定位自己的语言(它在这一名义上
是宝贵的);而为了哲学能够延续下去,只要这种关系始终保持为
难题,只要这种关系不被看作是理所当然的,只要在存在和那个
(在该词的全部意义上理解)出自于它、评判它、欢迎它、摒弃它、转
换它并最终放弃它的人之间的面对面关系持续下去就足够了。我
们今天尝试着直接表述的正是这同一种关系,因此哲学在产生这
一关系的无论什么地方,也就是在任何地方都有在家的感觉:既在
一个如其所能的那样爱过和体验过的无知者的见证中,在科学为
了绕过各种问题而不没有思辨的廉耻所发明的那些"窍门"中,在
各种"野蛮的"文明中,在我们从前的不具有正式实存的那些生活

区域中，也在文学中，在矫揉造作的生活中，或者在有关实体和属性的各种讨论中。已经被确立的人性被认为是成问题的，而最直接的生活变成为"哲学的"。我们无法设想一个新的莱布尼茨和一个新的斯宾诺莎在今天带着对生活的合理性的完全确信进入生活。明天的哲学家不会有"屈光线"、"单子"、"自然倾向"、"实体"、"属性"、"无限的样式"，但他们继续在莱布尼茨和斯宾若莎那里学习那些幸运的世纪如何考虑让斯芬克斯驯服，以他们的不那么具象而且更为艰涩的方式回答斯芬克斯向他们提出的那些不断重复的谜语。

六　哲学家及其阴影

胡塞尔在其最后时光说过，传统就是对其起源的遗忘。正因为我们从传统中受益良多，我们也就无法正确地看待属于它的东西。对于一个其事业唤起了相当多的反响，而这种影响明显非常远离他自己坚持的观点的哲学家来说，任何的纪念也都是背叛：要么我们在我们的思想中给予他的敬意太多余，仿佛是在为这些思想找到一种它们没有权利获得的担保；要么相反地，出于一种并非没有距离的尊重，我们太狭隘地将他还原为他本人希望过的和说过的东西……但是，胡塞尔刚好非常熟悉这些困难，即各个"自我"之间的沟通的种种困难，他并没有让我们在面临它们时处于毫无办法的境地。我从他人那里借来自己，我从我自己的思想中形成他人：这不是他人知觉的失败，这就是他人知觉。如果他人首先不是并非无疑地以事物的正面明证为我们而存在于此，而是被横向地置于我们的思想之中，就像另一个我们自己一样在我们这里占据着一个仅仅属于他的区域，那么我们就不会用我们的那些让人腻烦的评论来攻击他，我们也不会吝啬地把他还原为客观地证实属于他的东西。在一种"客观的"哲学史（它割断了伟大的哲学家和他们提供给他人去思考的东西）和一种掩饰在对话中的沉思（我们在此提出各种问题并回答它们）之间，应该有一个中间部分，被谈论的哲学家和在谈论的哲学家一起在那里出场,尽管不可能哪怕原则上在每一时刻区分出属于每个人各自的东西。

我们之所以相信解释就是被强制要么歪曲要么一字不差地重复,这是因为我们希望一部作品的意义是完全积极的,从法理上说可以接受一种划定属于它和不属于它的东西之界线的清点。但这是对作品、对思考的错误看法。海德格尔大致这样写道:"在涉及到思考时,已经完成的作品越是伟大(这与著作的范围和数量绝不重合),在这一作品中的非思——也即贯穿这一作品,且仅仅通过这一作品,作为尚未被思考过的东西向我们涌现者——越丰富。"①当胡塞尔行将完成自己的生命旅程时,也存在着胡塞尔的非思:它确确实实属于他,可是它也向别的东西开放。思考不是拥有一些思想对象,而是通过它们来划定一个我们尚未思考过的需要思考的领域。被知觉的世界只有通过事物之间的各种映像、各种阴影、各种层次和各种视域——它们既非事物,也绝非什么都不是,相反地,它们只是为在同一事物和同一世界中的可能变化的各种场划定了范围——才能够维持下去。同样,一个哲学家的作品和思想也是由被讲述的各种事物之间的一些关联构成的——对于这些关联,不存在客观解释和任意解释的二难,因为它们不是思维的对象;因为就像阴影和映像,我们通过把它们提供给分析性评价

①　"Je grösser das Denkwerk eines Denkers ist, das sich keineswegs mit dem Umfang und der Anzahl seiner Schriften deckt, um so reicher ist das in diesem Denkwerk Ungedachte, d. h. jenes, was erst und allein durch dieses Denkwerk als das Noch-nicht-Gedachte heraufkommt"(《根据律》,第123～124页)。

和孤立的思考而瓦解了它们；因为我们只能通过重新思考它们，才能忠实于它们和重新发现它们。

我们希望尽力展现胡塞尔写在几页旧稿边沿上的这一非思。对于一个既不了解胡塞尔的日常谈话，也没有接受过他的教育的 203 人而言，这未免显得有些轻率。可是这一尝试与其它那些态度相比或许还有其地位。因为，对于那些已经了解可见的胡塞尔的人而言，在与一部作品交流的困难之外，还加上了与作者交流的困难。某些回忆提供了对于交谈中的一次偶然事故、一次短路的救急；但其它回忆毋宁掩饰了"先验的"胡塞尔，那个目前已经一本正经地被定位在哲学史中的胡塞尔。这并非因为他是一个虚构，而是因为这是脱离了生活，收回了与同仁的交谈、收回了他的无时不在的大胆的胡塞尔。我想象，就像我们周围的所有人一样（而且带有天才的蛊惑和欺骗能力），亲自在场的胡塞尔不能让围绕在他周围的人处于宁静状态：在这种极端的、非人性的迷恋中，他们全部的哲学生命在一段时间里在非同寻常地关注着一种思想的连续诞生，日复一日地守候着它，帮助它自我客观化，甚至帮助它作为一种可交流的思想而实存。当胡塞尔之死与他们自己的成长将他们引向成人的孤独时，他们后来如何能够轻松地重新找回他们从前的那些沉思——他们当然在自由地追随，要么尊崇胡塞尔要么反对胡塞尔，但总体来说由他出发——的充分意义？他们透过自己的过去而回到胡塞尔。这条路比作品之路更近吗？为了首先将整个哲学置入现象学之中，他们是不是因此冒着对现象学，同时也对他们的青年时代过于看重的危险，并且将这样一些现象学动机还原到它们在它们的起源的偶然性中、在它们的经验的人性中已经是的东西(对于外来的旁观者而言,这些动机相反地保持着它们整个的突出地位)?

＊　　　＊　　　＊

以现象学还原的主题为例。我们知道,这对于胡塞尔从未中断地是一种谜一般的可能性,他总是会回到这一主题。说他从来没有成功地为现象学确保各种基础,这可能搞错了他想要寻求的东西。还原问题对于他不是一个准备或一个前言:它们是研究的开始,它们在某种意义上是研究的全部,因为他说过,该研究是一种持续的开始。不应该想象胡塞尔在这里受到一些不幸的障碍的约束:对障碍的定位是他的研究的意义本身。他的那些"结论"之一是要懂得:返回我们自己的运动——圣·奥古斯丁所说的"回到我们自身之中"——仿佛被它引起的相反运动分裂了。胡塞尔重新发现了对黑格尔来说对绝对进行界定的"返回自我"和"离开自我"的同一性。他在《观念》第一卷中指出,反思就是要揭示处于一定距离的一个未经反思者,因为我们不再天真地就是它,与此同时我们不能够怀疑反思通达了它,因为正是通过反思本身我们才有了它的观念。因此,不是未经反思者对反思提出了疑问,而正是反思在对它自己产生疑问,因为它的恢复、拥有、内在化或内在的努力,依据定义只有根据一个已经给定的界限才有意义,而这一界限在去寻找它的注视中退隐到了它的超越性中。

因此,胡塞尔之所以认识到了还原的一些矛盾特征,这并非出于偶然或者天真。他在那里已经说了他想说的,说了事实上的处境迫使他说的。应该是我们不要忘记了真理的一半。因此,从一方面看，还原超越了自然态度。它不是"出自自然的"（自然的）①，这意味着，还原后的思想不再注意各门**自然**科学的**自然**，而是在某种意义上注意到了"**自然**的反面"②，也即作为"构成自然态度的各种行为的纯粹意义"③的**自然**——变成了自然始终已经是的意向相关项的、被整合到了始终且贯穿地建构自然的意识之中的**自然**。在"还原"的状态中，存在的只有意识、它的各种行为以及它们的意向性对象。这使得胡塞尔可以描述说：存在着**自然**对于精神的相对性，**自然**是相对物，精神则是绝对。④

　　但这并不是全部的真理：就算不存在没有精神的**自然**，或者就算我们能够在思想中消除**自然**而不消除精神，这并不就是说**自然**是精神的一个产物，也不是说这两个概念的任何联合、哪怕是精妙的联合足以为我们在存在中的处境提供哲学表达。我们可以无**自然**地思考精神，却不可能无精神地思考**自然**。但是，或许我们不必根据**自然**与精神的二分来思考世界与我们自己。实际情况是，关于现象学的那些最著名的描述走在不是"精神哲学"方向的一个方向上。当胡塞尔说还原超越于自然态度时，立刻就补充说这一超越保留了"自然态度的整个世界"。这个世界的超越性本身从"被还原的"意识看应该保持一种意义，先验内在性不会是它的简单的反题。从《观念》第二卷开始，似乎明显的是：反思没有将我们安顿在一个封闭而透明的领域中，它没有使我们、至少没有直接使我们

---

　　① 《观念》，第二卷，参《胡塞尔作品集》，第 4 卷，第 180 页。

　　② "Ein Widerspiel der Natur"，同上。

　　③ 同上书，第 174 页："Als reiner Sinn der die natürliche Einstellung ausmachende Akte."

　　④ 同上书，第 297 页。

由"客观"转向"主观",它毋宁起着揭示这一区分在那里变得成问题的一个第三维度的功能。的确存在一个**我**,它变成为一个"不偏不倚的"、纯粹的"认识者",以便没有剩余地抓住、在自己面前展示、"客观化"所有事物,并且在理智上拥有它们;———一种纯粹"理论的态度",其目标是"使那些能够获得关于初始状态中的存在的知识的关系成为可见的"。① 但这一**我**恰恰不是哲学家,这一态度不是哲学态度:正是关于**自然**的科学,更深入地讲,正是各门**自然**科学得以从中诞生的某种哲学,重新回到了纯粹的**我**和它的相关项:去掉了整个实践谓词和整个价值谓词的"纯粹事物"(blosse Sachen)。从《观念》第二卷起,胡塞尔的反思避开了纯粹主体与纯粹事物的这一直接对应。它在下面寻找基础的东西。这不能说是胡塞尔的思想走向了别处:它没有忽略主体与客体的纯粹关联,但它非常断然地超越了这种关联,因为它把这种关联表述为是相对地确立起来的、是在派生的名义上真实的,表述为是它致力于按其地位、按其时间来确保的一种构造性结果。

　　但以什么为起点,又是处在什么样的更深入的要求面前呢?在关于纯粹事物的存在论中,不真实的地方就在于它将一种纯粹理论的态度(或者观念化作用)绝对化,就在于它忽视了确立纯粹理论的态度并测度其价值的与存在的关系,或将这一关系视为理所当然的。相对于这一自然主义,自然态度包含着我们应该重新找到的一种更高的真理。因为它不是任何不如自然主义的东西。

---

　　① 《观念》,第二卷,参《胡塞尔作品集》,第 4 卷,第 26 页:"Zusammenhänge sichtbar zu machen,die das Wissen vom erscheinenden Sein fördern könnten."

我们并不自然地生活在纯粹事物的宇宙中。在任何反思之前，在交谈中，在生活习俗中，我们坚持的是自然主义不会考虑的"人格主义态度"；于是，事物是为我们的，不是在己的自然，而是"我们的环境"。① 我们最自然的人类生命瞄准一种存在论领域：这一领域有别于在己的领域，因此，它在构成的秩序中不可能从在己的领域中派生出来。甚至在涉及事物时，我们在自然态度中就它们所知道的也要远远多于理论的态度就它们告诉我们的，——尤其是我们以不同的方式知道。反思把我们与世界的自然关系说成是一种态度，也就是"各种行为"的一个总体。但这是一种预设自己处在事物之中的、其体验的范围不会比自己更远的反思。随着尝试把握普遍，胡塞尔的反思注意到，在未经反思者中存在着"一些处在任何论题之前的综合"。② 只有在被构成为自然主义的论题时，自然态度才真正成为一种态度——一系列的判断行为和命题行为。自然态度本身没有受到人们可能对自然主义产生的各种抱怨的伤害，因为它"先于任何论题"，因为它是先于所有论题的一个世界论题（Weltthesis）的神秘——一种原信念（Urglaube）、一种原意见（Urdoxa）的神秘，胡塞尔在别处说，它们因此哪怕原则上也不能够通过清楚、明确的知识来表达，它们比任何"态度"、任何"观点"都更古老，它们不是为我们提供关于世界的表象，而是提供世界本身。反思不能够"超越"对于世界的这一开放，除非滥用这一开放赋予给它的一些权利。存在着并不从我们的各种论题的区域中派

---

① 《观念》，第二卷，参《胡塞尔作品集》，第 4 卷，第 183 页："Unsere Umgebung."
② 同上书，第 22 页："Synthesen, die vor aller Thesis liegen."

生出来的世界论题的区域的明晰和明证,一种恰恰通过世界在意
见的明暗对照中的隐匿而来的对世界的揭示。胡塞尔坚持认为现
象学反思在自然态度中开始——他在《观念》第二卷中再度这样认
为,为的是让他刚刚就纯粹事物的身体的、主体间的蕴含进行的分
析求助于被构造的东西①——,这不仅仅是表达在达到知识之前,
应当从意见开始并超越意见的方式:自然态度的意见是一种原意
见,它将我们的实存的原本之物对立于理论意识的原本之物,它的
优先资格是确定性的,被还原的意识应该考虑它们。真实的情况
是,自然态度与先验态度的各种关系并不是简单的,它们并不是一
个在另一个边上,或者一个在另一个后面,就像虚假的东西或表面
的东西与真实的东西的关系那样。在自然态度中存在着现象学的
一种准备。在现象学中摇摆不定的正是不断重复自己的各种姿态
的自然态度。在现象学中自我超越的正是自然态度本身,因此它
不会被超越。相应地,先验态度仍然是、无论如何是"自然的"
(natürlich)。② 存在着自然态度的真理,甚至存在着自然主义的第
二位的、派生意义上的真理。"心灵的实在是建立在身体物质之上
的,而不是后者建立在心灵之上。更一般地说,在我们称作**自然**的
整个客观世界之内,物质世界是不需要任何其它实在的支撑的一
个自我封闭的、特殊的世界。相反,各种精神实的、一个实在的
精神世界的实存,却与一种第一位意义上的自然的实存、物质自然
的实存联系在一起,这不是由于一些偶然的理由,而是由于一些原

208

---

① 《观念》,第二卷,参《胡塞尔作品集》,第 4 卷,第 174 页。

② 同上书,第 180 页:"Eine Einstellung...die in gewissem Sinn sehr natürlich...
ist."

则上的理由。广延实体（res extensa）——当我们考问其本质时——既不包含任何属于精神的东西，也不包含任何间接地（uber sich hinaus）要求与一个实在的精神有一种关联的东西，然而我们相反地发现：一个真正的精神从本质上说只能与物质性联系在一起，只能是一个身体的实在的精神。"①我们引述这几行话，只不过是为了驳难那些肯定**自然**的相对性和精神的非相对性、摧毁在这里重新获得肯定的**自然**的充足和自然态度的真理的话。现象学最终说来既不是一种唯物论，也不是一种精神哲学。它特有的运作是去揭示前理论层次，两种观念化作用在那里找到它们的相对权利并且被超越。

这一低于我们的各种论题和我们的理论的基础结构、众秘密的秘密，如何反过来会取决于绝对意识的诸行为？向我们的"考古学"领域下降没有让我们的分析工具受到破坏？它一点没有改变我们关于意向活动、意向相关项、意向性的观念，没有改变我们的存在论？我们在之后如同在之前一样，有充分理由在对于各种行为的分析中寻找最终支撑着我们的生命和世界的生命的东西吗？我们知道胡塞尔在这些问题上面从来都没有完全搞明白。在那儿有几句话，就像是一些指示着问题——指示着一种需要思考的非思——的指引。首先是关于"前理论的构造"②的话，这些话负责说明一些"预先给与者"③，说明世界和人围绕着其转的含义核心，我们可以（就像胡塞尔谈论身体一样）超然地谈论它们说：它们对

① 《观念》，第三卷，参《胡塞尔文集》，第五卷，增补一，第 117 页。
② 《观念》，第二卷，第 5 页："Vortheoretische Konstituierrung."
③ 同上："Vorgegebenheiten."

于我们来说总"已经被构成了"或者它们"从来都没有完全被构成",简言之,从它们那方面看,意识总是滞后或者提前,从来都不是同时的。胡塞尔大概是在思考这些独特存在的时候另外想到了并不是通过把一个内容领会为一种意义或一种本质的例子(Auffassungsinhalt-Auffassung als),来进行的构造,一种活动的意向性或潜在的意向性——如同那种赋予时间以生命的意向性,它比人类行为的意向性更为古老。对于我们来说,应该存在着还没有被意识的离心活动带到存在中的一些存在,存在着意识还没有自发地把它们赋予给内容的一些含义,存在着间接地分有一种意义、揭示意义的一些内容——这些内容并不与意义相吻合,意义在它们那里还不会作为正题意识的花押缩写或字模获得辨识。在这里当然还存在一组围绕某些命令它们的纽节的意向性线索,但总是将我们引向更深处的回溯性说明(Rückdeutungen)系列不会通过理智地拥有一种意向相关项而完成:存在一连串有序的姿态,但它没有结束,就如同没有开始一样。胡塞尔的思想被绝对意识的漩涡所吸引,同样也被**自然**的此性所吸引。由于缺少一些关于两者间关系的明确论题,需要我们去做的只是考问他交付给我们的那些"前理论构造"的样品,只是凭着我们的各种冒险去表述我们相信从中猜测出的非思。在超越的**自然**(自然主义的在己)和精神的内在性(它的一些行为和它的一些意向相关项)之间不容置疑地存在着某种东西。正是应该尝试在这种两者之间取得进展。

*　　　*　　　*

在"客观的物质事物"名下,《观念》第二卷揭示了我们不再能

够在其中感受到构造意识的脉动的一个蕴含网络。在我的身体的
各种运动与它们揭示的事物的各种"属性"之间,存在的是"我能" 210
与它能够引起的各种奇迹之间的关系那样的关系。可是,我的身
体本身完全应该与可见的世界啮合:它的能力恰恰取决于它有一
个它从那里进行观看的地方。它因此是一种事物,但它是一个我
寓居于斯的事物。它,你爱这么说也行,属于主体一方,但它并非
无关于各种事物所在的地方;它与它们之间的关系,是从绝对的此
到彼、从距离的起源到距离的关系。它是我的各种知觉能力定位
自己的场域。如果事物与我的身体之间的关系不是客观的共变,
那会是什么呢?胡塞尔指出,假如一个火车头的锅炉是满的,意识
感觉到了满,假如炉被点燃了,意识感觉到了热,火车头并不因此
就是这一意识的身体。① 因此,在我的身体与我之间,除了各种偶
然的因果规则外,还有什么呢? 在我的身体与它自己之间存在着
一种使它成为我与一些事物之间的纽带的关系。当我的右手触摸
我的左手时,我感觉到左手是一种"物理事物",但在同一时刻,如
果我愿意的话,一个奇特的事件发生了:现在我的左手也在感受我
的右手,它变成有生命的,它在感觉(es wird leib,es empfindet)②。
物理事物获得了生命,或更准确地说,它保持为它原先之所是,事
件没有使它变得丰富起来,但一种探索性的力量停留在它上面或
寓于其中。因此,我触摸到触摸,我的身体实现了"一种反思"。在
它那里、通过它,不仅仅存在着感觉者与感觉者所感觉者之间的一

---

① 《观念》,第三卷,增补一,第117页。
② 《观念》,第二卷,第145页。

种独特意义上的关系:关系自行颠倒,被触摸的手变成能触摸的;我不得不说,触摸在这里被扩大到身体之中,而身体乃是"能感觉的事物",是"主-客体"。①

完全应该看到,这一描述也搅乱了我们关于事物和世界的观念,它导致的是感性物的存在论上的一种地位恢复。因为自此以后,我们可以严格地说空间本身透过我们的身体而获得认识。如果说主体与客体的区分(或许还有意向活动与意向相关项的区分?)在我的身体中被搞乱了,那么它在事物中也是如此——事物是我的身体的各种活动的极点,是它的探索结束的界限,②因此是在和它同样的意向组织中被把握的。当我们说被知觉事物被"亲自"或"亲身"(leibhaft)抓住的时候,这需要从字面上来理解:感性物之肉这种让探索中断的致密粒子,这一让探索停止的最佳状态反映着我自己的肉身化,并且是它的对等物。我们有一种类型的存在,有具有其独一无二的"主体"和"客体"——主体与客体相联,对感性经验的全部"相关性"中的一个"不相关者"的一劳永逸的界定——的世界,它乃是认识的全部建构的"法律基础"。③ 任何认识、任何客观思维都从我已经感觉到的、我已经拥有的这一开端的事实(连同这种颜色或涉及到的无论什么感性物)中体验到一种独特的实存:这一实存一下子就中断了我的注视,却又为其预示了一系列未定的经验,它是那些从今以后实在的可能物在事物的那些

---

① 《观念》,第二卷,第 119 页:"Empfindendes Ding." 同上书,第 124 页:"Das Subjektive object."

② 同上书,第 60 页:"Die Erfahrungstendenz terminiert in ihr,erfüllt sich in ihr."

③ 同上书,第 76 页:"Rechtsgrund."

被掩盖的方面的凝固,是一次性地被给定的绵延的一段间隔。将我的探索的各个环节和事物的各个方面、将两个系列彼此联系起来的意向性,既不是精神主体的连接活动,也不是客-体的各种纯粹联系,而是我作为一个肉身主体实现的,在原则上于我始终可能的,从一个运动阶段到另一个运动阶段的转换,因为我是这一被称为身体的能知觉和能运动的动物。当然,这里有一个难题:如果意向性不再是通过精神把一种感性物质领会为某一本质的样品,不再是从事物中认出我们置于其中的东西,那么它将是什么呢? 它更不可能是从一种超越的命定或一种超越的目的论中,或者在笛卡尔式的意义上,从一种在我们这里运作却不需要我们的"自然的制度"中接受的功能:这可能是——在我们刚才对它们进行区分的时刻——将感性物的秩序重新整合到了客观方案的、计划的世界之中,这可能忘记了感性物的秩序是有距离的存在,是一种不会枯竭的丰富性在此地此时的突然闪现的证明;忘记了事物在我们面前只不过是半敞开的:既被揭示又被掩饰。凡此种种,不管我们将世界当作目的还是当作观念,一样是考虑欠周的。问题的解决——如果存在着解决的话——只能够是考问这一感性者层次或者让我们习惯于它的那些谜团。

　　我们仍然远离笛卡尔主义的纯粹事物。对于我的身体而言的事物,乃是"唯我论"的事物,这还不是事物本身。它在我的身体的背景中被把握,而我的身体本身只是在其边缘或其周围才属于事物的秩序。世界还没有对我的身体关闭。只有当我懂得:这些事物也为其他人看到,它们被推定对于任何有资格的目击者都是可见的,我的身体所知觉到的那些事物才是真正的存在。因此,在己只能出现在他人构造之后。但是将我们与在己分开的那些建构步骤仍然与我的身体之揭示属于同一类型,我们将会看到,这些步骤使用了身体已经使之显示的一种普遍。我的右手参与了我的左手的主动触摸的来临。这并不有别于他人的身体——当我握着另一个人的手或者当我仅仅注视着这一只手时——在我面前获得活力。① 懂得我的身体是"能感觉的事物",它——它,而不仅仅我的"意识"——是容易受刺激的(reizbar),我就已经准备好了理解:存在着一些其它动物,可能还存在一些其他人。完全应该看到,这里既不存在比较、类比,也不存在投射或者"内摄"。② 在握别人的手时,我之所以有他的此在的明证,是因为他的手替换了我的左手,因为我的身体在它悖谬地是其处所的"这种反思"中与他人的身体合并在一起了。我的双手"同现"或者"共存",因为它们是唯一的身体的两只手:他人通过这一同现③的延伸而出现,他和我就像是唯一的身体间性的器官。如果他人实际地实存着,而不是作为理想的界限,不是将会补全我的意识与我的客观身体、与他的身体的各种关系的成比例的第四项,那么他人经验对于胡塞尔来说首先是,而且应该是"感性学的"。我首先知觉到的是一种其它的"感性"(Empfindbarkeit),并且仅仅由此出发,就知觉到了一个其他的人和一种其它的思想。"那个人在看和听,在他的各种知觉的基础上,根据所有可能的不同形式,他做出这种或那种判断,提出这种或那种评价或意愿。'在'他'那里',在那边的那个人那里,一个

①　《观念》,第二卷,第 165～166 页。

②　同上书,第 166 页:"ohne Introjektion."

③　同上:"übertragene Kompräsenz."

'我思'涌现出来,这乃是一个建立在身体和各种身体事件基础上的,由**自然**的因果性的和实质性的关系所决定的自然事实(Naturfaktum)[⋯⋯]。"①

有人或许会问,我如何能够将身体的同现延伸到精神之中,是不是通过向我回归才带来了投射或内摄:我难道不是在自己这里明白了一种感性和一些感觉场预设了一个意识或一个精神？但是,反对意见首先假设:他人或许在我对于我自己是精神的确切意义上对于我是精神,但毕竟同样确定的是:他人的思想对于我们来说从来都不完全是一种思想。反对意见另外还暗示:这里的难题是要构造另一个精神,而构造者自己依然不过是灵化的肉;没有任何东西妨碍我们在他要说和他要听的那一时刻保留一个也在说和听的他人的来临。尤其是,这一反对会忽视胡塞尔想要说的这一点本身:不存在为了一个精神构造一个精神,只存在为了一个人构造一个人。借助可见身体特有的显著效果,设身处地(Einfühlung)从身体通向了精神。当另一个探索的身体、另一种行为通过一种最初的"意向性越界"②向我呈现时,是整个的人连同其全部的可能性(不管它们是什么)被给予了我,我在我的肉身化的存在中对此拥有不容置疑的证明。我永远不能够在完全严格的意义上思考他人的思想:我可以想到他在想,能够在这一自动木偶背后根据我自己的在场样式构造属于他的在场样式。但我置于他那里的仍然是我,于是就真的存在"内摄"。相反,我可以毫无异

214

---

① 《观念》,第二卷,第181页。
② "Intentionale Überschreiten"这一表达是在《笛卡尔式的沉思》中被使用的。

议地知道,那边的那个人在看,我的感性世界应该也是他的感性世界,因为我目击了他的看,在他的双眼对景观的把握中,他的看也被看到了;而当我说我看到他在看时,这里不再像在我想到他在想中那样,存在两个命题的彼此嵌合,"主要的"看和"次要的"看彼此使对方偏离中心。在那里有一种外形,它与我相似,但忙碌于一些秘而不宣的任务,为一种未知的梦想所占据。突然,一丝亮光在眼下和在眼前闪现,注视向上并且捕捉到了我所看到的那些同样的东西。从我这方面看那些依赖于运动的和有知觉的动物的一切,我依据它能够建构的一切——包括我的"思想",但这种思想是我在世界在场的样态化——一下子就进入到他人之中。我说那里有一个人,而不是一个自动的木偶,就像我看到桌子在那里,而不是桌子的一个方面或一种外表。真实的是:如果我自己不是人,我就认不出他;如果我没有(或者不相信我自己有)与思想的绝对联系,另一个我思就不会在我面前涌现;但这些不在场的东西没有全面地表达刚刚发生的一切,它们标出了派生自他人的来临的一些局部的相互关系,但并没有构造他人。任何内摄都预设了人们通过它想要说明的东西。如果说确实应该将我的"思想"置入他人那里,但我却从来没把它置入到那里:当我所有的说服力都取决于我是我时,没有什么显象能够让我相信在那里存在一个我思,能够引起移情。如果他人应当为我而实存,这应该首先是在思想的秩序下面。在这里,这种事情是可能的,因为朝向世界的知觉开放(与其说拥有,不如说剥夺)并不企求垄断存在,并未确立各个意识之间的生死搏斗。我的被知觉的世界,那些在我面前处于半开放状态的事物,在它们的厚度中,有足够的东西为不止一个感性主体提供"一些意识状态"，它们有权利拥有我之外的其它见证。设若一个行为在这个已经超出于我的世界中呈现，这只不过是原初存在中的又一个维度——原初存在将它们全都包纳在内。因此，从"唯我论"层次看，他人并非不可能，因为感性事物是开放的。当另一个行为和另一个注视占据了我的事物时，他人就成为现实的了；而且，这种情况本身形成了，另一个身体性与我的世界的这一衔接不用内摄地实现了，这是因为，我的感性物，通过它们的外观、它们的构形、它们的肉身组织已经实现了事物的奇迹——它们是一些事物源自这一事实：它们被提供给一个身体，并且已经使我的身体性成了存在的一种证明。人能够构成他我而"思想"则不能，因为他在世界中走出自身，因为一个人的绽出与其他人的绽出是共同可能的。这种可能性是在知觉中作为原始存在和一个身体的纽带得以实现的。任何设身处地之谜都处在其最初的、"感性学的"阶段，而且它在那里获得解谜，因为它是一种知觉。那"设定"他人的人是一个知觉主体，他人的身体是被知觉的事物，他人本身被"设定"为是"能知觉的"。从来都只是涉及到共同-知觉。我看到那边的那人在看，就如同我在触摸右手时触摸着左手。

因此，设身处地问题就像我的肉身化问题一样通向对感性物的思考，或者你也可以这么说，它被移转到了感性物之中。事实是，在我的最严格的私人生活中向我显示的感性物，在这一生活中呼唤着任何其它的身体性。它是触及我的最秘密深处的存在，但它也是我在包含了世界、其他人和真实物之秘密的在场的绝对中触及的原始状态或野性状态的存在。存在着一些"对象"，"它们不仅原初地被呈现给一个主体，而且，如果它们被呈现给一个主体的 216

话,它们能够理想地以原初在场的方式被给予所有其它主体(只要它们一被构成)。能够原初地被呈现的、并且对于所有能交流的主体构成为一个共同的原初在场领域的那些对象的整体,乃是原始、原初意义上的**自然**。"①或许没有比在这几行话中能更好地看出胡塞尔的反思的双重指向的地方了:既是关于诸本质的分析,又是关于诸实存的各种分析。因为,被给予一个主体的东西原则上可以被给予任何主体是一种理想状态,然而,这些本质关系所传递的明证性和普遍性来自于感性物的"原初在场"。如果人们对此有所怀疑,不妨重新阅读那独特的几页②,胡塞尔在那里让我们明白了:即使人们打算将绝对的存在或真实的存在作为一种绝对精神的相关项提出来,为了配得上其名称,也需要有与我们其他人称作存在的东西的某种关系;绝对精神和我们应该互相认识,就像两个人"只能够在相互理解中认识到其中一个看到的事物与另一个看到的是同样的事物"③一样;因此,绝对精神应该"透过各种感性显象——在一种相互理解的行为中,至少在一种单一方向的交流中,它们可以在绝对精神与我们之间获得交换——看到事物,就像我们的现象能够在我们其他人之间获得交换一样";最后,"也应该有一个身体,它恢复了对于各种感觉器官的依赖"。的确,在世界中和在我们这里存在着比严格意义上的感性物更多的事物。他人的生命本身没有伴随他的行为而提供给我。为了通达他人的生命,我应该成为他人本身。相应地,不管我多么奢望在我知觉到的东

---

① 《观念》,第二卷,第 163 页。
② 同上书,第 85 页。
③ 同上。

西中抓住存在本身，我在他人的眼里都被封闭在我的各种"表象"
之中，我没有达到他的感性世界并因此超越于它。这是因为我们 217
在那里滥用了关于感性物和自然的一种残缺的概念。康德说它是
"各种感官对象的集合"。① 胡塞尔重新将感性物看作是原始存在
的普遍形式。感性物不仅仅是各种事物，而且也是在那里获得具
体化的任何东西（哪怕是无形的），在那里留下其印迹的任何东西，
在那里出现的任何东西（甚至作为差异或作为某种不在场）："能够
被经验（在该词的原初意义上）抓住的东西，即能够在原初在场中
被给予的存在（das urpräsentierbare Sein）并不是整个存在，甚至
不是被经验的整个存在。动物是一些不能够以原初在场的方式被
提供给多个主体的实在：它们包含一些主体性。它们是一些非常
特别的对象类型，它们在如此方式上原初地被给予，以至它们预设
了一些原初在场而它们自己却不能够在原初在场中被给予。"②动
物和人类是这样的：一些拥有否定物的行迹的绝对在场的存在。
我看到的一个在知觉的身体，也是其行为在他后面费力地进行安
排的某种不在场。但不在场扎根在在场之中，他人的心灵正是通
过他的身体才在我眼里是心灵。那些"否定性"在明显就是普遍的
感性世界中也有其重要性。

＊　　　＊　　　＊

那么，就涉及构造而言，这一切会产生什么样的结果呢？通过
通向前理论、前论题、前客观的秩序，胡塞尔搞乱了被构造者与构

---

① "Der Inbegriff der Gegenstände der Sinne."（《判断力批判》）

② 《观念》，第二卷，第163页。

造者的关系。在己存在,即对于绝对精神而言的存在自此以后从这样一个"层次"——在这里既不存在绝对精神,也不存在一些意向性对象对于这一精神的内在性,只存在一些通过它们的身体而"归属于同一个世界"的肉身化精神——获得其真理。[1] 当然,这并不是想说我们应该由哲学过渡到心理学或人类学。逻辑的客观性与肉身的主体间性之间的关系是胡塞尔在别处讲过的双重意义上的奠基(Fundierung)关系的一种。身体间性在纯粹事物的来临中达到顶点(并且产生转变),而我们却不能说两种秩序中的一种相对于另一种是第一位的。前客观的秩序并不是第一位的,因为它只有通过在逻辑的客观性之创立中获得实现才能够被规定、而且真正说来才能够完全开始实存;然而逻辑的客观性并不是自足的,它把自己局限于认可前客观层次的工作,它只是作为"感性世界的逻各斯"的结果而存在,并且只是在其支配之下才有价值。在构造的"底层"和上层之间,人们推测出胡塞尔在《观念》第二卷中已经命名[2]、在更后来的沉淀理论中又不得不重提的独特的忘我(Selbstvergessenheit)关系。只要肉身的主体间性已经像这样被忘记了,逻辑的客观性就是从肉身的主体间性中派生出来的,而这一忘记,正是肉身的主体间性本身在通向逻辑的客观性时产生的。

218

---

　　[1] 《观念》,第二卷,第 82 页:"逻辑的客观性因此(eo ipso)也是主体间性意义上的客观性。一个认识者在逻辑客观性中认识的东西……任何认识者也都能够认识,只要他满足了这样一些对象的任何认识者应当满足的条件。这里想要说的是:他应该有对事物、对同样的事物的经验,因此,为了能够认识这种同一性本身,他应该与其他认识者一起处在一种设身处地的关系之中,为此,应该拥有一种身体性并且归属于同一个世界……"("zur selben Welt gehören")

　　[2] 同上,第 53 页。

因此，构造场的各种力量并不通向一种单一的方向，它们转过来对抗它们自己；身体间性自我超越，并且最终不知道自己是身体间性，它移植和转换自己的开初处境，而构造的动力与其说是在其开端处不如说是在其结束处被找到的。

这些关系同样存在于身体间性的每一个层次。直观的事物取决于本己身体。这不是在心理学家的意义上说事物应该是由各种运动觉构成的。我们也完全可以说，本己身体的任何机能都取决于行为的环路向之封闭的直观事物。身体不多不少是事物的可能性的条件。当我们从身体通向事物时，我们既不是从原则走向结果，也不是从手段走向目的：我们参与了一种推广、越界或跨越：这预示了从单独自己（solus ipse）向他者、从"唯我论的"事物向主体间的事物的过渡。

因为"唯我论的"事物对于胡塞尔来说不是第一位的，单独自己也不是。唯我论是一种"思想实验"，①而单独自己是一种"被建构的主体"。② 这一绝缘的思想方法毋宁注定要揭示意向性组织的各种联系而不是中断它们。如果我们能够在实在中或仅仅在思想中中断它们，能够真正将单独自己与他人、与**自然**割裂开来（我们承认就像胡塞尔有时——当他想象被消灭了的精神，然后是被消灭了的自然，他并想知道这在自然和精神那里产生的后果时——所做的那样），那么在唯一被保留下来的全体的这一片断中，将被完全保留的是对单独自己藉以被构成的全体的各种参照：

---

① "Gedankenexperiment"，《观念》，第二卷，第 81 页。
② 《观念》，第二卷，第 81 页："Konstruiertes Subjekt."

我们或许并非总是拥有单独自己。"……单独自己实际上配不上
其名称。我们已经实现的抽象——因为它是直观地获得证明
的——并没有给出孤立的人或孤立的人类个体。此外这一抽象并
不在于准备对我们周围的一些人和一些动物进行一种集体杀戮：
唯有在这种情况下我所是的人类主体才能被免除。在这种情况下
保持为孤单状态的主体仍然是人类主体，始终像这样被抓住和被
设定的始终将是主体间的对象。"①

　　这一段话引向了更深入的东西。说"在"他人"之前"的自我是
孤单的，这已经是相对于他人的幽灵来定位他，这至少构想了其他
人能够存在于斯的一个周围。真实的、先验的孤独不是这种情况：
220　只有当他人甚至是不能被构想的时，先验的孤独才会发生，而且这
要求不再有自我宣称孤独。只有当我们不知道他人时，我们才真
的是孤单的，正是这种无知本身才是我们的孤独。上述的唯我论
"层次"或"领域"是没有自我、没有自己的。我们从它那里向主体
间生活涌现的那种孤独并不是单子的孤独。它只不过是将我们与
存在分离开来的一种无名的生活的薄雾，而在我们与他人之间的
壁垒是摸不着的。如果存在着鸿沟，这不是在我与他人之间，而是
在我们被融入其中的原初的一般性与精确的自我-他人系统之间。
"在"主体间生活"之前"的东西不可能从量上区别于主体间生活，
因为恰恰是在这一层次上既不存在个体化也不存在量的区别。他
人构造并不出现在身体构造之后，他人和我的身体一起从原初的
绽出中诞生。原初事物所归属的身体性毋宁是一般的身体性；就

---

① 《观念》，第二卷，第 81 页："Konstruiertes Subjekt."

像儿童的"自我中心主义"一样,"唯我论层次"既是自我与他人之间的迁移又是它们之间的混同。人们或许会说,整个这一切表达的是唯我论意识可能就它本身进行的思考和谈论——如果它能够在这一层次拥有思想和言语的话。但是,不管唯我论意识能够抱有何种中立的幻相,这都是一种幻相。感性物呈现为对于 X 而言的存在……但是,体验这一颜色或这一声音的仍然是我而不是他人,前个人的生活本身仍然属于我的世界观。要求其母亲因她受到的痛苦而安抚他的儿童正是以同样的方式转向了自身。我们至少是这样来评价他的行为的,我们学会了在一些独特的生命之间对世界中存在的痛苦和愉快进行分类。真实的情况不是那么简单:期待忠诚和爱的儿童证明了爱的实在性,证明它被他理解了,而且他在其中以自己脆弱的、被动的方式扮演自己的角色。在彼此(Füreinander)的面对面中,存在着自私与爱的结合(这种结合消除了它们的界线),存在着在支配者方面和在效忠者方面都超越了唯我论的认同。利己主义和利他主义从根本上说隶属于同一个世界,想要从唯我论层次建构这一现象,就是使这一现象永远地成为不可能的;这或许没有认识到胡塞尔在更深层次上向我们说过的东西。对于任何反思自己的生活的人来说,完全存在着将其生活看作一系列私人意识状态的原则可能性,正如清白而有教养的成人所做的那样。但是,只有在以漫画勾勒的方式来忘却或重构一些延伸到日常的、线性的时间中的经验的条件下,他才能够这样做。从一个人独自去死到一个人独自地生,这种推论并不让人满意;在涉及对主体性进行界定时,之所以唯有痛苦和死亡得以被考虑,是因为在那时与其他人一道在世界之中生活对于它来说将是不可能的。因此,应该构想的不是我们只是其工具的世界心灵或团体心灵或夫妇心灵,而是一个原初的**常人**:他有其本真性,他此外还永不停息地维持着成人的各种各样的最大激情,他的每一知觉在我们这里都更新着经验,因为正如我们已经看到的,交流在这一层次并不构成问题,只是在我忘记知觉场以便将我归结为反思将我形成的东西时,它才会成为可疑的。就像任何还原一样,向"自我学"或"归属领域"的还原只不过是对原初依恋的一种检验,只不过是追踪原初依恋直至它们的各种最新延伸的一种方式。我之所以能够"从"本己身体"出发"理解他人的身体和实存,我的"意识"和我的"身体"的同现之所以延伸到了他人和我的同现之中,是因为"我能"和"他人实存着"从今以后隶属于同一个世界,因为本己身体是他人的预兆,设身处地是我的肉身化的共鸣,因为意义的闪现使它们在各个起源的绝对在场中成为可替换的。

于是,任何构造都在原感觉(Urempfindung)的闪现中被预见到。我的身体的绝对的此和感性事物的"彼"、临近的事物和遥远的事物、我从我的感性事物中获得的经验和他人应该从他的感性事物中获得的经验,处于"原本的东西"和"改变后的东西"的关系之中,不是因为彼可能是一个降格的或弱化的此,他人是一个被投射到外面的自我①,而是因为,按照肉身实存的奇迹,伴随着"此"、"临近"、"自我",这些东西的各种"变量"的系统在那边被确立起来了。在绝对在场中被体验的每一个"此"、每一个临近事物和每一

① 然而芬克(E. Fink,1905~1975,现象学家,胡塞尔助手)似乎是这样来理解被知觉者在胡塞尔那里的绝对优先性的(《现象学的一些现实问题》,第80~81页)。

个自我，都在它们自己之外证实了对于我来说不会与它们共同可

能的，却在这同一时刻在其它地方在绝对在场中被体验到的所有

他者。构造既不是暗含在其开端中的未来的简单展开，也不是外

部规则在我们这里的简单后果，它摆脱了在连续与非连续之间的

二者择一：它是非连续的，因为每一层次都是由遗忘前面那些层次

构成的；它是从一端到另一端的连续，因为这种遗忘并不是简单的

不在场（仿佛开端不曾存在过），而是为了开端后来要变成的而完

全忘记它曾经所是的：黑格尔意义上的内在化、记忆

（Erinnerung）。每一层次都从自己的位置上重新开始先前的层次

和侵入后来的层次，每一层次都是既先于又后于其它层次的，并因

此是既先于又后于它自己的。或许这就是为什么胡塞尔对于他在

分析进程中被引向的那些循环——事物和他人经验的循环——没

有表现出非常吃惊，因为完全客观的事物被建立在他人经验的基

础之上，他人经验被建立在身体经验的基础之上，而身体本身在某

种方式上是一种事物。① 还存在**自然**与人之间的循环，因为**自然**

科学意义上的——但也是纯粹原在场者（Urpräsentierbare）意义

上的，这对于胡塞尔是第一位的真理——**自然**最初是整个宇宙

（Weltall），②因为它在这一名义下把人包括在内，而以另外的方式

获得直接说明的人包含了他们共同构造的作为客体的**自然**。③ 这

---

① 《观念》，第二卷，第 89 页："我们是不是让自己陷入了一种循环，因为关于人类
的看法以关于身体的看法，并因此以关于事物的看法为前提？"

② 同上书，第 17 页。

③ "我们看起来在这里陷入了一种恶性循环。因为按照每一个自然研究者和每
一种自然主义倾向采取的方式，我们在一开始就直截了当地设定了自然，把人则理解
为不只是拥有一种物理的身体性的实在，这样一来，人是第二位的自然物体，是自然的
组成部分。但是，我们通向人格的本质，于是在主体间的本质中把自然设定为已经构
成的人的纽带并因此是其前提条件。"同上书，第 210 页。

223 也大概是为什么在 1912 年的一篇有预见性的文本中,胡塞尔毫不犹豫地谈到**自然**、身体和心灵之间的一种相互关系,以及(正像我们已经适当地谈到过的)它们的"同时性"。①

我们要说,构造分析的这些冒险——这些越界、这些重新活跃、这些循环——看起来并没有让胡塞尔非常不安。他在某个部分证明②哥白尼③的世界求助于生活世界、物理学的宇宙求助于生命的宇宙之后,平静地说,人们或许觉得这有点难以容忍,甚至完全是疯狂的。④ 但他补充说,它只不过是要更好地考问经验,⑤并由此更详尽地领会其各种意向性蕴含:没有什么东西能够胜过构造分析的那些明证。这是否是对一些对立于事实真理的本质的诉求呢? 胡塞尔本人自问,这是否是"哲学的傲慢"呢? 这是否又一次是意识所冒称的不顾一切地坚持它的各种思想的权利呢? 但是,胡塞尔有时声称经验是最后权利的基础。于是其看法可能是这样的:既然我们在**自然**、身体、心灵和哲学意识的会合点上存在,

224 既然我们体验到了这一会合,我们就不能够构想其解决方案不会在我们这里、不会在世界的场景之中被勾勒出来的难题,在我们的

---

① 比梅尔(W. Biemel,德国哲学教授,海德格尔弟子)编:《胡塞尔文集》,第四卷,编者导论。下面是胡塞尔的文本:"自然与身体,还有与身体交织在一起的心灵,是在一个与另一个的相互关系中同时被构成的。"《胡塞尔文集》第五卷,第 124 页:"...Ist ein wichtiges Ergebnis unserer Betrachtung, dass die Natur und der Leib, in ihrer Verflechtung mit dieser wieder die Seele, sich in Wechselbezogenheit aufeinander, in eins miteinander, konstituieren."

② "在通常的世界观的解释中的哥白尼理论的倒转,作为原初方舟的大地是不动的",1934 年 5 月 7～9 日。

③ 哥白尼(N. Copernic,1473～1543),波兰天文学家,神学家。

④ "Aber nun wird man das arg finden, geradezu toll",同上。

⑤ 例如《观念》第二卷第 179～180 页的例子。在"倒转"结束处的同样的运动。

思想中应该有办法构成在我们的生活中整体地运作的东西。胡塞尔之所以坚定地坚持构造的种种明证，并不是因为意识的疯狂，也不是因为意识有权利用对于它来说是清楚的东西去代替一些被证实的自然的依赖，而是因为先验场已经成为整个经验的场而不再仅仅是我们的各种思想的场；是因为胡塞尔确信我们一生下来就在其中的、应该能够包含意识的真理和**自然**的真理之真理。构造分析的各种"回溯性说明"之所以没有胜过一种意识哲学的原则，是因为这一哲学被大大地扩展或转换了，为的是能够应对一切，甚至应对挑战它的东西。

现象学的可能性或许对于现象学本身变成了一个问题，或许存在着全部事先分析的最后意义都取决于它的"现象学的现象学"，完整的或自身封闭的或停留在自身中的现象学仍然是有问题的——胡塞尔很晚才谈到这些，但读一读《观念》第二卷就已可清楚地看到这一点了。他没有掩饰意向分析将我们一并引向了两个对立的方向：一方面它向**自然**下降，向纯粹原在场者的领域下降，而另一方面，它被引向人和精神的世界。他继续说道："这并非必定要说、并非应该要说两个世界彼此毫不相关，它们的意义没有显示它们之间的一些本质关系。我们认识到了两个'世界'之间的其它一些根本的、但被意义和本质之间的一些关系所调和的不同。例如观念世界和经验世界的关系，或者被现象学地还原的纯粹意识的'世界'和在纯粹意识中被构成的那些超越的统一的世界的关系。"①因此，存在着一些关于在**自然**世界和人世界之间，进而在构

---

① 《观念》，第二卷，第 211 页，强调是我们加上的。

225　造意识的世界与构造工作的结果之间的中介的问题,现象学作为
意识哲学的最终任务是理解它与非现象学的关系。在我们这里抗
拒现象学的东西——自然的存在,谢林①所谓的"野蛮"原则——
不会处在现象学之外,应该在它那里有其位置。哲学家有其产生
的阴影,它并不是未来光明的事实上的单纯不在场。胡塞尔说,不
只是"抓住",而且"从内部理解""**自然**世界"与"**精神世界**"的关系
都已经是一种非常"特别的"困难。这一困难至少在我们的生活中
实际上已经被克服了,因为我们毫无困难地、经常地从自然主义态
度滑向人格主义态度。这涉及的只不过是在从一种态度向另一种
态度过渡时同等地看待反思和我们完全自然地做的事情,只不过
是描述各种意向性领会的一些变化、经验的一些关联、构造的多样
性(它们说明了被构造者之间的各种存在差异)之间的一些本质关
系。现象学在这里或许能够理清被搞乱的东西,能够消除正好由
于我们自然地、不知不觉地从一种态度过渡到另一种态度而导致
的一些误解。可是,这些误解之所以存在,这种"自然的"过渡之所
以存在,或许是因为要理清**自然**与人之间的关系存在着原则的困
难。当应该从内部理解从自然主义态度或人格主义态度向绝对意
识的过渡,从一些对于我们而言是自然的能力向一种"人工的"
(künstlich)态度②——它真正说来不再应该是其它态度中的一种
态度,而是针对全部态度的智能,是在我们这里说话的存在本
身——过渡时,这一困难又会是什么呢? 能够有内在性与外在性

---

① 谢林(F. W. J. Schelling,1775~1854),德国哲学家。
② 《观念》,第二卷,第 180 页。

的各种关系的这一"内在性"是什么？胡塞尔至少不言明地、更有理由地提出了这一问题①，这是因为非哲学对于他而言并非一开 226
始就被包括在哲学之内，超越的"被构造者"也并非包括在构造者的内在性中，因为他至少在先验的发生的背后隐约发现了在那里一切皆同时(ὅμου ἦν παντα)的一个世界。

　　这最后一个问题非常出乎意料吗？胡塞尔不是从一开始就提醒过任何先验的还原都不可避免地是本质还原吗？这就是说反思只有在其本质中才能抓住被构造者，它并不是相符，它并不把自己重新置于一种纯粹的生产之中，而只是重新生产意向生活的轮廓。他总是把"回到绝对意识"描述为被逐渐学会、实现，但永远不会被完成的大量的运作的一个名称。我们永远不要把我们与构造的发生相混同，我们几乎无法在一些短暂的部分上伴随它。那么是谁（如果这些词还有意义的话）从事物的另一面在响应我们的重构？

---

　　①　下面就是我们所评论的文本："我们在此看到了一种新的态度，它在某种意义上完全是自然的(natürlich)，但它并不是出自自然的。不是出自自然的，这想要说的是，我们拥有其经验的自然不是自然科学意义上的自然，而是可以说是自然的一个对立面。不言而喻，非常特别的困难是不满足于抓住(两个世界之间的)对立，而是从内部去理解它(von innen her zu verstehen)：它并不寓于各种态度的行使本身之中。因为，如果我们把以纯粹意识为目标的态度(Einstellung auf das reine Bewusstsein)，各种不同还原的这一剩余物——而且它还是人为的——置于一边的话，我们就会经常而且毫无困难地由一种态度滑向另一种态度，由自然主义态度滑向人格主义态度，相应地由各门自然科学滑向各门精神科学。各种各样的困难是随着反思，即关于一些意向性领会、一些经验和一些透过它们的被构造的相关项的变化的现象学理解而开始的。只能在现象学范围之内，并且把被构造的那些客体的存在的各种差异与那些与它们相对应的构造的多样性的各种本质关系关联起来，这些差异才能够在任何干扰之外(unverwirrt)得以维持，才会处于一种提供了某种绝对确信的分离中(in absolut sicherer Sonderung)，才会摆脱由于非自愿的态度的改变而造成的、并且由于缺乏反思而始终没有被我们觉察到的所有误解。唯有回到绝对意识，回到我们可以在绝对意识中追踪的那些本质关系的整体，我们最终才能够根据关系的意义来理解相应于这种或那种态度的客体之间的各种依赖关系，以及它们相互之间的本质关系。"

227 从我们这一边来看,存在着的不外是一些趋同但不连续的目标,不外是一些明晰的环节。至于构造意识,我们借助各种罕见而困难的努力来构造它。它是我们的各种尝试的推定的、假定的主体。瓦莱里说,作者是一部缓慢、费力而成的作品的瞬间思考者——而这一思考者不在任何地方。就像作者对于瓦莱里来说是写作人的一个冒名顶替者一样,构造意识是哲学家的专业的冒名顶替者……对于胡塞尔,它无论如何都是意向生活的目的论要通向的人工制品,而不是斯宾诺莎主义的**思维**属性。

　　随着胡塞尔思想的成熟,对世界的理智占有的计划,即构造,总是更加变成为揭示我们尚未构造的那些事物之背面的手段。应该进行这种使一切服从于"意识"的各种规矩,服从于它的各种态度、它的各种意图、它的各种意义指定之清晰运作的奇怪尝试,——应该将古典哲学留给我们的智慧的世界之肖像推进到极限,以便揭示其余的一切,即处在我们的理想化和客观化下面,秘密地滋润着存在,而且我们几乎无法从那里认识到意向相关项的存在:比如不像客观物体一样处于运动之中,但更不处于静止之中的地球,因为我们看不出它会被"钉牢"在什么东西之上,——(它)是我们的思想和我们的生活的"土壤"或"根基",当我们居住在其它星球上时,我们确实能够搬动和带回它,但这是因为我们在那个时候已经扩大了我们的故乡,我们不能够废弃它。由于地球按定义是唯一的,我们行走其上的所有土地即刻变成为一个区域,地球的子孙们能够与之交流的那些有生命的存在同时就变成了人——或者,您也可以这样说,变成了将保持其独一无二的一个更一般的人类的各个变种的地球人。地球是我们的时间以及我们的空间的基体:任何有关时间的被构造概念都预设了作为与一个唯一的世界同现的肉身存在的我们的原历史。对各种可能世界的任何呼唤都会参照对我们的世界的看(Welt-anschauung)。任何的可能性都是我们的实在性的变种,是实际的实在性的可能性(Möglichkeit an Wirklichkeit)……如果我们回顾一下任何从一开始就预告了胡塞尔①后来的分析的东西,那么它们不会让人难以接受,甚至也不会让人觉得困惑。它们在认识的各种客观化之前说明了胡塞尔总是在谈论的先于任何论题和任何理论的"世界论题",在他眼里,这一论题独自变成了我们走出客观化将西方知识引向的死胡同的手段。

　　不管愿意还是不愿意,胡塞尔违背自己的计划并出于自己固有的大胆,唤醒了一个野性的世界和一种野性的精神。各个事物不再像在文艺复兴视角中那样,仅仅按照它们的投影显象、按照全景的要求在那里存在;相反,它们直立,坚持,通过自己的棱角摆脱注视,每个事物都要求绝对的在场,这种在场不能与其它事物的在场共可能,然而按照"理论意义"并不能把其观念给予我们的一种构形意义,这些事物却又共同拥有的一种绝对的在场。他人也在那里(他们已经和各种事物的同时性一道在那里),并不首先是作为精神,甚至也不是作为"心理",而是作为诸如我们在愤怒或爱中所面对的面孔、姿势、言语之类,我们自己的面孔、姿态和言语不借助思想的中介就对它们做出回应,以至有些时候,甚至在我们听到他们说的那些话之前,我们就同样确信地、更加确信地(如果我们

---

① 我们概述的是前面引用的"倒转"。

已经理解了它们)用它们回敬他们;每一个人都伴随着他人,并且
通过在其身体中的他们获得确认。这一古怪的世界并不是精神向
自然做出的一种让步:这是因为,如果说意义到处都是具象的,那
么到处涉及的都是意义。对世界的这一更新也是对精神的更新,
是对还没有被任何一种文化驯服的、被要求重新创造文化的原始
精神的重新发现。自此以后,不相关的东西既不是在己的自然,也
不是绝对意识的领会系统,更不是人,而是胡塞尔所谈论的被写在
括号里并在那里获得思考的"目的论":透过人而得以实现的**存在**
的关节和四肢。

七　成长中的柏格森[①]

在柏格森主义的财富中存在不止一种悖谬。贝玑在 1913 年指出，这位自由哲学家使激进党和大学反对他，这个康德的敌人使法兰西行动党反对他，这位精神的朋友让虔诚派反对他，因此，不仅使他本来的敌人，而且使其敌人的敌人反对他。在他像贝玑、像索黑尔[②]一样似乎对一些非规则的东西有某种偏好的那些年头里，人们差不多可以将柏格森描述为一个应该受到诅咒的哲学家。只是我们不要忘了，他在同一个时期在法兰西学院（College de France）被没有任何异议的听众追随了 13 年，在一个科学院（une Académie）[③]做了 12 年的院士，不久就成了科学院（L'Académie）[④]院士。

我所属于的那一代人只认识到第二个柏格森，他已经不再从事教学，在《两个源泉》的漫长准备时期近乎沉默，已被天主教看作是一线光明而不是一种危险，已在课堂上被理性主义教授讲授。在他培养的比我们年长的人中，尽管并没有形成一个柏格森学派，

---

230 他的声誉还是巨大的。需要等到最近时期才会看到一种多疑的、排他的后柏格森主义出现，仿佛我们承认柏格森属于所有的人就没有给予他更高的荣誉似的……

那个震惊了哲学与文学的人怎么会变成了这个近乎符合标准的作者？是他发生了变化吗？我们将看到他几乎没有发生变化。或者他改变了他的公众，他以自己的大胆独创获得了成功？实际情况是存在两种柏格森主义：一是大胆的柏格森主义，出现在柏格森哲学进行战斗，而且按贝玑的说法，出色地进行战斗的时候；一是胜利之后的，事先被柏格森长期要寻找的东西所说服，在柏格森形成他自己的那些概念时已经配备了各种概念的柏格森主义。被等同于精神主义的或某种其它存在物的模糊原因，柏格森主义的直觉丧失了它们的锐气，它们被一般化、被降低到了最低程度。剩下只是一种回顾的或来自外部的柏格森主义。塞特朗日①教父写道：今天的教会不再将柏格森列入禁书目录，不是因为教会重新考虑了其 1913 年的裁定，而是因为教会现在知道柏格森的著作是怎样的……柏格森本人并没有等到知道，为了达到这一步或毋宁说为了做到这一步，他的道路会通向何处。他没有等到写《两个源泉》就敢于写了《物质与记忆》和《论创造进化》。即使《两个源泉》修正了受到谴责的那些作品，但如果没有它们，它就不会有其意义，没有它们，它就不会变得有名。这没有什么好讨价还价的，不冒险就不会拥有真理。如果我们首先看的是结论就不再会有哲

---

① 塞特朗日（A-D. Sertillanges，1863～1948），法国天主教哲学家。

学;哲学家不寻找捷径,他走完全部的路程。公认的柏格森主义使
柏格森变了形。柏格森不得安宁,而柏格森主义很安心。柏格森
是一种征服,而柏格森主义捍卫柏格森、为他提供论证。柏格森是
与事物的一种联系,柏格森主义则是已经获得的意见的一种汇集。
和解与庆贺不应使我们忘记柏格森独自开辟的、他从来没有否弃
过的道路;不应使我们忘记以直接、朴实、即时、奇特的方式重铸哲
学,在表象中探寻深处、在我们眼皮下探讨绝对,在极端的规矩下
面探寻作为柏格森主义第一源泉的发现的精神。

柏格森用从《学习》杂志摘录的这几句话来结束其 1911 年的 231
课程:"科学家、艺术家、哲学家之所以迷恋于追逐名声,是因为他
们缺乏创造可以留存下去的东西的绝对安全感,给予他们这一确
信,您会看到他们立刻对围绕他们的名字的噪音毫不重视。"他唯
一希望的事情最终说来是写一些将会留存下去的书。可是,只有
通过说出这一证据如何呈现在我们的工作中,呈现在他的著作的
哪些页码中,我们才能够提供这一证据;带着我们的偏好与偏袒,
就像其 1900 年的听众一样,我们相信我们在"与事情的接触中"感
受到了这一证据。

*   *   *

他首先是一位通过考察斯宾塞不严格地运用的力学原理,似
乎在不知不觉中以自己的方式重新发现了整个哲学的哲学家。然
后他洞察到我们不能够以夹住时间的方式——就像夹在钳子间、
在量器的标记间一样——接近时间,相反,为了形成关于它的观
念,应该让它无拘无束,应该伴随使它始终新颖,同时又始终相同

的持续诞生。

　　他的哲学家眼光在那里找到了其它的、不止于他要找寻的东西。因为,如果时间就在那里的话,那它不外是我从外面看到的东西。我从外面拥有的不过是其印迹,我不会参与到发生的冲动之中。因此,时间就是自我,我是我所领会的绵延,时间是在自我中自己领会自己的绵延。我们从此以后属于绝对。这是一种奇特的绝对知识,因为我们不能认识我们的所有记忆,甚至也不能认识我们的现在的整个厚度,因为我与我自己的联系是一种"部分融合"——这是柏格森经常用到,但真正说来构成为难题的一个词。无论如何,在涉及到自我的时候,正因为联系是局部的,所以它是绝对的;正因为我被卷入到我的绵延之中,所以我对它的领会不同于别人;正因为它溢出于我,所以我对它有一种人们无法设想得更紧密、更接近的经验。绝对知识不是飞跃,而是内附。不是把我思以及它的各种内在思想,而是把一个其内聚也是剥离的**自我-存在**作为原则赋予哲学,这在 1889 年是一个伟大的新生事物,而且大有前途。

　　既然我在这里是与一种非融合相融合,经验就可能扩展到我所是的特殊存在之外。直观我的绵延乃是对一般方式的看的最初尝试,是一种柏格森式的"还原"的原则。这种还原重新考虑所有属于绵延的事物——我们所谓的主体,我们所谓的客体,甚至我们所谓的空间——,因为我们已经看到一个内部空间,即一种广延显现了出来,这是阿基里斯跑过的那个世界。有一些存在、一些结构以及(柏格森所说的,一些有机体的)韵律,它们只不过是某种绵延的方式。绵延不仅仅是变化、生成、活动性,它是在存在一词的有生命的、活动的意义上的存在。时间不是被安置在了存在所处的地方,它被理解为初生的存在,现在应该从时间的角度着手探讨的正是整个存在。

当《物质与记忆》出版时,人们清楚地看到了这一点,或至少应该看到了这一点。但是,该书突然出现在人们面前,出版后默默无闻;如今,它仍然是柏格森的大部头著作中被读得最少的。然而,正是在该书中绵延的范围和直观的实践以一种决定性的方式被扩大了。正像他说过的,他通过忘记他以前的书、通过为了绵延本身而遵循事实的另一线索,并保持与心身复合体的联系,被重新引向了绵延,但绵延在这另一研究方式中获得了一些新的维度;人们在这里以柏格森改变了意义(它就是研究本身)而指责柏格森,就忽视了一种不是追求体系,而是追求充分反思,并且想要让存在说话的哲学的法则。从此以后,绵延成为心灵和身体找到它们的关联的介质,因为现在与身体,过去与精神尽管在本性上是不同的,却一个过渡到另一个之中。直观不再确定性地是单纯融合或者交融:它朝作为纯粹知觉和纯粹记忆的"两极"延伸,也朝两者之间,即柏格森所说的一个向现在和空间开放且在精确的程度上指向未来和支配过去的存在延伸。存在着诸直观的生命(莫里斯·布龙代尔会说,诸直观的"混合"),有一种朝向物质和记忆的"双重膨胀"。正是从对立双方的极端差异来看待双方,直观才看到它们形成了联合。

例如,人们由于低估了《物质与记忆》中给出的关于被知觉存在的令人惊讶的描述,因而极大地曲解了柏格森。他根本没有说过事物是"心理"或心灵的严格意义上的形象;他说的是,它们的丰

富在我的注视下是如此这般的,仿佛我的看是在它们那里而不是
在我这里形成的,仿佛被看到只不过是它们的突出的存在的降级,
仿佛被"表象"(柏格森说,向主体的"暗室"呈现)远不是它们的定
义,而是从它们的自然富饶中产生出来的。我们还没有建立起存
在与自我之间的这样一循环:它使得存在"对我而言"是目击者,而
反过来,目击者是"对存在而言的"。我们从来没有这样描述过被
知觉世界的原始存在。在初生的绵延之后揭示它,柏格森在人心
中重新找到了世界的一种前苏格拉底的、"前人类的"意义。

《绵延与同时性》——柏格森反复地讲,它是一本哲学书——
仍然最坚定地扎根在被知觉世界之中。今天就像 35 年前一样,一
些物理学家指责柏格森把观察者引入到了相对论物理学之中,他
们认为,这使得时间只能是相对于测量工具和参照系统而言的。
但柏格森想证明的恰恰是,在在己的事物之间不存在同时性,不管
它们是多么地邻近,它们都各自在它自己那里。被知觉事物独自
能够参与到相同的现在系列之中,反过来,既然存在着知觉,那就
立刻而且没有任何限度地存在着单纯视点的同时性,不仅在同一
个知觉场的两个事件之间,而且甚至在所有的知觉场、所有的观察
者、所有的绵延之间都是如此。假如我们同时考虑所有的观察者,
不是考虑他们被他们中的一个所观察,而是考虑他们是为他们自
身的,他们处于他们的生命的绝对之中,那么这些不再能够一个被
贴合到另一个之上、一个通过另一个获得测度的孤立绵延,就不再
提供任何距离,并因此停止使时间的宇宙片断化。可是柏格森说,
对全部绵延的这一整体恢复(这在它们的内部源泉中是不可能的,
因为我们每个人都只是与自己的绵延融合),是在肉身化主体相互

知觉对方的时候、在他们的知觉场相互印证并且相互覆盖的时候、在他们在知觉相同的世界过程中彼此看到对方的时候发生的。知觉在它自己的秩序中设定了一种普遍的绵延,那些容许从一个参照系过渡到另一个参照系的表述,就像整个物理学一样,是一些第二位的客观化,它们不能够决定在我们作为肉身化主体的经验中或者在我们关于整体存在的经验中的有意义的东西。这就勾勒了这样一种哲学,它使普遍停息在知觉的神秘之上,并且像柏格森正确地指出的,它不打算掠过知觉,而是要深入其中。

　　在柏格森那里,知觉是"知性的补充能力"——它们独自能与存在相称,通过让我们向存在开放,它们"在自然的运动中觉察到在活动的它们自己"——的集合。如果只有我们能够知觉生命,生命的存在将被证明与那些单纯的、未分化的存在属于同一类型,我们眼皮下的、比任何被制作物都更古老的事物已经给我们提供了这些存在的样式,而生命活动将作为一种知觉向我们呈现。当我们观察到生命经过长期准备在一条进化路线具有了视觉器官、有些时候在一些不同的进化路线有同一个器官时,我们相信在趋同的细节后面看到的是唯一的姿势,就像我的手的姿势对于我一样,而各个种类中的"向视觉演变"都取决于像《物质与记忆》所描述的整体视觉行为。柏格森明确地参照这种整体行为。他说,正是这一行为或多或少地下降到有机体中了。这不是说生命世界是一种人类表象,也不是说人类知觉是一种宇宙产物:这说的是,我们在自己这里重新发现的原初知觉和在进化中作为它的内在原理隐约显现的知觉,相互交织、越界或联结。不论是我们在我们这里重新发现面向世界的开放,还是从内部领会生命,这始终是在一种绵延与从外部靠近它的另一种绵延之间的张力。

因此，我们在 1907 年的柏格森那里清楚地看到了诸直观的直观、中心直观，而它远没有成为像有人不公正地说过的一种"说不清楚的东西"，没有成为不能核实的灵感这一事实。他要吸取的、他的哲学从中获得意义的源泉，为什么不仅仅是他的内心景致的表达，他的注视遭遇事物或生命的方式，他与自己、自然和生物的亲历关系，他与在我们这里或者在我们之外的存在的联系？对于这种取之不竭的直观，最好的"中介形象"难道不是《物质与记忆》描述的可见而现存的世界本身？即使当他从上面通向超越时，柏格森也只是想通过"知觉"接近它。无论如何生命——在我们之下的生命始终在以不同于我们解决问题的方式解决它们——与其说和一种人类精神，不如说和柏格森在事物中隐约看出的这一逼近的、突出的视觉相像。被知觉的存在是笛卡尔主义者没有看到的自发的或自然的存在，因为他们在虚无的基础上寻找存在，因为，就像柏格森所说的，他们缺乏必要的东西去"战胜非实存"。他描述了一种被预先构造的，总是在我们的反思的视域中被假设的，为了在产生之处平息焦虑和晕眩而始终已经在此的存在。

如下一点确实是一个问题：柏格森为什么没有像他从内部思考生命那样从内部思考历史，他为什么没有也在历史中致力于研究一些单纯的、没有分化的行为（它们为每一时期和每一事件整理各种部分事实）。通过提出每一时期就是它可能是的一切、是完全处于活动中的一个完整事件，提出比如前浪漫主义是后浪漫主义的一种幻觉，柏格森似乎一劳永逸地拒绝了深度的历史。贝玑在一些事件开始和另一些事件响应时寻求描述事件的涌现，也寻求描述历史的完成，一代人对已经由另一代人开始的历史的响应。
他在个体与时间的这一结合处（这是困难的）看到了历史的本质，
因为行为、作品和过去不能单纯地为从外面看它们的人所通达，因
为在一天中就被完成的革命，需要一些年头形成它的历史，在一个
小时之内写成的这一页东西，无穷的评论也无法竭尽它。错误、偏
离、失败的可能性是非常大的。是写作、行动并生活在公众视线中
的人，最终说来是所有肉身化精神的残酷法则，期待他人或继承者
做自己没做的另一种事情，——贝玑深刻地说，这是另一种和同一
种完成，因为他人和继承者也是人，准确地讲：因为他们在这一替
换中成为首创者的同类。他说，在这里有一种丑闻，却是"有理由
的丑闻"，并因此是"神秘的丑闻"。意义冒着自我解体的危险自我
重构，这是一种变换不绝的意义，完全符合关于意义的柏格森式的
界定：它"与其说是一个被思考之物，不如说是一种思考活动，与其
说是一种活动，不如说是一个方向。"在这一呼唤与响应的网
络——开始在其中变形并得以完成——之中，有一种不属于任何
人却属于所有人的绵延，一种"公共的绵延"，即"世界的事件所固
有的韵律与速度"——贝玑说，它们是真正的社会学的主题。因
此，他用事实证明了对历史进行一种柏格森式的直观是可能的。

　　柏格森在1915年谈论贝玑时说，他已经认识到其"最重要的
思想"，但在这一论断上却没有追随他。在柏格森那里不存在专属
于"历史记载"或在呼唤和响应的各代人的价值：只存在个体对个
体的英雄般的呼唤，只存在一个没有"神秘的身体"的神秘主义者。
对于他来说，不存在善与恶在那里得以共同维持的唯一组织，存在
的是被神秘主义者的侵入所突破的自然社会。在他准备《两个源

泉》的漫长岁月里，他似乎没有像浸透生命那样浸透历史；在历史的运作中，他没有像从前在生命的运作中那样，找到与我们自己的绵延共谋的"知性的补充能力"。他对个体及其重新发现源泉的能力仍过于乐观，而对社会生活则过于悲观以至于不能接受将历史定义为"有理由的丑闻"。或许对立面的这一反冲重新回到了整个学说之中；事实是，几乎与《两个源泉》同时的《思想与运动》，在一种明确地划界线（并非没有越界）的意义上修正了《形而上学导论》在哲学与科学、直观与理智、精神与物质之间确立的蕴含关系。如果对于柏格森来说非常确定地不存在历史的秘密，如果他没有像贝玑那样看到彼此牵连的人们，如果他对于围绕我们的符号的预先在场、对它们是其载体的各种深层交换不敏感，——如果例如他在民主的起源处找到的只不过是它的福音本质，只不过是康德和卢梭的基督教，那么他拥有的中断某些可能并确定其作品的最后意义的方式，就必定表达一种固有的偏好，它构成为他的哲学的一部分，我们应该寻求理解它。

在柏格森那里，对立于任何中介和历史的哲学的东西，乃是其思想的非常陈旧的素材：对人在其中不知道何为晕眩和焦虑的"半神圣"状态的确信。历史的沉思转移了这一信念而没有减弱它。在《论创造进化》时期，对于自然存在的哲学直观足以消除有关虚无的各种伪问题。在《两个源泉》中，"神圣的人"变成为"不可及的"，但柏格森始终据此来展望人类历史的前景。与存在的自然联系、欢乐、宁静——寂静主义——在柏格森那里保持为最重要的，它们只是从哲学家的原则上可概括的经验被移转到了神秘主义者的排他的经验（它向本身没有限度的另一种自然、第二种实证性开放）。正是自然在不可调和的原生的自然和顺生的自然之间的两重性，实现了《两个源泉》中对神和他对于世界的作用之间进行的区分，这种区分在此前的著作中仍然处于潜在的状态。柏格森的确没有谈到神或自然（Deus sive Natura），但是，他之所以没有谈到，是因为神是另一种自然。就在他明确地让"超越的原因"摆脱其"尘世代理"的时刻，在他的笔下出现的仍然是自然一词。从此以后，世界上存在的真正活动者和创造者都被集中在神这里，而世界只是"停顿"或"被创造者"。但是人与这一**超自然**的关系仍然保持为前面著作在直观与自然存在之间找到的那种直接关系。存在着形成了人类的简单行为，存在着在神秘主义者那里的神的简单、简化行为，但不存在创立历史和罪恶的领域的简单行动。这真正说来只不过是两者之间。人与其说是双重的，不如说是由两个简单原则构成的。摇摆在顺生的自然与原生的自然之间的历史并不具有自己的实体。固然，它不是被诅咒者，宇宙保持为一部"需要诸神去制造的机器"，而这毕竟并非不可能，因为顺生的自然在原生的自然中有其源泉。但是，如果有朝一日需要诸神去制造的机器在它总是欠缺的东西上面获得了成功，这将仿佛是停顿了的创造被重新置于运行之中。没有任何东西预示这一**盛大的春天**。我们没有在任何地方读出将我们的两种自然重新统一的迹象，哪怕是以隐晦的方式出现。恶与失败没有什么意义。创造不是一出通向未来的戏剧。它毋宁是一种陷入困境的努力，而人类历史是把群众重新置于运动中的权宜之计。

　　它由此成为一种特别的、非常个人化的、在某些方面是前基督 239
教的宗教哲学。神秘的经验是那种保持为原初统一的东西，当被创造物由于创造的努力的"简单停顿"而出现时,它就被中断了。如何跨越我们后面的为我们的起源的这堵墙,如何重新找到原生者的踪迹?这不是理智要去做的事情:我们不能够借助被创造者来重新进行创造。甚至我们的绵延的直接体验也不能够消除作为其起源的裂缝以便重返原生者本身。这就是为什么柏格森说神秘经验没有必要询问它让我们接触的原则是神本身还是他在地球上的代理。它感受到了"能无限地超出它"的存在的被获准侵入。我们甚至不说一种全能的存在:柏格森说全的观念跟虚无的观念一样是空的,可能物对于他来说始终是实在物的阴影。柏格森的神与其说是无限的,不如说是巨大的,或者他是一种质的无限。在水和火是元素的意义上,他是欢乐的元素或爱的元素。就像各种感性存在和人类存在一样,他是一种光芒而不是本质。柏格森说,看似对他进行规定的那些形而上学属性,就像所有的规定一样,乃是否定。即便它们万一变成为可见的,也没有哪个信教的人会在它们那里认出他向之祈祷的神。柏格森的神是一个独特的存在,就像宇宙一样,是一个巨大无边的这,柏格森甚至在神学中坚持他向现实存在做出的、而且只适用于它的哲学承诺。他说,如果我们进入对想象物的推算中,就应该承认,"整体或许可以大大地优越于它所是的东西"。没有谁能使某个人的死亡成为可能的美好世界的构成部分。但是,不仅经典神正论的各种答案是错误的,而且它的那些问题在柏格森所处的秩序(它是一种极端偶然性的秩序)中是没有意义的。这里涉及的不是被构想的世界或被构想的神,而是现存的世界和现存的神,而在我们这里认识此秩序的东西处在我们的意见和我们的陈述之下。没有谁能使人不喜欢自己的生

命,尽管它是如此的悲惨。这一生死攸关的判定使生命和神免于
受到指责,就像辩护一样。如果人们要求理解原生的自然如何会
产生出一种它在那里并没有真正获得实现的顺生的自然、为什么
创造的努力至少暂时地被中断了、它遇到了什么样的困难、一个困
难对它来说怎么会是难以克服的,那么柏格森就会承认(排除生命
在那里或许更为成功的其它行星),他的哲学不回答这种类型的问
题,而且它也没有必要提出这类问题;最终说来,它并不是世界的
发生,甚至也不是——因为它缺乏存在——存在的"整合与分化",
而是多层次的存在的局部的、非连续的、几乎经验的断然定位。

*　　　*　　　*

总的来说,当贝玑说这一哲学"第一次……引起了对于存在本
身固有的东西和对现在的表述的注意"时,应该说他完全是有道理
的。初生的存在——任何表象都不能使我与之分离——事先就包
含着我们能采取的各种哪怕不一致、哪怕不能共同可能的视点;它
直立在我们面前,既比可能物和必然物都更年轻,又比它们都更苍
老;它一旦诞生,就永远不会停止存在过,并且将继续在其它在场
者的根底里存在,——我们明白,在本世纪初,那些重新发现了这
一被忘却的存在及其各种力量的书,已经被感觉到是哲学的再生
和解放,而它们在这一方面的功效还没有被触及。对起源的同一
种注视随后却徒劳地转向激情、事件、技术、权利、语言、文学,以
便——通过将它们看作是一个遵从宗教仪式的人的不朽之作和预
卜、看作是一个考问的精神的各种密码——找到它们自己的精神
性的东西,这应该是好的。柏格森相信验证和发明,他不相信考问

的思想。但是，在对于自己的领域的这一限制本身中，他在忠实于
241 他所看到的东西方面是一个典范。在最后几年的那些宗教谈话
中，他的哲学以实验成果和自愿辅助的名义被纳入到托马斯主义
的整体之中，仿佛他不明白当我们往其哲学中增添时，某种最重要
的东西丧失掉了；对于我来说，让我感到惊讶的是柏格森在给予天
主教一种个人的赞同与一种道德上的拥护的同时，带有的在哲学
中维持自己的方法的那种平静。在于动荡之中严格地捍卫了自己
的路线之后，他又在各种最终的调和中维护之。他的努力和他的
作品——它们重新将哲学置于现在时，并使我们能够看到在今天
对存在的接近可能是什么——也告诉我们一个过往的人是如何保
持顽强的；只应该谈我们可以"展示"的东西；应该学会期待和让别
人期待，让人讨厌和让人高兴，成为自己，成为真实；此外，在人群
中，这一坚定甚至是不可以诅咒的，因为，寻找真实物的他已经额
外地拥有了柏格森主义。

八　爱因斯坦与理性的危机

在奥古斯特·孔德①时代,科学准备从理论上和实践上支配实存。不管涉及技术行动还是政治行动,人们都认为可以获得自然和社会据以被构成的各种法则,并且遵循它们的原理来治理它们。结果却是另一回事,差不多相反的:在科学中,智慧和效率非但没有一同增长,一些震撼了世界的应用反而产生自一种高度思辨的、我们对于其最终意义所知甚少的科学。科学不但不听从于政治,相反地,我们拥有的是一种充满了哲学争论、差不多是政治争论的物理学。

爱因斯坦②本人归属于古典精神。尽管他毫不含糊地要求建构的权利,丝毫不重视那些妄称是精神的不变的构架的先天概念③,但他还是始终认为这种创造要回到一种沉淀在世界之中的真理。"我相信一个在己的世界,被我试图以一种极其思辨的方式

---

① 孔德(A. Comte,1798～1857),法国哲学家。

② 爱因斯坦(A. Einstein,1879～1955),美籍德国犹太裔理论物理学家。

③ 科学"是人类精神借助一些自由地发明出来的观念和概念而实现的一种创造"。爱因斯坦和英费尔德(L. Infeld,1898～1968,波兰物理学家);《物理学观念的演变》,第286页。

加以理解的一些法则所支配的世界。"①但是,恰恰是他有时称之
243 为"前定和谐"②的思辨与实在、我们的世界形象与世界的这种会
合,他既不敢像笛卡尔式的大理性主义一样明确地把它确立在世
界的神圣的基础之上,也不敢像观念主义一样把它确立在实在对
于我们来说不外乎是我们所能够想到的东西这一原理之上。爱因
斯坦有时引证斯宾诺莎的神,但最经常的是,他把合理性描述为一
种神秘,描述为有关一种"宇宙的宗教感情"③的主题。他说,世界
上最难以理解的东西,就是世界是可以理解的。

如果我们称一种思想——世界的合理性对于它来说是不言而
喻的——是古典的,那么古典精神在爱因斯坦这里达到了其极限。
我们知道他从未能够下决心将波动力学的那些提法看作是确定
的,它们不像经典物理学概念那样针对事物和物理个体的"属
性"④,而是描述物质内部的某些共同现象的形态和概率。他从来
没有能够赞同"实在"当然是、归根结蒂是一系列概率的观点。"不
过,"他补充说,"我不能求助于任何逻辑论证来捍卫我的各种信
念,除非它是我的小指头,是对深埋于我皮肤下面的一种意见的唯
一而脆弱的证明。"⑤幽默对于爱因斯坦来说不是一种岔开问题的
玩笑,他把它看作是其世界观的一个不可缺少的组成部分,看作几
乎是一种认识手段。幽默对于他来说是一些带有风险的确定性的

---

① 1944 年 11 月 7 日写给玻恩(M. Born,1882～1970,德国犹太裔理论物理学
家)的信,转引自卡汉(T. Kahan)所著《爱因斯坦哲学》。
② 爱因斯坦:《我是如何看世界的》,第 155 页。
③ 同上书,第 35 页。
④ 爱因斯坦和英费尔德:《物理学观念的演变》,第 289 页。
⑤ 1947 年 12 月 3 号写给玻恩的信,转引自卡汉。

样式。在这位创造性的物理学家那里，他的"小指头"乃是通过自由的发明通达实在这一悖谬而难以克制的意识。爱因斯坦认为，为了很好地隐藏他自己，神应该是"老于世故的"或考虑精细的。但不会有心怀恶意的神。因此，他抓牢了链条的两端——经典物理学的知识理想和他自己的"极其思辨的"、革命性的方式。后面 244 一代物理学家们中的大多数人松开了前一端。

　　爱因斯坦假定的思辨与实在的会合就如同一种明晰的神秘，公众毫不犹豫地从中看到了一个奇迹。一门扰乱了常识的各种证据，同时又能够改变世界的科学，不可避免地会引起一种迷信，即便在那些最有教养的见证者那里也是如此。爱因斯坦提出异议说：他不是一个神灵，这些过分的颂词不是献给他的，而是献给"为我带来了特别痛苦的生活的我的神秘同名人的"。[①] 人们并不这样认为，或毋宁说，他的单纯更加大了他的传奇性：既然他对自己的荣誉如此惊讶，既然他不太把它当一回事，那么他的天才并不完全出于他自己。爱因斯坦更恰当地说是圣洁之地，是某种超自然活动的礼拜堂。"这种超脱是如此的完全，以至在去看他时，人们往往应该想起真的是在与他打交道。人们认为是在与一个化身经常来往……我甚至产生了难以置信的怀疑：他相信自己与其他人相似。"[②] 路易十四平静地说道，"应该承认拉辛[③]很有才智"，而维埃特[④]、笛卡尔和莱布尼茨在他们时代的眼里并没有被看作是才

---

　　① "答肖伯纳（G. B. Shaw，1856～1950，爱尔兰剧作家）"，转引自瓦伦廷（A. Vallentin）所著《爱因斯坦的戏剧》，第9页。

　　② 瓦伦廷：《爱因斯坦的戏剧》。

　　③ 拉辛（J. Racine，1639～1699），法国剧作家。

　　④ 维埃特（F. Viète，1540～1603），法国数学家。

智超常的人。在一个相信我们的所有表达活动有一个永恒源泉的时代里,大作家或大科学家只不过是能够比较巧妙地获取铭记在事物中的某些话语或法则的人。当不再存在普遍**理性**时,他们就应该是一些魔术师。

今天如同以往,只存在唯一的奇迹(确实是重大的奇迹),这就是人说话或计算,换言之,人为自己构造了算法、语言这些神奇的器官,它们不会被用坏,相反却随着使用而增长:能够完成未定的工作,能够使获得的回报多于人们的付出,可是并不因此停止求助于事物。但我们还没有关于符号系统的严密理论。因此,人们宁愿诉诸某种我不知道什么样的奇特力量,它在爱因斯坦那里孕育了相对论,就如同它在我们这里产生了呼吸。爱因斯坦完全可以提出异议说:他应该是被造就得与我们不一样,他应该是有一个不同的身体和一些不同的知觉,在它们中间,出于偶然,有了相对论。一些美国医生把他平放在一张床上,在其高贵的额头上罩上探测器,就像我们要求某人"发[a]",或者"数 21、22"一样,向他发出指令:"请您思考相对论"。仿佛相对论是第六感觉的对象,是至福直观的对象;仿佛当一个人是爱因斯坦时思考相对论和他是吃奶婴儿时学习说话不需要同样的神经能量,不受到同样微妙的神经通道引导。这种做法离那些向天才请教一些与其领域毫不相干的问题的记者们的胡言乱语只有一步之遥:总之,既然科学是魔术,为什么它不再创造一个奇迹?既然爱因斯坦已经证明在非常遥远的距离中现在与将来是同时的,为什么不向他提出人们向皮提亚[①]

---

① 皮提亚(Pythie),特尔斐城阿波罗神庙中宣示阿波罗神谕的女祭司。

提出的那些问题呢？

这些傻事并不只有西方记者才做得出来。在世界的另一极，苏联对爱因斯坦工作的评价（在最近的平反以前）也是将其斥之为秘术。把人们无法指责它有任何的缺乏条理、有任何的与事实不符的一种物理学斥之为"观念主义的"或"资产阶级的"，这是在假设一个游荡在资本主义的各种基础中的恶灵，它这一次向爱因斯坦提示了一些可疑的想法；这是在一种合理的社会学说的外表下面，否认物理学在那里闪耀着明证光芒的理性。

从世界的一端到另一端，人们要么颂扬要么贬抑，爱因斯坦的"极度思辨的"工作使非理性膨胀了。让我们再说一次，他没有做什么来使其思想处于这一光明中，他仍然属于古典派。但是，难道这不正是禀性良好的人的运气、优秀文化传统的力量吗？当这种传统枯竭时，对于那些不是物理学家的人来说，新科学难道只能是非理性主义的一个教训？

1922 年 4 月 6 日，爱因斯坦在巴黎哲学协会会晤了柏格森。柏格森是"为了聆听"而来。但是，就像实际发生的那样，讨论并不热烈。他因此决定介绍他正要在《绵延与同时性》中捍卫的某些观点，还从总体上向爱因斯坦提出一种消除他的理论的表面上的悖论、并使其能为普通人接受的方法。例如，著名的多维时间（每一维与观察者的观察点联系在一起）悖论。柏格森建议在这里要将物理的真理和普通的真理区别开来。在物理学家的方程式中，如果有某个我们习惯于称之为时间的变量（因为它用数字计算消逝的时间），并且看起来与我们所处的参照系是相互联系的，那么没有人能够否认物理学家有权根据我们在这里或那里考虑时间，而说"时间"膨胀了或收缩了,并因此就有了许多"时间"。但是,他那时所谈的是否就是人们用这个名称所称呼的东西呢？如果我们不给它提供另一种时间(作为持续、生成、绵延的唯一时间,总之作为真正时间的唯一时间,我们先于任何物理学对它有经验或知觉)的属性,这一变量、这一存在物、这一数学表达还指称时间吗？

在我们的知觉场里,存在着一些同时性的事件。此外,也有其他一些观察者,他们的知觉场越界进入我们的知觉场,我们可以设想还有另外的一些观察者,其知觉场又越界进入前面那些人的知觉场,这样我们就把我们的同时性观念一直扩展到彼此如人们希望的那样远的事件(它们不属于同一个观察者)之中。因此就有了一种对所有人而言的独特时间、一种唯一普遍的时间。这种确定性并没有受到损害,它甚至被物理学家的计算所暗含。当物理学家说皮埃尔的时间在保罗所在的地方膨胀了或收缩小了时,他完全没有表达出保罗亲历的时间,保罗本人从自己的视角知觉所有
247 的事物,因此他没有任何理由感受到在他那里和围绕他流逝的时间不同于皮埃尔感受到的他的时间。物理学家过度地把皮埃尔形成的有关保罗的时间的形象归因于保罗。他把自己与之采取共同行动的皮埃尔的视点提升为绝对。他假设自己是整个世界的旁观者。他做的是人们激烈指责哲学家做的事情。他谈论的是一种不属于任何人的时间,是一个神话。柏格森说,在此必须比爱因斯坦还要爱因斯坦。

"我是画家,我要表现两个人物:让和雅克,前者在我旁边,而后者距我二、三百米远。我把前者画得与原型同样大小,而将后者缩小为矮子一般大小。我的一位在雅克旁边的同行,同样打算画

这两人,他要做的与我正好相反:他会把让表现得很小,而雅克则与原型同样大小。我们两人都有道理。但是,正因为我们两人都有道理,人们是否有权得出结论说:让和雅克既没有正常的身高,也没有矮子的身高,或者他们兼有两种身高,或者他们具有人们随心所欲的身高? 显然不……我这样得到的时间的多样性并不妨碍真实时间的统一性,它毋宁以统一性为前提;同样,按照我表现多少有点远离的雅克的一系列背景,身高随距离变小表明:雅克始终保持为同样的大小。"①

深层次的看法:合理性和普遍被重新确立,不是确立在一门独断的科学的神圣权利之上,而是确立在存在着唯一一个世界这一前科学的明证之上,确立在这一理性之前的理性(它已经被暗含在我们的存在之中,暗含在我们与被知觉世界、与他人的交流之中)之上。这样说的话,柏格森迎合了爱因斯坦的古典主义。只要我们同意把多样的时间看作是一些数学表达,不及或超出世界的物理-数学形象而承认一种关于世界(同时也关于现存人类)的哲学观,我们就可以使相对论同所有人的理性和解。只要我们同意恢复我们知觉的具体世界和它的各个视域,并且将物理学的各种构造定位在其中,物理学就会自由地展开它的那些悖论却不用认可非理性。

爱因斯坦会如何回答呢? 他确实听得非常仔细,他开头的几句话证明了这一点:"那么,提出了这样的问题:哲学家的时间和物理学家的时间是一回事吗?"②但他没有做出肯定的回答。他可能

---

①　柏格森:《绵延与同时性》,第100～102页。
②　《法兰西哲学学会通报》,1922,第107页。

承认我们有其经验的时间、被知觉的时间是我们关于时间的各种
观念的出发点,它把我们引导到关于从世界一端到另一端只存在
唯一时间的观念。但是,这种亲历的时间在我们每个人看到的东
西之外无能为力,不允许把我们关于同时性的直观观念推广到整
个世界。"因此不存在哲学家的时间。"应该只向科学询问关于时
间的真理,就像询问关于其余一切的真理一样。在科学的清楚言
说之前,关于被知觉世界及其明证的经验只不过是一种结结巴巴。

就算是这样吧。但这一否定重新让我们面临着理性的危机。
科学家不承认物理学家的理性之外的别的理性,他信赖物理学家
的理性,就像信赖古典科学的时间一样。不过,如此具有了哲学尊
严的这种物理学家的理性,充满着悖论且自我毁灭(例如在它告知
我的现在与一个离我比较远的其他观察者的将来同时的时候),并
因此毁掉了将来的意义本身……

正因为他捍卫古典的科学理想,而且为物理学要求价值——
不是关于数学表达的、语言的,而是关于实在物的直接记录的价
值,作为一个哲学家的爱因斯坦,被迫陷入他不管作为一个物理学
家还是作为一个人都从来没有寻求过的悖谬之中。我们保护古典
科学教导给我们的理性价值,并不就是在为科学要求一种形而上
学的或绝对的真理。除了那些神经症患者之外,世界拥有许多对
于活的理性来说是一种危险的"理性主义者"。相反地,理性的活
力与一种哲学意义(它固然为世界的科学表述提供辩护,但在它自
己的秩序之内)的复兴联系在一起,与它在人类世界的整体中的位
置联系在一起。

九　读蒙田①

> "我艰难地参与"。
>
> ——《蒙田随笔》,第三卷,第十章
>
> "应该活在活着的人中间。"
>
> ——《蒙田随笔》,第三卷,第八章

人们在说他是一个怀疑论者——即他提出问题却不予回答,甚至拒绝承认他什么也不知道,并坚持著名的"我知道什么?"时——,就认为说出了他的全部。这一切还远远不够。怀疑论有两面:它意味着没有什么是真的,但也没有什么是假的。它将所有意见和所有行为都作为荒谬的予以摒弃,但它由此也使我们不能够把它们之中的任何一种作为假的予以摒弃。通过摧毁片面的或抽象的独断真理,它向人们灌输了包含一切方面和一切必要中介的一种全面真理的观念。它之所以增加了各种对立和矛盾,是因为真理对它提出了要求。蒙田一开始就教导说,任何真理都自相矛盾,或许他将以认识到矛盾即真理为结束。如同德玛底斯②说过的,"我确实能盲目地与自我相矛盾,但是,我绝不与真理背道而

---

① 有关蒙田的全部引述都出自《蒙田随笔》第三卷。

② 德玛底斯(Demades,公元前380～前319),雅典演说家。

251 驰。"首要的、最根本的矛盾是这一矛盾:借助它拒绝任何真理,结果却揭示出一种新的真理。因此,我们在蒙田那里找到了一切:以它自己为基础确立的且没有止境的怀疑、宗教、斯多亚主义。声称他排除这些"立场"中的任何一种或者他曾将其中的一种视为他自己的都是徒劳。在这个含混的、被提供给任何东西的、从未停止过探索的自我那里,也许他最后会找到全部晦暗之所在、一切奥秘的奥秘以及某种作为终极真理的东西。

＊　　　＊　　　＊

　　自我意识是他的常项,在他看来是全部学说的尺度。我们或许可以说他从未走出面对自我时的某种惊奇,它构成为其作品和其智慧的全部内容。他从不厌倦地证明一个有意识存在的悖谬。在爱情中、在政治生活中、在沉默无声的知觉生活中,我们每时每刻都紧贴着某种东西,我们使它成为我们的。然而,我们又从中退出并与之保持距离,否则,我们就会对它一无所知。笛卡尔会克服这一悖谬,并使意识成为精神:"绝不是眼睛在看它自己……而是精神,唯有精神才认识……眼睛和它自身。"①意识在蒙田那里并非一开始就是精神,它是自由的,与此同时又是受约束的;它以一种独一无二的含混行为向一些外部对象开放,却又感觉到自己与它们是格格不入的。他没有认识到这一静息之处,对自我的这种拥有:它将成为笛卡尔式的知性。世界对于他来说不是他拥有其观念的一个对象系统,自我对于他来说不是一种理智意识的纯粹

_____

① 列奥·布伦茨威格:《笛卡尔和帕斯卡尔读蒙田》。

性。对于他来说——如同后来对于帕斯卡尔一样，我们对一个我们没有掌握其奥秘的钥匙的世界感兴趣，我们既不能够停留在我们自己这里也不能够停留在事物之中，我们被从它们那里抛回我们自己，又被从我们自己这里抛向它们。应该对德尔斐神谕加以修正。使我们回归我们自己是适当的。但是，我们逃离自己不少于逃离事物。"这对于你来说从里到外始终都意味着自负。不过，涉及范围越不广泛，就越不自负。这个神说，人啊，除了你，每一事物都先观察自己，而按其需要，它的活动和愿望都有一些限度。没有任何一种事物像包容宇宙的你一样如此空虚和贫乏；你是无知的探索者，是无审判权的法官，总之，你是闹剧中的插科打诨者。"面对那些顺其自然的物体、甚至动物的世界，意识是空洞而贪婪的：它是对所有事物的意识，因为它什么都不是，它对一切都感兴趣，却什么都没有占有。不顾一切卷入到这种它们不想理睬的流中，我们的明晰观念不是成为关于我们自己的真理，而是有着变成一些把我们的存在隐藏在其下面的伪装的危险。在蒙田那里，认识自我就是与自我对话，就是对他所是的、他期望从它获得回答的这一不透明的存在的考问，这如同是有关他自己的一次"尝试①"或一种"经验"。他试图对自己进行一种探究，没有这种探究，理性的纯粹性将是虚幻的，最终是不纯粹的。人们感到惊奇的是他打算详细述说其性情和脾气。对于他来说，任何与我们的所作所为相分离的学说都有着成为欺骗的可能。他想象了一本书，在这本

① "如果我的心灵能够站稳脚跟，我就不会进行尝试，我会做出决定。我的心灵总是处在学徒期，总是在进行试验。"（《蒙田随笔》，第三卷，第二章）

书里,观念和生命(观念显现于生命中,生命则改变观念的意义)都一次性地获得了表达。

在明晰的观念和思想之下,蒙田发现了充满于意见、情感和无法辩解的行为中的自发性。"七贤之一的米松①……被问及独自一个人笑什么时,回答道:'笑我独自一个人在笑。'在我看来,我每天说了和回答了何其多的蠢话;而在他人看来,这些蠢话往往还要更多。"意识有一固有的荒唐念头,那就是它能够变成为不论什么东西、它能够自己形成它自己。为了独自一个人笑,不需要外部理由,想到自己能够独自笑、自己是对自己而言的社会就够了,成为双重的和成为意识就够了。"人们说马其顿国王珀尔修斯②不同寻常:他的不受制于任何条件的精神浪迹于各种各样的生活中,体现了如此远走高飞和漂泊不定的习性,以至他自己和别人都不知道他是一个什么样的人,在我看来,所有的人差不多都希望这样。——我们总是心想别处",而且不会有别的方式成为如此:成为有意识的,就是处在别处。

在动物那里存在的、我们归于身体的力量在人这里被改造、被变形了,因为它们是在意识的活动中被把握到的。我们看到有些狗在睡梦中吠叫,因此,它们获得了一些形象。但是,人不只是获得某些刻画在他的大脑中的形象,他能够生活在想象物中。这是多么令人吃惊的场景:"演员们完全地投入到他们扮演的一个悲悼角色中,以至回到家里还为之哭泣";或者一个孤孤单单的人想象

---

① 米松(Myson,公元前 7 世纪~前 6 世纪),柏拉图在撰写《智者》时将他列为希腊七贤之一。

② 珀尔修斯(Persée,公元前 212~前 166),马其顿国王。

一群人围着他自己，他在这不可见的人群中扮鬼脸、做惊讶状、高声大笑、与人搏斗并获得胜利；或者这个王子因一个噩梦而杀死其亲爱的兄弟、那个王子因其狗吠而自杀。如果单单考虑身体，与其它官能带来的快乐相比，性功能应该只是提供了一种更明确的快乐。但是，"在世界的大部分地方，我们身体的这部分被奉若神明。在同一个省，一些人擦破它的皮以便提供和奉献一小块，另一些人则提供和奉献他们的精子。在另一个省，年轻人当众刺穿它，在皮肉之间多个地方切割口子，并用一些其长和粗达到他们所能忍受的最大限度的小铁扦通过这些口子穿进去；然后把这些铁扦放在火上烤，作为献给他们的神祇的祭品，如果他们被这种残酷的痛苦所吓倒，他们就被认为不强壮、不贞洁。"因此，生命被引向了生命自身之外，极度的快乐就如同痛苦。[①]"我由此担心：自然本身把属于非人性的某种本能与人绑在一起。"因为我们的身体以及它的各种温和的官能，渗透着我们具有的把我们奉献给其它事物并把一些绝对提供给我们的力量。此外，没有只进入身体，而不在身体之外寻找另一种欲望或一种允诺的欲望。"因此，那些人说他们追求的是意志，他们是有道理的……我讨厌把自己想象成被剥夺了情感的身体。"爱情不仅仅出自身体，因为它指向的是某个人，它不仅仅出自精神，因为它通过其身体指向他。当蒙田谈到人时，"陌生"这个词出现得最多，要不就是"荒谬"、"怪物"、"奇迹"。"多么奇怪的动物啊！他厌恶自己，他的享乐让自己难以忍受，他使自己

254

---

①　"……考虑一下……为了达到最温情的爱情而燃烧的狂怒和残忍的面孔，然后是如此愚蠢的行动中的较真的、严肃的、狂热的骄傲自大……极度的享乐就如同痛苦一样伴随着麻木和哀怨。"

停留在不幸之中。"

　　笛卡尔只是简要地确认过心灵和身体的统一，他更倾向于认为它们是分离的，因为它们这时对于知性来说是清楚的。相反，心灵和身体的"混合"属于蒙田的范围，他只对我们的实际状况感兴趣，他的书没完没了地描述我们所是的这一悖谬的事实。也就是说，他思考死亡，我们的肉身化的反证。在旅途中，每当落脚一处旅店，他都要思忖他是否会在此生病或安详地死去。"我感到死亡经常卡住我的喉咙或者腰部……"他很好地驳斥了对死亡的冥思。冥思曲解对象、缺乏对象，因为它涉及的是遥远的死亡，而在我们的未来无处不在的遥远的死亡，比起在我们眼皮底下以事件的形式出现的当前死亡更让人难以忍受。问题的关键是不让死亡的念头破坏生活。使蒙田感兴趣的不是死亡的哀婉动人、死亡场面的丑恶、死者的奄奄一息、葬礼的排场、有关死亡的惯用言论、活人习俗中的死亡形象。"那些人并不思考死亡本身，他们对死亡不做任何评判，他们的思想不停留于死亡，他们追求、他们瞄准一个新的生命。"那些倾听神甫的安慰的人，举目抬手向着苍天，高声祈祷，²⁵⁵"他们逃避斗争，他们躲开思考死亡，如同人们在给孩子们开刀前先逗他们玩。"蒙田希望我们用冷静的注视衡量非存在，希望我们通过认识全无遮蔽的死亡来认识全无遮蔽的生命。死亡是"独角戏"。它从存在的混沌中划出这块我们所是的特殊天地，它独一无二地揭示了意见、梦想和激情的这一难以穷尽的源泉——这一源泉秘密地赋予世界以生机，它因此比任何的生命插曲都更好地让我们懂得了：是根本的偶然性使我们得以在世上露面并使我们从世上消失。

　　"我对自己的研究胜过对别的主题的研究。这就是我的形而上学，这就是我的物理学。"对蒙田的话我们应从字面上去理解。他预先就拒绝认可形而上学或物理学可能给我们提供的关于人的各种说明，因为仍然是人"证明"了哲学和科学，它们通过人而获得说明，不是人通过它们来获得说明。例如，如果我们希望通过把精神和身体归于不同来源而将它们分离开来，我们就会使要被理解的"怪物"、"奇迹"和人之类的东西消失无踪。凭心而论，重要的或许不是解决人的难题，而只是把人描述成难题。由此形成了这一关于无发现的研究和无收获的狩猎的想法，它不是出自于业余爱好者的毛病，相反，当要描述人时，它是唯一合适的方法。"世界不过是一个探究的学校。"由此也产生了他对思想的漫流、对梦幻的自发性的关注，这使他有时预示了普鲁斯特①的腔调②，似乎他已经认为，战胜时间的唯一方式是去表达时间。

＊　　　＊　　　＊

　　这样开始，由于关注在人那里存在的偶然性和未完成性，蒙田 256
站在了宗教的对立面——如果宗教是世界的一种说明和一把钥匙的话。虽然他往往将宗教排除于他的研究和他的所及之外，但他

---

　　①　普鲁斯特(M. Proust，1871～1922)，法国意识流小说家。
　　②　"它就像一些梦幻一样突然出现在我的面前。在做梦时，我把它们托付给我的记忆（因为我往往梦见我在做梦），第二天我能够很好地如其发生的那样表象它们的色彩（或快乐，或悲伤或奇特），但它们此外还是什么，我越是费劲地找寻，我越是陷入遗忘。这些也使我沉溺于幻想之中的意外话语，在我的记忆中留下的只不过是一种空幻的形象。"

所说的任何话都不会让人相信它。^① 我们"处在世界的秽物和粪渣之中",与"宇宙的最枯萎和腐烂的部分"联系在一起。动物的本能比我们的理性更完美。我们的宗教出自习惯:"我们是基督教徒,就如同我们是佩里戈尔德人和德国人一样。"割礼、斋戒、封斋期、十字架、忏悔、教士的独身、祭祀中圣语的使用、道成肉身、炼狱,基督教的这些元素都可以在异教那里找到。在每个村庄,各种圣迹通过无知和传闻在我们眼皮底下被制造出来。柏拉图学派的一个传说认为苏格拉底是由阿波罗造访过的一位童贞女所生。人们在荷马那里寻找并找到了我们需要的所有神谕和所有预言。启示宗教总体上与人类的精神错乱在地球上造成的东西没有太大的区别。有待知道的是,是否应该像蒙田有时做的那样得出结论说:未开化的人的宗教已经受到神灵启示,或者我们的宗教仍然是未开化的。当他甚至因为苏格拉底的"着魔"和"出神"而指责他时,我们怎能怀疑他的回答呢? 在道德上如同在认识中,他把我们尘世内在的东西对立于任何超自然的关系。他说,一个人可以为某一行动而后悔,但他不会后悔成为他自己;然而,按照宗教,他恰恰应该后悔成为他自己。不存在再生,我们不能取消我们的任何东西:"我习惯上整个地做我所做的事情,并且整个地行走在世上。"他保留了几个已经亲历永恒的人的例子,但是对他们不无怀疑地补充道:"我们私下说说,这些是我总是从各种非常卓越的意见和各种隐蔽阴暗的德行之间的奇特一致中看到的东西。"

---

① 布伦茨威格收集了一系列有说服力的相关片断(《笛卡尔和帕斯卡尔读蒙田》,第 56~78 页)。

蒙田对基督教保留的是一种无知的愿望。我们凭什么假定他在其中使宗教免受批判的那些部分是虚伪的呢？在它给奇特保留位置、它知道我们的命运是一团谜的意义上，宗教是有价值的。它为谜团提供的全部解决都与我们的可怕状况不相容。只要它始终没有答案，它作为考问就是有理由的。它是我们的狂热的方式之一，而我们的狂热对于我们来说是根本性的。当我们不是把自我满足的知性、而是对自己感到惊奇的意识看作是人的核心时，我们既不能否认事物之反面的梦想，也不能抑制对彼世的无言的祈祷。——确定无疑的是：即使存在某种宇宙**理性**，我们也不知道它的各种奥秘，我们在任何情况下都应该根据我们自己来管理我们的生活……"我无知地、漫不经心地任凭世界的普遍法则支配自己。当我感觉到这一法则时，我对它会有足够的认识。"谁敢指责我们滥用了构成我们的视域的这一生命和这一世界呢？

*　　　*　　　*

但是，如果我们放弃宗教激情，我们是否也应该放弃所有其它激情呢？蒙田经常带着赞赏的口吻谈到一些斯多亚主义者。他写了很多反对理性的东西，并且非常明确地指出过，在任何情况下我们都不能脱离意见以便正面去看某个观念，但是，他却求助于"印记在任何非反常的人那里的普遍理性的种子"。在他那里，正像他祈求一个未知的神一样，他祈求一种不可能的理性。即使没有任何东西完全"在我们能力范围之内"，即使我们不能够达到自主，我们难道不应该至少退回到自己、给自己筑起一个超脱的隐蔽处——我们在那里将自己的行为和生命看作只具有不足轻重的

"地位"？

　　这一观点和其它东西一起出现在蒙田那里。"应该赞同他人，但只委身于自己。"例如，婚姻是一种具有自己的规则和自己的平衡条件的制度。把激情揉合其中将是愚蠢的。"使我们成为他人的奴隶"的爱情，只有作为自由和自愿的活动才是可以接受的。蒙田有时甚至把爱情看作是一种属于卫生学的身体功能，并把身体当作我们不必为之提供通常的理由的一部机器。更不用说，他会将国家置于外部机器之列，我们发现自己偶然地与这些外部机器联系在一起，并且我们应该依据它们的法则使用它们而不能加入任何我们自己的东西。想象和幻觉在我们与他人的关系中总是占据着支配地位，在公共生活中更是如此。公共生活把我们与那些不是我们选择的人联系在一起，与许多傻瓜联系在一起。然而，"真诚地与一个傻瓜商讨是不可能的。不仅我的判断力在刚愎自用的主子手里被败坏掉了，我的良心也是如此。"在公共生活中，我和疯子一道变成了疯子。蒙田强烈地感觉到在社会事务中存在一种魔法：每个人在此都把自己在他人眼中和话语中的反映摆在自己思想的位置上。帕斯卡尔说，不再存在真理，不再存在自我与自我的一致。严格地说每个人都是精神错乱者。我们应该从公共生活中退出来。"公共利益要求我们背叛，要求我们撒谎，要求我们屠杀；我们把这项差事让给那些更听话更驯服的人去干吧！"我们确实不能总是克制自己，而这确实是一种放任，而且最终说来也确实需要一些国务活动家或一位君主。但他们能做些什么呢？君主需要撒谎，需要杀人，需要欺骗。他这样做了也罢，但他应该知道自己所做的事情，他不应该把罪行掩盖在德行中。"有什么补救吗？没有任何补救；如果他确实因为处于做与不做的两难困境中才做的，那么他是不得不做；但是，如果他毫无内疚地做了，如果他不因这样做了而不安，那么这表明他的良心是不好的。"那么在一边看着的我们呢？就像我们后面要说的，我们所能做的不过是在蔑视的同时服从。应该蔑视，因为国家与世上一切有重要性的东西相对立：对立于自由，对立于良心。应该服从，因为这种愚蠢是众多生命的法则，而不根据国家的法则对待国家将是另一种愚蠢。然而，柏拉图主张让哲学家进行治理，他想象了一个公正的城邦 ²⁵⁹ 并着手来构建它。"但是，在某一治理范围内，存在需要用如此致命的药物来攻克的某种缺陷吗？……柏拉图……不赞同人们为了治愈自己的国家而用暴力破坏它的安宁，不接受用城邦居民的鲜血和死亡换来的改良，应该建立贤者组成的机构，在这种情形中让一切都自然无为……"想以理性修改由偶然性造成的历史，这是荒谬的……"在我年轻的时候，我看到过王国最有智慧的那些头脑集中在一起，郑重其事地、以巨大的公用开支来达成一些契约和协议，然而，就它们做出真正的决定，则完全取决于闺房中的贵妇们的愿望和一些懦弱男人的好恶。"预见和法律从未能跟上情况的千变万化，理性从未能考虑到公共生活。在公共生活分裂为无数具体冲突的年代里，蒙田甚至不能想象人们能为它找到一种意义。人们不能和这种混乱言归于好。生活于公众事务中，就是"依照别人意愿而生活"。蒙田显然倾向于依照自己的意愿而生活……

然而，这是他的最终说法吗？关于爱情、关于友谊、甚至关于政治，他的说法时有不同。这不是因为他在这些方面陷入了单纯的自相矛盾，而是因为斯多亚主义对外部和内部、必然和自由的区分是抽象的,或者这种区分是不攻自破的,因为我们难以区分地既在内部又在外部。如果我们蔑视,我们就不会总是服从,如果我们服从,就不会总是蔑视。在有些情况下,服从就是接受,蔑视就是拒绝,双重生活不再可能,外部与内部不再能够区分。于是,我们应当融入世人的愚蠢之中,我们需要一条适应目前情况的规则。蒙田知道这一点,他并不回避。他怎么这样做呢?他曾经描绘说,良心,甚至孤独的良心,在其最初就已经与荒谬和愚蠢相混杂了。既然他认为良心早已完全处于自我之外,他怎么还要求它依然保持在自我之中呢?斯多亚主义只能是一个过渡。它教会我们无视外部而存在、而判断;但我们不能摆脱外部。完全属于蒙田本人的东西,也许是他就回归世界的条件和动机向我们所谈的那一点点。

260

*　　　*　　　*

问题不在于不惜一切代价地得出一个令人放心的结论,也不在于最终忘掉人们在途中所发现的东西。确定性正是由怀疑而来的。进而言之,正是怀疑将把自己揭示为确定性。因此,应该确定怀疑应用的范围。让我们重复一遍:任何的信仰都是激情,都将使我们离开自身;我们只有在停止思考时才能信仰;智慧是一种"犹豫不决的决定";智慧会否定友谊、爱情和公共生活。于是我们向自己回归。这还是为了在自己那里找到混乱以及迫在眉睫的死亡,即全部无序的象征。人们会认为,蒙田的哲人与他人隔绝,与世隔绝,不能够像斯多亚派的哲人那样在自身中、在与神的内在关系中找到证实人间喜剧的方法,除了与他感觉到一段时间以来在他那里狂热地涌现的生命对话以外不再有别的对话,除了最一般的嘲讽以外不再有别的办法,除了对自我和对所有事物的蔑视以外不再有别的动机。在这一片无序中,他为什么不舍弃一切呢?为什么不学学动物的样(比如高声嘶叫的马,哀鸣而死的天鹅)呢?为什么不在无意识中向它们靠拢呢?最好莫过于恢复"童年的安全感"和牲畜的"无知"。或者,为了对付死亡的伤感而发明某种自然宗教:"一个生命的衰退是向无数个其它生命的过渡。"

这种动向在蒙田作品中可以找到。但还有另外一种动向,而且同样经常出现;因为在所有的怀疑之后,由于我们知道求知的任何尝试都将导致问题的增多、都将使它想弄明白的东西变得晦涩难懂,知道无知的七头蛇在被砍去的一个头上会生出三个新的来,所以需要去说明:存在着一些意见,我们最初都相信掌握着一些真理,怀疑是需要被养成的。"相对于知道动物是什么,有死者或有理性者是什么,我更知道人是什么。"笛卡尔后来会想起这句话。[261]它要说的是:精神的活动和犹豫不决只是真理的一半。另一半则是这一奇迹:我们的变动不绝会停下来,而且在每一时刻都是停留在一些表面现象中,我们完全可以证明这些表面现象经不起审查,但它们至少看起来像真理,我们因此将形成关于它们的观念。当思想考问自己时,它就没完没了地持续、不断地自相矛盾;但是,存在着一种不是虚无,而且我们必须说明它的现实的思想。只有当我们持一种整体知识或绝对知识的观念,对人类知识的批评才会毁灭人类知识;相反地,如果这一批评使我们摆脱整体知识或绝对知识,那么人类知识变成为所有事物的唯一可能的尺度和一个绝对的等价物。如果对各种激情的批评能够指出,我们从来没有拥有我们自己、激情就是我们自己,那么这一批评就不会剥夺激情的价值。在这一时刻,怀疑的理由变成为相信的理由,我们的整个批评产生的实际作用只不过使我们的意见和激情更为珍贵,让我们看到它们是我们唯一可以求助的东西;如果去梦想别的事物,我们就可能不会理解我们自己。我们如果打算不再摇摆不定,我们就需要一个确定的点;我们不是在严厉的自然宗教中,不是在毫无理由地增多其作品的阴沉的神性中去寻找它,而是在存在着意见、存在着真的和善的显象的事实中去寻找它。重新寻找天然、天真、无知,就是要在勾勒它们的轮廓并使它们变得清楚可见的怀疑中重新找到最初确定性的恩赐。

　　事实上,蒙田不只是怀疑。怀疑是一种行动,因此怀疑不会中断有理由对立于它的我们的行动、我们的作为。这位愿意"依照自己的意愿而生活"的作者强烈地体会到:我们主要是在他人眼里的我们,他人对我们的看法深入到了我们的内心。他曾经突然愤怒地说过,"如果将来有人把我树立成有别于我之所是,我将坚定地从阴间回来以便揭穿其谎言,即便他是为了赋予我以荣光。"他与鲍埃西①的友谊完全就是这类"使我们成为他人的奴隶"的关系。他不认为他对自己的了解胜过鲍埃西对他的了解,他在鲍埃西的眼皮下生活,在后者死后依然如故:正是为了像鲍埃西对他的了解一样了解自己,蒙田才考问自己、才研究自己,"唯有他拥有我的真正形象,而且把它带走了,所以我才如此好奇地辨识我自己。"我们很少看到有如此完全的献身。与鲍埃西的友谊在他的生命中远不是一次偶然事件,应该说蒙田和《随笔集》的作者是因为这一友谊

──────────

①　鲍埃西(E. de la Boetie,1530～1563),法国哲学家。

而诞生的。总之,对他来说,实存,就是在他的朋友的注视下实存。实际情况是:真正的怀疑主义是通向真理的运动;对激情的批评是对虚假激情的憎恨;最后,在某些情况下,蒙田承认在他以外的一些他甚至没想到过要否认的人和物——因为他们似乎是他的外在自由的标志,因为他在爱他们时成为了他自己,因为他在他们那里找到自己,就如同他在自己这里看到了他们一样。

甚至在他有时以医生口吻谈到的享乐方面,蒙田总的来说也不是犬儒主义者。"全部心思专注于享乐,向它倾注一种狂热而不得体的情感是愚蠢的。但在另一方面,不是出于爱情,不是出于意志的责任,而是像演员那样参与其中,扮演时代和习俗要求的一种共同角色,除了花言巧语外不投入丝毫自我,这确实能够保证安全,却过于懦弱,如同那种因害怕危险而放弃荣誉、利益或享乐的人一样。因为确定无疑的是,这样做的人绝不能够指望从中得到任何使美好心灵感动或满意的结果。"上年纪后的蒙田说,勾引的成功取决于时机的选择。但这一迟来的智慧能证明什么呢?当他年轻多情时,他从来没有像在战场上一样运用战术来驾驭他的爱情。"我往往缺少机遇,但有时也疏于采取行动;愿神保佑这个仍然能够自嘲的有缺陷的人!在这个时代做这种事情最需要的是大胆,我们的年轻人以热情为借口为自己的大胆开脱;但如果他们仔细考虑一下,就会发现这种大胆毋宁来自于对对方的轻视。我迷信般地害怕冒犯我之所爱,愿意尊重我之所爱。不要说谁要是剥夺了这一交流的尊严,他就使它黯然失色了。我喜欢人们在这种快乐中扮演一个孩子、一个胆怯的人、一个仆人的角色。如果这还不是全部的话,我似乎还有点普鲁塔克①所说的那种傻乎乎的害羞,为此之故,我的生命之旅受到多方面的伤害和玷污……我总是温和地接受他人的拒绝,也温和地拒绝他人;造成他人痛苦会使我同等地痛苦;因此当责任迫使我在一件可疑而且使某人为难的事上试探某人的意愿时,我总是犯难、违背自己的意愿……"这是一个很温和的犬儒主义者。命运没有使他如喜欢友谊一般地喜欢爱情,但这不是因为他自己的缘故。

　蒙田还是进入了令人着魔的公共生活领域;他没有逃避。"我不希望人们拒绝人们所关注的重任,需要为之奔波、费口舌、出汗、流血。"人民几次让他作市长。"我希望他们自己就能够获得最大幸福,当然,如果有机会,为了给他们服务,我没有什么是不能割舍的。我为了他们而身心劳损,就如同为自己做事一样。"他"对统治他人和被他人统治都感到厌恶",那么他该如何过一种公共生活呢?他服从而不喜欢服从,控制而不喜欢控制。他不愿成为君主。君主是孤单的。君主不是人,因为他不能被质疑。他不在生活,他在睡大觉,因为一切都在他面前臣服。但服从的激情也是丑陋的,而且是无用的:人们怎么会尊重一个完全交出身心的人呢?他能够无条件地献身某一主人,那他也能够换一个主人。确实,应该拿定主意,并接受一切后果;但是,"合理的机会"没有人们相信的那么多,不应太按意愿选择,因为这样的话,人们喜欢的就不再是事业,而是宗派。"我不愿受制于这些感人肺腑且由衷的担保和承诺;愤怒和憎恨超出了正义的义务的范围,而且它们是只对那些因

---

① 普努塔克(Plutarque,46～120),罗马帝国时代的希腊哲学家、历史学家。

简单的理由而没有完全履行义务的人才有用的激情……不应该如
同我们每日所做的那样把由个人利益和激情而产生的内心酸楚与
苦涩称为责任感,或者把一个阴险和恶意的行为称为勇敢。他们 264
把他们的邪恶和暴力倾向称作为热心;但让他们热心的不是事业,
而是他们的利益;他们鼓动战争,不是因为战争是正义的,而是因
为这是战争。当我的意愿委身于一个派别时,这并不是出于强烈
的责任感,而是由于我的知性受到了污染。"我们可以效忠于一个
派别并严厉地评判它所做的一切,我们可以在敌对派别那里发现
智慧和诚实,最后我们还可以继续实存在社会中。"我可以参与公
共事务而丝毫不离开自我,能够献身于他人而不抛弃自我。"人们
或许会说这些规则造就游击队员而不是正规兵。确实是这样,蒙
田也知道这一点。他有时会清醒地强制自己撒谎,但他没有使撒
谎成为他的习惯和他的生活。"谁要是打算根据我的意愿使用我,
他就应该给我安排一些既严格又宽松的事务——它们要求一种直
接、短暂、还带有风险的行动,这是某种我能够做的事情。如果它
们费时长久、非常微妙、用力甚多、很不自然、有些曲折,找别人来
干更好。"在这些话里可能包含有某种蔑视,但蒙田也可能还想进
一步表达些什么。我们经常提出各种问题,仿佛它们是普遍性的,
仿佛在我们为自己的利益进行选择的同一时刻,我们在选择所有
人的利益。如果他这样说是出于派别之见呢?就其本人而言,蒙
田从来不是一个有派别之见的人。出于自己意愿的事情他才会做
得好,他不会摆什么架子。在其阶层之外,他起的作用或许更好更
多。既然人们都知道他既不撒谎也不奉承,他赋予自己的说话的
分量难道是微不足道的事情?他由于并不太在意行动,不是行动

得更好吗？

　　各种激情看起来是自我的死亡，因为它们使它离开它自己。蒙田觉得受到它们的威胁犹如受到死亡的威胁一样。他现在尝试着为我们描绘人们一向所谓的"自由的激情"：体会到他所爱的在激情中起作用后，他坚决地承认了把他推向外部世界的自然冲动，他进入了人类游戏之中。在这种自由和这种勇气的影响下，激情和死亡被转化了。不，并不是对死亡的沉思战胜了死亡：好的论据是那些"如同经常折磨一个哲学家那样折磨一个农夫和一些民众"的论据。这些论据归而为一：我们活着，正是在这里，我们有了各种各样的任务，只要我们还剩一口气，任务就仍然是一样的。对死亡的沉思是虚伪的，因为这是一种忧郁的活下去的方式。蒙田在把他推向外部事物的冲动中（因为他已经证明了其任性和危险）找到了治疗死亡的方法。"我觉察到，死亡的确是生命的终点，然而却不是生命的目的；死亡是生命的结束、是其极限，然而却不是其目标。生命应该以自身为目的和意图：对生命的正当审查就是调整自我、表现自我、容忍自我。这概括性的、主要的一章除了几个其它职责外，还包括这一认识死亡的问题；如果我们的恐惧没有使之变得沉重的话，这是最轻松的问题之一。"对死亡和激情的治疗不是避开它们，相反是超越它们，正像一切都把我们带到它们之外一样。他人威胁着我们的自由吗？但是，"应该活在活人中间"。我们在他们中间冒着被奴役的危险吗？但是，无冒险就没有真正的自由。行动和依附会让我们心绪不宁吗？但是，"生命是一种物质的、有形的运动，是它自己的本质的不完满行动、不规则行动；我尽力根据生命去服务于生命。"诅咒我们的现状没有意义：坏和好都只能在我们的生命中找到。

蒙田讲到，当他乘船时医生们建议他用毛巾束紧腰身以防晕船。他补充说道，"我没有作过如此尝试，我习惯于与我的各种疾病作斗争，并通过我自己征服它们。"他的所有道德观念都基于一种自豪的念头，据此他决定把自己充满危险的生命掌握在自己手中，因为除了生命中的东西，一切都没有意义。在这样转向自身以后，一切在他看来重新显得美好起来。他说他宁愿死"在马背上而不是床上"。这不是因为他指望战士的发怒能帮助他，而是因为他在事物中发现威胁的同时，寻找到了赖以成功的手段。他看到了把自己与这些事物关联在一起的含混关系。他看到了不需要在自我和事物之间进行选择。自我并非"严肃认真"，他不喜欢受约束。但是，"世上还有像驴子一样确定、坚决、倨傲、沉思、严肃、认真的东西吗？……"正是无条件的自由才使绝对依附成为可能。蒙田这样谈到他自己："我不轻易许诺，我想我兑现的要多于我所许诺和欠下的。"他一直在寻找这种既讥讽又严肃、既自由又忠诚的存在的奥秘，他也许已经找到了。

十　评马基亚维里^①

　　我们会如何理解马基亚维里呢？他撰文反对政治上的善良情感，但他也反对暴力。他让那些相信**法规**和**国家理性**的人感到困惑，因为他在严重违背日常道德的时候还厚颜无耻地谈什么品德。他描述的是集体生活中人与人之间的关键联系，在这里，纯粹的道德可能是残酷的，而纯粹的政治要求某种道德的东西。人们会容忍一个否定各种价值的犬儒主义者或一个放弃行动的天真的人。人们不喜欢这位难懂又不尊崇偶像的思想家。

　　马基亚维里确实曾受到过犬儒主义的诱惑。他说他"费了很大的力气"来让自己抵御那些认为世界被"偶然性所主宰"的人的意见。^②　然而，如果人性是一种偶然，那么除了政治权力的纯粹约束之外，人们看不到有什么东西能维持集体生活。因此，政府的全部职能在于使其臣民敬畏。^③　整个治理艺术可以归结为战争艺

---

① 这是作者 1949 年 9 月在罗马-佛罗伦萨举行的"人文主义与政治科学"会议上作的学术报告。

② 《君主论》，第 25 章。

③ 《论李维》，第二卷，第 23 页，转引自勒诺德（A. Renaudet）：《马基亚维里》，第305 页。

术,①而"好的军队造就好的法律"。② 在权力与它的臣民之间,在我和他人之间,敌对无处不在。要么服从约束,要么实施约束。马 ²⁶⁸ 基亚维里每时每刻都在谈压迫和侵略。集体生活就是地狱。

但是,马基亚维里有其独特之处,他提出了斗争原则,尽管他后来走得更远,却从未忘记它。在斗争中,他发现了除对抗以外的别的东西。"当人们努力使自己不再害怕时,他们便开始让他人害怕;当他们推开了自己受到的压迫后,就把压迫转移给别人;就好像出于必然,人们要么损害他人,要么被他人损害。"我害怕和我使人害怕是同时发生的,我使自己摆脱的压迫和我对别人进行的压迫是同样的压迫,威胁着我的恐怖和我造成的恐怖是同样的恐怖,我在由我引起的不安中体验到不安。我施加于受害者的痛苦与此同时作为报应刺痛着我;因此,残暴不是解决办法,它总是在重新开始。在我与他人之间有一种循环,有一道忧郁的圣餐,我所犯的罪孽,我使之作用于我自己,我在与他人斗争的同时也在与我自己斗争。总之,一张面孔只不过是一些阴影、光线和颜色,因为这张面孔装出某种样子,所以刽子手不可思议地感到一种轻松,另一种焦虑取代了他的焦虑。一个句子从来都只不过是一个陈述,一种含义组合(这些含义原则上不能等同于每个人对自身的独特趣味)。然而,在受害者认输时,残酷的人透过这些词感觉到击败了另一个生命,他觉得自己面对着另一个他自己。我们远离物体之间的纯力量关系。用马基亚维里的话来说,我们从"牲畜"转变为

---

① 《君主论》,第 14 章。
② 同上书,第 17 章。

"人"。①

更准确地说,我们从一种斗争方式转到另一种斗争方式,从"用武力进行斗争"转到"用法律进行斗争"。②人的斗争不同于动物的斗争,但仍然是一种斗争。权力不是赤裸裸的武力,更不是个人意愿的忠实授权,仿佛这一授权能够消除这些意愿之间的区别似的。不管是世袭的还是新的,在《君主论》中,权力总是被描绘成有争议的并且是危险的。君主的职责之一是在问题因臣民的激动而成为难以解决的之前加以解决。③人们会说关键是要避免国民的觉醒。没有绝对合法的权力,有的只是意见的凝聚。这种凝聚能够容忍权力,它认定权力是被一致确认的。问题在于避免这种一致的瓦解,而瓦解能在很短时间内完成:一旦某个危机点渡过了,不管什么样的约束都无法阻止瓦解。权力是默认的秩序。只要不公正还没有使人们意识到自己所受到的不公正,人们就听任自己生活在国家和法律之内。人们所谓的合法权力是成功地避免了蔑视和仇恨的权力。④"君主应该使人感到害怕,因此,如果他不被爱戴,至少要不被仇恨。"⑤权力在某一个别情况下受到指责是无关紧要的:它是在分开批评和反对、争论和不信任的间隔中建立起来的。臣民和权力之间的关系,就如同我和他人之间的关系,比人们判定的要深得多。只要没有遭到蔑视这样的根本挑战,它

---

① 《君主论》,第 18 章。
② 同上。
③ 同上书,第 3 章。
④ 同上书,第 16 章。
⑤ 同上书,第 17 章。

们就将在挑战中存在下去。

权力既不是纯粹的事实,也不是绝对的权利,它不强制,不说服:它欺骗——人们诉诸自由比进行恐吓能够更有效地进行欺骗。马基亚维里精确地表述了高压与宽松、压制和法制的这种交替使用:威权制度知道这一点,它以一种温和的形式成为任何圆滑手腕的实质。人们往往接纳自己信任的那些人:"一个新君主从不解除其臣民的武装;相反,如果他发现他们没有武器,他就急于武装他们,没有比这更精明的了:因为从此以后这些武器就属于他的了……而一个解除其臣民武装的君主,导致他们认为他不信任他们,就冒犯了他们,没有比这更容易激起他们的仇恨的了。"①"要维持一个习惯于自由的城市,由它的市民来治理最为容易。"②在每一个人都不可思议地与其他人相似的社会里——如果他是多疑的,每一个其他人也是多疑的,如果他是信任的,每一个其他人也是信任的——,不存在纯粹的约束:专制引起蔑视,压迫导致反抗。权力的最好的支持者甚至不是建立权力的人:他们认为自己有权利拥有这个权力,或者说至少他们觉得有这个权力是安全的。新的权力会向它的对手呼吁,只要他们归附就行。③ 如果他们是无法被收编的,那么权力就只有一半的力量:"要么拉拢这些人,要么打败他们;他们会为了轻微的冒犯而报仇,却不会为严重的冒犯而雪耻。"④是收买还是消灭战败者,胜利者可能会犹豫不决,而马基亚

---

① 《君主论》,第 15 章。
② 同上书,第 5 章。
③ 同上书,第 15 章。
④ 同上书,第 5 章。

维里常常是残酷的:"保持的唯一方法是毁灭。不论谁成为一个城市的主人,如果他开始享受自由而不是摧毁自由,那么他就会等着自由来摧毁他。"①然而纯粹暴力只能是随带的。它不能带来权力得以构成所需的深层赞同,它代替不了这种赞同。"如果(君主)觉得需要执行死刑,那么他应该为此陈述各种理由。"②这等于说没有绝对的权力……

因此,他率先提出了让对手"合作"、归顺的理论(此外还有"第五纵队"理论)。合作、归顺与政治恐怖的关系,就如同冷战与战争的关系。但是,人们会问人道主义的利益在哪儿呢? 首先正是在这个问题上,马基亚维里把我们引导到了政治的特有领地,并允许我们估量一下自己的任务——如果我们想赋予这一领地以某种真实的话。仍然是在这一问题上,他让我们看到了人性好像不为权力所知地开始在集体生活中出现,而且他凭借的是唯一的事实:权力寻求迷惑意知。集体生活的陷阱在两个方向上发挥作用:自由政体总比人们相信的要不自由一些,其它政体则比人们相信的要自由一些。因此,马基亚维里的悲观主义不是封闭的。他甚至提出了不公正政治的条件:这就是成为能使人民满意的政治。不是因为人民知道一切,而是因为,如果有某一个人是清白的,那就是他:"君主可以不失公正地使人民满意,而不是使强者们满意:后者寻求实施暴政,前者只是寻求避免暴政……人民不要求别的,只要

---

① 《君主论》,第 3 章。
② 同上书,第 17 章。

求不受压迫。"①

马基亚维里在《君主论》中就权力和人民的关系谈得并不比这更多。但我们知道,他在《论李维②》中是拥护共和政体的。因此,我们也许可以把他所说的君主与其谋士的关系推广到权力和人民的关系中去。他那时在美德的名义下描绘了一种与他人一道生活的方式。君主不应根据他人的意见做决定,否则他将受到蔑视。他更不应孤立地进行治理,因为孤立不是权威。但是,在这两种失败中间存在一种可能的行为方式。"吕克神甫说到其主人、目前正执政的马克西米利安皇帝:他不听任何人的建议,与此同时,他也从未按照自己的见解行事。在这件事上,他走一条与我刚才描绘的完全相反的道路。这是因为这位君主从不把他的计划告诉他的任何一位大臣,各种意见在计划必须被执行的时刻才到来;其结果是:由于为时间所迫、由于被他所未料到的一些冲突所困,他不得不听从别人向他提出的建议。"③有目的在于压制他人,使之成为奴隶从而肯定自己的方法。有一种与他人的协商和交换的关系,这种关系不是自我的死亡,而是自我的行为本身。最初的斗争总 272 是会重新出现:应该由君主来提出问题,他不应该准许任何人有永久的自由言论权,否则就有受到蔑视的可能。但是,至少当他认真思考时,他应该和其他人沟通,而他做出的决定,他人就会赞同,因

---

① 《君主论》,第 9 章。这与托马斯·莫尔(T. More,1478～1535,英国思想家)在《乌托邦》中对国家的界定差不多:"quaedam conspiratio divitum de suis commodis reipublicae nomine tituloque tractantium."

② 蒂托–李维(Tite-live,公元前 59～17 年),意大利历史学家。

③ 《君主论》,第 23 章。

为在某种意义上说，这是他们的决定。当彼此之间确立了共同使命和共同命运关系之后，开始时的冷酷就会消失。个体的地位随着他给予掌权者的东西而提高，他们之间也存在交换关系。当敌人蹂躏国土，当与君主一起在城里避难的臣民看到他们的财产被抢劫或丢失了时，他们就会毫无保留地效忠于他："谁不知道人们对于自己所创造的和所得到的财富同样依恋？"①即使人们会说，这仍然不过是一个骗局，这只是权力劝说民众他们在失去时却是赢得了的主要欺诈手法，那又有什么关系呢？但马基亚维里从未在哪里说过臣民受到了欺骗。他描述了无视自爱的各种障碍的公共生活的出现。在向美第奇家族②说话时，他向他们证明：如果不诉诸于自由，权力将难以运转。在这一颠倒中，受骗者或许是君主。如果说马基亚维里是共和政体的拥护者，那是因为他找到了一条一致原则。他认为社会权力从根源处就存在着冲突和斗争，他的意思并非是达成一致是不可能的，他想要强调的是一种非欺骗性的、介入到公共处境中的权力的条件。

马基亚维里的"非道德主义"由此具有了真正的意义。人们经常引用他的把诚实归于私人生活，并且认为政治的唯一准则只是权力利益的格言。但是，我们不妨看看他让政治摆脱严格道德评判的理由。他列出了两条理由。首先，"生活在不诚实的人群中而想完全诚实的人，迟早总是会消失的。"③这是一种没有说服力的273 论证，因为我们也可以将它运用到私人生活中，可是在那里，马基

---

①　《君主论》，第15章。
②　美第奇家族(Les Medicis)，一个在文艺复兴时期统治意大利佛罗伦萨的家族。
③　《君主论》，第10章。

亚维里保持为"道德的"。第二条理由更极端：这就是，在历史活动中，善良有时乃是灾难，而残酷并不比温厚的性情更残忍。"凯撒·博尔吉亚①被认为是残忍的；但正因为其残酷他才具有了让罗马涅各个阶层和解的优势，并且在这一省份恢复了已经消失很久的和平与安宁。把一切都考虑在内，人们就会承认这位君主比佛罗伦萨的人民更为人道。佛罗伦萨人为了避免显得残忍，反而毁掉了皮斯托亚。②当君主使其臣民尽义务时，他就不应担心被责备为残酷，因为最终来说，君主必要的杀一儆百被证明比那些由于太宽容而纵容骚乱并最终导致凶杀和抢劫的人更为人道。因为这些动乱扰乱了国家，而君主实施的处罚只针对某些个人。"③正是各种权力行为介入到某种舆论状态中，改变了其意义，才导致温和有时变为残暴，严酷变为英勇，并且扰乱了私人生活所信奉的箴言；它们有时会激起过度的反应，它们会揭开或者掩盖在普遍赞成下隐藏着的裂痕，会引起改变事物的整个运行的微观进程。或者还有：如同被排成一圈的一些镜子可将一束微光转化为仙景一样，权力行为因为被反映在众多意识中而走了样，而这些反映的反映造成了一种表面现象，这种现象乃是历史活动固有的领地，总之就是历史活动的真理。在权力四周围绕着一圈光晕，它的不幸——另外还有并不自知的人民的不幸——在于它看不到它向他者提供的

---

① 凯撒·博尔吉亚(César Borgia,1476？～1507)，意大利人，红衣主教、政客、军事统帅。

② 由于没有根除把皮斯托亚分割为各种宗派的那些家族。

③ 《君主论》，第 17 章。

274　自己的形象。① 因此,在表面现象中展开乃是政治的基本条件:
"一般地说,人类更多地是靠他们的眼睛而不是手进行判断。任何
人都能够看,但很少有人懂得如何触摸。每个人都很容易看到某
个人看起来是怎样的,却几乎没有人能够辨别他实际是怎样的;而
少数敏慧的人又不敢与大众对立,因为大众受国家威严的保护。
然而,当我们要判断一些人的内心,尤其是君主们的内心时,由于
我们不能够诉诸法庭,所以我们就只能依赖结果;关键是要保持权
威;采取的不管是什么样的手段,它们都总是显得令人尊敬,都会
受到每个人的赞扬。"②

　　这并不意味着欺骗是必要的,甚或是更可取的,而是意味着,
在各种政治关系得以建立的一般范围与程度之内,某个做出了一
些姿态,说出了一些话语的传奇人物出现了,人们会盲目地去尊敬
或厌恶他。君主不是伪君子。马基亚维里明确地写道:"君主应努
力使自己获得仁慈、宽厚、虔诚、正直、公正的名声,此外,他应该具
备所有这些善良品质……"③他想说的是,统治者的品质即便是真
实的,也始终是传说的东西,因为它们不是被触摸到的,而是被看
到的;因为它们不是在具有这些品质的生命的活动中被认识的,而
是被凝结在历史的态度之中。因此,君主应该意识到其一言一行
所引起的反响,他应该与他从中获得其全部权力的见证者保持联
系,他不应该作为一个幻想者来进行统治,他应该甚至在德行方面

------

① "……我认为,深刻地认识到人民本性的人应该成为君主,深刻地认识君主本
性的人应该成为人民。"(《君主论》献辞)

② 《君主论》,第18章。

③ 同上书,第17章。强调是由我们加的。

保持灵活。马基亚维里指出,君主应该拥有他看起来拥有的品质,但他最后说,"君主仍然充分地把握着自己,以便在需要的时候显示出一些相反的品质。"①这是一句政治格言,但它也完全可以成为一种真正道德的准则。因为公众根据把君主的仁慈看作是弱点 275 这种表面现象得到的判断,可能并非完全是错误的。一种不可能变得严厉的仁慈是什么呢? 一种希望自己变得仁慈的仁慈是什么呢? 这是一种温和的无视他人并且最终蔑视他人的方式。马基亚维里并不要求人们借助于罪恶、欺骗、恐怖和诡计来进行统治,他试图界定一种政治品德:对于君主来说,这就是要向他四周的那些沉默无声的、在各种生活中忙碌迷茫的听众说话。这是来自心灵的真正力量,因为重要的是,在讨好的意愿和蔑视之间、在善意的仁慈和残酷之间,构想一种所有的人都能参与的历史事业。这种道德并没有面临说教的政治家所知道的颠覆,因为它一下子就把我们安置在了被他所忽视的与他人的关系之中。马基亚维里正是把这种道德而不是成功作为政治价值的标志,因为他把没有取得成功却有德行的凯撒·博尔吉亚作为例子,并且把偶然获得成功的弗朗索瓦·斯福尔扎②远远地排在其后面。③ 有时,冷酷的政治家比公然宣称的人道主义者确实更爱人类和自由。马基亚维里赞

---

① 《君主论》,第 17 章。

② 弗朗切斯科·斯福尔扎(F. Sforza,1401~1466)系意大利文艺复兴时期以米兰为中心的斯福尔扎统治家族的开创者,作为雇佣兵队长的他通过背叛和颠覆从维斯孔蒂(Visconti)家族手中获得了米兰公爵的头衔,开始统治米兰。

③ 同上书,第 7 章。

颂布鲁图斯①,而但丁②却责难他。通过控制与他人的关系,权力越过了人与人之间的各种障碍,并且在我们的关系中增加了某种透明性——仿佛人们只有保持一定的距离才能接近一样。

马基亚维里不被理解的原因是,他兼备有对世界的偶然性或非理性的最敏锐感受和对人的意识或自由的爱好。他在考虑其中存在如此多的混乱、如此多的压迫、如此多的意外事件和突然变化的历史时,没有看到任何为历史预定了最终和谐的东西。他提到了根本的偶然、困境的观念,这一观念让历史摆脱了最智慧者和最强者的控制。如果他最终像驱魔一样逐除了这个恶灵,这不是借助任何超越的原则,而是单纯求助于我们状况的各种给定的东西。他按照同样的姿态将希望和绝望分别开来。假如存在一个逆境,那它也是没有名称、没有意图的,我们找不到困境的哪一部分不是由于我们的错误或过失协助造成的,我们无法在任何地方限制我们的权力。不论事件是多么地出人意料,我们都不能摆脱期望和意识,一如不能摆脱身体。"因为我们有自由意志,所以在我看来,应该认识到偶然性主宰了我们一半或超过一半的行动,而我们只支配剩下的行动。"③即使我们假设在事物中存在一种敌对原则,但由于我们不知道其计划,它对于我们来说也等于什么都不是:"人永远不应该气馁;他们由于还不知道自己的结局,而结局始终是通过一些间接的、未知的途径来到的,所以他们总有理由期望,

---

① 布鲁图斯(Brutus,公元前 85~42)谋划刺杀了罗马独裁者凯撒(Gaius Julius Caesar,公元前 102~前 44)。

② 但丁(Dante Alighieri,1265~1321),意大利诗人。

③ 《君主论》,第 25 章。

并坚持期望,决不应该放弃,不论遇到何种命运和危险。"①只有当
我们放弃理解和放弃意愿时,偶然性才会现形。命运"只在人们不
给它设置障碍时才耀武扬威,它总是把它的努力指向防守最薄弱
的环节"。② 如果说事物的进程是不可更改的,那只是在过去才如
此;之所以有时运气好有时运气差,是因为人有时理解有时不理解
其时机;同样的品格根据情况造成了一个人的成功和他的失败,但
这不是出于偶然。③ 马基亚维里界定了我们和命运的关系中一种
德行,它就像我们和他人的关系中的德行一样,既与孤独也与顺从
相距很远。他把这一面对他人和我们的时代的在场揭示为我们的
唯一诉求——这种在场使我们在放弃压迫他人时发现他人,在放
弃冒险时发现成功,在我们理解自己的时机的时刻逃避命运。逆
境甚至向我们呈现出人的形态:命运是一个女人。"我认为与其极
度谨慎,不如极度大胆,因为命运是女人,它只向暴力和大胆低头。 277
我们凭经验看出它献身于粗野的男人,而不是冷静的男人。"④对
于一个完全违背人性的男人来说,这显然是无关紧要的,因为人性
仅仅处在他的秩序之内。一种偶然的、没有原因的人性之观念,给
予我们的德行以绝对价值。当我们在各种可能的时机中理解了人
性地看有价值的东西时,迹象和预兆从来都没有欠缺过:"苍天必
须讲话吗?它已经通过一些明显的迹象表明了其意愿。我们已经
看到大海微显其深渊,乌云画出了自己接下来的路线,泉水从岩中

---

① 《论李维》,第二卷,第 23 页,转引自勒诺德:《马基亚维里》,第 132 页。
② 《君主论》,第 25 章。
③ 同上。
④ 同上。

喷出,甘露从天而降。余下的事情要由我们来做;因为神撤开我们
做了一切,就会剥夺我们的自由意志的行动,同时也剥夺为我们保
留的那一份选择。"①还有比这更彻底的人道主义吗?马基亚维里
并非没有意识到各种价值。他看到它们是活生生的,就像一个工
地一样嘈杂喧闹,它们与某些历史活动(要建立的意大利,要驱逐
的野蛮人)联系在一起。对于完成这样一些事业的人来说,他的世
俗宗教恢复了其它宗教的说法。"叫饥饿的得饱美食,叫富足的
空手回去"(Esurientes implevit bonis, et divites dimisit
inanes)。② 正如勒诺德所说的:"罗马的这位略带谨慎的大胆门
徒,从未想到过否认灵感、天资以及柏拉图和歌德③所认出的某个
不为人知的精灵的行动在普遍历史中所发挥的作用……但是,要
让获得了力量之助的热情具有更新世界的功效,它就应该同等地
由辩证的确信和感情来维持。马基亚维里之所以没有将诗歌和直
观排除出实践领域,是因为这种诗歌是真理,而这种直观则是由理
论和计算构成的。"④

*　　　*　　　*

278　　人们谴责他的是这一观念:历史是一场斗争,政治是与人而不
是与原则的关系。然而,有更确定的东西吗?难道历史在马基亚
维里之后没有比之前更好地表明,原则不具有任何约束力,它们会
顺从所有的目标吗?让我们把当代史先放在一边。逐步取消奴隶

---

① 《君主论》,第 26 章。

② 《论李维》,第一卷,第 26 页,转引自勒诺德:《马基亚维里》,第 231 页。

③ 歌德(J. W. von Goethe,1749～1832),德国思想家、作家。

④ 《马基亚维里》,第 301 页。

制已在 1789 年由格雷古瓦①修道院院长提出来。这在 1794 年由
国民公会投票获得通过。拿一位侨民的话来说,当此之时,在整个
法国,"仆人、农民、工人、农村短工都冒死举行示威以反对贵族政
治",②而从圣多明各获得其收益的外省资产阶级不再掌握政权。
自由主义者懂得在结果不好的情况下保持原则的艺术。更有甚
者:被应用到某一适当的情形中,这些原则就成为压迫的工具。皮
特③指出:被贩运到英属岛屿上的百分之五十的奴隶被转卖到了
法属殖民地。英国的黑奴贩子造就了圣多明各的繁荣,给法国提
供了欧洲市场。因此,他反对奴隶制。詹姆士④先生写道:"他要
求威尔伯福斯⑤参与到运动中来。威尔伯福斯代表着重要的约克
郡;这是一个很有名望的人;人道、公正、民族耻辱感等等用语经常
挂在嘴边……克拉克松⑥来到巴黎,为的是唤起(黑人之友协会
的)蛰伏的力量,为的是资助它们,让英国的宣传遍及法国。"⑦对
于这一宣传为圣多明各奴隶预备的命运不应该心存幻想:几年以
后,在与法国交战期间,皮特与四位法国殖民者签订了协议,这一
协议将殖民地置于英国的保护之下,直至和平,并且恢复了奴隶制
及黑白人种之间的区别对待。很显然,重要的不仅仅是知道人们

---

① 格雷古瓦(H. Grégoire,1750~1831),法国神父,修道院院长,国民公会议员。
② 詹姆士:《黑色的雅各宾党人》,第 127 页。
③ 皮特(W. Pitt,1759~1806),英国政治家,24 岁出任首相。
④ 詹姆士(C. L. R. James,1901~1989),出生于英属殖民地特立尼达-多巴哥的
思想家、作家、活动家。
⑤ 威尔伯福斯(W. Wilberforce,1759~1833),英国政治家,慈善家,一位阻止黑
奴贸易运动的领袖。
⑥ 克拉克松(T. Clarkson,1760~1846),英国废奴主义者。
⑦ 詹姆士:《黑色的雅各宾党人》,第 49 页。

279　选择了一些什么原则,而且也应该知道谁、哪些力量、哪些人在实施它们。更明显的还有:相同的原则可以被敌对双方所用。当波拿巴派遣可能会在那里丧生的军队进攻圣多明各时,"很多军官和所有士兵都相信他们是在为革命而战;他们认为杜桑①是一个投靠教士、流亡者和英国人的叛徒……人们依然认为自己属于一支革命军队。然而,有几个夜晚,他们听到堡垒内的黑人们在唱《马赛曲》、《一切都会好的》和其它革命歌曲。拉克鲁瓦②讲到,这些受了欺骗的士兵,听到这些歌声,抬起头看着他们的军官,仿佛在问他们:'正义会在我们的野蛮的敌人一边吗? 我们不再是法兰西共和国的士兵了吗? 我们将成为政治的庸俗的工具吗?'"③怎么会这样呢? 法兰西是革命的国度! 波拿巴在取得一些胜利后,开始进军攻打杜桑·卢维杜尔。因此,这是很明显的:杜桑是一个为外国人卖命的反革命。此刻同于以往,所有的人都以同样的价值——自由、正义——的名义而战斗。区别在于我们为哪一类人要求自由或正义,我们打算与谁——奴隶还是主人——组成社会。马基亚维里是有道理的:应该有一些价值,但这还不充分,而且仅仅局限于它们是很危险的;只要我们没有挑选出那些肩负着把这些价值引入到历史斗争中去的人,我们就什么也没有做。然而,我们不仅仅只是在过去才看到,一些共和政体拒绝给予其侨民以公民资格、它们以自由的名义屠杀、以法律的名义发动攻击。当然,

---

①　杜桑(F-D. Toussaint Louverture,1743～1803),即杜桑·卢维杜尔,拉丁美洲独立运动早期领袖,军事家,海地共和国缔造者之一、国父。

②　拉克鲁瓦(F. J. P. de Lacroix,1774～1841),法国将军。

③　詹姆士:《黑色的雅各宾党人》,第275、295页。

冷酷睿智的马基亚维里不会为此指责它们。历史是一场斗争,这些共和政体不进行斗争就会消亡。至少我们应该看到,手段总是血腥的、残酷的、肮脏的。不承认这一点乃是十字军东征的高超伎俩,应该打破这个封闭圈。

显然,正是就这一领域,对马基亚维里进行批评既是可能的又是必要的。他强调权力问题并没有什么错,但他只是满足于片言只语地提及可能并非不公正的权力,而没有尽力寻求为其作出界定。让他失去如此做的信心的是:他认为人是不变的,而制度则以循环的方式相继出现。① 总是会有两类人,一类人只生活着,一类人在创造历史:流放中的马基亚维里与之一起打发日子、闲聊、玩双六棋的磨坊主、面包商、旅馆老板(他说,"那时,争吵、怨言、辱骂不绝于耳,人们为一个苏儿争吵,人们的高声尖叫远至圣卡西亚诺都可以听到。身处这种肮脏的地方,我走到了厄运的尽头");他在晚上穿上宫廷服装阅读其历史、向其提问、总是给予他回答的伟人(他说,"在长达四个小时里,我不再有任何烦恼,我忘却了一切不幸,我不再害怕贫穷,死亡不再使我畏惧,我完全超越于这些东西之外")。② 他或许从来都不愿与这些憨厚的人分开:如果他们对于他来说没有什么神秘,他就不会花那么多时日去思考他们:这些人真的能够喜欢和理解他所喜欢和理解的事情吗?看到一方面是如此盲目,另一方面是如此自然的控制艺术,他倾向于认为不存在什么人性,存在的只有一些历史人物和一些被动者,并且倾向于把

---

① 《论李维》,第一卷,转引自勒诺德:《马基亚维里》,第 71 页。

② "致弗朗塞斯科·韦托里的信",转引自勒诺德:《马基亚维里》,第 72 页。

自己放到前者之列。因此,不再有任何理由喜欢一个而不是另一个"全副武装的预言家",他只是盲目地行动:他把自己的一些大胆的希望寄托在洛伦佐·德·美第奇①的儿子那里,而美第奇家族追随自己的准则,牵累他却没有用他。共和主义者的他在《佛罗伦萨史》的前言中,反对共和主义者对美第奇家族的判断,而共和主义者在这一点上不能原谅他,也不用他了。马基亚维里的行为暴露了他的政治学所缺少的东西:一条引导性的线索——它使得他能够在各种权力中间认识到那种可能会有值得期望的东西的权力,并明确把德行置于机会主义之上。

出于公正,还应该补充说,任务是艰巨的。对于马基亚维里的同时代人来说,政治问题首先是要知道:意大利人在遭到罗马教廷的劫掠以后,是否还由于法国和西班牙的劫掠而在耕作和生活方面长期受阻。除了意大利国家和建立它的战士外,他还能合理地希望什么呢?为了实现人道,应该从实现人类生活的这一局部开始。在欧洲(它还不了解自己)、世界(它还没有对自己进行清查,分散在其各个地方的国家和人们还没有相遇)的不一致中,能够成为意大利人民城市的同谋者的普遍人民在哪里呢?所有国家的人民如何能够互相承认、共同商议和相聚一起呢?除了那种透过世界而期待人与人之间的有效承认的人道主义之外,不存在严肃的人道主义;因此,不应该走在人性自己提供交流和相通的手段这一环节前面。

① 洛伦佐·德·美第奇(Laurent de Medicis,1449~1492),意大利政治家,外交家、艺术家,同时也是文艺复兴时期佛罗伦萨的实际统治者。

这些问题如今还存在，而且由马基亚维里提出的真正的人道主义这一问题，一百年以前又由马克思重新提起。我们能够说它得到解决了吗？马克思为了实现人道，明确打算寻找原则的模棱两可的根据之外的另一种根据。他在最受剥削、最受压迫、最没有权力的人们的处境和生命活动中去寻找一种革命的，即能够消灭剥削和压迫的权力之基础。但是，看起来好像整个问题就在于构建一种没有权力的政权。因为，要么，为了始终保持为无产阶级的政权，它应该按照群众意识的变动而变动，然而，这种政权很快就会被打败；要么，如果它想逃避被打败的命运，它就应该让自己成为无产阶级利益的评判者，于是它被建成为传统意义上的政权，它是一个新的领导阶层的粗坯。解决的办法只能在权力和服从者之间的全新的关系中找到。应该发明一些能够监督权力而不取消权力的政治形式，需要一些能够向服从者说明某一政策的理由并且在必要时能够从他们那里获得权力通常要求他们做出的牺牲的首领。在 1917 年革命时，这些政治形式成形了，这些首领出现了；但从喀琅施塔得公社①时期以后，革命政权失去了与一部分无产阶级的联系；有证据表明，为了掩盖冲突，它开始说谎。它宣称起义者的领导层受到白军警卫队的控制，如同波拿巴的部队把杜桑·卢维杜尔看作外国的代理人一样。分歧已经被歪曲成破坏，对立被歪曲成间谍活动。我们在革命内部看到了革命应该超越的各种斗争。仿佛为了证明马基亚维里有理似的，在革命政府求助于权

---

①　在 1917 年的十月革命中，喀琅施塔得要塞的水兵曾是布尔什维克党赢得起义胜利的重要支柱，而在 3 年后的 1921 年 2 月，发生了反对布尔什维克党和新生苏维埃政权的大规模武装暴动，也就是著名的喀琅施塔得事件。——译注

力的传统计谋时,在革命的敌人那里甚至不缺乏对对立意见的同情。整个权力要么倾向于"自动实现",这里涉及的是整个人类社会都不可避免的命运;要么来自于偶然的进化,与俄国革命的特殊条件、与1917年前革命运动的秘密性、与俄国无产阶级的软弱性联系在一起,它不可能在一次西方的革命中产生;这显然是实质性的问题。无论如何,既然喀琅施塔得的权宜之策变成了一种制度,既然革命政权已经明显地作为领导阶级的,以及不受监督的精英的权力标志取代了无产阶级,那么我们可以得出结论:在马克思之后的一百年里,真正的人道主义的问题依然没有得到解决,并因此表明了对于只不过是隐约地预感到了这一点的马基亚维里的宽恕。

如果我们把人道主义称作是一种关于内在的人——他在与他人的关系中不会发现任何原则上的困难,不会在社会运转中发现任何的不透明性,而且他用道德劝导代替政治文化——的哲学,那么马基亚维里就不是一个人道主义者。但是,如果我们把人道主义称作是一种把人与人之间关系作为问题加以正视、并且在他们之间构建某种共同的处境和历史的哲学,那么应该说马基亚维里已经表明了任何严肃的人道主义的某些条件。当今对马基亚维里的如此普遍的否定有着令人不安的意味:这可能是无视真正的人道主义之任务的决定。有一种方式把马基亚维里斥责为不择手段者,这是把他们的注视和我们的注视引向原则的天空,以便让它们离开他们所做的事情的那些人的善良技巧。还有一种方式把马基亚维里完全看作是马基亚维里主义的对立面而加以赞扬,因为它敬重他在作品中为政治的澄清所做出的贡献。

十一　人与厄运[①]

　　要在一个小时之内清点五十年来关于人的哲学研究的进展完全是不可能的。即使我们假定一个人的脑袋中有这种无限的能力，我们也会因为需要加以考虑的作者们的不一致而止步不前。这就如同一种只能曲折地发展的文化规律，每一个新观念在确立它的观念之后就变成了不同于它在确立它者那里之所是的另一种东西。如果一个人没有因他要去认识的观念的遗产这个事实而改造遗产，如果他没有在其中注入他自己的、始终不同的存在方式，那他就不能继承它。与各种观念的产生相应，一种持续不断的流动性使观念发生了变化，就像一种永不满足的"表达需要"在我们认为各种语言达到了目的（即成功地在说话者之间确保了一种看起来没有歧义的交流）时改变了语言那样——语言学家对语言如是说。我们怎么敢统计一些已经获得的观念，因为它们即使已经使自己被几乎普遍地接受了，仍总是通过变成与它们自己有别而达到的？

　　此外，一张既得知识的图表是不够的。即使我们从头至尾地罗列了半个世纪里的各种真理，为了重建其内在的一致性，仍然有

待于唤起它们要回应的个人的、人际的经验，以及它们参照之而获得界定的处境的逻辑。有价值的或伟大的作品从来都不是生活的一个结果，而始终是对生活的非常特殊的事件或生活的最一般的结构的一种回应。作家自由地说是或不、自由地以不同的方式论证和限定其赞成和反对，但他不可能做到让自己不需要在某种历史景致中、在某种问题状态中选择自己的生活——这种状态排除了某些解决，即使它没有强加任何解决，并把同时代人的不容置疑的品质赋予不管可能会多么不同的纪德①、普鲁斯特和瓦莱里。观念的运动只有通过回应个体间生活的某种脉动才会最终发现一些真理，在人的认识中的任何变化都与在他那里展开其实存的一种新方式有关。如果人是不像事物那样满足于与自身相一致，而是向自己表象自己、观看自我、想象自己、给予自己一些关于自己的严格的或幻想的象征符号，那么很显然，在人的表象中的任何变化反过来也都传达了人本身的一种变化。因此，在这里应该提及这半个世纪的整个历史，连同它的各种计划、各种失望、各种战争、各种革命、各种大胆、各种恐慌、各种发明和各种缺陷。但我们只能拒绝这一没有止境的任务。

　　不过，我们不能指望借助一种严格的方法，从一些作品、一些观念和历史出发来确定这种对于人的认识的变化，它已经沉淀在我们这里，它是我们的实体，当我们回顾本世纪初的各种著作和事实时，我们对之有一种生动而全面的感受。我们可以尝试的是，依据选定的两三种关系，在我们自己这里辨识人类处境的各种变化。

---

　　① 纪德(A. Gide, 1869~1951)，法国作家，诺贝尔文学奖获得者。

需要无数的说明和评论,需要消除成千上万的误解,需要用一些非常不同的概念系统来一个表达另一个,以便建立一种比如说在胡塞尔的哲学和福克纳①的作品之间的客观联系。然而,它们是在作为读者的我们这里发生联系的。从第三方见证者的角度看,甚至像安格尔和德拉克罗瓦那样的自认为是对手的人也是一致的,因为他们都回应了一种唯一的文化处境。我们都是同样的人,我们都已经把共产主义的发展和战争体验为自己的问题,我们都阅读过纪德、普鲁斯特、瓦莱里、胡塞尔、海德格尔和弗洛伊德。不管我们的回应是些什么,应该有办法划定我们的经验的感性区域,而且即使不能表述对于我们来说的一些共同的关于人的观念,至少也能表述一种关于我们的状况的新经验。

　　在这些条件下,我们打算承认,我们这个世纪是通过"唯物主义"和"精神主义"、悲观主义和乐观主义的全新结合,或更准确地说是通过对这些反题的超越而显现出来的。我们的同时代人能同时且毫无困难地认为:人类生活是对一种原本秩序的要求,但只有在某些可能不会出现的非常明确、非常具体的条件下,这种秩序才能延续下去、甚至真正地存在,万物和世界的任何自然安排都不能预定它们使人类生活成为可能。在 1900 年,确实有许多哲学家和科学家为一个人类的实存设置了某些生物的和物质的条件。但他们通常是上个世纪末意义上的"唯物主义者"。他们把人类看作进化的一个插曲,把各种文明视作适应的一个特例,甚至把生命分解为它的各种物理的和化学的成分。对于他们来说,人类对于世界

——————————

①　福克纳(W. Faulkner,1897～1962),美国作家,诺贝尔文学奖获得者。

的特有视角是一种多余的现象,那些看到人类偶然性的人通常把各种价值、各种制度、各种艺术作品、各种词当作最终可诉诸于全部机体的各种基本需求和欲求的符号的一个系统。另一方面,确实有许多"精神主义"作者假设在人类那里有不同于基本需求和欲求的其它动力;但是,当他们不使这些动力来源于某种超自然的源头时,他们就把它们与保障了它们的绝对有效性的人性联系起来。人性把真理和正义作为其属性,正如其它物种把鳍和翅作为其属性一样。那个时代充满了这些绝对和分离的概念。透过所有的事件,存在着国家的绝对,而人们把一个不偿还借款人的钱的国家看作是不诚实的,即使它正忙于革命。金钱的价值是一种绝对,人们几乎没有想过要把它看作经济和社会机能的单纯辅助物。也存在着道德的金本位:家庭和婚姻就是善,即使它们隐藏着反抗和憎恨。那些"精神的东西"是在己地高贵的,尽管各种书籍(如 1900 年的大量著作)只是传达了一些阴郁的梦想。存在着各种价值,此外还有各种现实;存在着精神,此外还有身体;存在着内在,此外还有外在。但是,如果事实的秩序恰好侵越了价值的秩序,如果人们察觉到这些二分只有在不触及某种苦难和危险时才站得住脚,那会怎么样呢?今天,甚至在我们中间,那些重新采用人道主义一词的人也不再坚持我们的长辈们的恬不知耻的人道主义。我们时代的特点也许是把人道主义与具有充分权利的人性的观念相分离,不仅仅是要调和关于各种人类价值的意识与关于在实存中支撑着它们的基础结构意识,而且也要把它们看作是不可分离的。

*　　　*　　　*

我们这个世纪已经消除了"身体"和"精神"的界限，并把人的生命看成贯穿地既是精神的、也是身体的，总是以身体为支撑，总是——直至在它的那些最物质方面的样式中——与各种人际关系有关。对于十九世纪末的许多思想家来说，身体是一块质料，一堆机械。二十世纪恢复并深化了肉，也就是灵化的身体的概念。

例如，在精神分析中，跟踪在弗洛伊德那里最初是十九世纪的医生的概念的身体概念到关于亲历的身体的现代概念的转变是非常有趣的。精神分析在起点上不是接续了机械论的身体哲学吗？我们不是还经常这样理解它吗？弗洛伊德的体系不是借助本能，尤其是性本能——借助各种生理条件——，借助一种力量的合成（它超出我们的意识的把握，它甚至在人达至理性控制的、与文化、与他人有特有的人类关系的年龄之前就已经在童年中一劳永逸地获得了实现）来说明成年人的那些最复杂和最精心熟虑的行为吗？这或许是弗洛伊德的早期著作的表面现象，而且是对于一个急切的读者而言；但是，随着精神分析在弗洛伊德及其继承者那里联系临床经验修正了这些最初的概念，我们看到出现了由开始时的那些概念召唤来的一种新的身体概念。

说弗洛伊德想把人的整个发展建立在本能的发展之上，这并没有错，但是，说他的著作一开始就搞乱了本能概念，取消了到他为止人们认为能够用来限定本能概念的标准，则未免走得太远了。如果说本能一词意味着某种东西，那它意味的就是机体的一种内在装置（它确保了机体以最小量的运动对物种的某些典型的环境做出某些适应性反应）。然而，弗洛伊德主义的本质是要明确地证明：在人那里不存在这种意义上的性本能，"多形生理本能反常者"

的儿童只有在艰难的个人史结束之后才能确立所谓的正常性活动（如果他这样做的话）。爱的能力不能确定自己的器官好目标，它经过了一系列接近典型的爱的投注，并且在期待、回退、重复和超越自己，而我们从来都不能声称所谓的正常性爱不外乎就是它本身。儿童和父母的关系尽管强大到足以开始或推迟这一历史，但它本身却不属于本能的秩序。在弗洛伊德看来，这是一种精神关系。不是因为儿童与所爱的父母有同样的血统，而是因为他知道自己出自于他们，或者因为他看到父母关注他，所以他把自己与他们相等同起来，按他们的形象来设想自己，按自己的形象来设想他们。在弗洛伊德看来，最后的心理现实是把儿童和父母的形象联系起来，并通过父母的形象与所有其他人联系起来的各种吸引和各种张力的系统，他在这一系统中依次尝试采取各种不同的立场，其中的最后立场就是他的成人态度。

　　不仅仅是爱的对象，而且爱的方式本身也超出了任何借助本能的定义。我们知道，为一种温情所支撑的成人之爱（它令人放心，它不是每时每刻都要求绝对依恋的新证据，它把他人看作是如其所是的、有其距离的、处在其自主中的），在精神分析看来是通过儿童的"独占爱"（它每时每刻都强制要求一切，它是所有爱情中仍可能存在的贪婪这一不可能的东西的原因）得到的。即便向生殖器过渡是这种转变所必需的，它也从来都不足以保证这种转变。弗洛伊德已经描述了儿童与他人的一种关系，它是以他身体的那些最没有能力进行区分和进行连接活动的部位和功能（只知道吸或咬的嘴，只能收缩或松开的各种括约肌器官）为中介而形成的。不过，与他人关系的这些原初方式直至到成人的生殖生活中都仍能保持为主导性的。这样,这种与他人的关系始终陷入到绝对直接性的死胡同中,摇摆在一种无人性的要求、一种绝对的利己主义与一种毁灭主体本身的强烈的献身精神之间。因此,性欲,或更一般地说,被弗洛伊德视作我们的实存之土壤的身体性,首先是一种绝对的和普遍的投注能力:它只有在立即就对母亲和父亲的身体和角色的各种可见差异做出反应这个意义上,才是性的;生理的东西和本能包含在绝对拥有的中心要求中,这种要求不可能是关于一团物质的事情,它属于我们通常称之为意识的东西的领域。

我们在此谈论意识仍然是错误的,因为这样做恰恰是在弗洛伊德主义对心灵和身体的二分法提出异议,并因此改造我们关于身体的观念和关于精神的观念时,重新回到这种二分法。弗洛伊德在其最早那些著作的一部中写道:"心理事实有一种意义。"这意味着在人那里,任何举止都不是身体机制的单纯结果,意味着在行为中不存在精神中枢和自动活动的外周,意味着我们的所有姿势都以它们自己的方式参与到了这种就是我们自己的独一无二的说明和含义的活动中。至少,与他把各种上层结构归结为本能的基础结构一样,弗洛伊德力图证明在人类生活中没有"下面",没有"底部"。因此,我们不可能有比这更远离"通过底部"进行的说明了。至少,与他用从童年接受下来的宿命来说明成人的举止一样,弗洛伊德证明在童年中有一种早熟的成人生活,例如,在儿童的括约肌举止中,存在着他对与他人的各种慷慨或吝啬关系的最早选择。至少,与他通过身体来说明心理的东西一样,他指出了身体的心理含义,它的隐秘的或潜在的逻辑。因此,我们不再能够像谈论一种终极原因那样谈论作为可定位的器官的性或作为物质团的身体。它们既不是原因，也不是单纯的工具或手段，而是我们的生活之载体、支撑点、方向盘。哲学所已制作的任何概念——原因、结果、手段、目的、质料、形式——都不足以思考身体与整个生命的关系，身体与个人生活的连接或个人生活与身体的连接。身体是谜一般的：它无疑是世界的一部分，但又奇怪地作为其居所被提供给一个绝对的欲望，这一绝对的欲望想要接近他人并且在其身体（它也既是有生机的又是能赋予生机的，是精神的自然形象）中与之会合。伴随着精神分析，精神进入到身体之中，正如反过来身体也进入到了精神之中。

291　　　这些研究必然既搅乱我们关于身体的观念，同时也搅乱我们对其伙伴，即精神所形成的观念。应该承认：为了从精神分析的经验中提取它所包含的一切，在此还有许多事情要做；而自弗洛伊德起，精神分析学家就满足于那些几乎不能令人满意的概念的搭建。为了说明在身体的匿名生活和个人的正式生活之间的相互影响（这是弗洛伊德的伟大发现），应该在机体和我们之间引入某种作为有意行为和明确认识之结果的东西。这就是弗洛伊德的无意识。只要注意到这个普洛透斯般的概念在弗洛伊德作品中的各种变化，它的多种多样的用法，它所导致的各种矛盾，就足以确定它不是一个成熟的概念，正如弗洛伊德在《精神分析论集》中让我们知道的，还有待于去正确地表述他在这个临时指称下所指向的东西。乍看起来，无意识让人想起的是唯有其结果会被给予我们的那些冲动的动力学场所。然而，无意识不可能是"第三人称过程"，因为正是它从我们这里选择了那种将被承认为正式实存的东西，正是它避开了我们要抵制的那些思想和处境，因此它不是一种非知,毋宁说它是我们不想接受的一种不被承认、没有被表示出来的知识。以一种近似的语言,弗洛伊德在此正接近于发现其他人更恰当地命名为含混的知觉的东西。正是通过朝这个方向努力,我们将为这种意识找到一个市民身份,它掠过它的对象,在它将要确定它们时避开它们,像盲人考虑各种障碍物那样考虑它们,而不是要认识它们,它不想知道它们,它因为知道它们而无视它们,因为无视它们而知道它们,它暗示了我们的各种明确的行为和认识。

不管它们的哲学表述是什么,毋庸置疑的是,弗洛伊德越来越清楚地意识到了身体的精神功能和精神的肉身化。随着其著作的成熟,他谈论作为我们生活的基本背景的对他人的"性攻击"关系。²⁹²由于攻击不是指向一个东西,而是指向一个人,所以性和攻击的交织意味着性欲可以说有一个内部,意味着它在其整个范围内同时也是一种人与人的关系,意味着性是我们体验与他人的关系的肉体方面的方式,因为我们是肉。既然性欲是与他人,而不仅仅是与另一个身体的关系,它就在他人和我之间编织起了各种投射和各种内摄的循环系统,引起使我是他人且他人是我的能反映之反映和被反映之反映的无穷系列。

这就是弗洛伊德主义最终给予我们的肉身化的,通过肉身化而被给予自己、也被给予他人的(无与伦比的、然而又被剥夺了其先天秘密且与其同类面对面的)个体的观念。在弗洛伊德形成它的时候,作家们在没有受到通常意义上的影响的情况下,也以自己的方式表达了相同的经验。

因此,首先应该理解这半个世纪里的作家们的好色。当我们在这方面比较普鲁斯特的作品或纪德的作品和上一代的文学作品时,对比是很惊人的:普鲁斯特和纪德越过了 1900 年的那一代作家,一开始就恢复了萨德①式的和斯汤达式的直接描述身体的传统。随着普鲁斯特和纪德,开始了对身体的不倦的描绘;我们观察它,询问它,倾听它,就像对待一个人那样,我们窥视其欲望或窥视我们所说的其热情的断断续续出现。由于普鲁斯特,它成了过去的保管者,尽管种种变化使它几乎难以辨认,但正是它时不时地使我们和我们的过去保持一种实质性的关系。普鲁斯特在死亡和清醒这两种相反的情形中,描述了精神和身体的会合点,表明在沉睡的身体的弥散上,我们在清醒时的各种姿势如何恢复了一种九泉之下的含义,相反,在临终的抽搐中,含义又是如何消解的。他以同样的感情分析了艾尔斯蒂尔②的绘画和在一个乡村车站瞥见的牛奶女贩,因为当颜色和肉开始向眼睛或身体说话时,两者那里有着同样的奇特经验,即表达的经验。在其死前的几个月,纪德列举了他一生中爱过的东西,他平静地一起说出《圣经》和快乐。

在他们那里也出现了他人的烦扰,这是不可避免的。当人发誓要普遍地存在时,对自身的关怀和对他人的关怀对他来说是没有区别的:他是众人中间的一个人,而其他人是他者自己。但是,相反地,如果他认识到在从里面休验到的肉身化中存在着独一无二的东西,那么他人必然以折磨、嫉妒,或至少是不安的形式向他显现出来。他被自己的肉身化传唤出庭在一种陌生的注视下,并在它面前为自己辩护,同时又被相同的肉身化系牢在自己的处境

① 萨德(D. A. F. de Sade,1740~1814),法国作家。
② 艾尔斯蒂尔(Elstir),普鲁斯特《追忆逝水年华》中的一个角色。

中,他能够感受到他人的欠缺和需要,但不能在他人那里找到自己的宁静,所以他陷入到为己的存在和为他的存在之间的往复运动中,这构成了普鲁斯特那里的爱情悲剧,以及纪德《日记》中可能最打动人的东西。

在最不太可能喜欢弗洛伊德表达的近似和模糊的作家,即瓦莱里那里,我们发现了对相同的悖论的绝妙的表达。这是因为在他的作品中,对严谨的爱好和对偶然性的敏锐意识是同一个的两个面。否则,他就不可能如此精彩地谈论身体,把它看作一种有两个面的存在,既是许多的荒唐事、也是我们的一些最确定的成就的原因。"艺术家带着他的身体,后移、安放和拿走某个东西,他像运用自己的眼睛那样运用自己的整个存在,并且整个儿成为一个自我调整、自我变形和寻找焦点的器官,这个独一无二的焦点潜在地属于被深入地寻找的作品(它并不总是我们所寻找的作品)。"①在瓦莱里那里也一样,身体的意识不可避免地萦绕着他人。"如果人的双眼不能够离开跟踪它们的其它眼睛,那么就没有人能够自由地思考。一旦注视相遇了,我们就不再完全是俩,就存在着仍然保持独自的困难。这种交流(这个词很好)在极短的时间里实现了一种移位、一种换位:两种'命运'、两个视点的交叉。由此产生了一种同时发生的相互限制。你捕捉到了我的形象和外表,我捕捉到了你的。你不是我,因为你能看见我,我不能看见我。我所欠缺的是你所看见的这个我。至于你,你所欠缺的是我所看见的你。不

---

① 《错误的思想》,第 200 页。

管我们在相互认识中走得有多远，我们越是反思，我们就越是不同
……"①

　　随着我们走近这半个世纪，更加明显的是，肉身化和他人在同
时代人那里成了反思和感受性———一种感性反思———的迷宫。以
致出现了《人的状况》的著名段落，书中的一个人物在这一段落反
过来提出这样一个问题：如果我确实被封闭在我自身中，如果对我
来说，我用我的双耳听到的其他人和我自己（我用我的喉咙听到的
"无与伦比的怪物"）之间确实有一种绝对的差异，那么在说出的或
做出事情、功劳或过失之外，甚至罪行之外，谁将会被他人接受，就
像他接受他自己一样呢？马尔罗和萨特一样读过弗洛伊德，不管
他们最终如何看待他，他们都是在弗洛伊德的帮助下学会认识自
己的，而这就是为什么当我们在此试图确定我们时代的某些特征
时，我们认为揭示在他们之前并作为他们的出发点的身体体验是
更有意义的，因为它在他们的前辈那里已经预备好了。

＊　　　＊　　　＊

　　承认意识和其语言之间有一种奇特的关系，就像意识和其身
体之间有那样，是这半个世纪的各种研究的另一个特点。日常语
言以为可以把不需要任何符号就能够存在、就能够被设想的事物
或含义与每个词或每个符号对应起来。但是，长久以来，日常语言
在文学中遭到了拒斥。尽管马拉美与兰波的文学事业有非常大的
差别，但它们也有一共同之处：它们都让语言从"明证性"的控制中

---

①　《如是》，卷一，第 42 页。

解放出来,都信任它,为的是创造和获得一些新的意义关系。因此,语言对于作家(如果他已经是作家的话)来说不再单纯是用来交流在别处给出的一些意向的工具或手段。现在,它与作家融为一体,它就是他自己。语言不再是含义的仆人,而是意指活动本身,而说话的人或作家没有必要有意地支配它,完全就像活着的人没有必要预先考虑其姿势的细节或各种手段一样。从此以后,除了扎根在语言中并运用它外,不存在其它的理解语言的方式。作为语言方面的专业人士,作家是没有安全性的专业人士。他的表达活动从一个作品到另一个作品地被更新,就像我们针对画家所说的,每一部著作都是他所构建的他立足于其上(才能冒着同样的危险)去构建另一个台阶的一个台阶,而我们所谓的作品,即这些尝试的结果,总是要被中断,不管是由于生命的结束还是由于说话能力的枯竭。作家总是重新开始与一种他不是其主人,但没有他又什么都不是的语言进行较量,这种语言本身是多变和优美的,但它们总是要通过作家的辛劳才能得到。背景和形式、意义和声音、构想和实施之间的区别现在变模糊了,就像前面身体和精神的界限一样。从"有含义的"语言走向纯粹的语言,文学像绘画一样,摆脱了与事物的相似,摆脱了已完成的艺术作品的理想。正如波德莱尔已经说过的,存在着一些我们不能说已完成了的已结束了的作品,和一些说出了它们想要说的东西的未结束的作品。表达的本义从来都只不过是接近。

这种语言的感染力在我们这个世纪里是那些相互厌恶的作家 296 共有的,但它从现在起也确保了他们之间的亲缘关系。超现实主义在其开端确实有反抗语言、反抗任何意义和反抗文学本身的外表。不过,真相却是,在很快纠正了几个犹豫不决的表述之后,布勒东①就不打算为了无意义而摧毁语言,而是要恢复言语的某种深刻而根本的使用,他认识到,所有那些所谓的"自动"本文都远远不能提供这种使用的一个充分的例子。② 正如莫里斯·布朗肖③回想起的,对于《您为什么写作?》这一著名的调查,布勒东通过描述一直以来都在作家那里被提出来的言说的任务或使命,即要求作家陈述从来没有被命名者的东西并给予它一个名称,已经予以了回答。他结论性地说,④在这一意义上,也即在揭示和显示的意义上,写作从来都不是一项空幻和无聊的工作。反对各种批判功能或有意识控制的论战不是为了将言语交给偶然和混乱,相反,它通过使语言和文学摆脱有才华者的一些雕虫小技、摆脱文学世界的一些小秘诀,想要在它们的任务的整体范围内唤起它们。应该回溯到说话的人还不是文人、政客或贤人时的纯洁、青春和单一的这个点上,回溯到布勒东在别处谈到的"崇高点"上,文学、生活、道德和政治在那里都是等价的、可以相互替代,因为我们中的每一个事实上都是同样的会爱或会恨、会读或会写、会接受或会拒绝政治命运的人。既然超现实主义在悄悄进入过去时摆脱了它的各种狭窄——同时还有它的精致的刻毒——,我们就不再能够通过其一开始时的各种拒绝来界定它,在我们看来,它是对我们这个世纪从一个十年到另一个十年所宣告的自发言语的召唤之一。

---

① 布勒东(A. Breton,1896~1966),法国诗人和评论家。

② 参"自动语言",载于《黎明》。

③ 布朗肖 (M. Blanchot,1907~1903),法国作家和评论家。

④ 《正当的捍卫》。

　　同时,在我们的记忆中,超现实主义也与这些召唤混杂在一起,并且与它们一道构成为我们时代的常量之一。超现实主义者最初颇为喜欢,后来却加以排斥的瓦莱里,在其法兰西学院院士的形象之下仍然非常接近于他们的语言经验。因为人们没有充分注意到,他使之对立于有含义的文学的,不像人们在快速阅读时认为的那样,是以一些语言的和韵律学的约定(它们越是复杂,总之,越是荒谬,就越是有效)为基础的单纯习作的文学。在他看来,构成诗歌语言之本质(他有时甚至说,任何文学语言的本质)的东西,是它并不随着它所传达给我们的东西而消失;是意义在它那里再次要求那些有助于交流意义的词,而不是别的东西;是我们不能扼要陈述一部作品,要想重新获得它,就只有去重读它;是观念在这里通过词(不是根据它们在普通语言中被赋予的词汇含义,而是根据各种更加物质方面的意义关系)而得以产生:这是因为它们从自己的历史和自己的使用中获得的那些含义晕圈,是因为它们在我们这里所过的和我们在它们那里所过的、时常通向那些伟大的书籍所是的充满意义的偶然性的生活。瓦莱里以他自己的方式向激发了语言的超现实主义使用的语言再次要求与其完整意义的同样的相符。

　　他们所有的人都看到了弗朗西斯·蓬热要将之称为语言的"语义厚度"和萨特要将之称为语言的"含义土壤"的东西,也就是语言特有的作为姿势、语调、声音和实存变式在它根据各种现行的约定一部分一部分地意指的东西之外去意指的能力。这里与克洛代尔所说的词的"理智—口酥"相距不远。对语言的这种相同感受甚至在散文的各种当代定义中都能重新见到。对于马尔罗也一

样，学习写作就是"学习用自己的声音说话"。① 让·普雷沃②在斯

汤达（他认为自己就像在写"民法典"）那里察觉到了一种强意义上

298 的风格，即各个词、各种形式、各种叙事元素的一种新的、极其个人

的排列，符号之间的一种新的对应方式，以及斯汤达对整个语言装

置所做的特有的难以觉察的改变——斯汤达的多年使用和生活所

构成的系统——，这一系统最终使他能够即兴创作，而且我们不能

说它是思想系统（因为斯汤达几乎没有觉察到它），而应更确切地

说它是言语系统。

　　因此，语言是这种独特的装置，它就像我们的身体一样，给予

我们的要多于我们放入它那里的，这要么是因为我们在说话时学

到了我们的思想，要么是因为我们聆听他人。因为当我听或读时，

那些词并不总是在我这里触及一些已经在场的含义。它们有不同

寻常的能力把我吸引到我的各种思想之外，它们在我的私人世界

中辟开了其它思想得以涌入的裂缝。让·波朗说得好："至少在这

一刻，我已经成了你。"我的只不过是一团物质的身体，集结成了一

些瞄向其外的姿势，同样，语言的那些词（它们在被逐个地考察时

只不过是一些只与一个含糊的或普通的观念相对应的惰性符号），

在说话行为把它们结合成一个单一的整体时，突然就充满了一种

漫溢到他人那里的意义。精神不再是单独的，它仿佛借助一种自

发的生殖在各种姿势的边缘、在各个词的边缘萌芽。

　　　　　　　　*　　　　*　　　　*

---

① 《艺术心理学》。

② 普雷沃（J. Prévost，1901～1944），法国作家，抵抗运动的成员。

我们关于人的观念的这些变化,它们如果不与我们(不管学者还是非学者)全都参与的,因此比任何其它经验都更有助于塑造我们的经验——我指的是各种政治关系和历史的经验——明显趋同的话,就不会在我们这里获得如此多的共鸣。

在我们看来,我们的同时代人至少在 30 年来在这种关系下亲历了一种远为危险的冒险,一种与我们以为在我们与文学的关系或与自己的身体的关系的无足轻重之秩序中遭遇的冒险类似的冒险。在分析中那种使精神概念进入身体概念或语言概念中的同样的含混性,显然侵入了我们的政治生活。在两种情况下都一样,随着混合有可能导致政治的动荡和混乱这一日益严峻的形势,我们越来越难以把属于暴力的东西和属于观念的东西、属于力量的东西和属于价值的东西区分开来。

我们在世界政治正式地成为司法的这样一个时代中长大。使这种司法政治最终失去信任的,是我们看到 1918 年的两个战胜国向重新成为强国的一个德国让出了(且超出于此)它们以前拒绝给予魏玛德国的东西。此后不到六个月,德国也占领了布拉格。因此,这充分证明:战胜国的司法政治是其优势的伪装,而战败国对"权利平等"的要求是德国的正在达至的优势的伪装。我们总是处在各种力量关系中、生死斗争中,每一次退让都是一种软弱,每一次获胜都是通向其它获胜的中继站。但是,重要的是,司法政治的衰落绝没有使我们的同时代人完全退回到力量或实效的政治中。一个值得注意的事实是:犬儒主义甚或政治伪善也已经声名狼藉,舆论对于这一点仍然令人惊奇地保持着敏感,各国政府直到这最近几个月仍然注意避免与舆论相对立,即使到现在也没有一个政府敢公开地宣称要诉诸赤裸裸的武力或实际地这样做。

　　这是因为，真正说来，在战争刚刚结束的那段时期，几乎可以说不存在世界政治。各种力量并不相互对抗。我们确实已经把大量的公开问题置于一边，但正是由于这个原因，存在着一些"无人区"、一些中立区、一些临时的或过渡的政府。完全被解除了武装的欧洲度过了没有侵略的一些年。我们知道，几年来，许多事情都发生了变化，从世界的一端到另一端，在两个敌对强国之间的曾经是中立的区域不再是中立的；一些武器已经出现在一个"无人区"；各种经济援助转变成军事援助。然而在我们看来，值得注意的是，这种向力量政治的回归不是完全没有保留的。有人可能会说，用各种和平宣传掩盖暴力总是很容易的，而这就是宣传。然而，如果看看那些强国的行为，我们最终会问自己这是否只不过是托辞。有可能所有的政府都相信自己的宣传，在我们当前的混乱中，它们自己也不再知道什么是对的，什么是错的，因为在某种意义上它们共同说出的一切都是对的。有可能每一种政策实际上都既是好战的，又是和平的。

　　在此，有必要对在当代政治中看起来明显普遍化了的一系列的奇怪实践进行分析。例如，清洗和秘密政治这两种孪生实践，或各种第五纵队的政治。它们的秘诀已经被马基亚维里指出了，但只是顺带地指出，而它们如今却在所有方面都力图成为制度性的。然而，如果我们认真思考一下就会看到，这假定了我们总是期待在敌人那里找到一些同谋者，在自己内部找到一些叛徒。因此，这就是承认了所有的事业都是含混的。在我们看来，今天的政治区别于过去的政治的地方就在于这种甚至对于自身事业的怀疑，附属的还有为消除怀疑而采取的一些草率的措施。同样的基本不确定性也体现在国家元首借以实施转折或重回老路的轻率中，当然，这些动荡从来都不会被承认是动荡。毕竟，我们在历史上很少看到一个国家元首解除一位久经考验的杰出总司令的职务，并且差不多把在几个月之前拒绝给予继任者的东西给予了继承者。我们很少看到一个强国拒绝干预，以便让它的一个正准备入侵邻国，而在一年的战争之后又建议回归现状的保护国保持克制。只有在各国人民反对战争，而各国政府既不能直面战争、又不敢讲和（因为这意味承认它们的软弱）的世界里，这些动荡才能够得到理解。那些纯粹的力量关系时刻都在被改变：我们也想为自己制造舆论。军队的每一次调动也成为了一种政治活动。我们的行动与其说是为了在各种事实中获得某种实际的结果，不如说是为了把敌人置于某种道德处境中。由此产生了和平攻势的奇特概念：建议和平就是解除敌人的武装，就是争取舆论，也因此几乎就是赢得战争。但与此同时，我们也完全感觉到了，不应该丢失脸面，过多地谈论和平可能会鼓励敌人。因而，两方面要交替使用，或者更恰当地说要结合使用和平的诺言和武力的措施、言词的威胁和实际的让步。和平的建议是以一种令人气馁的语调提出来的，并且伴随着一些新的预备措施。没有人愿意缔结协定，也没有人想要中止谈判。由此就有了所有的人在几个星期或几个月里都看到的，却没有人想要确认的各种事实上的停战，这就像既彼此容忍、却又不再相互说话的恼怒的人之间发生的那样。我们敦促一个前盟国与一个前敌国签订一个它不赞成的条约。但我们算定它会拒绝。如果它接受了，那就是一种背叛。这就是为什么我们有一种不是和平的和平,也有一种不完全是战争的战争——士兵和居民的看法除外。
我们让自己的朋友去作战,因为当我们为他们提供决定性的作战
武器时,我们也确实在冒战争的风险。我们在敌人面前撤退,并且
寻求将其引入到一种将使其犯错误的攻击性的陷阱中。除了其明
显的意义外,每一个政治行为还包含一种相反的和潜在的意义。
在我们看来,各国政府已经迷失在这些意义之中了,并且在手段和
目的关系的异乎寻常的微妙中,不再能够知道它们实际上在做什
么。辩证法侵入到我们的报刊中,但这是一种发疯式的辩证法,它
302 转向它自己,不能解决问题。我们在这一切中看到的更多的是混
乱而非伪善,困惑而非恶意。

　　我们不是说这种情况本身毫无危险:我们有可能间接地参与
战争,它可能在这种大政治的一个转折点上突然发生,这种大政治
从本性上说只不过是引发战争的另一种政治。我们只是说我们的
政治的这些特点最终表明战争没有深层的动因。即使它源于这一
切,也没有人能有根据地说它是不可避免的。因为当前世界的真
正问题与其说在于两种意识形态的对抗,不如说在于面对它们都
无法控制的某些重大事实时所表现出的共同慌乱。如果战争来
临,它可能以钳制和厄运的样子出现。

　　在亚洲,两个大国的对抗已经显露并且正在显露。然而,不是
一个政府或另一个政府的邪恶使得印度和中国这样的几个世纪以
来一直穷得要命的国家开始拒绝饥荒、软弱、混乱和腐败,而是无
线电广播的发展、很少的教育和报刊、与外界的各种交流和人口的
增长,使一百年来的处境突然变得无法容忍了。可耻的是,我们欧
洲人让自己的各种烦扰掩盖了在那边被提出来的实际问题,以及

任何一种人道主义都不能够漠视的需要工业化的国家的悲剧。随着这些国家的觉醒，世界自行闭合了。发达国家可能第一次被置于它们的责任面前，这是不限于两个大陆的人类的问题。事实本身并不让人悲伤。如果我们不是那么沉溺于自己的各种忧虑中，我们就不会觉得它无关宏旨。然而，严重的是，所有的西方学说都过于狭隘，以致不能面对亚洲的发展问题。各种经典的自由经济手段，甚至美国资本主义的手段看起来都不能使印度的设备运转起来。至于马克思主义，它被设想能够确保一种已经被建成的经济装置从寄生的资产阶级手中转到高度觉悟的和有教养的旧无产阶级手中。使一个落后国家过渡到各种现代的生产形式完全是另一回事，曾经对俄国提出的问题现在更进一步向亚洲提了出来。面对这一任务，马克思主义有了深刻的改变，它实际上已经放弃了甚至扎根于工人阶级史中的革命的观念，并且用上面引导的财产转移替代了革命的传播，把国家消亡的论题和作为普遍阶级的无产阶级的论题束之高阁，这些并不令人惊讶。但这也说明苏联不那么支持的中国革命在很大程度上超出了马克思主义政治的预料。因此，当亚洲作为一个积极因素参与世界政治时，欧洲已经提出的概念没有一个能让我们思考它的各种问题。政治思想在此与各种历史的和地方的情势密切粘连，它在这些庞大的社会中不知所措。这无疑是让那些敌对的国家变得谨慎的原因，这是我们的和平机会。敌对国家也可能企图发动战争：尽管战争不能解决任何问题，但它能够让他们拖延这些问题。因此，这同时也是我们的战争风险。世界政治是混乱的，因为它诉诸的观念过于狭隘，以致不能涵盖其活动的场域。

*   *   *

作为结束,如果应从哲学角度来表述我们的评论的话,那么我们要说,我们时代也许比任何一个时代都更多地经历了并且正在经历偶然性的经验。首先是恶的偶然性:在人类生活的开端,不存在一种将它引向毁灭或混乱的力量。相反,我们已经看到,我们的身体或我们的语言的每一个姿势,政治生活的每一行为都自发地 304 考虑到了他人,并且超越自己特有的方面,通向一种普遍的意义。当我们的首创性陷入身体的泥沼、语言的泥沼或我们被要求去终结的这个庞大世界的泥沼中时,这不是因为一个恶灵把它的各种意志对立于我们:这只涉及一种惰性、一种被动的抵抗、一种意义的衰弱——一种匿名的厄运。但是,善也是偶然的。我们不能通过抑制身体来驾驭身体,不能通过置自己于思想中来驾驭语言,不能依靠价值判断来驾驭历史,我们应该总是贴合这些处境的每一个,而它们被超越时,是自发地被超越的。进步并不必然地出自形而上学的必然性:我们只能说,经验很有可能通过排除错误的解决,通过摆脱一些困境而结束。但是,以什么为代价,会有多少的迂回?原则上甚至不排除人类像一个没有最后完成的句子那样在中途就搁浅了。

当然,在人的名称下被认识、以我们所知道的物理特征被规定的存在之集合也共同具有一种自然之光,一种对存在的开放(这种存在把那些可交流的文化获得提供给所有的人并且只提供给他们)。但是,我们在所谓的人的注视中重新发现的这种闪光,它既在施虐狂的最残酷形式中,也在意大利绘画中被见到。正是它使得人那里的一切、直至终结都是可能的。人完全不同于动物物种，恰恰因为他没有任何原本的装备，他是偶然性之所在，这种偶然性时而采取我们谈论希腊奇迹意义上的奇迹的形式，时而采取毫无意向的厄运的形式。出于各种相同的理由，我们的时代既远离了用低层的东西来说明人，也远离了用高层的东西来说明人。无论是用列奥纳多·达·芬奇的性经历，还是用列奥纳多·达·芬奇是其工具的某种神圣动议，抑或用人的能够达成美的本性来说明来说明《蒙娜丽莎》，始终都是屈从于回顾性的错觉，都是预先实现有价值的东西——这始终都是误解了卓越的人性环节：在这里一个由各种偶然性编织而成的生命重新转向自己、重新抓住自己并且表达自己。如果存在着一种今天的人道主义，那么它将摆脱瓦莱里在谈论"在人那里的、我们始终预设他存在的小人"时明确指出的错觉。哲学家有时想要用万物在我们的视网膜上形成的形象或映像来说明我们的视觉。这是因为他们假设在视网膜的映像后面有带着另外的眼睛的第二个人，有负责看前一视网膜映像的另一个视网膜映像。但是，借助这个内在于人的小人，问题仍然没有解决，我们仍然必须去理解一个身体是如何具有生气的，这些盲目的器官最终是如何具有知觉的。"在人那里的小人"只不过是我们的成功的表达活动的幽灵，令人赞赏的人不是这种幽灵，而是处在其脆弱的身体中、处在一种已被很多人说的语言中、处在一种蹒跚的历史中的，集中自身并且开始去看、去理解和去意指的人。今天的人道主义不再有任何装饰性的或礼仪性的东西，它不再喜欢反对自己的身体的人、反对自己的语言的精神、反对各种事实的价值。它只是审慎地、有节制地谈论人和精神：精神和人从来都不存在，它们在身体借以成为姿势、语言借以成为作品、共存借以成为真理的运动中隐约地显露出来。

这种人道主义和经典学说几乎只有同音异义的关系。经典学说以一种方式或另一种方式肯定了一种具有神圣权利的人（因为必然进步的人道主义是一种世俗化的神学）。各种理性主义的宏大哲学在与启示宗教发生冲突时，它们用来与神的创造相竞争的是某种形而上学机械论，这种机械论同样避开了偶然世界的观念。今天的人道主义并不用关于世界的说明来对抗宗教，它开始于意识到偶然性，它是对事实和意义、我的身体和我、我和他人、我的思想和我的言语、暴力和真理之间的令人惊奇的结合的持续确认，它是对各种说明的系统的拒绝，因为它们破坏了我们得以被构成的混合，并且使我们成为我们自己难以理解的。瓦莱里深刻地说道："我们不明白一个神会思考什么"——一个神，他进而在别处就此说明道，也是一个魔鬼。《浮士德》中的墨菲斯托费勒斯①说得好："我是既不睡觉也不思考的没有肉体的存在。一旦这些可怜的疯子离开了本能，我就迷失在他们大脑（他们将之称为'观念'）中的恼怒所产生的任性、无用或深奥之中……我迷失在浮士德中，他在我看来有时以完全不同于他应该的方式来理解我，就好像存在着一个另外的世界而不是那个另外的世界！……正是在这里，他自我封闭，以头脑中存在着的东西自娱，他酝造并思考他知道的东西和他不知道的东西的混合物（他们称它为思想）。我不会思考，我

---

① 墨菲斯托费勒斯（Mephistopheles），歌德作品《浮士德》中的魔鬼。

没有心灵……。"①如果思维始终是回到自身，是在两个分心之间插入我们借以看见某种东西的微不足道的空的空间，那么思维就是人的事情。

这是一个严峻的和（如果人们不计较我的用词的话）近乎令人眩晕的观念。我们需要设想一个由一些自发步骤组成的迷宫——这些自发步骤相互激发，有时相互印证，有时相互证实，但要经过很多迂回，很多无序、混乱的变动！——设想整个事业都取决于它本身。我们可以理解，我们的同时代人在面对他们和我们一样隐约看见的这一观念时，退却了并转向了某个偶像。法西斯主义完全不赞其它看待该现象的方式，它是一个社会面对一种处境（各种道德的和社会结构的偶然性在它这里是显而易见的）的退却。正是对新事物的恐惧唤起并重新肯定了历史经验已经使用过的观念。这是远没有被我们的时代超越的现象。秘术文学在当今法国的受宠是类似的东西。以我们的经济的、道德的和政治的观念处于危机之中为借口，秘术思想想要建立远不能回应我们的问题，但被认为包含秘密（人们希望通过对留给我们的文献进行沉思就能够破解它）的制度、习俗和文明类型。艺术、文学、甚至哲学是要创造神圣的事物，秘术学却要寻找完全现存的神圣事物，比如在各种太阳崇拜中或在美洲印第安人的宗教中寻找，忘记了人种学每天都在明确地向我们指出古代的天堂通常是由哪些恐怖、哪种破烂、何种无能构成的。总之，对偶然性的恐惧无处不在，甚至在那些有助于揭示它的学说中。马克思主义整个地建立在通过人的实践对

307

————————

① 《浮士德》，第 157 页。

自然的超越之上,而今天的马克思主义者却隐瞒对世界的这种改造所隐含的危险。天主教尤其是在法国经历了一次充满活力的探究运动(本世纪初的现代主义与它相比显得多愁善感和模棱两可),而等级制度重新肯定了《谬误学说汇编》的神学说明的最陈旧的形式。我们理解这种做法:人们确实不能严肃地思考实存的偶然性并且坚持《谬误学说汇编》。宗教甚至确实只与最少量的说明性思想相关联。弗朗索瓦·莫里亚克[①]在最近的一篇文章中暗示说,如果无神论只指责哲学家和学者的神,观念中的神,那么它可能会有一种更可敬的意义。但是,如果没有观念中的神,没有关于世界的无限的和创造的思想,那么基督就是一个人,他的诞生和受难就不再是神的行为,并成为人类境况的象征。照吉洛杜[②]的漂亮的说法,期待一种宗教按会把人类设想为"中空的女像柱"是不合理的。但是,重新回到说明的神学,强迫性地重新肯定最现实的存在(Ens realissimum),将导致宗教反思力图回避的实质的超越的所有结论:教会、教会的圣物寄存处、它在可见者之外的不可证实的秘密将再一次脱离实际社会,原则的天堂和实存的人间将再一次分离,哲学的怀疑将再一次仅为一种形式,厄运再一次被叫作撒旦[③],而反对它的斗争已经取得胜利。秘术思想赢得了一分。

　　在基督徒和其他人之间,就像在马克思主义者和其他人之间一样,对话再一次变得困难起来。知者和不知者之间怎么会有真正的交流呢?假如一个人没有看到国家共产主义与国家的消亡之

308

---

① 莫里亚克(F. Mauriac,1885~1970),法国作家,诺贝尔文学奖获得者。
② 吉洛杜(H. J. Giraudoux,1882~1944),法国作家、外交家。
③ 撒旦(Satan),基督教中的魔鬼,是所谓的堕落天使。

间的(哪怕辩证的)关系,当另一个人说他看到了这种关系时,他该说什么呢? 如果一个人在西班牙没有看到福音书和教士角色之间的关系,当另一个人说这并非不可调和时,他该说什么呢? 如果所有那些享有文化、文学生活和教育的人最终抛弃了各种偶像,致力于全面反思的幸福,那么他们有时可能会开始梦想文化、文学生活和教育是什么……。但这种梦想是不合理的。我们时代的各种争论之所以如此激烈,只是因为它抵制一种近在咫尺的真理,因为在厄运的各种威胁之下,我们的时代可能比任何一个时代都更加直接地认识到了命运女神的各种变形。

十二　随谈

1. 妄想狂的政治

309　　1948 年 2 月 14 日的《纽约时报》发表了其特约通讯员舒尔茨伯格①的一篇文章,我们读后都会有收获。标题是:"欧洲的反红色运动鼓动了各种奇特的联盟"。副标题:"各个新的联盟寻求左派的支持,以便把劳工们纳入其阵营"。文章的主要部分如下:

　　"欧洲反共阵线的逐渐发展引起了一些奇怪的意识形态联合和一些古怪的政治田园诗。在那些希望得到马歇尔②计划援助的国家中,几乎所有重要的政治联盟都在尽最大的努力寻求左派支持,它们自身也以某种方式作为'左派'出现,以便得到劳工们的支持、避免被贴上反动派的标签……。在法国,'第三种力量'的政府联盟和属于右派的戴高乐主义运动都在不断地寻求工人的某种支

---

　　①　这里指的是美国犹太棉货商人舒尔茨伯格(C. -L. Sulzberger),其子亚瑟·海斯·舒尔茨伯格(A. H. Sulzberger)为《纽约时报》发行人。
　　②　马歇尔(G. C. Marshall,1880~1959),美国军事家,政治家,外交家,陆军五星上将,曾任美国陆军参谋长,战后任国防部长和国务卿,以提出"马歇尔计划"著称。

持。在这种处境下，以前在中国和西班牙问题上与左派站在一块、现在则是戴高乐的主要顾问之一的著名作家安德烈·马尔罗，向我提供了维克多·塞尔日①去年在墨西哥去世前不久写给他的一 310 封信的复本。信中说：

'我想对您说，我认为您采取的政治立场是勇敢的，也可能是合理的。如果我在法国，我自己也应该会加入与您参加的运动合作的社会党人行列。我把你们的运动在选举中获胜看作朝向法国立即得救迈出的一大步……。最后的得救接下来将取决于您和许多其他人实现我所说的你们的双重任务的方式：与欧洲复兴的各种敌人作斗争，并且克服在我们所有人都带有的各种危险。'"

舒尔茨伯格继续写道：

"马尔罗先生总是说，如果托洛茨基赢得了他反对斯大林的政治斗争，那他自己今天应该是托洛茨基主义的共产党人。因此，塞尔日先生具有同样的感受并不令人惊奇。维克多·塞尔日·奇巴尔奇什在去世时是52岁，他是著名的俄国人民意志党（该党曾试图暗杀沙皇亚历山大二世）成员奇巴尔奇什②的孙子。在墨西哥，他是托洛茨基先生的重要朋友，直至后者被暗杀。"

"……人们在组织一场真正自由的欧洲工人运动（它反对受到

---

① 维克多·塞尔日（Victor Serge，1890～1947）是俄国马克思主义革命家维克多·卢奥维奇·奇巴尔奇什（Victor Lvovich Chibaltchish）的笔名。梅洛-庞蒂说他去世时52岁，实际上应该是57岁。

② 即列昂·伊万诺维奇·奇巴尔奇什（L. I. Chibaltchish）。

莫斯科鼓动的左派专政)中碰到的最大困难之一是要避开来自极
右派的那些妥协分子。"

"另一个问题是促成社会党人和非社会党人的合作。许多社
会党领导人都想吸引新的自由工会。可是,美国顾问却特别强调
必须保持这种运动对于所有政治活动(甚至包括西方社会主义在
内)的独立性。"①

＊　　　＊　　　＊

311　　1948 年 3 月 9 日的《纽约时报》刊登了纳塔利娅·塞多娃−托
洛茨基②的一封简短回信。事实上,她的信被编辑删简了。全文
如下:

致《纽约时报》总编辑

亲爱的先生:

我注意到了贵报驻外通讯员舒尔茨伯格先生登在 1948 年 2
月 14 日的《纽约时报》上的发自法国的一则电讯。被归于马尔罗
先生的声明包含着如此明显的一些不准确信息,以致我要迫切地
请求贵报发表本回应,尽管它不可避免地为时已晚。

我们极其愤怒地看到,马尔罗在与斯大林主义坚定合作多年
之后,却在与法国反动中心形成联盟之际,扮演起了托洛茨基的同
情者角色。这只是以一种新的诋毁形式对待已经不再能够亲自做

---

① 由我们翻译成法文。

② 纳塔利娅·塞多娃−托洛茨基(Natalia Sedova-Trosky,1882～1962),共产主
义积极分子和作家,托洛茨基的第二任妻子。

出回应的革命者的新例子。马尔罗从来就不是托洛茨基主义的同情者。相反,他始终是它的敌人,在可耻的莫斯科审判上,他通过在《纽约时报》上说审判只是托洛茨基和斯大林之间的个人的争吵而力图使公众的注意远离真实的东西。作为戴高乐政府、与斯大林主义者勾结的政府的情报部长,马尔罗在查禁法国的托洛茨基主义报刊时,他的行为本身就是马尔罗的虚伪宣言的充分写照。我们不止一次地看到想把托洛茨基主义和法西斯主义混为一谈的卑鄙企图。表面上与斯大林主义决裂的马尔罗只是拙劣地模仿了他以前的主子,试图在托洛茨基主义和反动派之间建立一种联系。

维克多·塞尔日的名字在此被用于使人相信托洛茨基主义者支持戴高乐运动的传闻。塞尔日和托洛茨基的决裂是彻底的,这可被大量已发表的文章所证明。如下这些话就是托洛茨基在《俄国反对派简报》第 73 期(1939 年 1 月)上所写的:"一些朋友问我 312 维克多·塞尔日对第四国际的立场是什么。我们不得不回答说,这是一个反对者的态度……俄国分部就像第四国际整体一样拒绝承担对维克多·塞尔日的政策的一切责任。"在同一简报的第 79 期上,托洛茨基还写道:"维克多·塞尔日?他没有明确的观点。他的说教姿态和许多其他人的姿态一样,是把革命引向反动的桥梁……"舒尔茨伯格先生暗示,塞尔日和托洛茨基在墨西哥时的关系是有好的。他显然不知道塞尔日是在 1941 年 9 月,即托洛茨基死后 13 个月才到达墨西哥的。塞尔日致马尔罗的信只能证实托洛茨基所说的塞尔日缺乏观点。

不管马尔罗和其他人试图做什么,他们都不可能在污蔑托洛茨基和他开创的运动方面取得成功。

此致敬意。

纳塔利娅·塞多娃-托洛茨基

1948 年 2 月 16 日于墨西哥的科亚阿坎

*　　　*　　　*

一位美国朋友（我们中的某一位把这篇文章归于他）对马尔罗声称他原则上同情托洛茨基的立场（在他有机会战胜斯大林的时候）做了补充，其评论如下：

"出于两个原因，马尔罗的这种承认特别令人意外，首先，他看起来肯定了众所周知的斯大林的论证，据之，托派分子实际上是与盖世太保一起工作的法西斯分子，——相应地，戴高乐主义者也是法西斯分子。奇怪的是马尔罗在这个时候为自己招来这些不满。此外，尽管他仰慕托洛茨基，但在 20 年的政治活动中，马尔罗【313】从来没有在实践中证明他更喜欢托洛茨基而非斯大林。相反，在莫斯科审判期间，托洛茨基仅有一次要马尔罗做有利于自己的证言，这是在涉及革命者的生命和荣誉时，但马尔罗拒绝说话。在 1937 年 2 月的第二次审判期间，一位俄国记者弗拉基米尔·罗姆①在他的证词中宣称，他曾经于 1933 年 7 月在巴黎布洛涅森林秘密会见托洛茨基，并从他那里得到了在俄国进行破坏活动的指

---

①　弗拉基米尔·罗姆（Vladimir Romm），曾经担任苏联塔斯社驻东京、日内瓦、巴黎、华盛顿记者，实为官方情报人员，是莫斯科审判的重要证人。

示。托洛茨基立即通过《纽约时报》回应说,他是在 1933 年 7 月的月底才到达法国的,他在罗亚恩度过了接下来的几个星期,因病而被困在自己家里,而马尔罗就是在 7 月的最后一个星期拜访他的那些人之一。他敦促刚刚到达纽约的马尔罗作证或澄清事实。马尔罗拒绝作证。从此以后,托洛茨基宣布马尔罗是斯大林的代理人,是 1926 年中国工人阶级失败的负责者之一(1937 年 3 月 8 日墨西哥《环球报》电讯)。马尔罗在致《纽约时报》的一封信(3 月 17 日)中说,'保留以后就争论的实质——它大大地超出于托洛茨基先生的人格和(他自己的)——做出回应的权利'。这个回应至今没有问世,人们始终不知道马尔罗在什么时候和为什么与他多年来一直为之积极辩护的斯大林体制决裂。"①

*　　*　　*

所有人都知道——除了舒尔茨伯格——维克多·塞尔日多年前就已不是托派分子了。在 1939 年 1 月,当时是托洛茨基的社会主义工人党成员的伯纳姆②和沙赫特曼③在《新国际》上发表了一篇反对"退缩的知识分子"和"失去希望的联盟"的文章,而托洛茨基的最后一本书的编者把维克多·塞尔日,连同胡克④、伊斯曼⑤、

314

---

① 由我们译成法文。

② 伯纳姆(J. Burnham,1905～1987),托洛茨基的社会主义工人党成员。

③ 沙赫特曼(M. Schachtman,1904～1971),美国托派的主要人物,1939 年与托洛茨基者决裂并创立了"工人党/独立社会主义联盟"。

④ 悉尼·胡克(Sydney Hook,1902～1989),美国哲学家。

⑤ 伊斯曼(M. Eastman,1883～1969),编辑,文学批评工作者,左翼杂志《群众》的创办者。

苏瓦林①及其他一些人都列入这一"变节者的团体"中。托洛茨基的托洛茨基主义（就像他的遗著《保卫马克思主义》［先锋出版社，1942 年 12 月］让我们认识到的那样）和"退缩的知识分子"队伍（他们并不因曾接近过、追随过托洛茨基主义，甚至在它的队伍中起过作用就有权以他们的变身来损害它）没有任何共同之处。

通讯员不仅仅是无知的。他有着双重代理人的嫌疑。我们可以想象舒尔茨伯格是带着最低限度的赞同来倾听马尔罗的，要不然就不会有交谈。马尔罗解释说，他把他曾经给予托洛茨基主义的行动——如果它被证明是有效的话——的意义给予了自己今天的行动。回国之后，舒尔茨伯格把马尔罗归于一帮伪君子中。他的那些个人动机（至于可靠与否，我们将重新谈到）已经被遗忘，留下的只是世界反共产主义的欺骗中的同谋。②

但他并非不写文章的通讯员，而文章暴露了他的表里不一。我们无意中就碰到他正在向他的公众讲话。舒尔茨伯格在为《纽约时报》写文章时并没有感到不安：他公开地谈到了一些想把各种新工会排斥在政治之外，甚至排斥在"西方社会主义"意识形态之外的美国顾问。这样一来，对于我们的顾问来说，社会党的框架是不是仍然过于危险呢？这样一来，我们的联盟为披上红色外衣所

---

①　苏瓦林（Boris Souvarine, 1895～1984），原名鲍里斯·利夫希茨（Boris Lifschitz），俄国出生的法国新闻工作者、作家，曾任法共领导人（1919～1924），后成为著名的苏联研究专家和反共分子。

②　我们不会在某一时刻假定马尔罗已经意识到了诡计。但是，这样一来，他当时就只能是其受骗者。按照本雅明·佩雷（Benjamin Péret, 1899～1959，法国诗人）的说法（《战斗》，1948 年 6 月 3 日），维克多·塞尔日的信件的真实性在法庭上受到了其儿子的质疑。

做的整个努力是不是事先就差不多已告失败了呢？最早被计谋所骗的那些人是不是把它引到这里的那些人呢？这一切不是公开刊登在一家美国大报上了吗？因此，在该报的读者看来，这一切都是不言而喻的吗？这就是让人深思的地方。

至于马尔罗的"托洛茨基主义"，透过我们前面所引文本的暗示，我们隐约看到了所发生的一切。马尔罗是尊重托洛茨基的，如果后者成功地改变了发生在苏联和世界的那些事件的进程的话，他会追随他的。然而，他不再相信托洛茨基会成功。此外，他相信苏联制度的革命意义。不论他必须说点什么来反对那些审判，他就是不想说，或者不想立即说，因为他最终说来支持共产党政策。总之，这就是《人的状况》，尤其是《希望》所表达的姿态。当托洛茨基在考验马尔罗遭到拒绝后宣称马尔罗为斯大林分子——这是因为，不论我们做多大大的保留（这只不过使他的支持更有感染力），马尔罗确实拒绝做任何可能妨碍共产党人行动的事情——时，没有任何东西可说的。一个人不可能受到所有人的尊重，人就是自己哪怕默默地选择做的或支持的东西。

相反，我们进入妄想狂政治领域的时候，正是我们的美国通讯员想要在今天的马尔罗那里重新发现共产党人的永恒本质的时候，或者是马尔罗想要在戴高乐运动中重新找到托洛茨基主义的替代物的时候。这就是舒尔茨伯格如何进行推理的：马尔罗是伪马克思主义和反动精神的混合物。因此，他实现了马克思主义和反动派（它是斯大林主义对托洛茨基主义的定义）的调和。就此而言他是在为斯大林主义的宣传服务。从客观上讲，他是一个斯大林分子。我们就可以自由地从中得出结论，从主观上讲他可能也是一个斯大林分子。毕竟，他没有在任何地方就他与斯大林主义的决裂给出说明。他对自己的托洛茨基主义倾向的承认，难道不是像鲁巴肖夫的承认那样，是他能够为斯大林分子提供的最后服务吗？这是人们能称之为政治中的极端客观思想的一个例子。在我们的通讯员看来，马尔罗当然不是他自己认为是的那个，甚至也不是在可观察的历史运动中是的那个，即反斯大林分子。在深层历史——它是在无产阶级革命面前对世界的恐惧——中，他相反地是斯大林分子，因为一个加入法兰西人民联盟的人的反斯大林主义，为苏联的社会制度提供了一个革命的社会制度的欺骗性外观，并最终服务于它的宣传。照这么说，杜鲁门也是斯大林分子，还有整个政治世界，就其已经被苏联和美国之间的争斗极化而言也是。语词在此不再意味着任何东西。完全就像在那些莫斯科审判中，"破坏分子"和"间谍"这些词不再有任何可确定的意义，而只不过是用来称呼"反对派"的一些让人震惊的方式。从无产阶级的各种历史目的来做总体的判断，那么，当前的整个世界没有哪个地方是无产阶级的，这个世界被拉平了，被混融在它的所有部分中了。思想——想要成为最历史的和最客观的，最终忽视了剧中演员所感受和体验到的所有差别——沉湎于各种幻想之中，它处于主观性的巅峰。

在马尔罗方面，当他宣称他今天的戴高乐主义在最重要的方面并非不同于他昨天的准托洛茨基主义，或者宣称（1948年3月31日《十字路口》："马尔罗和伯纳姆的对话"）法国的反共产主义是"某种类似于第一共和的东西"的时候，他在政治上就陷入极端主观中了。他显然对法兰西人民联盟成员视而不见，后者不会使人想起国民公会议员。他说了他希望是真的话,他将随意一种意义给予自己的行为。此外,这种模棱两可不仅出现在他的政治意愿和它所服务的机器之间,它也出现在这种意愿本身之中。他为自由发声(3月5日在普莱耶尔厅的讲演)。(在谈到艺术时)他说:"……这种征服只有通过一种自由的研究才有成效。我不是因为相信废除书报检查制度的优越性(再说,我是相信的)才这样说的,而是因为与这一顽强的发现意志相对立的任何东西都意味着……艺术家的各种最富创造力的才能的停滞。因此,我们提倡维护这种研究自由的必要性,反对想要事先规定方向的任何东西。"稍后不久,他又说:"在我们看来,政治自由和精神自由的保障并不在政治自由主义中,政治自由主义只要面对斯大林分子,就已经被判了死刑;自由的保障,乃是为所有公民服务的国家力量。"在创作自由和国家力量之间摇摆的意向的模棱两可对应的是把少数前共产党人(处于领导层中)和一些活动分子(各种选举表明他们大多数是保守的)统一起来的运动的模棱两可。屈从于不惜一切代价做某件事情的激情,马尔罗只有通过自己的过去才能赞同地看待自己的运动,他暗示自己仍然是同一个人,他今天的戴高乐主义就是他昨天的托洛茨基主义……(在此只有一个问题,如果托洛茨基战胜了斯大林,戴高乐将军是否也成了托派分子呢?)我们处在个人的迷雾之中。然而,正是在这个时候,恰恰是在他屈从于自我的眩晕之际,马尔罗不再是政治中的一个起因,他听任自己被舒尔茨伯格所说的潮流卷走。由于对自己踌躇满志,他成了物和工具。

　　极端客观的态度和极端主观的态度是政治思想和政治世界中的一个危机的两个方面。(仅仅在这个意义上,我们才能谈论马尔

罗的斯大林主义；我们也能谈论斯大林分子的信仰主义，以及更一
般地谈论警惕性的丧失。）各种政治意志和它们所依附的组织之
间如此缺少契合，以致马尔罗和斯大林分子都不能睁着眼睛承担
他们的党所做的事情。政治思想和实际历史之间存在着如此大的
距离，以致托派分子不能思考我们所处的世界。他们只能在梦幻、
信仰或谵妄的解释中寻找对策。只有通过对这种处境的一种细致
考察——远离这些政党——政治活动才能重新变得健全，因为事
情目前还不可能被建立在已被规定的纲领之上的思想所把握。

*　　　*　　　*

如果《法兰西星期日周刊》（1948 年 3 月 21 日）上发表的所谓
318 的"托洛茨基遗嘱"——正如这份周刊深刻地指出的，它"必然会既
被共产党人也被反共分子加以利用"——没有同时证实共产主义
和反共产主义的联合作用的话，我们可以认为，根据《纽约时报》的
一次访谈来质疑当代世界的病态是不妥当的。如果我们能够证明
托洛茨基在 1940 年已经放弃了在苏联之外进行无产阶级革命的
观点并把摧毁斯大林机器设定为无条件的目标，那么我们也许会
得到有利于斯大林主义的证据：托洛茨基实际上已经与苏联的所
有敌人达成妥协；与此同时，所有的反共运动都获得了利用一位伟
大的革命家的名声的手段。所谓的遗嘱的中心部分不可思议地适
合于这一双重功能。

"苏联的工人阶级应该利用这场战争，向斯大林的波拿巴主义
官僚机构猛烈开火。我们应该像列宁在第一次世界大战期间反对

克伦斯基①时那样全力战斗。

我们知道,我们的胜利必将导致法西斯主义的失败,即使我们的活动可能会使它取得暂时的军事胜利。我走得要更远。我要说,我们在苏联内部对该隐②－斯大林的波拿巴主义官僚机构集团的胜利,是在各个进步的资本主义国家中无产阶级在世界范围内胜利的必要条件。事实上,一个斯大林式的伪社会主义国家的存在败坏了世界革命的前景,因为它把进步的资本主义国家中的工人阶级引向了错误。

长期以来,我都相信这些国家中的革命必然导致斯大林集团的垮台和苏维埃民主的新生。

我认为最重要的是公开地向全世界的劳工们宣布我不再持有这种看法(原文中被强调的句子)。

斯大林的官僚机构最初仅是附在劳工国家的机体上的一个小赘疣,现在则成了它的最高统治者,一个受阶级利益激发的统治者,而这些利益从历史上看是邪恶的。这种官僚机构战胜工人民主力量将会开启人类能认识到的最黑暗的历史时期。这将是斯大林的波拿巴主义官僚机构的新的剥削阶级的演化时期。

因此,有必要认识到:苏联官僚机构的这种蜕变证明了无产阶级先天地没有能力成为领导阶级,而苏联将成为国际范围内的新的、恐怖的剥削休制的始作俑者和雏形(在原文中被强调)。

如果说苏联的无产阶级没有尽到利用这场战争来摧毁斯大林

---

　　①　克伦斯基(A. F. Kerensky,1881~1970),俄国社会革命党人,俄国二月革命后出任临时政府司法部长、军事部长,后任总理,十月革命后流亡巴黎,1940 年移居美国。

　　②　该隐(Cain),《圣经》中亚当的儿子。

的剥削的责任,那么我们将进入人类社会的一个受极权的官僚机构统治的衰退时期。

按语指出,原文可能已被一个苏联间谍"在1940年7月底"窃取并被送往莫斯科。三个副本可能仍留在"托洛茨基的一个私人朋友基尔巴奇什①(在法国以维克多·塞尔日知名的作家)手里"。维克多·塞尔日的一个同伴可能已经把它带到欧洲。

第四国际的国际秘书处的一份油印公报以指证的方式证实这份遗嘱是伪造的。当美国报刊就这一问题质询维辛斯基②的时候,或当塞耶斯③和卡恩④的《反对苏联的重大阴谋》(1946)这类被授意的作品出版的时候,或当托洛茨基的遗孀要求纽伦堡法庭就所谓的希特勒-托洛茨基交易查阅德国政府的档案的时候,克里姆林宫为什么不利用这份实际上能证明托洛茨基主义和纳粹主义的同谋关系的文件?原文的按语标注的日期是1940年7月20日,暗杀发生在8月20日,那么暗语如何能来自托派分子圈子?维克多·塞尔日自1936年以来就已经与托洛茨基在政治上决裂,而且托洛茨基死亡时他在法国,他如何能是"遗嘱"的保管者呢?至于"遗嘱"的内容,它与托洛茨基生前一贯主张的论点是不相容的。

第四国际说:"(托洛茨基的)整个论证都围绕着斯大林的专制并不代表一个新的社会阶级的专制这一事实。在从1935年到

---

①　这里的奇巴尔奇什(Kilbatchiche)就是前面已经提到的维克多·卢奥维奇·奇巴尔奇什(Victor Lvovich Chibaltchish)。

②　维辛斯基(A. Vichinsky,1883~1954),苏联政治家、法学家、外交家。

③　塞耶斯(M. Sayers,1911~2010),爱尔兰作家。

④　卡恩(A. E. Kahn,1912~1979),美国记者。

1940 年所写的许多文章中,托洛茨基都竭力捍卫了这一观点。1939 年底,美国的托派分子之间就俄国问题展开了一场激烈的讨论。这场讨论一直持续到 1940 年 5、6 月份。在这场讨论中,托洛茨基通过一些文章和信件介入了进去,它们后来收入题为《保卫马克思主义》的书中。在这本正好写于所谓的秘密遗嘱之前的书的整个长达 200 页的篇幅中,托洛茨基都在猛烈地抨击官僚构成了一个新阶级的观点。在与这个所谓的遗嘱同时撰写的《特别会议宣言》中,他同样抨击了这一观点。"

下面是该文的片段:

"但幸运的是,在十月革命遗留下来的那些成果中,有国有化工业和苏维埃集体化经济。在这一基础上,工人苏维埃能够建设一个新的和更美好的社会。在任何情况下,我们都不能把这个基础交给世界资产阶级。革命者的责任是坚决捍卫工人阶级夺取的每一个阵地,不管涉及的是民主权利、工资等级,还是与生产资料的国有化和计划经济同样伟大的人类胜利。那些不能捍卫已经取得的成果的人决不可能为新的成果而奋斗。我们竭尽全力保卫苏联,反对帝国主义。但是,只有当人民证明自己能够像以前对待沙皇的官僚机构和资产阶级那样对待斯大林的官僚机构时,十月革命的成果才能够服务于人民。"(《第四国际》,1940 年 10 月)

第四国际继续说:

"在 1940 年 6 月底(所谓的'遗嘱'拟定后的一个月),托洛茨 321

基写了一篇题为"我们不改变我们的路线"的文章,在文中他从帝
国主义法国面对德国帝国主义的失败中汲取教训,宣告了他对欧
洲无产阶级的革命未来的信心。他写道:'在战败国中,民众的处
境很快就将恶化到极点。在社会压迫之上又增加了民族压迫,其
主要的重压也是由工人来承受的。在所有形式的独裁中,一个外
国征服者的极权独裁是最难以忍受的……不可能在每一个波兰、
挪威、丹麦、荷兰、比利时或法国的工人或者农民的身后都设置一
个武装的士兵……我们能确信地预见到处在火药桶中的所有被征
服国家的迅速转变……确实,希特勒曾经吹嘘和承诺要确立德国
人统治整个欧洲乃至全世界'一千年'。然而,很明显的是,这种辉
煌不会持续下去,甚至持续不了十年。"(《第四国际》,1940 年 10 月)

　　第四国际的公报继续指出,所谓的遗嘱是对真正遗嘱的篡改。
在一篇题为"战争中的苏联"的文章(1939 年 9 月 25 日)中,托洛
茨基写道:

　　"然而,即使承认当前的战争不导致革命,而是导致无产阶级
的衰弱,也还是存在着另一种可能性:垄断资本主义前所未有的衰
弱,它与国家更紧密的融合,以及民主(在其依然存在的所有地方)
被极权体制所取代。在这种情况下,无产阶级不能将社会的领导
权掌握在自己的手里,可能会导致从法西斯波拿巴主义的官僚机
构产生一个新的剥削阶级。所有的迹象都表明,这将是一种标志
着文明没落的腐朽体制。一种类似的结果可能会在如下这种情形
下产生:发达资本主义国家的夺取了政权的无产阶级表明自己不

能保持政权,就只好像在苏联那样把它交给了一个特权官僚机构。322
因此,我们不得不承认,官僚主义重新产生的原因既不是国家的落
后,也不是帝国主义的包围,而是无产阶级先天地不能成为一个统
治阶级。因此,有必要回顾性地承认,苏联在其当前的各个方面都
是国际范围内的一种新剥削体制的先驱。"(《保卫马克思主义》,第
9 页)①

　　这只不过是一个假设(而且是由托洛茨基在此分析了其倾向
的社会工人党的一些少数派成员提出的),而这个假设明确地指
出,发达资本主义国家中的无产阶级已经在其革命任务中失败了。
"遗嘱"把假设变成了断言,并把革命任务只交给了俄国无产阶级。
正是这样,人们把一种马克思主义的政策扭曲成了反共产主义的
冒险。

　　周刊并不害怕履行自己的责任,着手比较遗嘱的文本和托洛
茨基的刺客向《法兰西星期日周刊》特派记者做出的、于 1946 年发
表在报纸各栏中的那些声明。雅克·莫纳尔②提到"德国领事经
常拜访托洛茨基",并宣称托洛茨基想把他派到中国,然后派到俄
国,以便"训练(他的那些)破坏分子小组"。《法兰西星期日周刊》
得出结论说:"托洛茨基的遗嘱从一种独特的角度证明了其刺客的
那些声明。"所有那些读过托洛茨基的著作、了解他过去的角色和
他一贯坚持的论点的人和我们一样认为,尽管《法兰西星期日周

---

　　①　第四国际秘书处的译本。

　　②　雅克·莫纳尔(Jacques Mornard,1913～1978),托洛茨基的谋杀者。

刊》可能被一份假遗嘱欺骗了,但让它名誉扫地的却是因为它用这篇评论来让人相信关于托洛茨基为破坏分子和间谍的侦探小说。

5月7日的一封信宣布,托洛茨基的遗孀对《法兰西星期日周刊》提起了控告。

＊　　　　＊　　　　＊

因此,可以肯定,托洛茨基的论断与假遗嘱没有任何共同之处,与法国反共产主义的政策也无任何共同之处。但是,即便托洛茨基在1940年仍然坚定地忠实于他自己的那些立场,他还是已经清楚地说明了它们的各种困难;他甚至设想了它们变得站不住脚的情况,用一句话指出了在这种情况下应该做的事情,与反动的反共的任何妥协当然被排除了。具体地说,困难就在于这一点:在比如说苏联入侵波兰(1939年)的时候,如何同时运用劳工民主的论断和无条件地保卫苏联的论断? 托洛茨基用如下的话界定自己的路线:

"让我们暂且假定,由于与希特勒签订了条约,莫斯科政府不改变被占领区的私有财产权,并且限于进行法西斯式的'控制'。这样的让步有深刻和重要的意义,可能是苏维埃社会制度史中一个新篇章的起点,并因此在我们看来是对苏维埃国家性质做新评价的起点。然而,更有可能的是,在注定将成为苏联的部分的领土上,莫斯科政府会继续剥夺大地主并实行生产资料的国有化。这种变化是更有可能的,不是因为官僚机构仍然坚持社会主义纲领,而是因为它既不愿也不能和被占领土原先的领导阶级分享权力以及权力所包含的各种特权。在这里一种类似出现了。第一个波拿巴是通过军事独裁结束革命的。不过，当法国军队入侵波兰时，拿破仑签署了'废除奴隶制'的法令。这项措施的制定不是出于拿破仑对农民的同情，也不是出于民主原则，而是出于波拿巴主义的独裁不是基于封建所有制关系，而是基于资产阶级所有制关系这个事实。由于斯大林的波拿巴主义独裁不是基于私人所有制，而是基于国家所有制，波兰被红军入侵必然……以资本主义私人所有制的废除为结果，以便使被占领土的社会制度符合苏联的社会制度……

324

我们不承认克里姆林宫的任何历史使命。我们以前反对，现在也反对克里姆林宫占领任何新的领土。我们支持苏维埃乌克兰独立，如果白俄罗斯人自己希望独立，我们也支持苏维埃白俄罗斯独立。同时，在被红军占领的波兰领土上，第四国际的支持者应该在剥夺地主和资本家、在为农民们分配土地、在建立各种劳工委员会和苏维埃等方面扮演决定性的角色。在这样做时，他们应该保持自己的政治独立，在各种苏维埃和企业委员会的选举中，他们应该为使这两者完全独立于官僚机构而斗争，他们应该以一种不信任克里姆林宫和它的各种地方机构的精神来引导革命的宣传。

但是，让我们假设希特勒把他的军队转向东方并入侵被红军占领的领土。在这些情况下，第四国际的支持者一点也不会改变他们对克里姆林宫寡头的态度，但他们会将武装抵抗希特勒作为当前最紧迫的任务提到首位。劳工们会说：'我们不能让希特勒推翻斯大林；这是我们自己的任务。'在反对希特勒的武装斗争中，革命的劳工们将努力与红军队伍中的积极分子结成最紧密的同志关系。在他们手持武器打击希特勒时,布尔什维克-列宁主义者将同时进行反对斯大林的革命宣传,准备在也许很快就会临近的下一阶段推翻他。"①

可以肯定的是,这正是 1917 年时的语言——它既忠实于阶级和历史意识又忠实于其行动。同样可以肯定的是,波兰那些应该遵循——已经遵循——这条路线的活动分子不一定长期地遵循它。在苏联扩张的处境下,人们是否能与斯大林的机器进行公开的讨论而不被政治上消灭呢?人们是否能为集体的、计划的生产工作却不同时为斯大林的机器工作呢?人们是否能在行动中把斯大林主义和十月革命的成果区分开来呢?通过分析,人们是否能把十月革命的社会制度基础与官僚机构的机器区分开来呢?官僚机构仅仅是一个社会集团、一种寄生虫,还是从此以后如此紧密地与社会制度结合在一起,以致成为其功能运作的不可缺少的一部分?托洛茨基说,"社会集团"的概念(被他用于苏联官僚集团)不具有科学的特征。② 正是历史的相似允许他暂时地运用它来从事关于当前的社会学研究,而且因为相应的现实仍然是含混的。他因此承认,如果在苏联的运作过程中,社会制度的各种基础和机器无论在理论上还是实践上都被证明是不再能够分开的,那么他的那些论断可能就要重新接受审查。这样一来,马克思主义的前景本身就受到了质疑,因为在马克思主义关于资本主义或社会主义

---

① "战争中的苏联"(1939 年 9 月 25 日),收入《保卫马克思主义》,第 20 页。引文是由我们翻译的。

② 同上书,第 6 页。

二者择一之外，种种事实可能表明有一种不能由这两个概念中的
任何一个来界定的社会。由此有了上述托洛茨基主义公报提到的
那篇文章之后的另一篇文章："历史的二者择一推进到底就是：要
么斯大林体制是在资本主义社会转变为社会主义社会过程中的一
种可怕的复辟，要么斯大林体制是建立在剥削基础上的一个新社
会的最初阶段。如果第二种预测被证明是正确的，那么官僚机构
显然将成为一个新的剥削阶级。尽管第二种前景可能会付出代
价，如果世界无产阶级实际上表明自己不能履行发展进程赋予它
的使命，那么还是只能承认，基于资本主义社会的各种内部矛盾的
社会主义纲领最终是一个乌托邦。不消说很显然的是，需要一个
新的'最低'纲领，以便维护极权的官僚社会中受奴役者的
利益。"①

　　我们要重申，这只不过是一个假设，而托洛茨基也把对事实的
评判推迟到进展中的阶段的结束："绝对不言自明的是，如果作为
对我们的整个时代和正在进行的新战争的经验的结果，国际无产
阶级证明自己没有能力成为社会的主人，那么这就意味着社会主
义革命的整个希望的破灭，因为不可能期待比这更有利于它的一
些条件了；无论如何，没有人能预测或规定它的条件。马克思主义
者完全没有权利（如果失望和疲惫不能被视为'权利'的话）得出结
论说，无产阶级已经放弃了自己的革命可能性并且应该完全放弃
在我们直接面对的这个时代掌握统治权的希望。在涉及经济和文
化制度上的最深刻变化时，历史尺度中的 25 年的分量不及一个人

___

① "战争中的苏联"（1939 年 9 月 25 日），收入《保卫马克思主义》，第 9 页。

生命中的 1 小时。如果一个人由于在 1 小时或 1 天期间的经验的失败而放弃他基于此前整个全部生活的经验或分析而制定的目标,他还想指望什么呢? 在俄国最黑暗的反动年代里(从 1907 年到 1917 年),我们把俄国无产阶级在 1905 年已经揭示出来的革命可能性当作起点。在世界反动的年代里,我们应该从俄国无产阶级在 1917 年揭示出来的革命可能性出发。第四国际把自己命名为社会主义革命的世界党,这决不是偶然的。我们不需要改变道路。我们驶向世界革命,并由此驶向作为劳工们的国家的苏联之新生。"①

327 在这种值得注意的过渡中,托洛茨基并没有以一种假定了**世界精神**的启示的教条主义的历史哲学的名义,回避原则问题(如许多马克思主义的虔诚信徒所做的那样),他只是通过将胜利的经验及自己生活的一些岁月(历史在其间毫不含混地回应着理性)对立于失败的经验,拖延了它。然而,这意味着对于没有亲历过 1917 年的我们来说,另一种前景也是可能的。随着我们对强制劳动和自由劳动在苏联的相对重要性、对劳改营制度的规模、对警察制度的准自主性有更多的了解,将苏联看作是向社会主义的过渡或甚至是蜕变的工人国家,总之,从 1917 年的角度去看待它,变得越来越困难。更进一步说:由于在苏联一些剥削关系已经以集体生产为基础确立起来,由于在全世界各国无产阶级似乎比 30 年前更少地认识到自己的历史使命,我们最终要问问自己:1917 年是不是真的标志着一种将或早或迟带来马克思主义的各种问题和各种解

---

① "战争中的苏联"(1939 年 9 月 25 日),收入《保卫马克思主义》,第 15 页。

决的历史逻辑的显露,抑或相反,1917 年是不是不是一种机遇、一种特别有利于马克思主义历史观的特例。假定事情就是如此,那么无论法兰西人民联盟还是美国主义,都不能期望由之得到任何好处。我们之所以无法从马尔罗那里、从库斯勒[①]那里、从梯耶尔·莫尼埃[②]那里、从伯纳姆那里,⋯⋯从"失去希望者的阵线"那里、从"退缩的知识分子"那里有所期望,恰恰是因为,虽然已经亲历了或至少理解了马克思主义,并且碰到了我们提出的问题,他们却重新落入这一切之下;他们没有不顾一切地尝试着为所有人的人道主义开辟出一条道路,他们各自以自己的方式认同了混乱,面对问题退缩了。他们回避了托洛茨基谈到的制定最低纲领的任务。托洛茨基和他的派别以假设的形式提出问题,并且把回答拖延到以后。围绕着假遗嘱的争论不可能只通过对典型的托洛茨基主义的简单阐述就得到了结。如果可以相信各家报刊上的那些照片,那么托洛茨基的坟墓上摆放着镰刀和锤子,没有任何东西能把这一象征与苏联的象征区分开来。因此,他继续肯定自己与十月革命成果的联系。然而,这就是托洛茨基的命运,正是托洛茨基总结了自己的一生。仍然活在自己写的东西中的托洛茨基提出了其墓碑没有回答的一个问题。对于我们所有的人来说,回答这个问题就是我们的任务。

(1948 年 7 月)

———————————

① 库斯勒(A. Koestler,1905～1983),匈牙利裔英籍作家。

② 梯耶尔·莫尼埃(Thierry Maulnier,1909～1988),法国新闻记者,文学批评家,法兰西科学院院士。

2. 马克思主义和迷信

马克思主义始终承认,文化的价值像所有其它事物那样,是与社会历史联系在一起的,但从来没有承认这两种发展是点对点地平行的,因而也没有承认文学和批评是政治行动的一些简单补充、是宣传的一些变种。恩格斯说,各种意识形态的曲线比政治和社会演化的曲线要复杂得多。在一篇著名的文章中,马克思谈到了古希腊艺术的"永恒魅力"。因此,他承认有一种艺术(无疑也包括文学)的记录,一些预测甚或一些"永恒的"获得在那里是可能的。这种乐观主义的共产主义相信作家或艺术家的自发性,相信他们的文化的内在发展,只要求他们尽可能深刻地做一个作家或艺术家,并且坚信各种文化要求和革命活动之间从来不会有冲突,而只有汇通和交融。相反,今天的共产主义的表现好像是文化方面不再有内在的标准,好像文学和科学是直接的政治活动——它本身被理解为对苏联的简单捍卫——的诸多手段中的一些手段。

在 1946 年,卢卡奇以文化的名义为他的自我批评概念辩护:

超越自己以前说过或写过的东西,理解和评判自己的过去,成熟和成长而不担心各种显而易见的矛盾、不关心在形式上与自身保持一致,这一自身实际上是一种堕落要求(这是要求在一部作品开始之前全面考察该作品,是要人们给出人们还没有亲历过的生活的死后看法),乃是作家、哲学家和学者始终运用的权利。简言之,我们不能确信这一自我批评的理论能够为卢卡奇自 1946 年以来所做的自我批评提供辩护:我们难以相信从《历史与阶级意识》

的黑格尔主义到最近著作中的实在论的认识理论有成熟、有成长。但是,这种理论毕竟至少是健全的。这实际上是承认了作家犯错误的权利,是重新有力地肯定了表达和文化的困难甚至含混。相反,那些以其早期著作来反对卢卡奇的人的明显的自由主义,或许只不过是把他封闭在他的前马克思主义过去中的诡诈伎俩。

今天,问题不再是在文学史领域研究小说在何时到达其最强的表达力,或者是否在托尔斯泰①和歌德的著作中并没有一种使他们成为典范的"永恒魅力"。典范已经被找到:既然在俄国发生了一场革命,那么正是在俄国未来的文学浮现出来了。保卫苏联在小说领域和在外交领域一样紧迫,它不是革命的职责之一,而是唯一的革命职责。其余的则是西方主义。卢卡奇的自我批评在1946年的意义上是一个文化事实,它在今天的意义上是文化的否定。

1937年布哈林②通过从世界形势的展望来重新考虑他在过去几年里的态度,坦承自己搞反对活动是有罪的,但拒绝承认自己是间谍或破坏分子。1949年拉伊克③不顾人们对他的整个了解,承认自己是美国的代理人。1946年卢卡奇为作家要求超越其过去的权利,但在1949年他必须贬低他作为批评家和美学家的那些著作,仿佛他对托尔斯泰和歌德的高度评价只不过是轻率和冒失之举。于是,共产主义从历史的责任转变为赤裸裸的纪律,从自我批

---

① 托尔斯泰(L. Tolstoï,1828～1910),俄国作家。

② 布哈林(N. Boukharine,1888～1938),苏联政治家,经济学家,布尔什维克理论家,1938年被处决,1988年获得平反。

③ 拉伊克·拉斯洛(Rajk László,1906～1949),匈牙利政治家,外交家,国务活动家,匈牙利人民共和国的主要缔造者。

评转变为否认,从马克思主义转变为迷信。

(1949 年 12 月)

3. 苏联和劳改营

因此,已经证实,一些苏联公民在调查期间不经审判就能被无期限地流放。《俄罗斯苏维埃联邦社会主义共和国劳动改造法典》①只给出了对没有被剥夺自由的劳动改造做行政裁决的原则。② 但在第 44 条涉及剥夺自由和流放时明确地提到了流放。③
331 因此,不可能像皮埃尔·戴④所说的⑤那样主张,行政裁决严格地说只对没有被剥夺自由的轻度劳动改造有效。

---

① 《最高苏维埃主席团法律和法令年度汇编和 1940 年 3 月 1 日俄罗斯苏维埃联邦社会主义共和国政府条例》,第九卷,O. G. I. Z(Gospolitizdat 国家出版社联盟,1941年)。

② 《法典》第 1 节第 8 条。

③ 第 2 节第 44 条(自由的剥夺)。"下列人员将被送往本法典第 28 条提到的剥夺自由的地点:a)被判处不超过 3 年刑期的人;b)根据主管机构的法令其案件正被调查或处于受审期间的人(重点由我们所加);c)被判处 3 年以上刑期的人……"第 28 条提到的剥夺自由的地点分别是:"a)单人囚室(……);b)流放点;c)劳改营,工业劳动营,农业集体劳动营,惩戒所"(第 28 条),此外,同一条款还补充提到了一些卫生机构和针对被剥夺自由的未成年的机构。
只有那些其案件正接受调查的人可以关在单人囚室(第 29 条),但他们不一定被关在那里。我们看到他们也出现在关于流放点的第 31 条中:"被剥夺自由的人,或其案件正被调查的人在流放点要与被判处徒刑的人分开。"出庭之后并不一定就被关入单人囚室。"只是在法庭判决或其它主管机构的法令生效后,那些人才被关入单人囚室"(第 29 条,重点由我们所加)。

④ 皮埃尔·戴(Pierre Daix,1922~2014),年轻时是法共成员,抵抗运动成员,曾经被关入集中营,后成为一份文学杂志的负责人,写有关于毕加索和其他艺术家的著作,并发表了多部小说,后来成为共产党的批评者。

⑤ 《卢塞为什么虚构苏联劳改营?》,第 6 页(卢塞[D. Rousset,1912~1997],法国作家,政治活动家,曾经被关入德国纳粹集中营,因发表《集中营的世界》而一举成名)。

其次,已经证实,镇压机构力图在苏联建立一种独特的权力。1934 年 10 月 27 日的法令①把到那时为止属于人民司法委员会的劳动改造的领导权和行政权交给了苏联秘密警察。该系统有它自己的各种收入,由被关押者的劳动所提供,专门用于维持行政机构的开支。② 生产是由劳动改造管理局制定并得到人民司法委员会单独批准的工业和财政计划规定的。

第三,已经证实,劳动改造的顺利运行是由普通法犯人具有的代管权所保障的,③——根据已经得到检验为真的方法。

最后,既然一些官方出版物提到,在从波罗的海到白海的运河和从莫斯科到伏尔加的运河完成后,根据政府的决定,释放了十二万七千名被拘押者,那么,鉴于这些工地在机构整体中的规模,被拘押者的总数有可能达数百万之多:一些人说有一千万,另一些人说有一千五百万。

除非是有幻觉的人,我们必须承认,这些事实完全使俄国体制变得有疑问了。我们在此不会把贝珑的原则应用于苏联,他说,任何一个城市只要隐藏有一桩个体的苦难,它就是一个该入地狱的城市——按照这种说法,所有城市全都应该如此,那在它们之间就不再有做出任何区别的必要了。我们要说的却是,当每 20 个公民中就有 1 个被送入集中营时,是不存在社会主义的。在这里回应说任何革命都有叛徒,或者阶级斗争并不随着起义而结束,或者苏

---

①　同一《汇编》,《劳动改造法典》第 129 条的附加部分。

②　同上书,第 139 条 a。

③　同上书,第 87 条:"任命那些最可靠的犯人——工人——那些在第一审以普通罪被判处徒刑的人负责监督其他人。"

联只有通过肃清内部敌人才能抵御外部敌人，或者俄国不用暴力就不能发展重工业之类是无济于事的。如果在三分之一的世纪后，事情竟涉及二十分之一的人口——十分之一的男性人口——，那么这些回答是无效的。之所以在不止一次的清洗已经"净化"了国家后，在苏联每二十个公民中仍然有一个破坏分子、一个间谍或一个懒汉，之所以在 1917 年 10 月出生的那些婴儿已经生活了 32年后，如今仍然有必要"再教育"一千万苏联公民，是因为这个制度本身重新产生、并且不断地重新产生它的反对派。之所以存在着持续不断的镇压，之所以镇压机构不但没有消失，反而变得自主化了，是因为社会制度处于不平衡状态中，因为生产力受到了生产方式的遏制。普通法犯人在当权者看来之所以比政治犯更可靠，是因为与"有觉悟的无产者"相比，他们更容易与"流氓无产阶级"相处。

如果我们是认真的，那么我们就只能正视俄国社会制度的这种持续不断的危机：它与集体生产的原则本身有关，还是与国家所有制和在俄国实行的计划化形式有关？它源于苏联的政治结构（按照这种假设，它只与斯大林主义时期有关），还是已经预先存在于党的布尔什维克组织中（如果我们相信这一点，那我们能设想哪一种新的政治形式，能创造什么样的保障来抵制这种衰败）？这些问题以及其它问题都是不可避免的。对此，我们中的一位在两年前就已经写道：苏联社会是含混的，我们从中看到了一些进步迹象和一些倒退征兆。如果集中营的犯人有一千万，而与此同时，在苏联等级制度的另一端，工资和生活水平则是自由劳工的十五倍至二十倍，这样一来，量变就成了质变，整个制度转变了方向，改变了意义;因此,尽管实行了生产资料的国有化,尽管人被人私人剥削和失业在苏联是不可能的,但我们仍然要问:我们还有哪些理由针对它来谈论社会主义。

这些就是法国和欧洲的极左派应该致力于的问题,而不是把其时间花在一些短暂的辩护上:安德烈·维尔姆塞[1]在几个月前说:在俄国不存在集中营;皮埃尔·戴在几个星期前说,集中营是"苏联体制最美好的荣誉称号之一"。[2]

＊　　　＊　　　＊

是的,问题总是变得愈发严峻:1917 年的 10 月怎么会通向其各种特征逐渐在我们面前变得明确起来的残酷的等级化社会? 在列宁那里,在托洛茨基那里,更不用说在马克思那里,没有一句话是不正确的,不在今天仍然在向全世界的人说,不帮助我们理解发生在我们这里的事情。在如此多的清醒、牺牲和机智之后——是一千万苏联被流放者,审查制度的愚蠢,辩护的惊惶……

如果我们的共产党人想要无视问题,那他们的反对者就更不打算提出它,在他们的著作中没有任何东西能够给予我们哪怕一个回答的开始。谈论神经官能症不是回答问题:在阅读原先犯人的证词时,我们没有在苏联集中营里发现那些最终导致了纳粹的死亡集中营的虐待狂、死亡信仰、虚无主义——这些东西悖论性地与一些确定的利益结合在一起,有时与它们一致,有时与它们冲

334

---

[1] 安德烈·维尔姆塞(André Wurmser,1899～1984),法国作家,新闻记者,批评家,法共党员和抵抗运动成员。

[2] 皮埃尔·戴:《卢塞为什么虚构苏联劳改营?》,第 12 页。

突。质疑官僚机构以及它的各种利益也不是对我们的问题的回答：我们几乎没有看到过只受利益驱使的人，他们总是为自己提供各种信念。此外，利益和虐待狂都被更好地掩盖起来了。我们没有充分地注意到，英国驻联合国代表和卢塞在《费加罗文学报》中将之作为揭露而提供出来的《劳动改造法典》，其英文版从 1936 年起就能在伦敦香斯利街的史密斯和麦克斯韦尔出版社以三先令六便士的价格买到。十二万七千犯人的释放是在莫斯科由官方宣布的[①]。看起来有可能的是，从 1917 年 10 月到一千万受奴役者的、在形式或词保持不变下面改变制度之方向的演变，是从一个危机到另一个危机，从一种权宜之计到另一种权宜之计，一点点地、没有明确意图地被完成的；就其社会意义而言，它甚至避开了它的创导者们的注意。在这种每一次都变得日益严峻的要么越陷越深，要么在政治上消失的两者择一中，他们继续着，却不明白事业在他们手中变化了。由于缺少他们能够据之看到演变的一个背景，最优秀的那些人无疑也会对从资本主义世界向他们扑来的那些仇恨的喧嚣表示惊讶。

让我们更仔细地瞧瞧。《劳动改造法典》的各种表述就是伊甸园式的社会主义的表述：关键不再是惩罚，而是再教育；罪犯是一些盲人，只需要照亮他们；在一个禁止剥削的社会中，懒惰和反抗都出于误解；应该使对社会不满的人免遭全体人民的正直怒火，同时也应该使人民免遭这些落后于时代者的攻击；最好是能使他重

---

① 一个反纳粹的德国人逃离德军投向俄国人，却被他们送去强制劳动，他告诉我们说，劳改营的生活和每年极其庞大的死亡人数在列宁格勒地区是众所周知的。

新工作,以一种宽宏大量向他说明新社会的伟大。在此之后,他获得了安抚和挽救,就会在共同的事业中重新找到其位置……十九世纪的那些思想仍然令人感动,也许比我们所认为的更深刻,因为毕竟我们迄今为止还没有一开始就成功把一些真正相似的机会给予人们,因为从来没有用善来诱导他们……这就是为什么当每 20个公民中就有 1 个人在纯洁思想名义下被关起来时,当它们粉饰人们因劳役和饥馑而毙命于其中的一些劳改营时,当它们掩盖了一个极其不平等的社会的镇压时,当在再教育失足者的幌子下对反对派进行镇压时,当在自我批评的借口下进行批判时,年轻人的观念就开始像一些老年人那样装模作样起来,这些纯洁的思想就到达了虚伪和狡诈的顶点。于是,而且是一下子,它们的美德就变成了毒药。但是,这一点没有被非常明确地被感觉到。在随处可见的那些玩世不恭者和心术不正者的边上,无疑也有大量从来没有在一个无劳改营的国家生活过的年轻苏联英雄,他们毫无顾虑地采取社会认为适宜的决定。我们难道从来没有看过任何类似的人?许多官员很有天赋,很有主见——克拉夫琴科[①]在其最初阶段应该也是这样的——,从来不知道 1917 年意义上的批判精神和讨论,他们继续认为犯人是一些狂热分子、一些反社会者、一些邪恶之人,直到有一天,在纽约愉快的生活使他们有机会重新考虑这一切。

　　至于 1917 年的那些幸存者,他们不是马克思人道主义的最好

　　[①]　克拉夫琴柯(L. Kravchenko,1922~1986),苏联官员,《我选择了自由》一书的作者,于 1944 年版逃美国。

领导者,他们总是喜欢经验主义甚过处境分析,他们总是相信机器
远甚过群众运动,他们总是胜任组织者甚过群众演说家,他们总是

336 相信党的操纵甚过意识觉醒。在列宁的"苏维埃加电气化"方程式
中,他们总是偏好第二项。这样一来,既然苏联实现了电气化而没
有重新陷入个人利益的制度中,所以在他们看来,十月革命的精髓
应该是保留着。不应该要求他们去重读马克思,去注意到在马克
思那里底层基础是生产力,换言之,底层基础不仅仅是生产工具和
生产出来的财富,而且也是劳动的人,是人。他们从来没有进入到
这些细微之处,他们的唯物主义确实不是那么辩证的……这样一
来,一切就都相去甚远;这就是为什么长期以来他们必定压制群众
的自发性。他们认为,库斯勒已很好地说明了这一点:人不考虑自
己的感情,如果给他某个东西,他要整个地占有;因此,不应该给他
留下任何东西。让我们不再考虑这一点。白海运河将要挖成。集
体生产的基础将得到巩固……全世界的共产党人都期待,大量的
运河、工厂和财富有一天会通过一种神奇的爆发造就出完整的人,
即使完成它们需要让一千万俄国人沦为受奴役者,让他们的家庭
陷入绝望之中,这些人甚至高达两、三千万,通过治安和告密的手
段培养人群中的另一部分,通过奴性和利己主义培养官员队伍。
也许,这就是为什么那些最优秀的共产党人对一千万劳改营犯人
置若罔闻。

*　　　　*　　　　*

在考察集中营制度的起源时,我们要看一下今天的共产党人
的幻想。然而,也正是这种幻想禁止我们把共产主义和法西斯主

义混为一谈。我们的共产党人之所以接受劳改营和压迫，是因为他们想通过底层基础的奇迹到达无阶级的社会。他们弄错了，但这是他们所想的东西。他们错误地相信阴暗面，但这是他们相信的东西。纳粹集中营也提出过通过劳动进行再教育的著名口号，但自毒气室被建立的时刻起，没有人会相信（哪怕是意向中）这与再教育有关。在建立毒气室之前，德国的营房仿效俄国的营房，其惩治的口号仿效社会主义的意识形态，完全就像法西斯意义上的政党仿效布尔什维克主义意义上的政党，就像法西斯主义向布尔什维克借鉴了宣传的观念。法西斯主义是一个面对布尔什维克主义的焦虑，它采用了其外部形式，以便更有把握地去除其内容：国际主义和无产阶级的立场。如果有人由此得出结论说共产主义是法西斯主义，那他就在事后满足了法西斯主义的愿望：它始终是想掩盖资本主义的危机和马克思主义对于人的憧憬。纳粹从来不曾持有这样一些观念：人与人相互承认、国际主义、无阶级的社会。诚然，这些观念在今天的共产主义那里只不过碰到了一个不忠实的承载者，它们充为它的装饰，而不是它的动力。尽管如此，它们仍然保留在那里，它们是用来教导一个年轻的俄国或法国共产党人的东西。取而代之，纳粹的宣传向其听众灌输德意志民族的骄傲、雅利安人的骄傲和领袖原则。

　　这意味着我们与纳粹没有任何共同之处，我们与共产党人有同样的道德标准。人们说，共产党人没有什么道德标准。存在着的只是忠诚。我们回答说，为了达到这一点，他做了他所能做的所有事情；但是，感谢上帝，没有人能不呼吸地活下去。尽管如此，他还是有各种道德标准。我们认为，当他把它们具体化在今天的共

337

产主义中时损害了它们。这些标准仍是我们的道德标准,而且反过来,我们与共产党的众多敌人没有任何共同之处。然而,这不是感情的问题。我们想说的是,随着我们在地理上和政治上与苏联疏远,我们越来越多地发现了与我们一样的共产党人、一种健康的共产主义运动。如果命运使我们遇到了未来的克拉夫琴科(他们在俄国为数很多)中的一个,那么或许就很少有博爱了:马克思主义道德标准的蜕变在俄国是不可避免的,那些劳改营打破了人道主义的幻想,亲历的各种事实驱逐了想象的道德标准,就像劣币驱逐了真币。但是,当我们中的一位向一个马提尼克岛共产党人谈马提尼克岛的一些情况时,他们两人会不断地产生共鸣。《世界报》的一位读者最近写信给该报说,所有关于苏联劳改营的说法也许都是真实的,但他毕竟是一个没有收入和没有住房的工人,他总是在那些共产党人那里,而不是在其他人那里得到了更多的支持。《世界报》立即发起了一次捐助活动,为的是不被人说成对苦难无动于衷。糟糕的是博爱需要这封信来唤起。让我们转到集体层次:很有可能中国共产党长期遵循俄国共产党的路线,并最终实现了一个具有新的剥削形式的等级社会:尽管如此,在目前,看来只有共产党能使中国摆脱混乱和外国资本主义留给它的深重苦难。不管当前苏联社会的本性是什么,在各种力量的平衡中,它大体上仍然处于与我们所知的各种剥削形式作斗争的力量的一边。俄国共产主义的堕落没有使阶级斗争成为一种神话,也没有使"自由事业"成为可能的或合乎愿望的,一般地说,也没有使马克思主义的批判成为过时的。我们不能由此得出应该对共产党表示宽容的结论,而应该说,人们无论如何都不能与自己的敌人勾结。因此,唯一健全的批判是对苏联内和苏联外的剥削和压迫的批判，任何把自己规定为反对俄国或仅限于批评俄国的政治立场都是对资本主义世界的宽恕。

这就是为什么我们在这里始终拒绝与这种政治立场联合。在询问了我们对于共产主义的看法后，很多美国朋友曾经继续问道："那么，你们为什么不站在我们一边？"应该知道他们赞同谁或赞同什么。因为他们把所有形式的马克思主义批判和所有形式的激进情绪随同斯大林主义和托洛茨基主义一起抛掉了。在他们看来，整个世界到处存在的剥削事实只是一些零散的问题，需要一个一个地加以考察和解决。他们不再有任何政治观念。至于美国，他们一本正经地表示"在我们这里不存在阶级斗争"，忘记了这五十年或更早以前的美国历史。"你们应该分享美国的繁荣"，这是他们中的一位的最后说辞。他们像坐在世界大地上那样、坐在经历过打击而且（从马歇尔的政策和世界再平衡计划的挫败来判断）正在经历新的打击的美国繁荣上，他们要求我们把美国的繁荣视为一种绝对。当我们向他们说明——他们正在把整个政治评价用于这一不确定的事实，而从总体上来说，人与人相互承认和无阶级社会作为一种世界政治的原则比美国的繁荣更加确定，无产阶级的历史使命是一个最终比美国的历史使命更明确的观念——的时候，他们就像悉尼·胡克在《党派评论》上那样回答我们说，当务之急是派几个能像他那样思考的导师到这里来。另一个人则回答说："既然你们承认在苏联有压迫，承认共产主义有军事扩张的危险，你们是否同意说苏联是头号敌人？"——当然不，我们不同意，因为这种说法有一个推论：目前，除苏联之外，不存在敌人；因此，它意味着人们放弃了对非苏联的世界进行讨论。

当苏联劳改营的问题在联合国被提出时,苏联代表团在回应中要求人们也对资本主义的消极面进行调查:对失业、殖民地的劳动状况、美国黑人的状况。英国的代表指责说这是转移话题。我们认为这里没有转移话题。一个社会要对它所产生的一切负责,马克思正确地指责自由思想是一种要负责任的欺诈,是骗人的把戏,它以之把失业、殖民地劳役和种族不平等归于自然或偶然而不予考虑。在公民之间和在严格的政治权利领域——不包括殖民地居民、失业者和低工资收入者——我们享有完全的自由。人们非常多地指责了共产党人不使用评判资本主义时所用的方法,在他们的总结中抹去了一千万劳改营犯人的事实。英国的代表自相矛盾,就像弗洛伊德的被试在否认的时候作了承认那样,在谈到俄国的劳改营时,他脱口而出地说道:"这是苏联的殖民制度。"然而,他应该承认(尽管带有各种细微的差别),殖民地是民主国家的劳改营。

对于我们在那里所说的话,有一种回答,也只有一种回答(奇怪的是没有人对我们做出过这一回答):对一切压迫的批评会削弱民主国家,因为它能传到这里,而不是传到乌拉尔。如果这就是人们想到的东西,那么还应该清楚地看到其后果:社会批评应该保持沉默,直到苏联制度的消亡,而且当劳改营最终在西伯利亚建立时,在我们这里,将产生没有政治素养、被西方爱国主义和多年的反共宣传迷惑的一代人。至于我们,我们相信各国政府和领导层能胜任这个任务。一切都表明,它们不缺乏助手。更急迫的是,要保持至少有一些人们能在那里赞美和实行自由的岛屿,而不是反对共产党人。

＊　　　＊　　　＊

现在,我们不需要详细地说明这些篇幅之起因的大卫·卢塞的举动。出版苏联《劳动改造法典》是有必要的。我们如此相信这一点,所以,当卢塞(他从其它渠道获得了文献)以我们所知的那样使用它时,我们准备出版它。我们完全不赞成这样使用,我们认为,从这次运动开始,卢塞就离开了他早先的政治路线,并开始进行一种宣传,无论如何,我们不想因人们保留的关于我们与他的合作的记忆(如今这种合作已彻底结束)而牵连进去。

"……为了有可能有效地反抗对人的剥削,应该把矛头指向那种使它变得最为残酷、把它的各种伤害带到最远、完全堵死了任何自由的未来的制度。我们谈论的不是一般意义上的不公正,而是人们命名为集中营的这种确定的不公正。"[1]因此,卢塞拒绝任何同时针对俄国、西班牙和希腊所进行的调查。[2] 更不用说,在他的抗议中没有包括那些扩散性的或隐蔽的奴役形式:殖民地的强迫劳动、殖民战争、美国黑人的状况。然而,如果问题不在于激起每个民族反对它是其见证的那些压迫,同时也反对在俄国的压迫,——如果只有西伯利亚和乌拉尔(我们相信,即使没有铁幕的存在,《费加罗文学报》在那里的影响也很微弱)的压迫者应该受到责难,那么这种方法只能把在世界上可能有的任何反抗都转移和集中到俄国的制度上,并到处实现这种反对它的阶级联合。斗争

---

① 《费加罗文学报》,1949 年 11 月 12 日。
② 同上,1949 年 11 月 19 日。

如何会因为排除了那些不属于苏联制度的不公正就变得更有效呢？可能是因为如果人们责难西班牙或希腊的政府，英国或法国的殖民当局，争取到的听众就会离开。那么，这些如此娇弱的听众是些什么人呢？我们会认为他们是各国人民，特别是法国人民吗？他们会如此赞成殖民战争或佛朗哥①的体制吗？总之，卢塞为谁而写作？就像他所说的，是为了先前的那些共产党劳改营囚犯写作的吗？但是，当他声称他只指责苏联时，他恰好给他们提供了他们能找到的撤销支持的唯一借口。因此，问题就只能是争取没有受到劳改营或监狱（只要它们不是苏联的劳改营或监狱）折磨的公众。在这里，反对俄国制度的神圣同盟引诱所有那些不管出于坏的理由还是好的理由仇视它的人，透过劳改营制度指向并打击整个社会主义倾向。总之，卢塞原则上站在我们刚才提到的"头号敌人"一边：首先反对俄国体制，然后，我们在不像俄国体制那样封闭了未来的体制中进行观察。然而，这种紧迫性的顺序要么不意味着任何东西，要么意味着二号敌人在目前还不是敌人。对一种紧迫顺序的选择是对一群公众的选择，对一个盟友的选择，最终是与非苏维埃的一切订立条约。这群公众，这个盟友不再是各国人民。那么，当卢塞在他的文章中仍然向马克思主义表示一种真正说来非常谨慎的敬意时，他是否已经不再是马克思主义者？列宁正确地说过，真正的革命者恰恰是从他揭露自己国家里的剥削和压迫获得承认的。卢塞在不久以前解释说，需要重新看待马克思主义，他是对的。但是，当人们修正马克思主义的时候，还应该了解人们

①　佛朗哥（F. Franco，1892～1975），西班牙独裁统治者。

从马克思主义那里接受了什么和放弃了什么。否则，人们就会像超越一切的许多美国知识分子那样走向政治虚无，而虚无是受政府影响的。卢塞是否仍然相信，人们应该寻求依靠的唯一政治力量是就立场而言独立于领导层想象的各种民族的、财政的和经济的利益的力量——即人民？他是否仍然相信，如果人们使之与殖民压迫和社会压迫相妥协，这种力量就失去了对其自身的意识并自我瓦解了？考虑到他最近的活动，应该回答说：不。然而，他应该把它说出来。他应该表明他的新立场。它只不过是无法让人接受的。它至少会不再是模棱两可的①。

很容易回答说：一个人揭露不公正不需要许多原则的，而卢塞 343 只需要听从于自己作为集中营犯人时的良心和记忆就足以知道他应做什么。有人会说，极端恐怖的集中营经验使亲历过它的人首先关注延续它的国家。然而，不是我们，而是卢塞要求人们忘记集中营的犯人。他在"集中抨击"苏联制度时，却轻巧地掠过了西班牙的被拘押者和希腊集中营的囚犯。如果有人亲历过，集中营经验绝对会阻止他赞同维持集中营的制度，这是对的。它也会阻止他与同样有集中营的敌人缔约。实际情况是，即使像集中营的恐怖这样的绝对经验也不决定一种政策。活着的时光不是死后的岁月。当一个人不管怎样重返生活时，他重新开始思考，他选择自己的各种忠诚，在他放弃的那些人看来，他显得冷漠、显得健忘。当一个人活着的时候，他总是忘记死亡。戴忘记了俄国的集中营。

———————————

① 卢塞就《法兰西文学》对他的辱骂向法院提起诉讼。可是，他从克拉夫琴科审判的例子清楚地知道，这样一些争论将使两大阵营重新联合。这是他想要的吗？

卢塞忘记了目前正在各个海岛上奄奄待毙、只有当大海和政府开恩才能获得给养的希腊被流放者。但愿他们不是为了替一些健忘的政策辩护才诉诸他们对先前那些被拘押者的忠诚。只有当他们寻求一种不强迫他们选择他们的被流放者的政策时,他们才忠实于自己。

(1950 年 1 月)

4. 雅尔塔文件

马克思主义不会低估人类的行动。历史的底层基础,即生产,仍然是各种人类行动的网络,而马克思主义教导说,人类创造自己的历史。它只是补充说,他们不会随意地创造一种历史:他们在不是他们选择的、只留给他们极其有限的解决办法的处境中活动。对于一个处于世界末日的观察者来说,可能的选择可分类为两个系列:一个系列通向无产阶级革命,另一个系列通向混乱。历史是由人类的被各种处境的逻辑改造为一出匿名戏剧的各种活动和相互作用构成的。马克思说,这是一些"以各种事物为中介的人与人之间的关系",它们体现在行动者的意图在其中通常不能被认出的机制中。人类创造他们的历史,尽管他们常常不知道自己所创造的历史。这种观点为所有的因果关系,特别是为外交的因果关系留出了位置。

如果我们不仅参照马克思和恩格斯的表述,而且也参照马克思的工作,那么我们将看到,他既没有对外交的内在研究,也没有对外交活动的效果设下任何限制。他很长一段时间都在大英博物馆研读从彼得大帝一世直至十八世纪末英俄合作的外交手稿，并对它们作了详尽的研究，①经济和社会的历史在其中的作用不太重要。

怎么会有所不同？马克思主义不想成为根据一个任意选定的原则来排列现实的各种"视点"之一、"世界观"之一、"历史哲学"之一，——而是成为对现实的表达，对激发了各种观念、文学、道德、哲学、政治，同时还有各种生产关系的一种历史运动的表述。他的考察怎么会局限于现实的一个区域？他怎么会不是多元论者？他怎么会没有在所有地方发现同样的真理？原则上，没有任何东西阻止我们从多个不同的入口通达历史：不同的入口全都通向道路的同一个交叉点。

因此，罗斯福、丘吉尔和斯大林在雅尔塔的那些"个人看法"对于马克思主义历史哲学来说并不是一种绊脚石。当然，它们让他们的即兴表演、大概看法、各种偏见和各种梦想大白于天下了。但如果我们考虑一些应时的话语、粗俗的诡诈、餐桌上佯装琐屑的闲谈时，想到它们存在于一些如此著名的大脑中时，这些怪念头也就具有了某种莎士比亚②式的东西：

——"斯大林元帅指出，他不认为工党能够成功地在英国组建一个政府。"

——"罗斯福声称，在中国变成一举足轻重的军事因素之前，

---

①　这是从来没有被译成俄文，刚刚以《俄国和欧洲》为题被译成法文的《十八世纪外交史的启示》。

②　莎士比亚（W. Shakespeare，1564～1616），英国文艺复兴时期剧作家、诗人。

需要三代人的教育和训练。"

——"英国人似乎认为，美国人应该重建法国的秩序，然后把政治控制权交给英国人。"

——"斯大林元帅说，他不理解（共产党人和国民党）既然不得不组成抗日统一战线，为什么不能相互理解。他认为蒋介石应该确保对统一战线的领导权。在这个问题上，他回顾说，统一战线在几年前就已经存在。他不理解为什么它没有维持下去。"

就算我们——宽宏大量地——假定这些言论是马基亚维里主义的，至少在严肃看待它们的对话者的心中，它们是有模糊之处的。但是，为什么心理学的这种侵袭会使一个马克思主义的历史学家感到为难呢？那些混乱的观点、幻想不是历史帝国中的一个帝国：它们是社会动力的一部分，而且社会动力还要通过它们才能起作用。在一个马克思主义者看来，所有幻觉都有一种意义，尽管这并不是它显在的意义。

＊　　　＊　　　＊

一种严格的、一致的、哲学的马克思主义承认历史原因的多样性，在所有的历史原因中辨认出了同一种辩证法，并且整合各种"个人的看法"而不是排斥它们。但是，随着它这样做，它就变成了另一种哲学，完全不同于通俗的马克思主义，而且马克思可能不想承认那是他的。

即便这些"看法"、"意识形态"有把它们整合到历史的一般逻辑之中的内在逻辑，——即便斯大林、罗斯福和丘吉尔像他们在雅尔塔时那样面对面地思考、谈论并作出决定，——即便他们的意识形态的这些样本是在这种妥协中产生、对照、组合起来的，——这也是只有事后在一般历史的动力中才可以理解，而不能从一般历史中推断出来的，而且使得可能物变成了实在物的一个事件。如果人类不知道他们创造的历史，他们就不能创造其真正的历史。如果在历史中一切都是重要的，发展就不是真正必然的，因为它既是由"心理"的各种偶然性，也是由社会动力带来的。

我们只能像马克斯·韦伯那样说：如果缺少一种补充形势，那么同样的结局可能由处境的逻辑打开的其它的途径导致，它有极高的概率。事实上，在历史中存在着一些例子，或者"直接的"事件似乎创造了它自己的产生所需的各种条件。但是，如何断定它始终就是这样的，而且历史整个地就是这种类型的一个过程（它根据一种标准调节自身，像一门带雷达的大炮那样校正其瞄准）？

如果在历史中一切都是重要的，那么我们就不再能够像马克思主义者那样说，归根结底，历史的逻辑总是能够找到它的条条道路，它单独就有一种决定性的作用，它就是历史的真理。布尔什维克们在实践中承认契机不会再次出现。托洛茨基写道："我们最近还能听到这样一意见表达出来：我们即使没有能够在十月取得政权，我们也能够在二、三个月之后夺取它。大错特错！如果我们没有能够在十月取得政权，我们就永远也不会取得它。"①好吧。但这样一来，就不应该说革命是"不可避免的"。应该在作为行动和作为真理的革命之间进行选择。马克思主义者的真正悲剧就在于

---

① 托洛茨基：《列宁》，第77～78页。

此,而不在"上层建筑"和"底层基础"之间或在人和物之间。

在其关键时期,通过坚持列宁的这一准则:正确的路线应该能够向全世界的无产者作出说明并且获得他们的理解,布尔什维克主义试图克服这一悲剧,试图把行动从实用主义和偶然中拯救出来。

在《我的一生》中,我们应该看到,在布列斯特-立托夫斯克和约前夕,托洛茨基和列宁何其慎重地权衡了与德国帝国主义签署和约可能对革命带来的各种不利,尽管西方的无产阶级不理解这一点,——在宣称了民主和平原则(它不包含吞并)和人民支配自己命运的权利后,托洛茨基又是何其严肃地拒绝隐瞒德国人强加于他的吞并。

全世界无产者们的意见,这一动机在列宁那里显得非常重要,所以他同意接受托洛茨基的解决方案,即只有在德国停止进攻的条件下才签署和约,新生的苏维埃国家最终付出的代价是几个州。在谈判期间,当法国人和英国人提出向苏维埃政府提供军事援助以对抗德国时,列宁要求中央委员会接受援助,其说法是:"接受法国帝国主义强盗的援助,以对抗德国强盗。"[①]因此,他是反对模棱两可的。

斯大林没有采取这么多的预防措施。"斯大林元帅说,他准备与美国和英国同心协力保护小国的各种权利,但是他决不同意使大国中无论哪一个的任何行动受制于小国的评判。"风格已经

---

① 托洛茨基:《我的一生》,罗斯默(A. Rosmer,1877~1964,本名阿尔弗雷德·格里奥(Alfred Griot),法国共产党创始人之一,与托洛茨基有较多的联系,但没有加入第四国际)编,第398页。

变了,斯大林似乎没费多大力气就采取了其对话者的口气。新
的地方正是这种从容。困难在斯大林之前就已经存在,它那时 348
甚至更加明显,因为革命的观念还活着。它是革命政治的十
字架。

(1955 年 4 月)

5. 革命的未来

　　每个人都感觉到,在共产主义的历史中发生了某种事情。从
大的尺度上来看,这涉及的只不过是始终与强硬政治时期交替出
现的那些缓和时期之一吗?我们也可能已经达到了这样的时刻:
革命和反革命将不再像它们自 1917 年以来所是的那样是二者择
一的,政治不再被归结为像十年前那样要在苏联和其它国家之间
进行选择。作为简单事实的共存从来没有被马克思主义排除在
外,但是,当它成为一个原则时,它就不可能让两种社会制度不受
影响,它们之间的矛盾应该不再是对抗性的,每一种都应该承认另
一种的实存,并在这个意义上承认多元主义。一个人从资产阶级
角度看是多元主义的,这一点不言而喻。西蒙娜・德・波伏娃激
烈地写道:"真理是一,谬误是多,因此,我们明白资产阶级是多元
主义的。"①共产主义之所以变成多元主义的了,是因为它不再把
自己设想为是唯一的、整体的和最终的真理。我们已经达到这一
点了吗?

---

① "当今的右翼思想",第一部分,载《现代》,1955 年 5 月。

在苏联的历史上,马林科夫[①]、随后是布尔加宁[②]和朱可夫[③]的掌权确切地说意味着什么呢？马林可夫说——有点过早了,但他的各位继任者重新拾起了这个论断——原子弹既威胁到社会主义文明,也威胁到其它文明。从此以后,革命是否取决于不冒原子战争的危险这个先决的生存条件？把大规模破坏——明天可能是生产——因素引入事物过程中的原子技术(马克思主义分析所考虑的技术与之相差太大)是否会降低马克思所描述的对抗的等级,并且第一次把马克思主义者引向一种原则上的和平主义？对此,我们没有确切的了解。然而,这些问题不是那么决定性的。不管斯大林的消失、另一代人和其它社会力量的上台、以及最后苏联和其它国家的原子技术的发展的分量能够有多大,这一新时代的新人都会继续说(就像他们在几个月以前已经说过的那样),社会主义是不会被原子战争攻破的。他们由于不再这样说,他们由于决定与这种危险妥协,因此他们必定已经以某种方式知道把革命与外部的不幸相对照了。不仅应该在某些耸人听闻的事实中,而且也应该在社会制度与外部的接触中、在它的演变中寻找苏联新政策的起因。

　　不过,我们在这方面不是没有任何资料信息。大学里的一些

---

　　① 马林科夫(G. Malenkov,1902～1988),苏联政治家,斯大林死后担任原苏共总书记(1953～1955)。

　　② 布尔加宁(N. Boulganine,1895～1975),苏联政治家,国务和党务活动家,军事家,曾任部长会议主席。

　　③ 朱可夫(G. C. Joukov,1896～1974),苏联军事家,战略家。

情况使我们了解到贝诺·萨雷尔①先生的关于 1945 年以来的东德历史的尚未出版的卓越著作。② 通过东柏林的裂缝,我们进入到该制度的内部生活。当然,东德的那些事件并没有说明新政策:它们是继新政策之后发生的,并且在目前已经被踩了刹车,而不是被发动了。但是,它们是关于苏联体制与一个具有悠久的政治和工人文化的国家之间相遇的极好的文献。它们阐明了与新政策想要面对的外部的关系问题,并因此可能揭示了这种政策在俄国革命历史中的意义。

(1)

在考虑这些事实之前,我们要问,我们凭什么认识到马克思主义革命立足之地。革命政治实质性的东西存在于无产阶级和党的关系之中。无产阶级是对资本主义的否定和活生生的批判。然而,革命的历史运作不可能是无产阶级的思想或意志的单纯、直接和即刻的表达。只有当党在政治斗争中纠正、阐明和发展无产阶级的"自发"斗争,将其置于它应该与之较量的整个社会层面上时,无产阶级才会成为一种能使现存社会发生巨大变革并创造一个新社会的历史因素。因此,没有财产、没有利益、几乎没有任何肯定特征的无产阶级为一种普遍角色做好了准备:对它来说,不成为一

---

① 贝诺·萨雷尔(Benno Sarel),原籍罗马尼亚的法国社会学家,"社会主义与野蛮"成员贝诺·斯腾伯格(Benno Sternberg,1915～1970)的笔名,著有《德国东部的工人阶级》等。

② 《德意志民主共和国全民所有制企业中的工人阶级和新的生产关系(根据官方资料)》。作者友好地允许我利用他的各种分析和他搜集的一些事实,——当然,保留了他打算就它们作出的整体解释。

个宗派和一个团伙,从根本上着手重建社会,乃是自然而然的。它在己地就是革命。但是,它最初不知道这一点,不知道方法,不知道路径,不知道过程,不知道马克思所说"其实存的秘密"由之获得表达的那些建制。是党把无产阶级的反抗改造成了积极的和长时期的行动。用哲学的术语来说:党超越了无产阶级的反抗,它通过否定是直接反抗的无产阶级的反抗而实现无产阶级的反抗,它是无产阶级否定的否定,还有:党是其中介,它使否定的阶级成为一个最终建立起无阶级社会的阶级。这种哲学的语言远不是多余的:它可以说是革命的代数式,它严格地给出了其抽象的轮廓,并以最明确的方式在实践中表达出来。如果在无产阶级激励党的时候党能够教育无产阶级,就会有革命。无产阶级无法在其中生存下去的权威机器和屈服于无产阶级的每一次骚动的党同等地被排除了。

革命行动依靠这两条原则:说到底,党总是正确的,最终说来,我们没有理由反对无产阶级。为了同时遵守这两个原则,革命行动应是党和无产阶级之间的一种交流关系;需要一个能接受无产者批评的党,只要这种批评不会形成第二政权、集团或党派——,和一个作为党的政治表达,而不是一个他者和对手,忠诚地、兄弟般地批评党的无产阶级;总之,需要一种作为对自身的批评或作为自我批评的批评。通过我们刚才提到其表述的中介来考察事情是怎样的,我们就能理解革命的现状,它正处在其历史的哪一个阶段,它将走向何方。正是在这一点上,贝诺·萨雷尔搜集的事实是宝贵的。它们毫无疑问地表明,东德社会远不是同质性的,各种生产关系远不是和谐的。即使在"全民所有制"企业中,生产中的各种不同地位也足以产生分级、紧张、联合及对联合的破坏。在这里存在着整个体制的正式的历史,而党看起来毋宁说是控制它的一个外部机构。只是对于那些形成了关于革命和人民民主的纯理论观念的人来说,这些考察才是新的。但是,由于没有充分的信息,我们几乎全都处于这种情形中,像贝诺·萨雷尔这样的研究的首要功绩则是提出了问题,如同它们是在现场被提出来的一样。

1) 厂长

首先,企业的厂长有相对的自主权。在人们提出工人共同管理原则的同时,已经明确,新的管理部门"就它代表着人民而言……有制定计划的任务"。[①] 工人的主动性只在于找到辅助完成领导制定的计划的最佳办法。1950 年 3 月 11 日的《新德国》不耐烦地写道:"人们最终将习惯于这种关于各种生产指标的责任归于厂长的观念……各个工会的任务是用一种新的意识、用一种良好的专业素质武装工人们。"然而,新的厂长原先是工人的很少。根据乌布利希[②]在 1947 年提供的数据[③],在整个地区,算起来他们中工人占 21.7%,职员占 30.7%,工程师占 17.8%,商业人员占 23.6%,前厂长占 6.2%。自 1951～1952 年以来,工人进入企业领导层的比例进一步降低了。

厂长是党员。然而,时常发生这样的事:"领导层虚拟报表,隐

---

①　《德国经济新建设》,柏林,1946 年,第 10 页。

②　乌布利希(W. Ulbricht,1893～1973),德国政治家,德国和国际共产主义运动活动家,曾任德国统一社会党主席和德意志民主共和国国务委员会主席。

③　《第二次党代会记录》,柏林,1947 年,第 321 页。

瞒利润,要求比它所需更的更多的原材料……它有自己的投资计划"①,以至于 1949 年 7 月的一项法令规定,在全民所有制企业中设置监督企业领导层的会计主任,在 1953 年 6 月之后,党章将规定,党的企业委员会高于领导层。

为了工人们的利益,厂长的相对自主权有时会形成与党的对抗。在 1949 年 8 月 12 日召开的勃兰登堡国有工业会议上,厂长们反对由积极分子提出的提高生产指标的建议。在其它时候,工人和领导层之间则形成了泾渭分明的界线。

"在企业小组中,人们总是会发现来自企业领导层、地区或其它地方的领导层的'先生'之间的争论,那些不善言辞的人不能够参与到讨论中……有时,一些领导同志被自己的同志当作不能放心地、公开地与之交往的一个高级权威。他们想到了这个谚语:除非被邀请,不要去你的王子家。"②

353　　社会距离通过工资差异被强化了,一个重要厂长的工资每月甚至达到一万五千马克。

2) 技术人员

从 1951～1952 年起,亦即从实施计划化起,工人和技术人员之间的对立加深了。它进而汇入到了工人和企业领导层之间的对立中,最初持保留态度的老技术人员往往转而站在计划化的体制一边。1951 年 4 月 25 日,中央委员会指示和技术知识分子签订

---

① 贝诺·萨雷尔,前引著作,第 66 页和第 67 页,参考了《国营企业》,1949 年 1 月、1950 年 7 月,《每日评论》1949 年 3 月 31 日、1950 年 2 月 25 日等。

② 《新德国》,1949 年 8 月 13 日。

个人合同,向平均主义宣战。① 1951 年 12 月,联邦书记处要求为知识分子建立合适的食堂和俱乐部。② "知识分子"这个术语就在这个时候被扩展到了工厂的所有领导者中。一些工人说:"我们将走向培养一个知识分子和积极分子的阶级。"③施特拉尔苏德一个工厂的一位工人谈到了知识分子的专政。④ 在 1951 年圣诞节,瓦尔纳蒙德造船厂的四位党员工人通过割断通向舞厅的电缆而破坏了为知识分子准备的联欢会。⑤ 一位工人在一次企业工会大会上说:"人们希望我们与知识分子建立一些同志关系。那为什么我们在就餐时要分开来呢?"⑥我们给出这些言论和这些小事并不是将它们当作关于东德的真相。然而,它们已经出现在官方报纸上,这足以表明它们在那里并不是难以想象的。

3) 工人精英

自 1949 年以来,一位积极分子在矿场或冶金厂的工资每月达到一千马克,要比其低收入的同志高出六倍之多。妇女和年轻工人大量参与积极分子运动⑦,以及比如说铁路部门的成年工人顽固地反对雇用妇女⑧,似乎表明积极分子运动最初只在工人阶级最不成熟的成员中取得了成功。1950 年 12 月的党刊《新路》描述了图林根的一家棉纺厂,那里的 180 个党员中只有 20 名妇女,但

----

① 《德国统一社会党文件》,第三卷,第 479 页。
② 《新德国》,1951 年 12 月 22 日。
③ 同上,1952 年 6 月 4 日。
④ 同上,1952 年 7 月 31 日。
⑤ 同上,1952 年 5 月 4 日。
⑥ 同上。
⑦ 《工会干部参考资料》,1949 年 8 月,柏林,德国自由工会联合会。
⑧ 《新德国》,1950 年 1 月 20 日。

是,女工反而占了积极分子中的大多数。①

即使我们不考虑给予斯达汉诺夫②运动成员的各种特殊待遇,工资差距自计划化开始以来也在加大。③"在1950年,工人的小时工资的梯度从煤矿最高的1.95马克到玩具厂最低的0.59马克。"④

在同一部门,一级到八级之间的工资差距大约稳定在100%左右。

通过行政途径确定的这种工资等级意味着计划化致力于形成一批工人精英,可以说是招募它的无产阶级。这也是在同一时候展开的竞赛运动的意义。亚历山大·斯塔克在1949年8月写道:"竞赛是由上面安排的……在企业中,人们很少讨论竞赛的意义。在我们的负责人中间,大量的是害怕与工人进行讨论的负责人。对企业的工会领导层来说,更方便的是与另一个工会领导层商定一场所谓的竞赛,而不是动员他们的同事并因此展开一场真正的竞赛运动。"⑤

355　　在1950年3月,瓦恩克⑥说:"……我们应该克服竞赛运动中毋庸置疑的死气沉沉……当在基层各个车间存在着真正认真地看

---

① 贝诺·萨雷尔,前引著作,第80页。

② 斯达汉诺夫(A.G. Stakhanov,1906～1977),苏联被载入史册的采煤工人,他在1935年8月31日一班工作时间内采煤102吨,超过普通采煤定额13倍。所获荣誉包括列宁勋章,红旗勋章,社会主义劳动英雄等,1977年病死在精神病院。

③ 在1953年以后,工资差距在缩小。

④ 贝诺·萨雷尔,前引著作,第109页。不同工业部门之间的不平等是使劳动力流向重要部门的一个手段。

⑤ 《柏林决议》,第21页。

⑥ 瓦恩克(H. Warnke),意大利人,著有《德国工会运动简史》。

待企业内的竞赛的群众运动时,企业之间的竞赛就只不过是锦上添花(喊叫声:太对了!)。"[1]

在 1950 年的工会会议上,中央工会学校校长,78 岁的敦克尔[2]做了让人回想起从前的德国工人运动的严肃认真和思想活力的发言,他说:"……对我们来说重要的是,这首先是一种不同于过去时代(不幸的是,它并没有过去)的'竞争'的新型竞赛,……看来,以一种短视的竞赛精神、以一种个人主义的竞赛精神为起点,会发展出一种利己主义,它随后会作为企业的利己主义,导向把各种生产方法当作企业的秘密保护起来。"[3]他的发言没有产生任何回应。

在各种指标的制定上,的确出现了工人对来自上面的计划化、对积极分子所扮演的定制的无产阶级的角色的抵制。在自定指标运动开展起来,而积极分子决定每当有可能就提高自己的指标(这往往为他们招来破坏指标者、浪费工资者、罢工破坏者的定性)的同时,人们建立了一个旨在培养计时员的在技术上有根据的指标中心。自定指标导致一些舞弊,工人们把指标定得过低,因此用较低的产量就能为自己获得较高的奖金,这就是众所周知的以指标摇摆(Normenschaukelei)为名的方法。不过,计时员在希特勒的德国就已经在起作用;人们看到,通常是相同的那些人又出现在车

---

[1]　《柏林决议》,第 8 页。

[2]　敦克尔(H. L. Duncker,1874~1960),1893 年参加社民党,1903 年成为新闻工作者、巡回演说家,1914 年 8 月参加国际派核心小组,后来参加了国际派和斯巴达克同盟。1947 参加东德统一社会党,在大学执教,任中央工会学校校长。

[3]　《柏林决议》,第 75 页。

间里,理性化机制依据被泰勒[①]制抛弃的原则被推行:"对一个运动周期中的每一动作的'基本时间'的测定使工作变得刻板,破坏了应该在人和机器之间建立的活生生的个体关系。"[②]确实,直至1951年,对指标的"技术的"、"客观的"或"科学的"规定只是以积极分子的榜样的名义才作为一个论据被提出来。在工会会议上,工人被敦促要对指标表示赞同。但是,会议"是由一个上级委员会的代表主持的……不习惯于在公开场合发言的工人只是中止了他们的席位……在投票时,主持人首先让持反对意见的举手。"[③]指标的制定成了意识形态的[④]或政治的问题。1951年,根据计时制强行提高指标取代了自行制定。在1952年,人们又回到了自愿提高。我们知道,1953年6月的暴动是由于当局试图向斯大林大道的建筑工人强制推行新的指标而引起的。不管是诉诸政治忠诚的"主观"论据,还是计时制的"客观"限制,人们都不是根据工人工作的要求而做事,无产阶级在这两种情况下的逃避都是十分明显的。

4) 无产阶级及其组织

鉴于这种社会区分和这些紧张,人们可能会假定,无产阶级不是政治和工会机构的推动者,而工会机构则毋宁是社会斗争的场所。贝诺·萨雷尔事实上指出了基层工会负责人(有时甚至党的负责人)如何抵制提高指标的运动。"企业党小组讨价还价,尽可

---

① 泰勒(F. W. Taylor,1856～1915),美国工程师,他创造了一套测定时间和研究动作的工作方法。

② 贝诺·萨雷尔,前引著作,第121～122页。

③ 《柏林决议》,第124页。

④ 《新德国》,1949年6月8日。

能地压低指标。"①某工会负责人声称:"我反对斯达汉诺夫运动。我们这些工人知道,资本主义也为我们提供了提高劳动生产率的可能性,但它随后以更高的指标来卡住我们。"②

　　通过把工作小组编成班组,当局试图把工人阶级与生产和计划更紧密地联系在一起。但是,班组长(由领导任命并经过班组成员的同意)至少要像传达"上面对工人的压力"那样传达工人对领导的压力。1951 年,旨在提高生产率的《企业集体协议》被提交给各个班组和各个工会讨论。讨论没完没了。贝诺·萨雷尔写道:"10 月 14 日,党的中央杂志以两页的篇幅发表了一篇关于企业协议问题的自我批评文章。文章提到了大量存在于工厂中的紧张关系的直接责任人:工会干部。文章作者指出,在强制推行协议之后,这些干部现在害怕出现在工人面前。当出现在其面前时,他们'畏畏缩缩如同腼腆的孤儿,以免打破任何东西'。"③

　　工会是替罪羊吗? 需要牺牲它们才能结束危机吗? 不。在第二阶段,正是工会在批评党。"工会联合会反过来也发表了一个公报(1951 年 10 月 26 日),它承认自己方面的责任,但它又进行反击,证明在一批工厂里,党的干部也以专断的或者有偏差的方式支持抵制,甚至指导了抵制。"④"在洛伊纳、蔡茨、卡尔·马克思巴贝尔堡和其它一些地方,有一些党员在讨论过程中联合签名反对协议,主张企业工会领导层退出。在曼内斯曼、莱比锡,党的书记攻

---

① 《新路》,1949 年 7～8 月。

② 《每日评论》,1949 年 6 月 3 日。

③ 《新德国》,1951 年 10 月 4 日。

④ 贝诺·萨雷尔,前引著作,第 158 页。

358 击行业集体协议。不幸的是,这不是一些孤立的事例……(在签订
协议的时候)许多上一年选入企业工会委员会的成员不再任职。
他们被企业的党小组领导免职了……没有经过任何选举就被其他
同事代替。企业工会领导层中的这些不是被选举出来的成员自己
完全不能说服工人……他们害怕出现在职工面前,他可能会问他
们是从哪里来的。尤其是正是这些企业工会领导层竭力用一些官
僚主义的方法强制推行协议……"①

　　论战以政治局的公报告终,它谴责了工会,但没有进行清算。
只有一部分工会的高级专职人员仍作为专职人员被派往车间委员
会。这些相互指责涉及到所有人,只有少数人能幸免。然而,不需
要假定这些谴责是一个精心安排的计划的结果,也不应该认为它
们在此只不过是对论战的一种滑稽模仿。不。在一个既专制又民
粹的社会中,各种紧张不仅仅是人为的,而且也是自发的,它们采
取了自我批评或兄弟般地帮助改正的"负责任的"语言。那些相反
的要求则与错误和无知联系在一起,因为这两者都需要把来自上
面的运动推广到群众中,而它们都没有能够成功地做到。

(2)

　　这几个事实使我们可以隐约看到社会制度的性质和革命的现
状。从在一个像东德那样的社会中存在的各种矛盾和紧张中,反
共论者——还有某些马克思主义者——得出了这种制度是对无产
359 阶级的一种新剥削的结论。在我们看来——贝诺·萨雷尔似乎有

---

① 《新德国》,1951 年 10 月 26 日。

同样的意见——无论从它的各种意图和"主观地"看，还是从它的各种可预见的结果和"客观地"看，这种制度都不能被界定为了个别人的利益而榨取所有人的劳动。存在着各种榨取，但是，如果它们促进了生产的发展，那么增长的生产即使不是平均地分配给无产阶级，也至少是有利于无产阶级的，因为不可能存在社会私有财产的积累。随着生产工具所有制的废除，社会制度的人民原则依然保持着：党始终需要无产阶级。它采取纯粹的强制手段是一种例外。即使当它专断地干预工会的要求时，它也必须通过重新选举来结束该事件。它为了笼络无产阶级所做的一切转变成了无产阶级对它施加压力的手段。贝诺·萨雷尔搜集的所有资料都来自报刊和官方出版物。正如他深刻地指出的，这种社会制度隐含着一种"独特的"自由主义。① 在积极分子运动、竞赛运动、计件劳动把社会制度根据自己的形象所造就的无产阶级与群众区分开来的时候，人们在考虑无党派人士。在 1949 年，被批准去各个度假中心的工人的百分比只有 29％。在 1951 年达到 51％。在 1948 年有 10 万人、1951 年有 37 万 5 千人、1952 年有 50 万人在各个度假中心休假。② 人们明确地反对监督无党派群众的倾向。③ 这是因为种倾向确实存在，但也是因为它不能够正式地存在。

　　制度在它的两个原则（党始终是正确的和人们没有理由反对无产阶级）之间不知所措，因为党和无产阶级的交流，以及革命的调解没有起作用。这是当革命不"成功"时出现的社会形式。无产

①　贝诺·萨雷尔，前引著作，第 71 页。
②　同上，第 155 页。
③　《新德国》，1950 年 3 月 25 日。

阶级越是拒绝承认党,党就越是迫切地肯定自己与无产阶级的一致。我们几乎可以说,党的权力和各种特权是当无产阶级革命受到无产阶级质疑时所采取的形式。这样一来,它们也就从来都不是神圣的权利。社会制度没有独一无二的本质,它整个地在它的两个原则之间摇摆。有时,人们考虑尽一切手段来强制一种纪律,有时,人们又回到了协商和讨论。如果这两个倾向中的一个走到极端,社会制度就会解体。曲折或螺旋运动是它的规律。不存在其它的维持手段。这并不足以让我们说它的政策是矛盾的:实际上,在缓和时期和紧张时期之间并不存在矛盾。当人们开口说话时、当人们进行自我批评时,这种"自由化"就再一次巩固了无产阶级和党的统一,它重新整合无产阶级,它管理之,它使之为"强硬"政治的一个新时期作准备。反过来说,清洗很少是单纯的镇压:它清除某些反抗的代表,但重视他们所代表的反抗,人们甚至常常会采取他们的政策。这是实质上的模棱两可:自由在这里得益于权威;镇压在这里认可了它所压制的反抗;批判在这里就是赞同、谴责就是辩护;一切在这里都被说了出来,但任何表达都是间接的、颠倒、含蓄的;真理在这里看上去是谬误,因为人们始终感受到在它后面的临近的另一真理;谎言在这里使人想起社会制度本该是的和想要是的……

在 1950 和 1951 年,《新德国》写道:"党所说的是真的",接着说:"党始终是正确的",最后说:"只有党说的是真的。"[1]1953 年 6月 21 日,在暴动的第二天,党中央委员会通过了包含了下面一句

---

[1]　《新德国》,1950 年 3 月 17 日。贝诺·萨雷尔,前引著作,第 143～144 页。

话的决议："当工人群众不理解党的时候,过错不在他们,而在党。"①格罗提渥②第三天在卡尔·李卜克内西③工厂的工人面前宣布:"党不再得到广大劳动群众的爱戴和衷心拥护。这都是我们的过错……党有责任彻底改正这些错误,改正这些对群众发号施令……和把他们看作为下属的倾向。"④西门子–普拉尼亚工厂的制动器工人向中央委员会委员和《新德国》总编辑鲁道夫·赫尔恩施塔德⑤宣布:"我为 6 月 17 日感到骄傲。在 6 月 17 日,工人们证明了他们是一种力量,他们有一种意志。"⑥然而,这不是全部:7 月 24 日,赫尔恩施塔德被排除出中央委员会,格罗提渥要求人们在党内结束"忏悔精神"。正如《禁闭》所说,他们"在继续……"。人们能够对党指责什么呢? 他们想要它做什么呢? 所有的倾向都已经在它那里表现了出来,所有的困难都在它那里表达了出来。乌布利希说:"……在党和阶级之间,几乎不存在区别,不存在界限。在工人或劳工中间流传的所有论据都能在党员或党的负责人的各种会议上听到……党经历了与工人阶级或劳工同样的犹豫。"⑦党坦诚地进行讨论,并且做出最好的决定。为了在党那里认识自己,

---

① 《新德国》,1953 年 6 月 23 日。

② 格罗提渥(O. Grotewohl,1894～1964),德国工人运动活动家、统一社会党第一任主席和东德前国家领导人。

③ 卡尔·李卜克内西(K. Liebknecht,1871～1919),德国和国际工人运动活动家,德国共产党创始人之一。

④ 东柏林电台,1953 年 6 月 23 日。贝诺·萨雷尔指出(第 182 页),报刊仅发表了格罗特沃尔演说的摘要。

⑤ 鲁道夫·赫尔恩施塔德(Roudolf Herrnstadt,1903～1966),东德马克思主义新闻工作者,曾任中央委员会委员和《新德国》总编辑。

⑥ 《新德国》,1953 年 6 月 23 日。

⑦ 同上,1948 年 8 月 22 日。

工人期待什么呢？他们期待一些信号：生产的增长不是通过泰勒制和竞争，也不是通过加班取得的，全民所有制要体现在劳动方式中。毕竟，党相信自己是无产阶级要比无产阶级把自己具体化在党内更加容易。当然，社会制度是不可反驳的：人们总是可以说，成年工人的各种对抗和分裂是暂时的，（由社会制度培养的）新一代将在制度中认识到自己。如果一个人能像领导者们那样生活在将来，就尤其能这样说。如果一个人像其他人那样只有他的现在，那么他就总是可以回答说，符合社会制度形象的无产阶级将成为一个少数派，因为根据定义，人们给予它的那些优势将使它与众不同，而使妇女和年轻人的劳动是剥削社会的传统做法。社会制度是不可反驳的，只因为它也是无法论证的。无产阶级和党的调解只能在领导者的思想中、在年轻人的信仰中和在精英们的野心勃勃中实现。一位企业厂长大声疾呼："同事们，棉纺厂现在是全民所有制……现在，你们的工作是为人民服务……通过你们的工作为德意志祖国服务，这应该是一种荣誉！"作者补充说："爆发出阵阵笑声。真正的爱国言论对大多数工人，特别是男人来说是陌生的。"①这是因为人们没有向他们指出他们的体现在可见制度中的需要和意愿。这是因为人们要求他们相信企业在名义上是属于他们的（既然它不再属于个人），——相信在竞赛中没有竞争的痕迹、在各种有依据的技术指标中没有泰勒制的痕迹。人们向他们提出的不是调解，而是质的改变。

　　因此，谈论一种无产阶级社会制度并不比谈论一种"剥削"的

---

① 《劳动英雄》，柏林，文化和进步出版社，1951年，第63页。

社会制度更正当。那些建立该社会制度并投射未来于其中的人可能在真诚地思考社会主义。那些支持它但没有建设它，并因此不具有同样的动机给予它以绝对而抽象的赞同的人，则看不到无产阶级文明的出现（除非是在意识形态中）。索维①先生曾多次写道，不能从经济角度对共产党及其收益做评估，因为共产党在"站住脚"的地方，依靠的是无限的忠诚、痛苦的不断增加、没有技术进步的生产进步（东德报刊通常持有这种论断），因此，人们不能靠党建立的各种生产关系来实现生产的进步：生产进步来自于英雄主义。社会制度严格地说不能被评判，人们要么想要它，要么不想要它；在最好的情况下，它是强制使一种没有发生的调解存在的意志。就此而言，它肯定是一个新生事物，但不是由马克思主义创建立了其理论的革命，即通过消除资本主义的各种生产关系而从它的各种对抗中解放出来的生产。制度保证了新生国家的快速发展，这是确实的。当它像在德国那样碰到了传统的无产阶级——它进行一些比较，要求一些证据，而不是一下子就认同于企业，因为它从中看到了其它东西——时，效益就下降了。贝诺·萨雷尔援引了《工业时代评论》根据各种官方材料编制的一张捷克斯洛伐克、波兰和德国的工业生产表。我们从中可以清楚地看到，这种制度更适合于不发达国家。② 在其边界之外的苏联经验不是可能已

363

①　索维（A. Sauvy，1898～1990），法国人口学家、人类学家、历史学家。
②　这就是那张表格（单位：千美元，1938 年价格）

	1938	1947	1948	1949
波兰	711	739	946	1180
捷克斯洛伐克	875	761	893	964
德国	2162	1020	1280	1500

经教导苏联应该知道停下来,并且要考虑罪恶吗?

(3)

苏联目前实行的缓和不是那些准备重新掌管局势的模棱两可的事件之一。承认铁托①有理的缓和很难使南斯拉夫共产党重新接受纪律。一个新的重要事实是,在原子战问题上遭到批判的马林科夫并没有被清除。那么,一个人能在通往真理的道路上先于党,却又不成为这种社会制度的威胁吗? 一个人能成为他者而又不是敌人吗? 某种东西在我们所描绘的镇压和自我批评的结合中已不再能起作用了。当然,减压是逐渐的,它也有它的各种停顿、它的各种挣扎、它的各种模棱两可,但它这一次似乎是不可逆转的。此外,各种策略上的缓和关系到社会主义的或基督徒的劳工。迄今为止,事情仍没有涉及到与资本主义缓和。革命制度第一次承认它不能覆盖整个历史。这也许是因为一旦走出它的边界,特别是在德国,它就学会了考虑其它东西。无论如何,这就是新政策从德国事件的角度呈现出来的意义。

那么,前景将会是什么呢? 贝诺·萨雷尔十分谨慎地指出了一条未来之路,而且他以马克思主义的方式对它进行了分析。无产阶级就在那里,透过它的全部经验学习和成长。无产阶级将其所做的夺取政权的尝试转过来用以反对当权者,不管表面如何就是正在接近管理经济。透过各种失望和挫折,它正在接受训练去真正地扮演领导阶级的角色,要么借助一次新的革命推动,要么甚

---

① 铁托(J. B. Tito,1892～1980),南斯拉夫政治家,共产党总书记。

至借助制度的内部动力的作用。贝诺·萨雷尔仍然认为，私有制一旦被废除，无产阶级的将来就进入议事日程。它被一些特权和矛盾所掩盖，但它已呈现在无产阶级继续进行的社会斗争中……

这样同一位作者描述得如此充分的矛盾就没有得到说明——或者是用一些非常宽泛、非常含糊的原因，诸如官僚阶级的"各种利益"或"各种错误"来说明。俄国的无产阶级革命之所以只有通过让位给一个"领导层"才能进入计划化并且组织生产，或许也是因为从下面开始的计划化、"由下面推动的专政"，总之，无产阶级和党在那里融为一体的无产阶级社会乃是一些幻想，因为不存在借助专政的调解，不存在调解的专政，不存在专制的历史创造。在如此充分地描述了使人民民主与无产阶级革命区分开来的东西之后，贝诺·萨雷尔为何不问一问为什么无产阶级革命以人民民主国家而告终？当无产阶级革命还处于人民民主国家的过去中时，他如何把它放到了它们的未来中？更有可能的是人民民主国家和苏联试图调和它们的各种生产关系，不是通过一种新的革命努力，而恰恰是通过缓和，通过满足消费，通过"形式民主"的某种新的、谨慎的方式，通过诉诸于各种意识形态欺骗…… 365

人们能更严肃地评价的，乃是这种缓和对非共产党国家的影响。目前，（有点迟钝的）西方各个党派的政策看来是受制于国际缓和的要求。在法国，人们继续在口头上反对当权政府，但是，摩洛哥党正在向法国常驻外交代表提出一项和解计划，法国劳工总联盟正与政府一起合力，以便恢复圣纳泽尔的平静。西方各个党派不可能长时间地牺牲一切去迎合国际缓和，否则会产生内部危机。即使苏联不能通过严肃地保障它们的独立来满足它们的愿望，西方党派无疑也会被引导到制定自己的政策。在贝尔格莱德出现的，提出最终撤消共产党和工人情报局并建立一个无纪律束缚的新国际的弗拉霍维奇研究很难被记到苏联人帐上。它出现在苏联的部长们访问贝尔格莱德之后不久，这至少使他们的声誉受到了影响。

如果这不是梦幻，那么苏联的新政策就不是无产阶级革命史上的一个篇章，而是把"无产阶级专政"限制在它在那里存在的地理范围内的决定，对世界其余地方来说，是对其它形式的社会斗争的承认，是邀请人们去界定或发明这些社会斗争，而不把人民民主国家作为模板。于是，我们将看到，左派不再像革命的思想家和反革命的思想家异口同声地认为的那样是一个空洞的词汇。拥抱革命国家的生活的不是一个阶级的文明力量，而是一个"精英阶层"坚定的意志。为了把无产者的各种需要、苦难和剥削变成一种文化，应该依靠的与其说是以他们的名义建立的专政，毋宁说是他们在其直接的辛辣中提出的要求，是他们对人们正在掌握的各种新技术提出的要求。

（1955 年 8 月）

6. 论去斯大林化

"最流行的大词是去斯大林化。"

马塞尔·塞尔万[1]

——《人道报》，1956 年 11 月 12 日

---

[1] 马塞尔·塞尔万（Marcel Servin，1918～1968），法共主要领导人之一，1946～1951 任法国国民议会议员。

即使一切都取决于我们，我们也不应该用战争来响应匈牙利知识分子的呼吁。但是，我们应该给予他们的远远不是一声"赞同"、一个签名和一时的同情。知识分子在那里不是为了抱成团，他们在那里是为了启蒙，如果他们能够做到的话。我们应该向匈牙利人表达的敬意在于理解和向人们说明他们做出的牺牲，以使他们的努力不会成为徒劳。

因此，一些守纪律的共产党人——甚至在面对最痛苦的自我批评、最恶劣的痛斥时也守纪律，我想到了比如卢卡奇——信任纳吉①，后者在同意站在反共分子一边时，想利用联合国的"资产阶级"法庭，同意自由选举，宣布废除华沙条约。那些追随纳吉的人郑重地拒绝了希望在共产党人之间的斗争中永远不诉诸外部力量的原则。这意味着当一个"共产主义"政权遭到它的整个无产阶级的反对而被以军事手段镇压时，就不再存在无产阶级的团结，而且毫不夸张地说，不再存在共产主义。求助于联合国是对军事干预的正当、正确的反应：两者都标志着一种已经深入到制度之核心的共产主义危机。这些匈牙利共产党人并没有冒政治声誉和生命的危险而陷入一种误解或落入一个陷阱。他们不是一些冒失的人或不走运的人。如果我们对他们的决定——它承认了由军事干预所废除的共产党条约的终止——保持沉默，那么就没有道义上的权利向他们表示敬意。

不过，在这几天发表的各种"左派"抗议（我在这里仅考虑的抗

---

①　伊姆雷·纳吉（Imre Nagy，1896～1958），匈牙利政治家，曾任匈牙利人民共和国部长会议主席。

议）中，人们心照不宣地为苏联"社会主义"开释。人们谈论以极其醒目的方式推行去斯大林化的赫鲁晓夫的种种错误，谈论向俄国人求援的格罗①的"失误"。其他人则把匈牙利事件描述为"发展不平衡"的一种令人遗憾的偶然，发展不平衡在于卫星国需要自己还不能生产的各种消费品，而已经发展其重工业并且能够生产它们的俄国却不需要它们：布达佩斯的镇压成了"社会主义"经济的伟大历史中的一件无关紧要的事情。人们暗示或者认为，一种更好的策略、一种更好的计划化本应该能够避免这一切，而且明天会避免这一切。

似乎问题不像反抗所是的那样是完整的。这些博学的幼稚掩盖了在其中一切都受到质疑的危机，并且预设了事件恰恰要对之提出质疑的意识形态。总之，布达佩斯的起义者不明不白地死去了：感谢上帝，我们这些没有死的人还能够考虑一些蠢事、一些错误、一些失误、不平衡发展，并且几乎仍能对苏联"社会主义"保持信心……匈牙利共产党人的起义意味着斯大林主义已经触及了社会制度的社会主义本质；去斯大林化在制度方面不是一种修正或一种策略改变，而是要拿它的生命来冒险的一种彻底转变，可是，如果它想要重新变成受人尊敬的，就必须进行这种改变。重新回到去斯大林化，毫无保留地揭示其全部意义，这是左派唯一能被起义者所接受的敬意。我们知道，以历史学家的身份描述它是什么还为时过早。人们不能将布达佩斯的镇压是共产主义的老年病证

---

①　格罗·埃诺（Geroe Erno，1898～1980），匈牙利政治家，曾任前匈牙利劳动人民党中央委员会第一书记，匈牙利人民共和国部长会议第一副主席。

明为一个定理。但是,人们能够证明它的原则中没有哪一个能经 368
历了这一事件而安然无恙,危机不会放过它们中的任何一个,去斯
大林化如果不是对"制度"的彻底改良——这个词被陶里亚蒂①所
用,后被哥穆尔卡②和铁托重新采用——和制度对自己质疑,那就
毫无意义。而且,只要切近地考察最近这几个月发生的事实就足
可相信这一点。在这里,我们只想强调指出已经奇怪地被人遗忘
了的几个事实。

轻率的不是赫鲁晓夫,而是我们的那些不阅读文章或只限于
阅读日报上的各种文章的知识分子。如果他们去查寻法国共产党
出版的文献③,或至少是克劳德·勒福尔④对它们做出的精彩分
析⑤,他们就会看到人们如今也许谈到了对社会制度的真正批判。
不仅仅在赫鲁晓夫的报告中,而且也在布尔加宁、苏斯洛夫⑥、马
林科夫的报告中,对苏联的经济和政治生活的描述都质疑了该制
度的两个基本原则:无产阶级专政原则和作为其现代形式的专制
的计划化原则。

---

　　①　陶里亚蒂(P. Togliatti,1893～1964),意大利政治家,共产党领导人,从 1927
年至 1964 年任总书记,曾任司法部长。
　　②　哥穆尔卡(W. Gomulka,1905～1982),波兰政治家,曾任共产党中央委员会第
一书记。
　　③　《共产主义手册》,1956 年 3 月,和他们以《苏联共产党第二十次代表大会》为
题出版的文集。
　　④　勒福尔(C. Lefort,1924～2010),法国哲学家,梅洛-庞蒂的追随者和文稿整理
者。
　　⑤　《社会主义或野蛮》,1956 年 7～9 月号,第 19 期,尤其是第 43～72 页。下面
的引文转引自勒福尔。
　　⑥　苏斯洛夫(M. A. Suslov,1902～1982),苏联政治家,苏共中央政治局委员兼中
央书记。

有人认为:专制的计划化具有组织在其它地方听凭于命运,亦即听凭于利益的东西的优点,而例如工资在计划经济中是根据各种需求、生产的绝对必要和可消费产品的数量来确定的。如下是赫鲁晓夫对于这一点的思考:

"应该说……大家在工资和价格制度中发现了许多混乱和模糊……通常的情况是,工资是整齐划一的。但是,也有这样的情况:在不同的企业中,甚或在同一企业的框架内,同样的工作却有不同的薪酬……因此,一个重要的政治和经济任务出现在我们面前:为劳动报酬制订规章。"①

369　　　有人认为,在计划经济中,工作量和工作节奏是根据一种被预估、被设想和被控制的生产的必要性来确定的。布尔加宁进行了说明,正式指标反而是一种避开这些必要性,并且或多或少满足工薪族的各种需求的手段:

"制定低一些的指标,从而大大地超出于它们,乃是各个企业表面的虚假繁荣的根源,而且使得工人、管理人员和工程师不太关注劳动生产力的真实增长。实际上,各种指标目前不是根据技术水平和劳动组织的水平,而是根据要使它们相应于特定的工资水平这一愿望来制定的。"②因此,生产的实际成本与预算成本没有关系,而生产力没有受到引导。这一切最终必定会在某个地方显露出来:意愿和各种结果之间的差距变得明显的那一刻将会到来。这样一来,各种事实的压力是如此地大,以致制度放弃考虑它们。

①　《共产主义手册》,第318页。
②　《苏联共产党第二十次代表大会》,第164页。

赫鲁晓夫说:"如果我们考察这个或那个区、县、集体农庄、国营农场是如何履行它的各种社会主义承诺的,那么我们将看到言行之间并不相符。此外,我们一般会检查这些承诺吗?不,我们通常并不做这样的检查,也没有人在精神上或物质上对各种承诺的没落实负责任。"[1]

专制的计划无论是多么地不精确,当它施加于一个不发达国家的温驯劳动力时,仍然是创造性的,而且我们已经充分知道,苏联已经成了何等的强国。问题不在这里。问题在于如下如实:随着二十大的召开,苏联领导人不再向一个更成熟的群体隐瞒专制的计划化不足以指导经济。在借助一些英雄主义的手段,不诉诸于资本建立了自己的工业之后,该社会制度已经认识到需要从"计划化"过渡到资产负债表、从纯粹的权威过渡到认识、从英雄主义过渡到理性。二十大是对真理和良知的呼唤,这是由于俄国经济的必要性,而不是由于卫星国的各种困难而采取的轻率的临时措施。

当二十大进入政治批评时,官方与现实之间同样的分离出现了,而这一次涉及社会制度的核心。专政应该是由无产阶级推动的,或者——既然无产阶级如果没有一个在每一个时刻都重新解释其使命的机构就不能在历史中行动——无产阶级至少应该在它的党内认识到自己。根据二十大的观点,党处于实际生活和实际社会的边缘,它试图通过情报和统计资料认识它们是没有用的,它的活动是无足轻重的。赫鲁晓夫宣布:"在党的机构中有能力的工

370

---

① 《共产主义手册》,第 347 页。

作者与其说是在忙于进行组织,不如说是在忙于搜集各种各样的、而且在多数情况下没有用的情报和统计资料。这就是为什么党的机构经常是在白忙碌。"①下面是苏斯洛夫描述的集体农庄的一位组织秘书的工作:"他的办公桌和所有柜子都塞满了档案袋和笔记本。他保留了各种登记簿,他在那里记录各个党小组的工作、在妇女中间的工作、和共青团员一起的工作、为集体农庄提供的援助、各种要求和抱怨、交给共产党员的各种工作、党的教育工作、业余艺术社团的工作。他有一些包含说明文字的档案袋:《墙报》、《简报》、《畜牧业竞赛》、《农业竞赛》、《林业之友》。宣传员的工作被记录在三本手册中:《宣传员工作手册》、《群众政治工作》、《宣传员日常任务》。你们回想一下,为了填充所有这些毫无价值的文件需要花费多少时间,它们不可避免地要打断充满活力的组织工作。与此同时,值得注意的是,在集体农庄,我们没有在挤奶员和放牧人中间做过任何教育工作。农场没有实现机械化,没有作息时间表,没有为牲畜规定日需的饲料量。畜牧业的生产力极其低下。奶牛年平均产出的牛奶是 484 升。至于秘书的那些档案袋,它们是不产奶的。从这方面看,它们显得完全就像是废纸。"②大会爆发出笑声和掌声,会议记录在此做了标注。人们因最终听到公开说出了早就知道却没有讲出来的东西而无比喜悦。

　　赫鲁晓夫把这些意见扩大到所有的政治干部。他说:"乍看起来,他们似乎很积极,确实,他们在努力地工作,但他们的整个活动

---

① 《共产主义手册》,第 345 页。
② 《苏联共产党第二十次代表大会》,第 237～238 页。

完全是没有结果的。他们一清早就参加各种会议,在各个集体农庄里奔走,警告落后分子,主持一些会议,做一些满是陈腔滥调且通常是事先拟好的讲话,要求'努力向上'、'克服所有困难'、'实现转折'、'不辜负信任'等等。但是,一个这种类型的领导尽管看起来非常卖力,到了年底,情况却没有任何改善。正如人们所说,'他已经尽最大努力了',这没有阻止他仍然像一根木桩那样插在那里。"①

总之,领导是一些"忙忙碌碌的无所事事者"。问题不在于人的缺陷。没有成效源于意识形态。苏斯洛夫说:"我们的意识形态工作在很大程度上是无用的,因为它仅限于重复千篇一律的套话和人人皆知的论断,它常常培养出一些脱离生活的评论者和教条主义者。"②意识形态的退化在各个级别中都可见到。赫鲁晓夫说,经济学家"……在由苏联共产党中央委员会召集的会议上,不参与审查工业和农业发展的基本问题。这意味着我们的经济研究所以及它们的协作单位完全脱离了共产主义建设的实践。"③(这里可能有点不公正:不正是政治机构把经济学家禁锢在一些技术工作中吗?如果它直至如今才发现经济的维度,这是经济学家们的过错吗?)米高扬④对哲学家要更为严厉:"应该对我们的哲学家说两句话。说到底,他们自己应该明白他们的处境不再那么美妙,

372

---

① 《共产主义义手册》,第 346 页。
② 《苏联共产党第二十次代表大会》,第 239 页。
③ 《共产主义手册》,第 346 页。
④ 米高扬(1895~1978),苏联政治家,曾任苏联部长会议第一副主席、苏联最高苏维埃主席团主席等职。

他们在党面前甚至比历史学家和经济学家欠的还要多。"[①]

　　总之,问题在于知道"计划"经济是否能成为一种计划的经济,无产阶级专政是否能使自己被无产阶级理解,而不是无用地在其耳边嗡嗡作响;脱离了现实的表面现象是否能够重新与现实结合。二十大是对一种虚假的和夸夸其谈的生活的揭露,是对唯名论和盲目崇拜的批判,是对具体的呼唤。国家机器和法制社会寻求与实际社会、工作中的人以及各种事物的联系。自由化不是一种盲目的让步或一种策略:纯粹的权威、唯意志论和专政在产生舞弊、舞弊者的同谋关系、消极性和神话的同时,错失了它们的目标,破坏了经济学与被称为计划化的人类思想之间,实际社会与被叫作无产阶级专政的政权之间的结合。我们正面对一种力图重新找回其已丧失的意义的社会制度。

　　反斯大林的论战在这一语境下有其准确的位置:这是对上层建筑或结果的批判。专政已经产生了一些心理机制、一些道德习惯、一种举止、一种风格。一种想做但不想知道任何东西的社会制度把失败当作破坏、把讨论当作背叛。它不想认识它之所是:这可能已经下降到相对之中。因此,它非常仔细地构建自己的秘密,以致最终能够不真诚地认识自己。它只能把自己设想为**美德**,是敌人的各种邪恶的否定,只能感觉到在它之外的东西是障碍或辅助物。它的重大准则是不被评判地进行评判,——进行判断而不进行认识、为了不被评判而不进行认识。这就是二十大在斯大林名下所谴责的一切。它已经冒着危险瞥了外部世界一眼:它察觉到

---

①　《共产主义手册》,第253页。

资本主义并不完全是一团阴影;其残存延续着;可能会长时间地持存下去;整个这一切都不是否定性的;在那里存在着一些技术进步、可能也有一些社会进步;向社会主义的转变可能不需要经由起义,甚至不需要经由专政地在酝酿之中。简言之,资本主义世界有别于苏联,然而,它不再是**恶**、绝对**他者**。它实存着,带着它的各种缺陷和它的各种相对的优点。而苏联本身也愿意有别于在想象物中那样地实存,放弃自己的梦幻生活,决定认识自己……

如果这种向认识的转变是完全的,那么专政可能就被炸得粉碎。二十大在党的垄断上面没有做任何让步。因此,它还是指靠党来改良党的活动。人们要求这台疲惫不堪且"无所事事"的,与生产和实际社会脱节的机器通过增强活力,重新与它们相结合。总之,人们向它要求不可能的东西:人们已经指出,它在任何地方都是一个复本或一个替角,人们敦促它通过增加它的那些令人腻烦的干预而重新成为历史的一个实在因素。① 因此,如果专政还要保持为专政,那么诉诸真理和现实就不可能是彻底的、无保留的。如果不责难该社会制度的本质和哲学,那么生产力和计划之间、无产阶级和专政之间的脱节就不可能被公开地揭示出来。不过,既然涉及制度的生产力和生命,就应该以某种手段处置……

解决办法是以否认斯大林的形式对社会制度提出批评。亵渎行为就足够了,充分清晰的口令足以引起冲击。与此同时,被限制在对个人以及人们给予他的崇拜的批评没有触及制度和它的各种原则。人们通过强化制度来怀疑制度,通过怀疑制度来强化制度。

374

---

① 勒福尔,第55页。

这可能就是共产主义的杰作：一种不为主体所知的意识觉悟、一种难以察觉的革命、以及各种无坦白之弊的纠正之利。如同所有的杰作一样，这一杰作也是有困难的。在聚积了各种好处的同时，去斯大林化也包含着各种危险。还存在着这样的风险：一些人不想听到人们以含蓄的语言对他们所说的东西，——另一些人则能够非常好地理解它，并且用清晰的语言表达出来。这就是迄今出现的情况。我们理解，二十大的坦率已经让西方的各个党派吓了一大跳。当苏斯洛夫嘲讽那些不产牛奶的档案袋时，活动分子都很高兴见到官员重回了现实，社会制度很快改善了。要品味这种高级幽默，西方的活动分子缺乏只有通过共产党人的生活才能获得的一种相对感。他们必定充耳不闻，或者如果他们倾听的话，那么二十大的那些讽刺将在他们那里唤醒一些问题、一些回忆、一些已被平息的反抗，随即他们就要超出于限度了。

这就是陶里亚蒂那里出现的情况。在某种程度上，二十大的论断超前于他的想法和心愿。但是，正因为它们证实了他以前的几个疑惑，所以他不会感谢俄国领导人在以前压制这些论断之后，今天又重新承认它们。不过，他并不是只有仇恨、愤怒和暴力——他正是在这方面远远地超越了法国领导人。他知道如何从这一切之中获得一点点马克思主义的启示。他说，归根结底，问题不在于知道斯大林是善的还是恶的："人们实际上局限于揭露斯大林的个人缺点，把它们当作全部罪恶的原因。人们仍然停留在个人崇拜的领域内。起初，所有的善都被归因于一个人的超人的积极品质。现在，全部的恶都被归因于同一个人的异乎寻常的、极端的缺点。在这两种情况下，我们都处于马克思主义特有的评判标准之外。

真正的问题被忽视了……那些涉及导致苏联社会在某些方面远离它为自己勾画的民主和法制道路,甚至导致某些衰败形式的各种手段和理由的问题。"

在这里,辩证法重新出现了:反斯大林的论战超越了它自己,对"个人崇拜"的批评不在于改换它的各种标记和把伟人当作替罪羊。这是一种斯大林式的批判斯大林的方式。唯一真正地超越斯大林,因而是真正的批判的批判是针对制度的批判。一如既往,在好的辩证法那里,这一目标不是通过随便那种手段就能达到的:对制度的批判是"从上面"开始的——而且不可能从其它地方开始,因为恰恰是制度"限制了民主生活"。至少,从上面而来的批判应该一直发展到下面:"重新学习一种正常的民主生活,按照列宁在革命的最初年代确立的模式——也就是说,重新学习在观念领域和实践中的首创精神、寻求充满激情的争论,重新学习对在追求真理中不可避免的错误的容忍度,重新学习评判和个性的充分独立……重新教育党的各位干部,几千万的妇女和男人,并且透过他们重新教育整个党以及其公民的生活条件仍有极大地区差异的庞大国家,是一项不可能通过三年的工作或通过一次大会就能完成的巨大任务。"

陶里亚蒂三次回到这一点:恶是普遍的,纠正的办法也应该是。存在着"一些普遍的错误"、一个"共同于整个运动的中心问题"。如果批判达到这一步,如果在制度中没有任何东西被排除在批评之外,这不就是在对制度的本质和它的各种原则进行责难吗?陶里亚蒂说,这样想可能是错误的,然而,人们可能出于真诚而犯错:"我不排除……而且我想要坦率地将其说出来:有一些完全真诚的人终于问自己,鉴于针对斯大林进行的批判、鉴于斯大林在很长一段时间里是共产党人的政策的主要代表,今天是否不应该通过最终追溯到——为什么不呢?——十月革命的决定性法令来怀疑这种政策在所有时期的正当性呢?"他理解得太对了,他将会让人们忘却半觉醒状态的极其微妙的运作。

人们可能指望法国共产党会把事情重新安排好,而俄国人会听它的各种意见。刹车已经踩下,陶里亚蒂的马克思主义问题遭到了 6 月 30 日苏联共产党中央委员会决议的否定。可是,一些困难仍然摆在那里。工作几乎无法进行。《决议》说:"我们不能同意陶里亚蒂同志提出的苏联社会是否通向了某些形式的衰败的问题。没有任何理由提出这个问题。"①不过,陶里亚蒂提出了一个非常好的问题:在一个健全的革命社会中,这样一些破坏如何是可能的?人们理解或假装理解它赋予了斯大林一种败坏社会的过度权力:"认为一个人——即使他像斯大林那样重要——能改变我们的社会和政治体制,这是违背各种事实、马克思主义和现实的,这是陷入了观念主义。这意味着赋予一个人一些不可思议的超自然力量,诸如改变社会体制,以及远不止于此,改变千百万劳工在其中为一种决定性力量的社会体制的能力。"②

《决议》的编写者是在嘲笑活动分子,还是自己也陷入混乱中了?这就是整个二十大提出的问题:改良者在何种程度上看到了他们所做的事情?他们不是不可能没理解陶里亚蒂的问题。也

377

---

① 《人道报》,1956 年 7 月 3 日。
② 同上。

许，他们甚至不再想象作为有待认识的对象的苏联审查会是什么？研究其内部动力的马克思主义研究会是什么？也许，他们是把社会想象为事物和人、法律制度（所有制形式，著名的"社会主义基础"）和专断意志的混合物，以致，对斯大林主义的分析既然没有触及到"基础"，它就被归结为关于斯大林的心理学吗？《决议》的编写者用斯大林的语言来表述陶里亚蒂的问题。尽管如此，六月《决议》的编写者仍然阻止了崩溃。法国共产党松了一口气。人们仍然处在上层建筑中，因为毕竟斯大林是俄国人，所以在这里没有任何重要的东西需要改变。

这样一来，那些关于计划化和专政的问题再次明显地出现在哥穆尔卡的报告中。还是在这里，我们得知计划化已经变成了它的反面。从 1949 年到 1955 年，煤炭开采量从 7400 万吨上升到 9450 万吨。但在同一时期，每个矿工的劳动产出从 1320 公斤下降到 1163 公斤；在开采的 2000 万吨煤中，有 1400 万吨煤是在正常工作时间之外的加班时间里开采出来的。生产力没有增长。计划化没有计划。这种体制为开采量增加付出了额外的劳动时间。它控制了毛产量，却无法控制净产量。哥穆尔卡说："首先应该知道实际的生产成本是多少。""六年计划的实现在于，我们把最大数量的投资手段集中到了一些特定的领域，而没有考虑经济生活中其它领域的各种需求。可是，国民经济为一个统一的整体。"这就是在波兰的十年计划化和俄国的二十五年计划化后应该记住的东西。计划化的原则仍是无效的空文，因为这个概念没有覆盖波兰整个经济中的具体方面，因为生产者被撇开了。计划是不现实的，因为它是一种唯意志主义的计划，而不是一种理解生产力的各种

378

要求并且指导它的尝试。

我们并不负责讲述什么是去斯大林化。但是,不管会发生什么,我们已经看出它不是和不可能是什么:一种有限的改良。它从它自身扩散到整个社会制度,它到处引入一种危险而有用的因素,一种危险和一种希望。有两种让这一希望破灭的方式。一种是使各种崇拜原则免受去斯大林化的指责,仿佛它们与此无关。另一种是通常好战的逻辑学家和几何学家的方式。因为他们在该社会制度中发现了一种矛盾,他们就将不是一个概念的苏联当作什么都不是似的。他们总是谈论它说,无产阶级专政和计划化是一些像方的圆那样的词——而去斯大林化只不过为了挽救这些说法的一种计谋。他们就像反驳一种意见那样反驳苏联和中国。需要的只是清除一切并重新开始。这是象征性的取消,期待着物理性的取消。那么,你用什么东西来代替?值得好好注意的是,在匈牙利或在波兰,没有人提出恢复以前的所有权制度。因此,应该有一种管理国有经济的好方法。为什么不让哥穆尔卡去寻找它呢?

去斯大林化揭示了社会制度的根本矛盾。但是,存在着大量矛盾的、而且仍然在矛盾之中延续的历史现实。需要从充满矛盾但并没有濒临消亡的资本主义经济现实开始。去斯大林化质疑了专政的本质:只要它延续下去——而它必定会延续下去,正如陶里亚蒂所说,这不是三年或一次代表大会的事情——,它就会置社会制度于困境之中,因此,它就预期了各种重复、各种动荡。但是,为什么一种社会制度就不能带着它的创伤生存下去呢?这就是所有那些存在着自由的社会制度的情况。哥穆尔卡说:"解决那些堆积起来的困难之钥匙掌握在工人阶级手中。"这是对信心的一种召

唤,只不过与一些畏畏缩缩的改良结合在一起了。现在,信心,他
是有的。但是,如果他没有给出解决办法和制度规则,这种信心能
持续多久呢?专政被要求质疑自身却不让自己被消除,无产阶级
被要求解放自身却不抛弃专政的控制。这是困难的,几乎是不可
能的。世界只能在这条道路和混乱之间进行选择。应该在一些有
待建立的社会形式中去寻找解决办法。

　　因此,唯一公正的态度是相对地把共产主义视为一种无任何
特权的事实、一项由它自身的矛盾造就的事业(它隐约地看到了这
种矛盾,而且它应该超越之)。共产主义不是一种解决办法,因为
我们看到它又重新回到了它的原则。它不完全是一种现实,因为
有人对我们说计划化还有待于实施,而且党的生活是想象的。专
政是一失败的尝试,之所以是失败的,恰恰是因为它不想成为一种
尝试、它想成为历史的终结。作为普遍的模式、作为人类的未来,
它失败了。在 1793 年,有一些人有充分的理由憎恨罗伯斯庇尔。
这并不妨碍法国大革命成为我们历史的一个阶段,这并没有让历
史在它之后不再像以前那样重新开始。自 1917 年以来发生的一
切不是一段插曲,而是革命唯意志论的比前者还要更血腥、更痛苦
的试验(在该词的全部意义上)。我们可以公正地谈论苏联,但只
有在它同意重新回到历史的行列的时候,只有在我们既不像相信
善、也不像相信恶那样相信它的时候,只有在我们放弃崇拜的那些
偶像的时候。作为结束,我们想强调指出几个对去斯大林化与和
平构成了威胁的模棱两可。

　　在某种意义上,二十大的那些决定只是把斯大林的实践程式
化了。朝鲜停战、共产党人在 1944 年后进入政府,这已经是共存

的政治。如果切近地观察各种事实，那些去斯大林化的倡导者并没有坦诚地走得更远。赫鲁晓夫说，革命并不必然是起义或内战——不必然是暴力。人们"也"能"利用议会道路走向社会主义"并且"在议会中获得稳定的多数席位"。但在几行字之后，他说："对于所有通向社会主义的过渡形式，工人阶级连同其先锋队的政治领导是明确的条件，决定性的条件。"然而，众所周知，先锋队就是党，如果议会活动——就像它对列宁始终所是的那样——只不过是（人们"也"利用的）党的行动手段之一，那么赫鲁晓夫在此提出的只不过是斯大林在战后已经提出的国民阵线的那些政策之一。

米高扬还要更直截了当。他说，马克思主义和改良主义之间的差别仍然原封未动。在马克思主义者看来，"在社会中对国家的领导应该由工人阶级来担负，以便……获得多数派，它把政权掌握在手中……我们应该记住，革命——不管和平的还是非和平的——始终都是一场革命。"总之，这些文章中的唯一新意是经由议会多数派的迂回道路。赢得了多数派，工人阶级就"把政权掌握在了手中"。他们没有提到这个政权是否由创建它的多数派掌握，更没有提到在这一令人不安的第二阶段少数派将变得如何……

显然，耐人寻味的是人们试图制造一些模棱两可，而米高扬则否认要成为一个改良者。在这些词和概念下面，人们觉得专政有了松动，他者被纳入考虑之中。当苏斯洛夫不是谈论社会主义或共产主义，而是谈论一种"新的、先进的社会体制"时，这不是马克思和列宁的语气，我们很难区别这是让步还是计谋。但是，在这些被提出来的说法中，没有任何东西绝对地保证存在着新意。我们

380

不需要对它们有任何改变就可以重新回到暴力和冷战。那些去斯大林化的倡导者仍然是斯大林主义者。斯大林主义的双重性包含了一切，其中包括去斯大林化。那些更好的观察者已经注意到了这一点，在斯大林体制下，共产主义的政治生活包含着一些令人惶恐不安的斗争，因为那里有不能直接说出的政策，因为那里有不能公开显示的对立。斯大林主义的妥协和共存政策没有任何学理上的分歧，人们威胁性的宣言只是为了让"强硬派"满足。埃尔韦[①]说，斯大林主义或左派机会主义的特性是在保留不妥协的意识形态的同时奉行合作的政策。声音响亮的妥协、大声叫骂的和平、政治退让和言辞暴力的混合就是斯大林主义。即使今天在法国共产党的领导层有几个去斯大林化的倡导者，他们仍然没有停止为斯大林主义者。正如陶里亚蒂所说，这将需要漫长的岁月。

当涉及到比如评价埃尔韦本人与斯大林主义的决裂时，我们不能忘记这一切。这个例子更加耐人寻味是因为，它发生在二十大之前，而且独立于事件的最后结论，它是一种经验的成熟果实，是一个清醒到足以预料共产主义的发展、勇敢到足以在普遍的沉默中发出声音的人——他是自己的批评的主人，就像他以前是自己的赞同的主人一样，总之，他忠实于自身——的事实。然而，恰恰是这种罕有的尊严使他的政策成为模棱两可的。在很多方面，他的政策只不过是斯大林主义政策的一种更加有意识的形式。他说："至于那种认为我没有采取与法国共产党领导层的路线相'对

___

① 埃尔韦（P. M. Hervé，1913～1993），法国抵抗运动成员、新闻记者、哲学教授、政治家，是法共成员。

381

立的路线’的看法,同样是可理解的。为各种事情的所迫,法国共
产党的领导层好歹在实践上采取了一种与其言论相违的政策。"他
坚持把有意识的和主动的共存当作是马克思主义的、甚至列宁主
义的政策。让我们撇开人们能从其著作中得出不止一种政治哲学
的马克思和恩格斯。当然,列宁和托洛茨基可用来批判斯大林主
义,但他们不是在和去斯大林化的倡导者同一方向上与斯大林主
义拉开距离的。甚至当列宁提出新经济政策时,他也没有在原则
上提出资本主义和社会主义的共存和竞赛。此外,新经济政策是
在计划化之前实行的,在计划化实行了 25 年后的新经济政策则具
382　有完全不同的意义。积极共存的政策是布尔什维克的政策吗? 在
政治上,哥穆尔卡提出的是与议会民主的妥协,是一个"评估"和
"监督政府工作"的议会,是一个"指导"而不治理的党,是一种相对
于党而恢复其自主性的国家机器:简言之,是在人们谈论立宪君主
制意义上的立宪共产主义。所有这一切与托洛茨基的"劳工民主"
没有任何共同之处。与《国家与革命》中的那些论断更没有任何共
同之处。去斯大林化不是重新回到在斯大林之前之所是,而是超
越斯大林,走向另一个将来。去斯大林化的共产主义的视域不是
列宁的视域。

　　埃尔韦在《革命与盲目崇拜》一开头就寻思:革命是不是会被
共存无限期地推迟? 他在最后得出结论:它既没有被推迟,也没有
被取消,而是改变了性质。因为革命不一定是起义,甚至不一定是
暴力,不一定是"布拉格的枪声"。[1] 他要求我们"重新思考改良概

---

　　[1]　《革命与盲目崇拜》,第 138 页。

念"，重新思考计划化、国有化和国家资本主义这些概念。[1] 他带
着一个问号谈到了一种"实际的改良主义"，并且最终考虑了"一些
虽然暂时不能运用到政治处境中，但由于它们对群众的吸引力而
能够推进斗争并且创造实施它们的条件的改良"。[2] 这是并没有
远离作为骚动的手段和夺取政权的导火线的经典改良概念的东西
……但这样一来，重新思考各种改良以及其余的东西有什么用呢？
这些审慎的研究将很快被斗争的逻辑超越。"如果我们相信赫鲁
晓夫，那么无产阶级专政的形式看来就可能不是必然的。"关于这
样一个主题，人们喜欢某种更实证的东西。我们需要知道事情是
不是只在于以另一种方式启动无产阶级专政和专制的计划化——
一种更明智和更自由的斯大林主义——的唯意志论。

　　然而，一种更有意识的斯大林主义不再是斯大林主义。它涉
及完全另外一回事；通过对各种盲目崇拜和共产党人态度的批评，
人们很好地看清了这一点。埃尔韦说："应该对国家生活中的各种
重大问题采取立场，提出一些解决办法，介入其中。要不然的话，
你们如何能指望民主派和社会党人相信我们？由他们来担负起各
种责任吗？由我们来提出各种要求吗？简便却缺乏说服力的态
度。"活动分子和党如果像相信解决办法那样相信革命，怎么会操
心于知道一项改良是否可能，而不是通过提出一些无法实施的改
良去"推进斗争"？问题在于是使法兰西共和国继续存在下去，还
是穿越它而走向专政？让事情悬而不决，这不足以让共产党人和

---

① 《革命与盲目崇拜》，第 129 页。
② 《致萨特的信》，第 82 页。

其他那些人在行动中达成和解。

埃尔韦还说:"在我看来,党行使对其它组织的所有外部或内部问题发声的权利。它如何能够禁止翻过来的权利呢? 它把自己建立在哪一个原则上呢? 建立在它不是"和其它党一样的一个党"的原则上吗? 如果它想有效地建立更广泛的联盟,而不是满足于党的第二等级的追随者或名义党员,那么它怎么能够把这个原则强加给其它党派呢? 如果共产党坚持它具有其它党派所不具有的一些权利的原则,那么一种谅解如何可能呢?"①但是,如果无产阶级有一种历史使命,如果党是这一使命的解释者,那么它就有一些特殊的权利,它就不是与其它党一样的一个党。除非共产党同意以其它党的眼睛看自己,即同意使自己相对化,它才能与它们一道运用相互性。

因此,我们看到了对于被埃尔韦重新采用、这些日子也被萨特重新采用的人民阵线的口令应该思考的东西。它不属于那些有助于政治澄清的口令。因为,最终说来,他们在谈论哪一个人民阵线呢? 有 1936 年的社会运动,有占领工厂并把工人阶级对生产资料的占有提上议事日程的各种罢工。他们所想的作为联合左派之手段的人民阵线无疑不是这个。根据多列士②,他们所想的是那个结束了罢工、但借助大量的言词暴力而开脱了党的责任的人民阵线吗? 他们所想的甚或是共产党的部长对他们继续参与的政府投反对票的那种战后三党联合政府制? 埃尔韦和陶里亚蒂希望的恰

384

---

① 《革命与盲目崇拜》,第 111 页。
② 多列士(M. Thorez,1900～1964),法国政治家,曾任法共总书记。

恰是这种"立宪政治"的、这种介入当前问题的、这种和非共产党人一道的共同严肃行动的反面。最后,根据布鲁姆[①],他们所想的是雅努斯式的人民阵线(它向工人阶级呈现为社会主义的开始、向企业领导呈现为他们的最后机会,结果它两者都不是,而且在改良和革命两个计划上都遭到了失败)? 只有通过重新思考布鲁姆碰到的问题本身——通过规定一种实际上是对资本主义无政府状态的超越,而不是无产阶级专政的开始的行动——,我们才能严肃地谈论人民阵线。这叫作一种改良主义。

实际情况是改良主义并没有过时:唯有它在议事日程之上。哥穆尔卡觉察到:应该重视国家;没有无资产负债表的计划;在生产资料移交国家之后,人对经济的有效管理的问题仍然没有解决;专制经济只处于这个问题的门口。这意味着两种对立的所有制形式要根据它们是否能解决它来评价,意味着两者都不在己地就是解决办法。对估算生产的实际成本、需求、消费的可能性来说,市场经济是一个过时的、勉强能用于一些没有预料到的活动的工具。这是我们迄今为止有的唯一工具。如果我们想有一个更好的工具,就要去发明它。一些类似的问题既出现在专政的视域中,也出现在资本主义的视域中。对专政来说,问题在于过渡到一种非强制的计划化,相反,对资本主义来说,问题在于使市场经济的机制服从公共利益的指导。对双方来说,问题都在于创造在没有专政的情况下刺激和组织经济的"人为机制"或服务机制。面对涌现出

385

---

①　布鲁姆(A. L. Blum,1872~1950),法国政治家和作家,1936~1937年当上人民阵线联合政府的首脑,成为法国第一位社会党籍(也是第一位犹太人)总理,执政100天左右。

来的、革命还没有解决的新问题,我们不再必须接受"改良或革命"
的二者择一。

在目前情况下,一个改良主义的工农党的存在意味着,大量现
在远离政治的选民涌入政治生活中,而他们远离政治是对右派有
利的。这也意味着社会党人的两面手法的终结。如果社会党人活
动分子发现他们的荣誉、永久的安慰和证明,即"社会主义纲领"是
缺失的,让他们接受我们知道的政策就要更加困难。对一种实际
的、明确的、可证实的政策的要求会同等地改变社会党和共产党。
在这里只涉及一种唯一的运作:社会主义能够衰落到这种程度,只
因为共产党人的政策使它的改良任务成为不可能的并且不知疲倦
地为它提供了所有有用的托词和转移机制。人们从不同的方面寻
找左派的标准:并不是那么难以寻找。左派的人是希望去斯大林
化——一种没有制动闸、始终不渝的,并且超越共产主义的各种界
限达至共产主义已"冻结"的整个左派的去斯大林化——取得成功
的人。

(1956 年 11 月)

7. 论色情

色情是理智的勇气和自由的一种形式吗? 如果没有塞西尔①
386 的纯真,没有院长夫人的贞洁,瓦尔蒙②会变成什么呢? 他就无所

---

① 塞西尔(Cécile)为拉克洛(C. de Laclos,1741~1803,法国小说家,军官,被拿破
仑任命为准将)的小说《危险的关系》中的人物。

② 瓦尔蒙(Valmont)是小说《危险的关系》中的人物。

作为了。如果没有善良的感情，邪恶的感情会变成什么呢？亵渎的快乐必须以成见和纯真为前提，甚至在亵渎者那里，或许也必须以它们为前提；在书的结尾，人们怀疑，梅特伊夫人①可能已经接受了她和瓦尔蒙之间形成的邪恶合作，而这只不过因为瓦尔蒙对她来说是重要的。只有在存在着恶和善的时候，才会存在恶之花，只有在存在着对神的推定时，才会存在对撒旦的推定。某种色情必须以所有的传统关系为前提，却既没有接受它们的勇气，也没有与之决裂的勇气。在这里，放荡者是一个昵称。

　　超现实主义的色情值得单独研究。它和亵渎的快乐完全不是一回事。这是向最初的统一性，向直接性，向爱情和欲望的无差别性的回归，正如自动写作是对一种不受控制且与其意义无别的言说的召唤。然而，超现实主义者恰恰很快就认识到了，并非任何不由自主的写作都有这种力量：女预言家的话被耗尽了，继续留存下来的并不是都在我们的喉咙里做好了准备，它们是由我们试图生活和说话准备的。有过一种超现实主义，它在已经被构成世界的整个解体中寻找那些处于野蛮状态的奇迹。在极限情形中，这是涉及各种滑稽和戏弄的艺术。持续存在着的超现实主义不满足于撕裂习惯的世界，它还构织了另一个世界。超越于自爱、支配的快乐和犯罪的快乐，疯狂的爱还需要创造出来。

　　亵渎的色情过多地依附于它所否定的东西，以致不能成为一种自由的形式。它并非始终是心灵力量的符号。我认识一位作家，他只谈论血腥和毁灭，当有人问他在杀人后有什么感觉时，他

---

　　①　梅特伊夫人（Mme Merteuil）为拉克洛小说《危险的关系》中的人物。

回答说,他毕竟没有杀过人,假如他杀了人,他肯定会有"坠入一个洞窟"的感觉。我们的性虐待狂通常是老实的。有一些萨德的书信表明,他在面对舆论时喜欢诉苦并且是害羞的。不管拉克洛还是萨德在法国大革命期间都没有扮演路西法①的角色。相反,我们从列宁和托洛茨基的个人生活中了解到的东西表明,他们属于古典人物。马克思主义关于性欲的论断的单纯和乐观主义与放荡没有多大关系。革命的冒险是在比萨德的舞台更开放的舞台上演出的,列宁更像黎塞留②,而不是萨德。

　　让我们考虑一下我们的色情文学作家总是执笔在手这一事实:色情的信仰可能是一个文学事实。文学的特性就在于让读者相信,人们能够在人那里、在他以专注状态体验到的东西那里找到其作品留给人们去猜测的不同寻常的内容。如下这点并非是真的:一切东西,或至少最好的东西都在那里,在书中。公众更愿意相信,作家——作为一种未知的物种的存在——应该具有某些包含一切的感觉,它们可以说是一些黑色圣事。色情作家把希望寄托在这种传奇上面(并且使它变得更加可信,因为在许多人那里,性是通向不同寻常的东西的唯一途径)。但是,在写作和亲历之间有一种镜像游戏。很大一部分色情是写在纸上的。非色情的、更坦率的、更勇敢的作家决不会逃避其使命,那就是在没有同谋的情况下完全独自一人改变各种符号的生命。

　　至于哲学家,存在着一些像康德那样极其伟大的哲学家,他们

---

① 路西法(Lucifer)是基督教和犹太教中的堕落天使、魔鬼。
② 黎塞留(A. Richelieu,1585~1642),法国政治家、外交家、枢机主教。

被看作是几乎不带色情的。原则上，既然他们寻求去理解所有这一切，他们如何能够停留在萨德或马索赫[1]的迷宫里呢？事实上，和所有的人一样，他们就在那里，但带着要离开它的念头。就像忒修斯[2]一样，他们也随身带着一个线团。由于他们也是作家，他们观察的自由无法与他们感受到的东西的暴力较量，可能一个蜡块就可以教会他们许多物质世界的东西。人的生活不是在一个单一的范围内展开的：从一个范围到另一个范围，存在着一些回声、一些交流，但是，某个从来没有正视过各种激情的人却正视历史，某个以寻常方式思考的人却自由地看待各种习俗，某个表面看来和所有人一样生活的人，其思想却拔出了一切事物的根基。

（1954 年 10 月）

8. 论社会新闻

　　也许，没有不能产生深刻思想的社会新闻。回想起在法西斯统治的意大利，我在热那亚火车站看到一个人从路堤的上面跳进轨道。人群赶来救他。在他们想要抢救受伤者之前，"铁路卫兵"严厉地阻止了他们。这种血扰乱了秩序，必须立刻把它清除，在热那亚八月的一个晚上，世界又恢复了其令人放心的外观。所有的眩晕都是类似的。看到一个不认识的人死去，这些人可能学会了评判他们自己的生命。他们受到保护以免除刚刚还拥有着自己的

---

　　① 马索赫（L. von S. Masoch，1836～1895），奥地利小说家，和萨德齐名的色情作家，以描述受虐狂著称。

　　② 忒修斯（Thésée），希腊神话中的传奇英雄、雅典的开国元勋和国王。

生命的某人之影响。对社会新闻的兴趣，就是去看它的欲望，而看，就是从脸上的一个皱纹中猜测与我们的世界类似的整个一个世界。

然而，看也是得知，充斥着我们的那些快乐、那些无边的痛苦在一个陌生的旁观者看来只不过是一个贫乏的表情。人们可以一切都看到，并且在看到一切之后继续生活。看，就是这种通过保持自己的距离、不用参与地使自己在场的，把其他人变成可见的东西的奇特方式。观看的人以为自己是不可见的：在他看来，他的行为处在能满足他的各种意向的周围人群中，他剥夺了其他人这种不在场的证明，他把他们归结为几个词、几个姿势。窥视者是施虐狂。既热衷于观看，但又自我审视的斯汤达已非常清楚地懂得，甚至连义愤有时也是值得怀疑的："在我从波尔多到巴约讷、波城、纳博讷、蒙彼利埃、马赛的路上，关于一些收入颇丰的法官的轶事，还有哪些是我不曾听到过的呢！等我年岁更大、阅历更丰时，这些如此悲伤的事情将会出现在《我的时代的故事》中。但是，崇高的神啊，这是何等的丑恶！世界始终如此肮脏，如此卑污，如此厚颜无耻地虚伪吗？我比另一个人更坏吗？我嫉妒吗？我怎么会有这种不可遏制的冲动，比如说给这个法官一阵棒打？"

＊　　　＊　　　＊

389　　因此，社会新闻依据其揭示类型，有一种好的用途和一种坏的用途，甚至可能有两种社会新闻。被掩盖的东西首先是血、身体、内衣、房屋和生活的内部、剥落的绘画下面的画布、有形的东西里面的质料、偶然性，最后还有死亡。街上（透过玻璃窗看到）的意外事件，人行道上的一只手套，靠近眼睛的一把剃刀，欲望的骚动不安及其麻木——布努埃尔[①]的《安达卢西亚的狗》描绘了与前人类的所有这些遭遇，而每当我们隔绝自己、每当我们使自己成为局外人，我们总是能获得同样的梦幻般的明晰，同样的令人惊愕的情绪：一个人对着电话说话，如果我没有听明白他在说什么，他可笑的机智神态，他的荒谬的细微变化就是一个令人着迷的场景——但是，毕竟它们告诉我们的只是我们的观看而不理解的立场。

应该抛开或超越斯汤达那些真实的小事情。它们不只是揭示了生活的各种内幕、尘埃、污垢、各种残渣，——而毋宁说揭示了一个人的不容质疑的东西，他在极端情况下之所是——当他因处境而变得单纯时，当他不想去适应不幸或幸运时。在图卢兹，一个下雨天，斯汤达以两个形象来打发无聊："一个蔑视自己的逃兵拦住一匹马，给自己的手枪重新装上火药，骑上这匹马从篱笆后面的路奔出来，杀死一个敌人，打伤另一个敌人，并因此而阻止了一场溃败。"斯汤达继续说："在看到一个如此出色的著名人物之后，我怎么敢说，当我登上汽船时，我就已经高贵了并由于这一事实而消除了一天的无聊呢？……由于一个水手向一位非常漂亮的女子献殷勤，我被转移了注意力：我相信她属于有闲阶级，闷热把她和她的女伴之一从下层船舱赶了上来。水手用一块面纱遮盖她，以便护住她和她的孩子一点，但是，剧烈的大风吹裹纱巾，弄乱了它。他挑逗漂亮的女乘客，一边装着盖上它，一边揭开它。在这个持续了一个小时的活动中，有着许多的欢快、天然，甚至优雅。女乘客没

390

---

① 布努埃尔（L. Bunuel，1900～1983），西班牙电影导演，具有超现实主义倾向。

被献殷勤的朋友注意到了我,并且说:'这位先生受累了。'我不得不和她说话,她是一个美丽的造物,但是,欣赏优雅使我更愉快。"

*　　*　　*

真实的小事情不必是英勇的或优雅的。它可能是窒息和消失在社会秩序中的一种生活:破坏分子科蒂斯①腹部中了一个士兵发射的一颗子弹,他敲诈雇用他的内务部长——但只是一点儿,因为他知道人们可以在医院里毒死他,因为他和娄万②一样是一个老兵,因为他习惯于贫困,觉着人们不会付给一个贫穷者的沉默太多。同样无休止地与不幸作斗争,同样费精劳神地与各种法律、准则、必然性打交道,在今天则导致那些疲惫抓狂的妇女进入诊所:四人住在一间房子里,五点起床并且叫孩子们起床,以便能腾出地方做早饭,把孩子们带到门房那里,让他们在那里一直呆到上课时,坐一个半小时的公交和地铁到巴黎上班,晚上八点回来,购物和做晚饭,第二天又重新开始,在几年之后,再也无力支撑——这就是报刊能很容易地向其年轻的读者揭露的一些事情。真实的小事情不是生活的碎屑,而是一些符号、一些象征和一些呼唤。

小说只能与它们相对照。它利用了它们,它像它们那样进行表达,它即使在编造的时候,所编造的依然是一些虚构的"小事情":玛蒂尔德③的穿过窗户扔向于连的半缕头发,让那些因为其歌声干扰了自己午餐的囚犯闭嘴的乞丐拘留所所长。不过,较之

---

① 科蒂斯(Korthis),斯汤达作品《吕西安·娄万》中的人物。

② 娄万(Leuwen),斯汤达作品《吕西安·娄万》中的人物。

③ 玛蒂尔德(Matilde Dembowski),斯汤达在米兰结识的一位女性,无情地拒绝了他的求爱。

于真实的小事情,小说中会出现过多和过少的情形。对于现时的
姿势或言语,小说酝酿它们、评论它们。作者与人物交融,让我们 391
进入他的内心独白。小说提供了背景。相反,社会新闻之所以令
人印象深刻,是因为它是一种生活侵入了那些不知道它的人那里。
社会新闻通过事物的名字呼唤事物,小说则只通过人物的感受来
命名它们。关于奥克塔夫①的秘密,斯汤达没有把它说出来,他写
信给梅里美②说:"需要经历好多个世纪人们才能够用黑色和白色
绘画。"这样,奥克塔夫的恶就成了不可能者的恶——比他真正的
恶更不可救药,但不那么令人不快。小说更加真实,因为它提供了
一种完整性,因为我们可以用一些完全真实的细节来编造一个谎
言。社会新闻更加真实,因为它使人不快,因为它并不美好。只有
在那些发现了人们所说的"真理的诗歌"的伟人那里,这两者才合
而为一。

(1954 年 12 月)

9. 论克洛代尔

如果天才是其言语具有比他自身能给予言语的更多的意义的
人,是通过描述其内心世界的起伏在与他截然不同的人那里唤起
了对他正在讲述的东西的同忆(就像我们眼睛的活动纯朴地在我
们面前展开了也属于他人世界的一个场景一样)的人,那么克洛代

---

① 奥克塔夫(Octave),斯汤达小说《阿尔芒斯》中的主人公。
② 梅里美(P. Mérimée,1803~1870),法国作家、剧作家、历史学家。

尔有时是一位天才。要知道他是否也像他的两位老师莎士比亚和
陀思妥耶夫斯基①那样经常地是一位天才，或者相反，如阿德里安
娜·莫尼耶②所说，克洛代尔的嗡嗡声——某种组织词的爆炸方
式——是否通常并不能代替克洛代尔的话语，这是另一个问题，而
且是一个不太重要的问题。无论如何，没有一直是天才的天才，天
才不是人类中的一个类别或一个亚种。

不管人们这样做是为了通过把他列入超人之列来尊敬他，还
是相反地为了通过几个挑选出来的轶事转变抹角地通达其作品，
谈论天才就是假定一个人和他所写的东西来自同样的材料，就是
假定他就像一棵苹果树产出苹果那样生产它。在活着的人和作家
比任何时候都更加紧密地联系在一起的死亡时刻——因为他们刚
刚一起结束了，因为人们第一次听到了这个声音的沉默——，人们
尝试提出天才的问题是很自然的。然而，不管人们虔诚地还是恶
意地这样做，人们始终对于作家状况犯了同样残酷的错误。在给
予作家不会犯错的荣誉（但也是义务）这一点上，爱和恨达成了一
致。如果我们想要发现对待他的公正态度，那就应该放弃这种盲
目崇拜。对于任何一个整体的人来说，永远没有任何理由授予或
拒绝天才的证书。

克洛代尔的一些偶然情况是众所周知的：它们过于经常地受
到强调。他在各种公共事件中并不成功。他曾经以一种士兵几乎

①　陀思妥耶夫斯基（F. M. Dostoïevski, 1821～1881），俄国作家。
②　阿德里安娜·莫尼耶（Adrienne Monnier, 1892～1955），巴黎著名书店"书友
之家"店主，出版人。

不能忍受的口气谈论过、甚至最近还在谈论"长毛"①。他差不多用同样的词向他不得不在他们中间做出选择的政治家致敬。在世界形势方面,他在《费加罗报》上做一些危险地好武尚战的评论。在这些极端的情势中,他并不比法国外交部的一位普通官员更有远见或者更不妥协。我们不应要求他不容忍事关职业作家之荣誉的行政头衔和顾问。但是,这不是我们的主题:他的天才(如果存在天才的话)不在这里。

更重要的是:他几乎使所有求助于他来卸下成为他们自己之重负的人感到失望。针对向他描述了乱七八糟的自己私人的东西(并顺便不怀好意地在自己的信里插入几句轻浮之辞,以便看看伟人是否能够察觉到)的雅克·里维埃尔②,克洛代尔回答说,他应该"开始忏悔"。他嘱咐纪德不要赞同索多姆,否则就不再做他的朋友。一位有教养的夫人向他询问我们为何要做出各种努力去确立一些纯粹是人类的价值,他回答说——这一点超出于最严格意义上的完整主义——,"道德价值是神和教会的戒律。除此之外,不存在任何道德的和精神的价值,我们的作家所发现的东西在我看来是不值一提的。"那位夫人说,但他们的悲剧、他们的忠诚……克洛代尔说:"这在我看来完全是无关紧要的。愿他们如其所能地摆脱困境吧。"这就是那个宗派分子。这就是纪德所说的那种"自愿的(和本能的)愚钝,那种否定人们不可能附加的东西的偏

───────────────

①　"长毛"(poilus)是第一次世界大战时法国兵的绰号。——译注

②　雅克·里维埃尔(Jacques Rivière,1886～1925),法国作家、批评家和编辑,《新法兰西杂志》的创办者之一。一战时作为战俘在德国监狱中度过了四年。

见"。①

不过,他自己说,"通过比我已感受到的对于任何一个人类存在的情感和认识更强烈的情感和认识的纽带",②他已经与之联系在一起的是无神论者菲利普·贝特洛③。但在这里,没有任何可附加的东西:"我向他发出的每一个呼唤碰到的都只是他的沉默和躲闪的目光。"④在外交部自己的办公桌前心绞痛发作时,贝特洛叫来一位同事,对他说:"我可能在十分钟后死去……我想要你知道死后什么都不存在了,我对此确信无疑。"克洛代尔评论说:"这是对一个事实、对个人不能看得更远的无助的真诚而勇敢的确证。"⑤1925 年 4 月 6 日,克洛代尔得知雅克·里维埃尔死在船上。这个如此断然地拒绝进入里维埃尔的迷宫的人,现在却准备为他发声,他为《圣徒报》撰文说:

"但是,不参与其中,如何能够理解正如泉水般地涌现的整个这一思想呢?"

"正在成为言语的这整个的声音,也许终究是有趣的。如果我闪开了,谁会在那儿理解它呢?"

"如果我让自己完全被耳聋神收买了,谁会在那里倾听呢?"

"我仅感觉到的他对我的影响在这四年图圄期间丝丝入扣地

①　1930 年 11 月 2 日"日记"。
②　《伴随》,第 182 页。
③　菲利普·贝特洛(Philippe Berthelot,1866～1934),法国外交家。
④　《伴随》,第 205 页。
⑤　同上,第 193 页。

大大推进了?"

　　因此,十分清楚的是:这个被认为缺乏理解能力的人理解得很
深刻。那么,他为什么要否认呢? 如果我们瞧瞧作品,那么问题就　394
会更适当地出现在我们面前。这是因为,克洛代尔的戏剧世界是
最不传统的、最不合理性的、最不"神学的"。这位大使从来不会把
那些没有不知不觉地受到嘲讽的君主或大人物搬上舞台:在《缎子
鞋》中的西班牙国王及其宫廷,他们的动作每时每刻都被他们选为
住所的筏船的晃动所打断;——庇护教皇,他当着库封丹①的面入
睡,而且正是老人的这种嗜睡担负起了在地球上和在法兰西剧院
舞台上代表教会抵制暴力的重任;——被截肢的罗德里格,由于任
由自己被西班牙国王派来的一个煽动性女演员的话语所骗,在宫
廷面前以何等的语气要求不同寻常的权力而成为笑料,最终只被
交给了两个甚至没有成功地把他卖掉的士兵……。克洛代尔完全
严肃地对待的人物只是这样的人物,他们只有单纯的情感、忧伤、
世间之善:玛拉有理由嫉妒,因为她丑陋、不讨人喜欢;西涅有理由
在最后时刻拒绝承认她已经做出的牺牲,因为"一切都已经被耗
尽",因为没有谁可以要求一个人走得更远;在李树结出硕果的第
一年的那个夏天,图尔勒尔以他的方式把修道院的僧侣们赶到天
堂并没有错。

----

　　①　西班牙国王(le roi d'Espagne)以及随后的庇护教皇(Pape Pie)、库封丹
(Coûfontaine)、罗德里格(Rodrigue)、玛拉(Mara)、西涅(Sygne)、图尔勒尔(Turelure)、
堂·门德斯·莱尔(Don Mendez Leal)、约巴尔巴拉(Jobarbara)、圣阿德利比顿(saint
Adlibitum)、那不勒斯士官(sergent napolitana)、维奥莱(Violaine)均为克洛代尔各个戏
剧作品中的人物。

"我们将开启一切,我们将一起睡觉,我们将在新生的世界中无忧无虑、没有套裤地散步,我们将走过一片没有神和暴君的土地。"

"这也是所有这些并不牢固的旧东西的错误,我们很想轻轻地摇一下它们,看看究竟会发生什么!"

"如果一切都落在我们背上,这是我们的错吗?我的信念:我不为任何东西感到遗憾。"

为了在这些迂回曲折的字里行间发现神的直的笔迹,确实应该知道如何阅读。乍看起来,这毋宁是一团繁杂的混沌,充斥着许多无用的或荒唐的细节。从抽着鼻子说话的堂·门德斯·莱尔到女黑人约巴尔巴拉,从圣阿德利比顿到那不勒斯士官,从各个帝国到各个大陆、到各个种族、到各种疾病、到各个星座,乍看起来,没有任何东西是为了激发崇敬而塑造的。如果说这个世界是一首诗,这不是因为人们首先看到了其意义,而是由于各种巧合和悖论。"我看到滑铁卢;而在印度洋那边,我同时看到一个采珠人的头从他的竹筏船边破水而出。"[1]尽管克洛代尔像人们所说的那样从来没有停止过对在这种混乱之中起作用的原则的偏爱,但他有一次把它称作**沉默**、**深渊**,而且他从来没有收回这句含混的话:"时间是被提供给一切为了不再存在而将存在的东西的手段。它是死亡的邀请,对将在说明的、整体的一致中变样的每句话,对在沉默深渊的耳边结束颂词的每句话的死亡邀请。"[2]

---

① 《诗的艺术》,第 53 页。
② 同上,第 57 页。

　　然而，使他能够触动那么多与他的信念格格不入的人的，乃是他是那些罕有的能让世界的喧嚣和丰饶为我们所感的法国作家之一。《诗的艺术》谈论的新逻辑与古典神正论的逻辑毫不相干。克洛代尔既没有让自己担负起证明这个世界是诸可能世界中最好的世界的任务，也没有担负起去演绎**创世**的任务。如其所是的那样接受它，连同它的伤口、它的肿块和它的蹒跚步子，他只是断言我们能够在它那里不时地遭遇各种出人意料的情况、最坏的情况并不总是确定的。正是通过这种谦逊、这种坦率、这种幽默，他的所作所为超出了天主教。但是，这把我们拉回到了我们的问题：为什么最"开放的"诗人又一次寓于最封闭的人之中？

　　这是宗教的矛盾：奥古斯丁说，一切事物，甚至包括罪恶，都协作向善，而克洛代尔跟着说："善和解了"，它能够相对地为恶做辩护。如果没有玛拉，没有图尔勒尔，没有库封丹，就不可能有维奥莱和西涅。但是，恶只有在产生之后才能够获得辩护。在产生之前，它仍然是恶，法律仍将不惜任何代价地避免恶。在宗教中有普遍的宽恕，但也有在每一时刻都被罚入地狱的危险。这就是为何库封丹要赶快奔向他的目的，他相信只有尽快地到达那里才能得到宽恕："如果我们认识神的意志的唯一方法是与之背道而驰，那我们认识它的什么呢？"然而，这也是为什么克洛代尔从来没有让人知道他在哪一点上理解了他人。这就是为什么他在自己周围建起了这道自愿的不理解之墙。首先应该抛弃恶，只有在这之后，人们才能相对地为它做辩护。对于这些彼此接近的年轻人和文人，应该予以斥责。他们想不通过牺牲就直接到达自由。神知道他们为了其个人的统治，想从罪（etiam peccata）中得到什么。让我们通过把他们"放入"忏悔室的"炉内",通过告诉他们神和教会的戒律而开始……

在宗教矛盾后面,还存在另一种更普遍的矛盾,它是所有真诚的真理寻找者、所有作家、所有公众人物的命运,——回到我们的出发点,它使得没有哪个人是他写的东西的等同物,没有哪个人是天才。在克洛代尔说"我就像是完全不理解鸭子的一只火鸡"之前,不为虔诚所困扰的斯汤达就已经说过:"我是狗,您是猫,我们不可能相互理解。"人有充分理由回避其作品引发的大多数争论,因为它们基于误解:对于品读它的人来说,书是一种可以直接吸收的营养,对作家来说,它是一段时期、一种练习和一种艰难生活的结果。幻想的顶点就是想象作者最好是他的作品之所是。对于这种将读者推向他(仿佛他是圣物)的狂热冲动,作者只能通过设置路障来回应。接受其他人,让他们说话,还他们以正义,给予他们反对自己的理由,这在书中是容易的,这是它们的本性,而且这是一种幸运。在生活中,则没有这么容易,因为其他人相信天才,并且向他要求一切。作家本身完全知道:在对自己生活进行的沉思和沉思能够产生的更明晰、更显而易见的东西之间,不存在共同的尺度;喜剧在这里发挥神谕的作用;毕竟作者已经在自己的书中安排了与爱好者的会面,如果他们想要与他相遇的话;通达他的最短的路径是经由书;总之,他是一个练习生活的人,不可能使任何人免除阅读的劳作和生活的劳作。

(1955 年 3 月)

10. 论弃权

据说,纪德以他的看门人的票和自己的票同样重要为借口而不参加投票。这个推理值得反思。如果纪德要求有教养的人有多张选票,那么他的这种要求可能是过分的。他比任何人都更加知道,教养不是判断的保证。在 1930 年的纪德看来,1916 年的纪德,那个《法兰西行动》的读者肯定是属于"看门人"之类的。在 1940 年的纪德看来,1930 年的纪德(也是如此)。最少的自我意识就应能使纪德打消统治人类的念头。

也许,他想说的是另外的意思。不是因为真理掌握在有教养的人的手里,而是因为他们不能从其他人那里获得它。参加投票的人放弃自己最成熟的信念,他同意它们在各种意见的普遍统计中只被算作是一种"意见",他事先就认可了其他人的决定。为什么在选举中一下子就把在交谈中不会给与他人的东西让与他们了呢?如果说存在着真理,那是借助自由的反思得到的。因此,纪德会拒绝接受一种使自己的判断服从于其他人的判断的仪式。尽管他们可以不顾他的反对而进行统治(如果他们想这样的话),但他们不能为此要求他同意……

阻止纪德投票的是他独特的纯粹主义,因为他不接受投票原则。多数投票者更愿意利用游戏规则来使诈。但是,说到底,他们并不比他更接受这种规则。我们中间有谁尊重一种靠不住的投票选举的结果呢?我们投票,因为我们希望我们的意见获胜,我们粗暴地进行投票。如果我们没有获胜,那么我们已经在设想如何报复。也许除了在英国(我们还是有必要去看看隐藏在公平比赛传说之下的东西),每个人都拒绝其他人的投票,自由主义是无从找到的。

＊　　　＊　　　＊

革命政治长期以来就知道这一点,它赞同这个游戏只是为了超越它。肩负无产阶级真正利益的革命者不可能每时每刻都让无产阶级成为法官:大多数人——甚至无产者中的大多数人——不可能看到只对处于不利地位者和消息最灵通者才是明显的必要性。选票征询的是那些在休闲中、脱离了职业、脱离了生活的人的意见,它诉诸的通常是不可靠的想象,生活的意愿仍然停留在秘密写票室的门外。大多数人如何可能是革命的呢?

先锋队不是军队的主要部分。舆论的一致从来不会导致革命,导致革命的是被压迫者在社会斗争中的实际的一致。重要的不是他们的想法,而是"他们的实存的秘密"(马克思)。问题不在于管理一个既存的社会;首先应该建成一个与被压迫者在其斗争中的一致同样真实、同样活跃的社会。杜勒斯①先生当着莫洛托夫②的面宣布,共产主义的社会制度没有被自由地接受。他没有告诉后者任何新的东西。他好像是在说,我们的重要决定从来都没有绝对地获得证明,也不是可以证明的。

如果革命真的超出于选举的游戏,如果它在其自身的发展中

---

① 杜勒斯(J. F. Dulles,1888～1959),参与起草《联合国宪章》,曾任美国国务卿。

② 莫洛托夫(V. M. Molotov,1890～1986),苏联政治家、外交家,曾任苏联人民委员会主席,第一副主席兼外交人民委员(外交部长)等。

没有重新碰到他人的问题,那就没有什么要重新说的了。但是,只要它进行着,它就会碰到这个问题。它有自己的各种反对者。如果它征询它们的意见或者只是容忍它们,那它就被重新带回到投票选举的问题。如果它消除了它们,那它就不再是与它应该是的与被压迫者的完全一致。

如果人们听从舆论的支配,就从来都不可能有革命,——但是,如果革命从来都不受监督,那它还是一场革命、是一个没有剥削和没有压迫的社会吗?如果它不需要通过一些数字、一些比较、一些官方的和独立的评估在反对派面前为自己辩护,那么谁知道它付出了什么、它带来了什么呢,对于这个谁来说、而且最终来说,它是什么呢?这就是为什么它最后要宣布一些章程、要组织一些咨议。但是,让步出于纯粹的形式:如果投票结果是有利的,它们就证明了它,如果它们是不利的,它们就无法评判它。当人们要求它拿出自己的各种 证据时,它总是会回答说,寻求证据就已经是背叛。

好吧,保守派回答说;没有东西可失去的少数派没有资格去评价一种将它排除在外的社会制度的各种相对优点。这是统计和概率的问题,而贫困本身则是不容置疑的。因此,剩下的就只有胁迫它了。

因此,那些为实存着的东西担忧的人和那些想得到不实存或尚未实存的东西的人之间的决斗继续进行着。自由的社会制度只是用一种消耗战术来应对前者或后者:淡化各种矛盾,拐弯抹角地提出各种问题,在程序中抑制行动,营造一些或有利或不利的偏见,削弱多数派(在它们变得不明智的时候),把它们引导到它们不想去的地方,操纵各种心灵而不触动它们——总之,用暴力的司法的、狡猾的形式。

那么,纪德有道理吗？人们只能在公开的暴力和各种暴力的可疑妥协之间进行选择吗？应该成为非政治的,应该成为愤世嫉俗的？

＊　　　＊　　　＊

并非一切都是如此简单或如此黑暗。愤世嫉俗始终是错的,因为政治的各种弊端说到底取决于在人们那里最有价值的东西:取决于他们对真理的看法。看到某种东西并相信它为真的人,相信它对所有人来说都是真的。其他人之所以没有看到它,是因为他们属于狂热者,因为他们不能自由地进行评判。因此,自由的人把自己的明证当作一切事物的尺度,在他埋怨其他人的狂热的时候,他自己成为狂热的。但总而言之,之所以每个人"都插手其他人的事情",之所以他要以自己来取代他们,是因为他"把自己摆到了他们的位置上",是因为人们不是像一些石子那样一个处于另一个旁边,是因为每个人都生活在所有人那里。

因此,想离开政治游戏的人终有一天恰恰要被他为了自己之故培养出的这种对自由的趣味带回到游戏。纪德常常这样说:极端的个人主义对其他个体是敏感的,他的《日记》讲述了:坐出租车去看望布瓦罗路(当时颇为豪华)上诊所的一位病人,惊讶于司机不认识这条路,当他得到"我们要去拉里布瓦西埃尔医院"这样一个简单的回答时,他怎么无言以对。

我们能用诡计对待他人,能编造一些使他们变得迷糊的梦想——"真正的法兰西",纯粹的无产阶级——,我们不能拒绝听某个人讲述他的生活。至少有一个其他人能够是其最好的法官的主题：他们的命运、他们的幸福或他们的不幸。每一个人在这方面都不会错的，而这一点把纪德不害怕做出回应的关于投票选举的那些陈词滥调带回到了它们的恰当范围之内。

可是，这种能力走得太远了。纪德的看门人对于历史也许没有像纪德那样精妙的看法。这有什么关系呢？投票不是写一篇关于政治或世界历史的论文，而是根据行为的重要后果——它们是可以被每个人感受到的，它们甚至是可以只被每个人自己感受到的——对这一行为说"是"或者"否"。刚刚开始的俄国革命，当它把新政权建立在各个苏维埃之上、建立在扎根于其职业和其生活环境中的人们之上时，完全理解这一点。这种真正的选举，这种可以归结为一句话的非常直接的判断，说出了每个人一生中想做却没有做的事情。即使非常有理，那些"知道"的人也不会把他们的想法（此外还是不确当的）用来做这种赞同或拒绝。多数派并非总是正确的，但人们也不可能正确地长期反对它；之所以有人无限期地回避检验，是因为他错了。在这里，我们触及到了最真实的东西。不是因为多数派是神谕，而是因为它是唯一的监督。

有待于知道的是如何利用这种投票选举，如何让它避免各种分歧，要通过哪些制度，而这并不那么容易，因为每个人对自己生活的感受不可思议地取决于一些意识形态。尤其是在一种紧张的状况中，抽象本身变成了具体，每个人都这般程度地生活在各种社会象征中，以致他很难在自己那里找到他自己的确信的一个保留领地。

此外,存在着自由社会的喜剧,它使监督变成其反面。阿兰认为,人们不能滥用监督,公民的角色是总是说"不",而掌权者的角色是推向专制。如果每个人都能尽可能好地履行其职能,那么社会和人类就是它们能够是的一切。他没有预见到角色之间的这种变换:当自由的各种好处转移到权力一方时,自由和监督就会有助于使专制永久地持续下去。任何失去监督的权力都会导致疯狂。这是真的。但是,如果根本就不再有权力,如果只剩下一些监督者,那会怎么样呢?公民反对各种权力,这并不总是专制和混乱之间的平衡,它有时是它们的混合,即一个没有行动、没有历史的社会。

选举的问题整个地摆在我们面前。我们甚至不能隐约地看到一个能解决它的社会是什么样的。但是,问题在于让所说的和所做的相通。因此,我们已经知道,一个正当的社会不会比我们的社会缺少自由,而是有更多的自由。更多的教育、更多的且更准确的讯息、更多的具体批评、实际的社会和政治运作的公开性、所有以让人不舒服——像不幸所是的那样和像所有合理的推论所是的那样让人不舒服——的语言提出的问题,这些就是各种"透明的"社会关系的先决条件。

(1955 年 7 月)

11. 关于印度支那

402

《现代》在 12 月份发表了一篇有人觉得不完整的关于印度支那的社论:它没有规定一种政策,它表达了人们应该寻求其中之一的几点感受。它说，如果在 80 年之后我们还被当作敌人来憎恨，那我们就先天地错了；严格地说，一种军事的再征服是我们的耻辱。我们的朋友的一个孩子刚刚去印度支那服役，今天写信给我们说：在那里的士兵是牺牲品，提出抗议比赴死还难，我们觉得这是自然的。（当一个人冒着生命危险时，认识到自己是在为一桩可疑的事业冒险，这是极其痛苦的。但是，正因如此，应该抗议一家报刊以死去的士兵为榜样来为其它牺牲作辩护。）更加令人惊讶的是，在一位上校眼里，我们谈论道德和随便什么地方的英雄主义时就丧失了自己。这位上校出自于厄比纳尔①画像，而我们已经在战争期间认识到了另一种坚强。但是，一种道德的抗议能够使像弗朗索瓦·莫里亚克这样的基督教徒"真正地惊呆"②，这一点反过来让我们惊呆了。

　　他对我们说，你们在谈论性情。道德当然实存着，但它不应不考虑各种情况就订立规则。——我们也反对抽象的道德。这就是为什么我们不追随那些不考虑苏联的各种问题就评判共产主义的反共分子。各种价值在它们当前的外观中仍然必定是可以辨认出来的。这就是为什么我们不是共产党人，因为我们没有在今天的共产主义中辨认出马克思主义的人道主义的价值。在印度支那事件上，我们不是用诸如人与人之间的平等或他们都有自我决定的权利等原则性的论据来反对殖民化。我们已经做出了非常具体的

403

---

　　①　厄比纳尔（Épinal）系法国城市，那里生产大众喜欢的简单的、夸张的画像。——译注

　　②　1947 年 2 月 4 日《费加罗报》："哲学家和印度支那"。我们将忽略猜测一篇集体社论的作者这样一种极其土头土脑的想法。最好笑的是笔迹专家的猜测是错的。

调查：在 80 年之后，我们在印度支那仍然是令人难以忍受的"占领当局"①，这是一种失败，而一种军事解决则是对它的确认。我们确实希望人们能在纯粹道德和实用的东西之间做出区分。但在这两者之间，还应该有某种关系。当纯粹道德只不过是言词概括时，它就成了托辞和诡计。所以，应该立即抓住它的话。有必要说出，而且我们要重申："要么让我们和解，要么让我们离开。"当我们踏入相对道德的道路时，我们应该是知道最终想要什么，并且决定不接受不论什么东西。弗朗索瓦·莫里亚克混淆了现实感和现实尊重。

他继续说，您怎么敢写法国人在印度支那的面孔就是德国人在法国的面孔？德国人掠夺欧洲，我们则在印度支那建立了一种"乐善好施的文明"。我们回答说，如果德国人呆在法国达四分之三世纪之久，他们最终肯定也会在法国建造一些法国人在其中做工的工厂，建造一些我们用得着的公路和桥梁，——甚至向土地所有者们发放硫磺和硫酸盐，以便管理好祖传的葡萄园。这并不能让他们被宽恕，因为有那些被处决的人质。如果意大利人能够留在阿比西尼亚，他们可能已经装备了这个国家。当弗朗索瓦·莫里亚克谴责在埃塞俄比亚的事业时，他确实是太过轻率了。他只需要等待那些桥梁和公路建成的时刻。我们要说什么呢？那些战略公路至少已经动工了。法国在印度支那的政策不仅没有把农民从重负中解放出来，而且甚至还不能容忍一个工业资产阶级的形

---

① 社论说："在那里，我们是一些没有盖世太保和没有集中营的德国人——至少，我们希望这样。"——徒劳的希望。我们从居斯尼埃（J. Cuisinier，1890～1964，法国人种学家）的文章中看到，我们仍然过于乐观。

成。这就是为什么我们在那里仍然是占领国。人们是根据我们已经做的和还没有做的事情来评判我们的。

最后，弗朗索瓦·莫里亚克说，殖民化是一种像所有的十字军东征一样含糊不清的十字军东征。它的各种暴力只不过是"对一个宏大观念的讹用"。然而，这个观念在弗朗索瓦·莫里亚克的头脑中，或在我们的历史教科书中。越南人尤其看到了它的"讹用"。一个基督徒竟然表示不能走出自己和他的"观念"，并且不愿通过他人的眼睛哪怕只是片刻地看自己，这完全是令人愤慨的。通过西班牙内战和德国的占领，我们中最不革命的人也彻底明白荣誉有时在监狱里。他们已经懂得当权者的宏大"观念"对被压迫者来说意味着什么。但是，战争已经结束，德国人走了，一切回归秩序。现在，权力属于我们，因此，它只可能是令人尊敬的。不合规范的观点再一次无足轻重。就像在其受到保护的童年岁月里一样，弗朗索瓦·莫里亚克对那些被卷入杀戮和死亡的人的喊叫充耳不闻。让我们耐心一点。这不外乎是一个宏大观念的讹用，"更确切地说，一种被背叛的使命"。我们说，做一个基督徒并不是为了背叛其使命或为了原谅那些背叛其使命的人，而我们并不是唯一这样说的人。一位教士写信给我们说："我刚刚从我在那里呆了七年的越南回来。阅读你们关于越南主题的评论……使我受益匪浅，我不胜感激……如果不是碰巧看到莫里亚克先生在 2 月 4 日《费加罗报》上的一篇文章，我可能不会写信给你们……他老朽了吗？他的国家所遭受的那些苦难使他受刺激了吗？基督徒变成什么了呢？……当许多基督徒拒绝出现在人们期待他们出现的地方的时候，人们会对其他人试图替代他们感到惊讶吗？"

当然,弗朗索瓦·莫里亚克反对"在十九世纪实行的"那种殖民主义(仿佛殖民主义从那以来已经根本改变了似的)。他敦促我们"在为时已晚之前找到一些与越南缓和关系并进行合作的新基础"。我们不能说他的文章对我们有很多帮助。他怎么会没有感觉到,从外部来看,这篇文章恰恰是对一种暴力的解决办法的道德化掩饰?[①] 一个越南人对我们说,你们的体制运转得很好。你们有你们的殖民主义者。但在你们的行政官员、作家和记者中,有许多充满善意的人。一些人在做,另一些人在说并且是前者的道德担保。因此那些原则被保全了,——殖民化实际上停留为它始终所是的那样。有了一篇让我们问心无愧并为我们在印度支那的权力辩护的文章后,最后的那些和解的空话就没什么分量了。一位印度支那官员最近对我们说:"你们是对的,关键在于唤醒众人。"弗朗索瓦·莫里亚克的文章是为了使他们沉睡而作的。如果他们听从它,他们会听之任之,直到糟糕的季节来临,越南军队疲于奔命,农民们感到厌倦,越南独立阵线无条件投降。在这个时候,我们不需要任何承诺就能进行谈判,殖民主义将以"共产主义"的名义,与越南独立阵线实际上是共产党的领导层一起清偿印度支那人民的最基本的要求。在一位部长看来,开始谈判又不使越南独立阵线变强确实非常困难。这就是为什么人们反复说,在法国报刊上为越南人说的每一句话都通过唤起他们的希望而使战争持续下去。但是,应该看到另一种说法——"让我们今天成为胜利者,

---

① 我们甚至不知道"在为时已晚之前"是意味着像人们所希望的"在军事镇压取得胜利之前",还是意味像人们所担心的"在我们被赶出去之前"。

我们明天就是会正义的"——等于把改变一笔勾销了。自战争以来，在印度支那就有一种双重权力。殖民主义的逻辑要求人们消灭"侵入者"。它在取得胜利的时候不会改变自身。赞成一种军事解决，就是认可法国 80 年来在印度支那的政策。一位因为各种事件而不知所措的部长支持这一政策并不令人惊讶。但是，在几乎所有报刊都随声附和的时候，独立的作家如果也赞扬这种军事行动，那就不是在履行自己的职责了。在引导它的犬儒主义者身上，我们应可认出自世界成为世界以来的政治家所具有的威严。但是，对于那些配合它、没有勇气把恐怖称作恐怖的善良心灵，我们能说什么呢？较之其它时代，我们的时代具有一无以伦比的优势：把历史的各种内幕公诸于众以及揭露它的那些巨大阴谋中的某些阴谋。为这种特权辩护是我们的责任。

这一切都是如此明显，以致我们对不得不重申这一点，尤其是向在其它场合都很清醒的弗朗索瓦·莫里亚克重申这一点而感到"惊愕"。那么，他碰到什么事情了呢？这篇文章并不清晰。我们觉得他在说着一件事，又在想着另一件事。他的这种在涉及道德和宗教问题时从来都没有过的、在政治上也早就抛弃了的欺骗腔调是从哪儿来的呢？他就像精神分析家的被试那样，不经意地为我们提供了答案。在其文章的末尾，他似乎转入了问题的细枝末节，我们的作者问道："另一个强国（甚至其精神就激励着越南独立阵线的一个强国）是否会取代虚弱的法国呢？"我们在这里找到了答案。不需要详尽的调查就能知道，那些与政府合作的法国共产党人对它的殖民政策负有共同的责任；越南独立阵线并没有真正得到苏联的支持；遵循其谨慎行事的总方针，苏联希望和解，不想

要一场可能导致盎格鲁-撒克逊国家干预的战争；越南独立阵线的
各种武器通常以一家法国公司为中介来自中国；最后，越南独立阵
线的共产党领导层指导着一场完全由法国在印度支那的政策引发
的、与克里姆林宫的马基亚维里主义无关的印度支那民族主义运
动……所有这一切都不重要。只要胡志明①是共产党人，而弗朗
索瓦·莫里亚克理解就足够了。这里只有苏联的触角。这是扭曲
法国公共生活的政治唯名论的一个显著例子。不管涉及印度支那
还是别的事情，每个人都依据它是削弱还是加强苏联来选择一种
立场，并尽可能地与自己的观念达成和解。这就是为什么既不再
存在各种政治问题，也不再存在真正的政治讨论。共产党人曾经
相信，按照无产阶级运动的逻辑，世界革命的进展都明确地有利于
苏联。他们可能在策略上犹豫不决，他们会在特定的时刻自问：无
产阶级的进攻是否合适。但至少可以确定的是：问题能够通过对
局部状况的严肃分析，通过对世界局势（各国无产阶级对其政府的
压力也被考虑在内）的评估得到解决。今天，他们不再那么相信事
物的进程，他们不再相信历史的理性发展，不再相信有价值和效率
相一致。和所有大使馆的外交一样，他们的外交也根据各种地理
和军事条件来权衡力量的关系，不考虑实际上已经完全弱化了的
阶级意识。反共的方面也没有从根本上考虑任何问题。它是如此
缺乏思想、如此远离事实，以致它甚至还没有提高到在这些局面中
已经显得肤浅的左派策略的水平。它完全陷入了旧的保守主义之
中，而且在一种盲目的责备中，把苏联外交和自发的群众运动混为

407

---

① 胡志明（Ho-Chi-Minh，1890～1969），越南政治家，劳动党和国家的最高领导人。

一谈。在像印度支那事件这样一个人们显然不能靠追踪苏联的幽灵来解决所有问题的事件上面,反共产主义坚持警察局长的观念,据此,所有的骚乱都是由某几个带头者制造出来的。

我们现在理解了弗朗索瓦·莫里亚克碰到的问题。当法兰西爱国主义大肆鼓吹人性的意义时,他懂得评判各种权力。但是,他只不过要求摆脱一种已经令人厌倦的清醒。战争产生了这种让他不得不区分合法和正当的麻烦。在他看来,伤口不在于印度支那事件,而在于维希政府的可耻。在我们的伤口愈合的时候,血也许还在那里流淌。

(1947 年 3 月)

12. 关于马达加斯加

(访谈) [①]

——作为哲学家和政治思想家,您对阿尔及利亚战争有什么看法,您能把它告诉我们吗?

——我有一种看法,我并不隐藏它。但是,它也许不再是一种解决办法,尽管它在两年半之前是。没有任何东西能证明,一个特定的问题不论在什么时候都是可以解决的;在人们听任问题日益恶化的时候,指责我们没有解决办法时是不妥当的。我只看到一些局部的真相:

---

① 这里提到的我在马达加斯加逗留的时间是 1957 年的 10 和 11 月,这篇访谈文章的时间则是在 1958 年的 1 月和 2 月。我们在此重新确定了它的日期。尽管在《快报》上的预告日期是 7 月 3 日,但它只是在 1958 年 8 月 21 日才发表出来。

1. 我无条件地反对镇压,特别是酷刑。那个写《问题》的人知道什么是荣誉或真正的荣耀;您可以回想一下他在监狱走廊里碰到那些鼓励他的穆斯林过时说的这些话:"……在他们的眼睛里面,我领会到了一种团结、一种友谊、一种如此完全的信任,以致我感到自豪,恰恰因为我是置身于他们中间的一个欧洲人。"严格地说,对此有过思考的人以及他的同类保全了荣誉、我们的荣誉和我们的部长们的荣誉。有人说(而且确实如此),酷刑是针对恐怖主义的回应。这并没有为酷刑做出辩护。应该采取行动,避免恐怖主义发生。

2. 但是,在我看来,不可能从对酷刑的这种评判中推导出在阿尔及利亚的政策。知道人们对酷刑是怎么想的,并不足以知道人们对阿尔及利亚是怎么想的。政治不是道德的反面,但它也永远不能被归结为道德。波兰人拉斯科[1]最近说,他对法国作家的政治信仰并不非常有兴趣,因为它们只不过是一些道德态度。我认为他是有道理的。

409 ——您所说的道德态度是什么呢?

——比如像那些人的态度——他们认为原则上世界上其它地方不管白人什么事,他们去那里是错误的,他们目前的唯一职责和唯一角色就是从那里撤回,尽管那些交其自理的海外地区会遇到一些巨大的困难,但我们不需要为此操心,让它们自己去面对之,并如它们所愿的那样运用它们所具有的完整的自由(首先应该承认它们有这种自由)。

---

[1] 拉斯科(M. Hlasko,1934~1969),波兰作家。

人们猜测非共产党左派的大部分人的这种感受，乃是严格意义上的革命态度仍在他们那里保留的所有东西。然而，革命态度是一种政策：人们认为，在世界上确实存在着一种成熟的、准备去继承人类遗产的历史力量。那些殖民地国家和发达国家中的无产阶级只有在这种斗争中才会联成一体，革命政策则是要联合两者的行动。

今天，相当清楚的是，无产阶级并没有在资产阶级丧失政权的那些国家掌握政权，一个无产阶级政权的概念本身成了问题。许多不再相信苏联是一个无产阶级政权的人，恰恰因为他们不再相信它，就把革命的意识形态输出到了殖民地国家。恰恰因为他们不再能够成为共产党人，他们在殖民政策上就不再考虑妥协。

无论如何清楚的是，革命政策如果没有其关键的东西，即无产阶级政权，就不可能得到保持。如果不存在"普遍阶级"、不存在这个阶级行使权力，革命精神就重新成为纯粹的道德或道德激进主义。革命政策是一种行为、一种实在论、一种力量的诞生。非共产党人左派通常只保留它的否定。这种现象是革命观念重大衰落的一章。

——为什么会出现这种衰落？

——因为其基本的假设，即关于革命阶级的假设没有被事物 410 的实际进程所证实。只要到某一个海外地区去旅行一下，就足以既明白革命方案怎么会是虚构的，又明白它为什么义从一些事件中获得了完全明显的证明。例如，我几个月之前去过的马达加斯加。我们首先被这样的事实所震惊：塔那那利佛的民族主义知识分子远远不是革命的历史观念让我们假定的那样。他们中的一位在我面前说，贵族和资本家的区别是马达加斯加品格的一个持久特征；另一位说，在独立之后，应该考虑让向城市迁移的人口留在乡村；还有一位天主教徒说，应该建立一种封建社会主义；另一位说，利比里亚是所有非洲人民的榜样；最后还有一位说，最重要的事情莫过于塔那那利佛的天主教徒和新教徒之间的区分。

这些知识分子远没有为一次可能的革命作好准备。对此，一位马克思主义者回应说，他们构成了一个民族资产阶级，这一资产阶级将为群众和群众归顺的临时首领们打开政权之门。考虑到这是一次不充分的短暂旅行，以及各种意外事件的可能性（在 1947 年，几乎没有人相信起义），应当承认，在这个国家，人们在任何时候都感觉不到一场在酝酿之中的革命。主要是在塔那那利佛，许多马达加斯加人对法国政权感到厌倦，这是一件事件。这意味着马克思主义意义上的无产阶级的加速成，这是另一件事情。在通往图利亚拉和福尔-多芬的南方贝基利奥地区，甚至在塔那那利佛的郊区伊索特里，——在那里雨季时稻田里的水漫进屋子，在那里我们看到各种露天货摊出售一些作为贫困最残酷标志的难以归类的物品——，孤独的旅行者并没有感觉到自己被愤怒包围。即使所有这一切将在明天突然表现出来，仍有待于证明这与一种由历史预备的爆发有关。我知道应该到各种表面现象下面去寻找，但是，需要证明"在深处"有一种马克思的经典意义上的革命无产阶级。

这就是为什么历史给人以沿着共产主义方向前进的印象：如果法国人立即彻底离开马达加斯加，我刚才提到的有能力的、但人数过少的资产阶级很可能会试图领导国家，一部分山坡居民则很可能奋起反抗它（我们试图利用这些仇恨，但它们的确存在，我们并没有产生它们；在做了一次关于种族观念的报告后，我了解到塔那那利佛的梅里纳人觉得我真的不是种族主义者：他们最终没能觉得那些山坡黑人是平等的）。总之，一些民族主义的马达加斯加人愿意承认，紧跟法国人离开而来的将会是流血的动乱。于是，既然要继续生存下去，一些从群众中脱颖而出的人会实际地树立起他们的权威，让国家运转起来，他们没有资本，靠着现有的手段着手发展的任务。这会是极其漫长、极其艰辛的。我看不出有任何理由说这就是历史的内在意义，是历史预备的解决贫困问题的办法。即使（事情并不是这样）所有新独立的殖民地国家都以军事化和实现共产主义告终，这也根本不意味着马克思主义的历史哲学是正确的，而是意味着，在政治独立先于经济成熟的时候，一种非资产阶级的威权体制是唯一可能的出路。如果人们局限于可以观察到的东西，那么在马达加斯加，没有任何东西能够让人们想到跨越各个发展阶段、在革命成熟方面有时领先于发达国家的无产阶级的殖民地无产阶级的经典方案。

对方案的表面肯定使我们没有注意到马克思主义把它们放在第二位，甚至忽略了它们的一些事实和问题。我们在塔那那利佛与一些进步的知识分子交谈时，惊奇地发现他们对比如说各种发展问题或甚至关于马达加斯加的风尚和社会研究了无兴趣。他们中的一位曾经在法国完成大学学习，他对我说，他几乎不可能把他的马达加斯加品格和他的学者品格联系起来，而且，以科学精神对马达加斯加的各种信仰从事任何研究在他同伴们看来都是一种背叛。他们对我们的反抗不是理智上的（他们喜欢并且令人赞赏地用法语交谈），而完全是情感上和道义上的。

人们会回答说，其它的东西将随独立而来。我相信，独立以及它的各种后果实际上将痛苦地终止而不是解决把欧洲的思维方式与仍然停留为古老文明的东西融为一体的问题。也许，共产主义只有通过消除它的自我显示的手段，才能克服这个问题以及其它问题。

当拉贝马南雅拉①想要在巴黎的一家报刊上表达马达加斯加人的愿望时，他只能把颂扬欧洲人的各种技术和要求与自然的直接关系（他说，马达加斯加文明长期以来就拥有其奥秘）相接，但他没有评论这种和自然的诗性关系如何与西方式的劳动和生产相容。

塞泽尔②因黑人没有发明指南针而向他们致敬，而我们理解他想表达的意思是：指南针、蒸汽机和其它的东西常常过多地被用来掩饰法国人的作为和姿势。但最终说来，完全和简单地反对指南针是过于轻率地看待发展的历史问题了。独立不但不会停止，反而会加速古老结构的解体。人们仍可以回答说：对古老过去的理想化是对安全的寻求，并且掩盖了革命的焦虑。人们可这样回答，但这始终是对一种深不可测的历史的相同诉诸。如果我们坚持可观察的东西，那就没有什么东西可以让我们说：立即的和无条件的独立是对衰败的帝国主义的替代，它已被一个成熟到能够凭自己而生存的民族拖垮了。这毋宁说是对未知的东西的索取、是

---

① 拉贝马南雅拉（J. Rabemannjara,1913～2005），马达加斯达政治家，剧作家和诗人。

② 塞泽尔（A. Césaire,1913～2008），法国海外省马提尼克岛诗人，剧作家，政治家。

对命运的一种挑战，这就是革命意识形态向法国左派隐瞒的东西。

——按照您的看法，人们对殖民主义的传统批评是否是非现 413
实的，特别是没有现实的意义？

——依据任何假定，四分之三的殖民主义已经消失了。当欧洲人把一千五百万非洲黑人运到美洲时，当他们把阿根廷潘帕斯草原上的畜群当作皮革和油脂的来源时，当他们在巴西开展使土地变得贫瘠（加上热带气候的侵蚀把这个国家变成荒漠）的甘蔗轮番种植业时，或当法国在非洲的统治仍由那些大公司支配时，一种殖民主义存在过。

从我刚才谈到的这些过去的事实中，我想到了我由那些在各种历史举动中，在罗马的历史中，在法国君主制的历史中从没缺席的无耻行径想到的东西。南特、波尔多就以这种方式积累了使工业革命成为可能的资本。我不赞成这种血腥、这些苦难、这些恐怖，正如我不赞成对韦辛杰托里克斯①的处决。我说，只要这一切结束，就不需要将如下一点当作原则：白人应该回到自己的国家，因为在今天的非洲，他们和殖民主义不是一回事。

在巴朗迪尔②已出版的《第三世界》一书中，您可以看到，自1946年8月法令颁布起，法国在撒哈拉沙漠以南国家的公共投资已达约十亿美元，在十年里的投资量与此前四十年的投资量同样多，人们说，这相当于是一个非洲的马歇尔计划。

---

① 韦辛杰托里克斯（Vercingétorix），阿尔维尼高卢部落的酋长，他发动了针对罗马统治的叛乱，受到凯撒的镇压。

② 巴朗迪尔（G. Ballandier, 1920～2016），美国人种学家，社会学家。

在热尔梅娜·蒂里翁[①]的书里，您可以看到，在阿尔及利亚，在 1 200 000 非穆斯林中严格意义上的移殖民有 19 000 人，其中 7000 人是穷人，300 人是富人，十几个人是富翁。其余的阿尔及利亚法国人是代表国民经济基础的四分之三的工薪人员、工程师和商人。在同一时期，400 000 阿尔及利亚工人在法国工作，供养在阿尔及利亚本土的两百万阿尔及利亚人。

414　　我不是说法国企业的领导雇佣他们是出于慈善。我观察到在阿尔及利亚与法国之间的这种关系与殖民主义毫不相干。尤其是在各种风俗习惯、各种思维方式，甚至各种管理实践方面，有着比殖民主义痕迹更多的东西。我们可以考虑一下马达加斯加某个已建立重要的私营企业（顺便说一下，它声称只支付略高一点的工资）的地区的各行业最低工资的平均水平。我们不再会说这种制度是为剥削而制定的；不再存在就像我们以前所说的"剥削的殖民地"。

——在这种情况下，为什么我们还看到大多数海外地区为独立而起义，或至少宣称要独立？

——请您再看一下巴朗迪尔的书：世界人口的十分之一拥有世界总收入的 80%；占世界人口一半的亚洲仅拥有世界总收入的五分之一。在所谓的发达国家中的五亿人的人均年收入为 500 到 1000 美元；四亿其他人（苏联，日本，两三个东欧国家，一两个南美共和国）的人均年收入为 100 到 500 美元，其余的人，也就是十五亿人的人均年收入不到 100 美元。世界人口的三分之二生活在饥

---

① 热尔梅娜·蒂里翁（Germaine Tillion，1907～2008），法国作家，人种学家。

饿之中;在 1950 年,一个德国人、一个英国人、一个美国人每年消耗 5000 个能量单位,一个非洲人或一个中国人则消耗 150 个,一个印度人或一个印度尼西亚人则不到 100 个。

对此再补充一点,正如您所知的,不发达国家的出生率高达千分之四十至五十;在节育之前,欧洲的出生率仅为千分之三十到四十。如果没有节育,经计算,欧洲妇女要到 35 岁结婚才不会有超过如今拥有的婚后小孩。人们经常说,各种医学技术的干预使死亡率降低,但是,数字令人吃惊:从 1946 年到 1952 年,锡兰人的估计寿命从 42.8 岁上升到了 56.6 岁,法国则花费了从 1880 年到 1930 年的五十年时间才从前一个数字上升到后一个数字。总之, 415 到 2000 年,不发达国家的人口有可能从 18 亿增长至 40 亿,其它国家的人口则从 9 亿增长至 11.5 亿。这一切以及各种习惯结构的瓦解,一言以蔽之,即热尔梅娜·蒂里翁所说的不发达国家四分之三的人口"沦为无业游民",最后还有资讯和政治意识的进步,充分地说明了不发达国家人民为什么会起义。殖民国家对不发达的无所作为(在 1945 年,95% 的阿尔及利亚人不识法语)则加速而不是推迟了起义。

所有这些并不能宽恕白人的种族主义和各种剥削事实,但我们谈到的东西具有另一种容量和另一种分量。不受怀疑的阿尔弗雷德·索维最近写道,自法国人来到阿尔及利亚以来,阿尔及利亚人的生活水平几乎已接近于那些政治上独立的阿拉伯国家。但是,由于被殖民的国家不是自治的,由于那里的政权是外国人的政权,所以它们很自然地把它们的苦难归咎于它。

——如果被殖民的国家所受苦难的病根不能归咎于殖民主

义,难道就没有解决办法了吗?

——没有一蹴而就的解决办法,独立不是一种,共产主义不会是。有人已经算过,发达国家要提高1%的生活水平,需要余留4%的国民收入,在不发达国家,这个比例可能更高。考虑到人口增长的比例,需要有国民收入中12%至20%的余留和投资,才能获得极其微小的一点结果。

至于外来的援助,有人估计,发达国家(甚至不考虑在其人口增长和其它国家之间的差异)应该从第一年开始拿出其总收入的4%至7%,才能使不发达国家人民的生活水平在35年里翻一倍,即人均年收入到达70 000法郎。

——为什么您说共产主义不会是一种解决办法?

416   ——因为它在苏联之内和之外都碰到了发展不充分的各种问题;不过,在资源特别充足的苏联,就工业部门而言,它已经克服了它们(但农业问题似乎依然存在)。至于那些人民民主国家,英国人曼德尔鲍姆[①]表示,要从农业国家转换为工业国家(例如,每年将七十万人整合到匈牙利工业部门),需要把国民收入的五分之一用来投资。考虑到完全专制的计划化的固有缺陷及其所有的人类后果,波兰和匈牙利也许正是面对这种巨大的努力,奋起反抗了。

——您所阐明的问题——那些思考政策的人并不总是觉察到了它们——似乎确实是将要支配和已经支配我们时代的各种最重要的问题。但是,不管它们在我们看来多么巨大,如果不设想一种应对它们,或试图(尽管可能性很小)控制它们的方式,人们就不能

---

①   曼德尔鲍姆(Mandelbaum)。

面对它们。难道您没有什么要建议的吗？

——确实应该有所建议，但这不是给出一种直接的解决办法。我不希望阿尔及利亚、黑非洲和马达加斯加立即成为独立的国家，因为不解决加速发展的各种问题，政治独立反而会为这些国家提供成为世界性的持久动荡的手段，加剧苏联和美国之间的紧张，只要这两个国家继续进行军备竞赛，它们就不可能给出一种解决发展补充问题的办法。

我现在希望的是内部自治或联邦制，它们作为通向独立的过渡体制，预先确定了其期限和阶段。既然没有立竿见影的技术和经济解决办法，这些国家就应该得到政治表达的各种手段，以使它们的各种事务真正成为它们自己的，它们的代表应该从法国得到"救济经济"意义上所能得到的最大帮助。

——您认为这样一种政策（尽管它是既定的）有机会被实 ⁴¹⁷ 行吗？

——显然有各种各样的困难。在马达加斯加，在殖民法律总则的体制方面，许多马达加斯加人认为没有发生任何的改变。今天，在马达加斯加，在内部自治的体制方面，一位马达加斯加记者当面向我透露，当局有意纵火烧毁丛林和灌木（这是禁止的），以便能对那些所谓的罪犯定罪。我提醒告诉我这一点的塔那那利佛的记者，十年前他曾身陷囹圄，而如今是塔那那利佛一家报刊的编辑。许多法国人，我甚至应该说许多行政官员，都或公开或暗地里反对殖民法律总则。他们中的一位对我说："我们在教他们要忽略我们的存在。"他是有道理的。这正是法国官员在内部自治的体制中要履行的使命。

但是，如果涉及到职业，那就有完成整个职业生涯要做的许多事情，教育和培养的任务越是重要，被拖延得就越长。应该补充说，某些行政官员以令人赞赏的坦率、主动和成功投入到了活动中；我看到，在清除了前领导层的选举之后，他们靠着自己的个性、独立和才能，已经在双方成功地树立起了自己的精神权威。不止于此：一位行政官员、右派人士遗憾地告诉我："当德费尔①先生当部长时，我们被各种实施通报搞得筋疲力尽。人们要求我们做不可能的事情，但他们要求我们去做。"我相信，许多犹豫不决的或耍花招的人如果感受到来自背后的推动和期待，他们就会投入工作……

——您不希望法国退出非洲。您能具体说明其中的主要理由吗？

——我可以毫无拘束地谈论它们：因为我相信法国曾经能够、现在也能够在非洲做一些有益的事情，因为我更想成为一个在历史中做点事情的国家，而不是一个只是服从历史的国家中的一员。说到底，在我的同胞中那些过于轻率地谈论独立的人那里，让我感到不舒服的是，他们向我们提议的义务始终只是放弃。

418　我已经看到一些人因为签订日内瓦协议而给予孟戴斯-弗朗斯②巨大的荣誉。在日内瓦，他做了他所能做的事。给他带来荣誉的不是日内瓦，而是突尼斯，是与法国在摩洛哥的政策无任何关

---

①　德费尔（G. Defferre,1910~1986），法国政治家，社会党领导人，长期担任马赛市长，曾任海外事务部长。

②　孟戴斯-弗朗斯（P. Mendès-France,1907~1982），法国政治家，经济学家，律师，曾任总理兼外交部长。

系的迦太基协议。一方面是一个创举,另一方面则是软弱和诡诈的混合。

——您似乎相信我们的价值观、西方文明的价值观对于不发达国家的价值观有一种优越性……

——当然不是指它们的道德价值,也不是指它们更高级的美感,而是,该怎么说呢,指它们的历史价值。在马达加斯加度过一个月之后,我清晨抵达奥利机场,看到如此多的道路,如此多的物品,如此多的耐心、劳作和知识,在阳光初亮中想象如此之多的在清晨醒来的独特生命,是多么地令人惊叹啊。所谓发达的人类的躁动不安和难以承受的繁忙,最终说来就是要让地球上所有的人有朝一日都有饭吃。这已经使人们互相在对方的眼中存在,而不是像植物那样在各自的国家里繁衍。人们在血、恐惧和仇恨之中相遇,而这是应该终止的东西。我不能真的将之看作是恶。无论如何,木已成舟,完全不能抱残守缺,我们所有人都已经风雨同舟,而且共同参与这一计划并非无关紧要。

13. 关于 1958 年 5 月 13 日

因此,阿尔及尔的极端分子发动起义,以便把一个将要奉行孟戴斯-弗朗斯在两年半或更早以前提出的政策的政府推上台。阿尔及尔的官员摆脱纪律是为了有一个将把他们重新纳入纪律的政府。居伊·摩勒①——先是背叛了自己的社会主义,然后背叛了

---

① 居伊·摩勒(Guy Mollet,1905~1975),法国社会党政治家,曾任政府总理。

共和阵线,明天我想会背叛戴高乐将军——得到了戴高乐将军的
器重;罗贝尔·拉科斯特①——他就像某些在自己窝里孵育其它
鸟蛋的鸟那样,在阿尔及尔孵出了一场他的反叛——则得到了戴
高乐将军的全部友谊。

　　一致反对戴高乐的社会党议员,等到科蒂②先生以内战威胁
他们、然后等到戴高乐将军因过度卷入而自责时,才指责他,——
低声地指责他,也低声地得到了一些让戴克索纳③先生感到震惊
的安慰话。政治始终就是这些无聊之事,这种听之任之,这些神经
病发作,这些随即就能收回的誓言——人们为了商谈它们的撤回
而做出的誓言吗？抑或这不是没落的政治,我们并不会由于一种
将败坏明天的制度以及昨天的制度的更深层的恶而注定陷入滑稽
的模仿和不现实之中呢？

　　不应忘记,戴高乐将军的出场也是摩勒主义的结果,而且可以
说是其杰作。我不能肯定这是它的结局。从塔曼拉塞特④到敦刻
尔克⑤,我们看到的只不过是一些睁着眼睛做梦的法国人,他们营
造各种令人陶醉的情景来忘却真实的问题,他们与其说是在走向
内战,不如说是在走向一种政治虚无。因为最终说来,降落于巴黎
的伞兵一旦推翻了"制度",把那些左派知识分子投入监狱,我们看

419

----

①　罗贝尔·拉科斯特(Robert Lacoste,1898～1989),法国政治家,曾任工业部
长,驻阿尔及利亚部长等。

②　科蒂(R.Coty,1882～1962),法国政治家,曾担任法国总统。

③　戴克索纳(M.Deixonne,1904～1987),法国政治家,社会党议员,因主张开放
地方语言传授的戴克索纳法案著称。

④　塔曼拉塞特是阿尔及利亚的一个省,省会所在的城市与之同名。——译注

⑤　敦刻尔克是法国北部的一个港口城市。——译注

不出他们会用一个有堡垒却没有人防护的国家作什么，他们将对布尔吉巴[①]、对摩洛哥的国王、对阿尔及利亚民族解放阵线、对开罗的人们说什么。至于那些"左派极权主义"，即使在工人阶级进行了胜利抵抗的情况下，仍会宣称苏联将冒公开冲突的危险来这里支持一个人民民主国家吗？然而，这些乃是人们试图让法国人体验到的恐怖。剧中的那些人物有一部分是想象的。

最初，我们不能就阿尔及尔运动在政治上说任何东西：它甚至不是一种政策的显露。那些极端分子发动起义是为了忘却他们开始发现的阿尔及利亚问题，他们在让步之前大吵大闹，当他们应该谈论一些事情时，他们只是重新采用了在居伊·摩勒之前的那些口号。

但是，重要的是军队。依据人们就此知道的一切，军队又一次体验到了军事的从属和崇高。处在国家的边缘，并且与之相对总是处在错误位置上的军队——被训练接受牺牲，并且就像维尼[②]所说的，接受一切，甚至接受它具有的"凶险的职能"，因而放弃了思想和行动的自由：它"既不知道它在做什么，也不知道它是什么"，它"需要服从，并且把自己的意志交到其他人手里，就如同一件笨重而讨厌的东西一样"。它是国家的奴隶，还是国家的王后？但是，当不再存在国家的时候，它就不可能是奴隶。当人们什么也不想要的时候，还要用权力干什么？"军队是盲目而沉默的……它不想要任何东西并且随时准备行动。它是由人们推动的、进行杀

① 布尔吉巴（H. Bourguiba，1902～2000），突尼斯民族解放运动的领导者，是独立后第一任总统（1957～1987），被称为突尼斯"民族之父"和"最高战士"。
② 维尼（B. Vigny，1889～1965），法国作家，编剧。

戮的一件大事情,但它也是一件遭受苦难的事情。"替罪羊,"同时是残忍和卑微的殉教者",习惯于蔑视死亡(因此蔑视生命),习惯于蔑视他人(因此蔑视自己),由于这一切他局外于生活在本世纪的人,并且有时候面对他们的生活是"幼稚的";另一方面,他摆脱了精神,如果他发现了他们,能够为了他们而献身,战士与利益没有关系,但不应该要求他参与政治。

然而,在这里,正是一个战士担负着治愈恶的重任。他当然更多地分享了军事的崇高而不是从属,而且我相信,他似乎并没有受到被动服从的各种折磨的多大伤害。这属于蔑视的毛病吗?把居伊·摩勒和罗贝尔·拉科斯特作为榜样提供给法国人,应该多么地愤世嫉俗啊!戴高乐将军可以改变法律,但不能改变法国的生活,因为这不是单独一个人的事情,因为单独一个人对于制度的看法始终过于简单。按照他的方式,他游戏玩得多好啊,没有一个谎言,但也没有一个错误!他写信给樊尚·奥里奥尔①说,"不管他能说什么……"这次起义都是不可避免的,因而是预料之内的,是被劝阻的,但他将之视为了一个事实,——在谈判正在进行的时候他"不会赞成"它,但他利用了它,——他没有谴责它,但他对它的理解比它自己的理解,他将把它带回到它真正的意义,——所有这一切都干得特别漂亮;在 1944 年把政权交给了戴高乐将军的极端
灵活、平均主义的蔑视对人的作用,却不足为他保持政权,不仅仅因为"制度"已经重新开始,而且也因为如果说操纵各种人就足以

421

---

① 樊尚·奥里奥尔(Vincent Auriol,1884～1966),法国社会党政治家,1946 年任立宪会议的主席,1947～1954 年任法兰西第四共和国的第一任总统,主持危机四伏的联合政府。

取得政权,但为了保持政权却必须对各种事情感兴趣,应该有一些倾向、对问题有一系列看法。在执政的戴高乐后面没有什么意念,因为他没有政策,因为他进行裁决而不治理。

这些天来,人们似乎忘记了法国军队和国民议会并不是世界。针对突尼斯和摩洛哥应该做什么呢?应该如何与从来不接受合并、不接受自由选举,也不接受停火,而只要求独立的民族解放阵线商谈呢?如果我们想要通过切断其武器供应来化解那些不可化解的东西,我们能长期地保持布尔吉巴的善意吗?宣布六个月的和平是置自身于武力的立场吗?在阿尔及尔事件中,在这种通过思想消除障碍,把阿尔及利亚法国人的热情投射到对手身上的方式中,有某种梦幻般的东西,好像整个世界都分享了并服从于阿尔及利亚集会场的酩酊大醉。戴高乐封闭在自己的孤独之中,就像阿尔及利亚民众封闭在自己的愤怒之中,居伊·摩勒封闭在自己的各种走廊活动之中一样。观念这个时候在哪里,政治想象在哪里?如果没有解决办法,这种狂欢意味着什么呢?我强烈地希望我错了,我不相信虚无的德性,但也许在六个月之后,也许在六个星期之后,我们看到的将是更加恶化的情况。

正是在这种情况下,西留斯①要求自己的读者对戴高乐说"是"或"不",要求他们为他提供支持(如果他们从内心深处希望他获胜的话),要求他们结束"徒劳的争论",要求他们警惕那些右派和左派的极权分子。因此,在五天时间里,我们从"较小的恶"被引

---

① 西留斯(Sirius,天狼星),法国记者,《世界报》和《外交世界》的创办者于贝尔·伯夫-梅里(Hubert Beuve-Méry,1902~1989)的笔名。

向神圣的联合。不再有反对派的位置,甚至不再有在各种被推定
目标上的一致。应该要么赞成要么反对。但是,赞成或反对什么
呢?"右派和左派的极权分子"?这没有提醒西留斯注意什么吗?
422　这是弗林姆兰①先生的原话。这是"制度"的语言。当我们看到了
如此审慎的共产党和法国劳工总联盟时,怎么会感觉不出这也是
政治勒索和各种神话的语言?戴高乐将军甚至没有向法国人要西
留斯向我们要求的那种支持。自从被授予权力以来,他甚至没有
对他们说过话。他关心的只是不让制度受损害,对于阿尔及尔他
可能是在等待时机。这并不能让人放心。在他和阿尔及尔之间,
有一笔需要清算的账。他独自,而不是我们。他是孤独的,就像他
想要的那样。他的失败会是严重的,但我们不能帮助他成功,也不
能为他的事业作"孤注一掷",好像在他后面和在我们后面什么都
不存在似的。

　　我们的任务是理解刚刚结束的事情和正在开始的事情。从我
这方面说,我会向读者提出两种不可分割的反思。第一种是:想在
海外实行自由主义政策的政府如果失去将 140 名共产党议员选入
议会的法国人的支持,它就不可能实行这种政策。相当清楚的是,
这一次对共产党人的选票的著名扣除把一部分名副其实的、但肯
定不是极端分子的公民从法国排除出去了,这事先掩盖了右派的
各种操作,宣布了进行妥协的立场,是内战敲诈的最初活动。孟戴
斯-弗朗斯在前往与苏联和中国谈判的时候扣除了共产党人选票;

---

　　①　弗林姆兰(P. Pflimlin,1907～2000),法国政治家,曾任法国总理,欧洲议会主
席等。

如果谈判不是妥协，他那个时候有理由那样做。"制度"的发明者仍然是有着其"分离主义者"主题的戴高乐将军。只要共产党人选民大众在法国仍然是一个陌生的团体，那么，一个右派的少数派成员的勒索及其至高无上的权力，意向中的各种审判，普遍的怀疑，简言之，妄想狂的政治，自由政府的瘫痪，各种权力的衰落就将持续下去。

然而，只要共产党没有把自己表现为自己之所是，它在法国就将继续是一个陌生的团体，即一个工人党：它将其全部重量都放在它相信工人意义所是的东西上（它是有道理的），但它在理论上和实践上都与革命的马克思主义没有任何共同之处，而且一点也没有担负起在法国建立一个人民民主国家的使命。从这方面看，最近的事件也是很清楚的：人们很难相信，一个革命国家会由于苏联政府向戴高乐将军谨慎示好就接受他。既然共产主义实际上已经支持一些改良和妥协，那么口头上的布尔什维克主义的名誉攸关的事情只有助于支持右派的宣传。在共产党那里，有一种朝向改良主义和"纲领"的倾向。它在缓慢进展，终有一天将占上风。只要共产党没有进行其转变，在法国就不会存在民主。

我们的当前充满了幻想。没有理由增加幻想。我们需要思考的不是恢复共和国，尤其就像它这两年以来所是的那样，而是重建摆脱了它的各种惯例和顽念，处在光明之中的共和国。

（1958 年 6 月 5 日）

14. 明天……

（访谈）

——阿尔及尔事件是否改变了您对海外问题的看法吗？

——我曾经对您说过，我不赞成一种革命的或"深度"的政策。今天更不赞成：它有让出现在阿尔及利亚的法西斯主义蔓延到宗主国的危险。这涉及一种法西斯主义，随着各种消息不断传到这里，这一点已经变得越来越明显。

在反叛前几个月，阿尔及尔的第五局得到了设立电台的计划，这并不是出于偶然。在弗林姆兰先生上任后，我们听说一些上校在假装放弃一些准军事组织的同时又重建了它们。在这里，涉及的不再是军队中那些惯常的不满，而是一种恐怖理论：不仅作为在阿尔及尔的斗争手段，而且也作为在宗主国的统治手段，作为历史"哲学"。

424 ——当人们把一种政策整个归于"几个上校"时，是否有些夸大？他们的态度不是首先受到战争问题的激发吗？

——您很快会从报纸上看到关于特兰基叶①上校 6 月 7 日在阿尔及尔所作的报告的报道，您可能会带着几分迟疑和谨慎，从中看到他想把在阿尔及尔使用的手段推广到宗主国的企图，以便使

---

① 特兰基叶（R. Trinquier，1908～1986），法国二战、第一次印度支那战争和阿尔及利亚战争期间的军官，著有《现代战争》。

得民众"容易被控制"。这种政策在我最近读到的皮埃尔·德布雷①的《第三次世界大战已经开始》中得到了清晰的揭示。战争将不再是、已不再是一种可见的战争。它将是秘密的战争，或者毋宁说它就是秘密的战争。自1917年以来，一种颠覆的意志蔓延至全世界，布尔什维克主义是它的理论，它准确地遵循着布尔什维克的时间表而发展："在颠覆活动仍然处于托洛茨基界定的第二阶段时，我们放弃了突尼斯和摩洛哥。现在，在阿尔及利亚，它已经到达了第四阶段。谁能合理地声称宗主国只处在其第一阶段呢？"

　　我们处于神秘之中。自托洛茨基以来的整个共产主义史、各种作用和反作用、各种高潮和低谷、各种清洗和转折、所有可认定的事实、所有事件都已经被掩盖：只存在一种历史实质，只存在颠覆的进展。这个抽象的敌人到处包围着我们，使一种不断的怀疑变得正当，当然啦，不管涉及苏联还是美国；也不管涉及的是德国、意大利、四分之三的法国。敌人甚至在我们这里，如果我们在反对它的斗争中保留了某种东西的话。皮埃尔·德布雷说，不应该在军队和警察的联合体面前退缩。已经变成教育者和政府官员的士兵应该被造就成积极分子甚至刽子手。"军队的职业已发生变化，这就是一切。我们在进行一场强加于我们的战争，一场没有规则的战争，一场没有'荣誉'的战争，一场平民的战争。"如果士兵拒绝接受这一角色，"叛国的派别就会吸纳他"。"谁回避这种选择，谁就注定被引向投降的拥护者，即使不是在主观上，至少也在客观上

---

　　①　皮埃尔·德布雷(Pierre Debray,1922～1999)，法国作家、文学家，著有《第三次世界大战已经开始》等。

如此。"因此,那些反共分子从自己的经验和阅读中记住的就是,没落中的共产主义机器、"客观上"的断头台、形式主义、善恶二元论、粘合的或由于混杂而在他们那里变得更糟的思想,因为他们的运动甚至提不出一种愿景,最终只是对一种不可见的毒物的抵抗。这些官员之所以不顾他们的库特林①式的圆滑把颠覆当作自己的口号,是因为"革命"能让人想起一种积极的创举,因为这涉及把敌人看作是否定的力量。

　　显然,他们有眼睛和耳朵,他们知道有一种可见的历史,而且,在缓和时期,皮埃尔·德布雷注意到共产党人是政治家,他们使战争服从于政治,因此,他们会允许破坏过程中有一些停顿、阶段和拖延。民族解放阵线是直接的否定、"绝对战争"——不可能是别的,因为不存在阿尔及利亚民族,"不存在阿尔及利亚"。拉姆丹②不是"克劳塞维茨③的伟大读者"吗?但是,民族解放阵线的绝对战争和物理暴力只不过更清楚地表明了作为如今历史的独特本质的东西,表明了各种现象的"形而上学":颠覆。共产主义只不过是更精致的技术和颠覆的一般化。对于这种无所不在的毒物,人们只能用"反绝对战争"来抵抗。

　　结论是明确的:应该在宗主国建立"革命的合法性",摧毁"宗主国共产党人的颠覆机器",建立针对记者的审查和死刑。在阿尔及利亚,单一选举团可能是一种用来实现独立的诡计。无论如何,

---

　　①　乔治·库特林(Georges Courteline,1858～1929),本名为乔治·莫瓦努(Georges Moinaux),法国知名的剧作家和幽默作家。

　　②　拉姆丹(A. Ramdane,1920～1957),阿尔及利亚政治家,独立运动领导人。

　　③　克劳塞维茨(C. M. von Clausewitz,1780～1853),普鲁士军官,军事理论家和军事历史学家。

为使走向独立的各种选举成为可能而发动战争是荒谬的。唯一的目的是"消灭费加拉①"。"我们在摩洛哥和突尼斯的放弃严重地恶化了处境",萨基埃特行动②"只错在太过迟缓,尤其是太过犹豫"。

我们可以对这种态度的最后意义进行讨论。我禁不住认为,426一些离开突尼斯边境去阿尔及尔发动反叛,把他们对敌人的怒火转向同胞的士兵,实际上几乎不再想打击敌人。正如罗贝尔·拉科斯特所说,在两条战线上作战是不容易的。皮埃尔·德布雷写道:"要么我们把国家拖入战争,要么最好立即停止让我们的士兵被杀……我们为此能做什么呢?我们不喜欢无谓的牺牲。"我为此也不能做什么,另外,我没有资格派遣不管是谁去做有用或无用的牺牲。因此,我在这里只是要说,我认识的、与我关系很近的士兵可能会为采取这种口气而脸红。既然皮埃尔·德布雷那么多地想到布尔什维克主义,那么他应该记得,发动革命的通常是那些被打败的军队。

但是,让我们抛开心理学。重要的是我们在此有一种排斥任何政策的攻击性的虚无主义。当作者尝试着描述一种政策时(带着一丝遗憾的叹息,因为最终说来,理想的"最合理的解决办法"也

---

① 费加拉(fellagha)原指拦路强盗,这里指的是阿尔及利亚反对法国殖民当局、争取民族独立的起义部队。　——译注

② 萨基埃特行动(opération de Sakhiet):1958 年 2 月 8 日,针对驻扎在萨基埃特村附近的民族解放阵线游击队员 1 月份对法军巡逻队的袭击以及随后发生的一些事情,法国政府出动大批轰炸机对萨基埃特村实施轰炸。由于这一天恰逢该村赶集日,周边前来人员较多,这一行动造成了较大的人员伤亡。这是继苏伊士运河事件之后,又一起由阿尔及利亚战争引发的危机事件。

许是根本不向非洲人建议任何东西），那是为了谈论"知识分子的果敢"，谈论"惊心动魄的转变"，谈论他没有进一步地指出其性质、而我们只知道它将是 1917 年革命的反面的"二十世纪的技术革命"。真相是，一种政策的诸条件是被一种甚至并非极权的，而是关于恐惧（存在于绝望中的且穿着政策的外衣的焦虑、失败和耻辱）的一元论的思想取消的。

所有这些都是最严格意义上的法西斯主义：重新采取各种革命斗争方式和从外部模拟它们，模仿革命的激情，为了神秘之物而低估可见之物，对手之间、反布尔什维克主义与其对手之间远距离的认同。

——在这些倾向和巴黎政府的倾向之间，您看到了哪些关系？

——不需要详尽地证明戴高乐将军的举动是与这种精神状态没有关系的。在法西斯主义者看来是一种背叛的单一选举团是他在阿尔及利亚的最初建议；撤离突尼斯是"投降"，而这是他最初的活动。戴高乐将军与法西斯主义军官只在反"制度"的论战方面有共同之处；这一点导致他最近几年在共和党人尝试让共和国摆脱政策虚无时拒绝支持——更晚近以来拒绝谴责阿尔及尔运动；如果"制度"就是**恶**，那么试图摧毁它的一切都是相对正当的。

但是，戴高乐将军打算放置在第四共和国位置上的东西与上校们的攻击性虚无主义毫不相干。他是旧时的人和一个士兵，我想说的是，他是带着一些固定的上层建筑的历史人物（homo historicus），而不是新一代的心理人物（homo psychologicus）。他相信的那些隐藏的现实不是各种颠覆和反颠覆的幻觉，而是保持在他那里的法国原型，是在历史场的另一端和在日常生活的深处对法国说"是"的人民。评判者和人民——一个在各党派之内、另一个在各党派之外——的形而上学与法西斯主义的行动主义完全不是一回事。

——您认为巴黎政府有能力让您刚才提到的军队的部分转而赞成政府的政策吗？

——和所有人一样，我对此一无所知。我怀疑能够通过说服做到这一点。纯粹的强制可能是拒绝提供援助和汽油。问题或许在于使一部分法国民众和军队摆脱法西斯主义。在这里，我担心戴高乐将军关于国内政策的信念（远不是他个人的和独特的信念）会使他受到蒙蔽，会阻止他寻求他所需要的舆论支持。因为，最终说来，难道不是他看出并且明确地说出了为什么第四共和国不能实行他所提出的那样的改良政策吗？

他认为法国的政策缺乏连续性。那是第四共和国缺乏的连续性吗？除了一个例外，相继接替的各届政府不是都没有实行同一种政策吗？相反，它们不是都连续地缺乏首创性、主动性和创新性（苏伊士运河事件也不例外，它显得像痉挛而不是行动，因为人们没有下决心把它进行到底）吗？人们是否希望通过增加共和国总统的权力——在某种意义上就是相应地减少议会主席的权力——来纠正这种不行动的连续性呢？当共和国总统不再是戴高乐将军时，他将重新成为他始终是的那样：一个保持其长期荣誉生涯，更倾向于习惯的解决办法，而不是需要想象力、新知识和首创性的解决办法的人。即使当共和国总统将是戴高乐将军时，也需要知道法国的问题是否在于找到能为每个人都提供一点点他之所需的一个评判者，或在于有一种进行统治，即在行动中引导和改变国家的

428

权力，而不是听任它如其所是，并且在它背后构想一种并不寻求让信服、而只敦促对之说"是"的宏大政治。我担心在评判者的秘密沉思和公民投票的沉闷反应之间，法国政治和从前一样或比从前更缺少气氛，而在这一体制下的法国只能继续是它之所是：一个在认识方面先进，在社会、政治和经济的实践方面落后的国家。

戴高乐将军也质疑多党体制。但是，由于他没有提出作为其变换的一党制，所以他想"联合"，实现在任何党之外的联盟，这既意味着各党之间的对立在各种事情中回答不了任何问题、它自身就是瘫痪的原因，也意味着取消它就足以挽救一切。然而，右派政策和左派政策的对立完全不是一种错觉，因此到目前为止，戴高乐将军恢复了所谓的左派政府的政策：突尼斯的独立，单一选举团的选举，阿尔及利亚的各种改革和发展——这是右派只在口头上接受的政策。戴高乐将军自己没有承认或没有向法国人说出的是，如果存在着各种解决办法，那么所有的解决办法都是自由主义的。事实上，在阿尔及尔和在巴黎，几乎人人都知道这一点。我看不出为什么人们如今在阿尔及尔如此多地谈论消灭费拉加：这不仅因为他们看来已经归顺了，而且也因为戴高乐政府的存在理由就是要通过一些让步来结束战争，独立则被排除了。阿尔及尔运动（可能要排除其法西斯主义成分）让戴高乐掌权并不是为了在克莱蒙梭①的意义上"开战"，它让他掌权是为了在不承认战争失败的情况下建立和平。他采取的政策是左派和中左都赞同的，共产党在

① 克莱蒙梭（G. Clemenceau，1841～1929），法国政治家、新闻记者，曾担任激进党政府总理。

全力投票给摩勒政府时也对之满意的政策。但是，关于这一点，不应该把它说出来，这会使阿尔及尔运动失去向一位将军让步的那种宽慰，这会损害到行动。法国政治的各出大戏可能最终会使右派不加考虑地接受伴有反议会锣声的自由主义政策。要么自由选举、单一选举团和社会平等将停留为一纸空文，如同迄今为止的情况那样（正如不发达理论所阐明的，社会平等无论如何只是一种假设），——要么戴高乐将军能够成功地从其各种说法中带给阿尔及利亚以某种新地位，但这是完全或然的。目前，我们还始终只停留在言词上，停留在由左派提出、而右派只当其是空论才接受的言词上。因此，在人们采取左右派中的某一个的政策时，对多党体制提出质疑完全是徒劳的。

不过，多党体制不能够实施这一政策，而只能够谈论它：这是唯一重要的论据，但它确实重要。还应该说出为什么会如此，这并不是很神秘。它不能实行一种自由主义政策，因为如果排除掉共产党人的票数，就必须以削弱政府职能的日常监督为代价收买右派的票数。独立派宣布，如果从突尼斯机场撤离，那么它将召回它的部长。正如所有人都看到的那样，它今天接受了它昨天拒绝的东西。因此，议会右派不是基于各种实际的立场进行斗争，而是在与像一个幽灵那样毫无规律地忽隐忽现的放弃作斗争。对政府来说只剩下迂回的道路，但它会增加不信任，并且进一步减少行动的余地。埃德加·富尔①在知道抵抗政策不可能维持下去（至少他

① 埃德加·富尔(Edgar Faure，1908～1988)，法国戴高乐派政治家，两度担任政府总理，还担任过国民议会议长等职务。

后来是如此声称的)时给他在摩洛哥的常驻代表制定了抵抗政策，在厚颜无耻地要求它的时候又亲自发起反对这个政策，宣称它无效的游行——，这个插曲极其重要；它使所有的人（法国人和穆斯林）想到政府的各种官方立场总是可以翻转的，它使前者更对放弃感到恐惧，使后者更坚信决不让步。

在对贝伊①谈话后，法国殖民地在突尼斯获得了承认；在摩洛哥事件之后，我们知道了居伊·摩勒在阿尔及尔是如何被接受的。政府职能的削弱源于这一点：政府既强硬又软弱，能够在战争中坚持下来（即便最后投降了），但无论如何都不能激发一种严肃的政治或外交行动。

不是政党的众多和"法国人的分化"阻止了各个政府实行自由主义的政策，而是通过扣除共产党人选票的诡计而成为法国政策裁决者的一个无主见的右派的存在。通过质疑多党体制，戴高乐将军把对右派的被动性指责转移到了对民主的被动性指责上。然而，这里不是要徒劳地追究已经过去了的责任。由于人们在酝酿的新政体将建立在这一评价之上，就我这方面来说，我并不对它有什么好的期待。这是由合法的政变所判定的一种虚假的民主，这不是民主，补救办法要到人们正在寻找的方向的反面去寻找。

431　——但是，真正的或得到纠正的民主不是人民阵线吗？

——民主已经被与共产党人摇摆不定的政策结合在一起的右派的政治贫困所扭曲了：正是这一结合使法国政治陷入非现实之

---

①　贝伊(Bey)是奥斯曼帝国时对长官的称谓，这里指的是突尼斯当时的领导人（突尼斯于1574年沦为奥斯曼帝国的属地，1881年成为法国保护领地，1956年获得独立）。——译注

中并致使它瘫痪了。如果问题在于右派和共产党人之间的阶级斗争，那么把它揭露出来确实是太过天真了。但事情并不是这样。我们不要忘记比内①先生在摩洛哥独立中是有份量的，而共产党人容忍了1946年对君士坦丁人的镇压，并且把权力全部交给了居伊·摩勒政府。在右派和共产党之间，并不存在真正的对立，因为它们不是为了一种政策相互斗争，两者都有多种政策。两者都不再是政党，而是"压力集团"。它们联合对体制施压，并一起推翻了内阁，但不管前者还是后者都没有担负起对法国政治生活的责任。独立派不对法国的政治生活承担责任，因为他们没有观念：我们从来没有看到他们对未来或对现在提出一种观点，他们的存在理由就在于反对——反对共产党，他们说；但如果没有这个借口，他们也会寻找另一个借口。

　　至于共产党人，人们几乎可以向他们要求一切，除了参与行动；即使在政府中，即使在妥协中，他们仍然不在乎他们做的事情，因为他们的心思不是在这里，因为他们不想在这方面受到评判，因为他们并没有严肃地投入其中。他们反复提到"人民阵线"，但对于他们来说，人民阵线不是行动的表述。在民族广场和共和广场之间，我还看到了拉马迪埃②先生，他因发烧感到不适而离开了示威游行者的队伍，应该是走向了一家药店，他脸色泛红，带着一个精疲力竭的人所具有的那种无神的目光。一群活动分子簇拥着

---

　　①　比内（A. Pinay，1891～1994），法国保守派政治家，多次担任重要内阁职务，并曾经担任政府总理。
　　②　拉马迪埃（P. Ramadier，1888～1961），社会党人，法国第四共和国第一任总理。

他,像簇拥一个偶像,他们挥舞拳头,高喊"人民阵线"。这个一度在国民议会获得了旧时的荣耀的明显疲惫的人,被轻松欢快但没有同情心的年轻人环绕着,这是人们不会忘记的一个形象。只要共产党人拒绝积极地进入政府,只要他们以那些引起轰动的和分化的"绝对贫困化"论断掩盖其妥协做法,就不存在正当的或真正的民主。然而,他们完全知道,只有当美国在一场原子战争中被击败时,在法国才会有人民民主。那么他们期待什么呢?没有人知道,我想,他们自己也不知道。

——一种真正的民主的机会是什么呢?

——如果这些就是使它扭曲的原因,那么一种真正的民主就不太可能再生。我们看不出什么东西能够开导独立派,我们看不出已经成功地"吸收掉"去斯大林化的陈腐领导层如何能够有一种政治创举——在对伊姆尔·纳吉和他的同伴的处决以其深刻的智慧肯定了这一点的时候。我们看不出它如何能在同胞面前提出民主和自由的条件的问题。1956~1958年的民主能存活下去吗?这是重要的问题,而且是共产党人想要忽略的问题。因此,他们敦促法国人为重建这种已经遭到破坏的民主而斗争。

——但是,如果新宪法在公民投票中被批准了呢?

——在它将创建的各届议会中,各届政府(不管它们是否总统制,是否具有人们原则上不会经常使用的解散权)将会发现自己处在同样的两难困境面前:要么是人民阵线,也就是一种非政治,即撤离海外地区,一种仅仅要求的、没有任何资本主义引导的、没有任何有组织的、没有任何行动的社会政治;要么是"扣除共产党人选票",也就是右派对政府职能的破坏。

——那么,做点什么呢?

——迫于形势,人们只能在右派和共产党之外提出各种真正的问题,希望他们以及他们的同胞最终能够关注的问题。当各种现存的力量混杂在一起时,首先应该正确地谈论,而不寻求直接的后果。

第四共和国不可能复兴,它不值得惋惜,因为它只是一个共和国的影子。法国的危机在于:如果问题有一种解决办法,那它就是自由主义的,但在法国已经不再有政治自由的理论和实践。我们靠十八世纪思想的各种残余生存,但它需要被彻底重建。

有人提请我注意,孟德斯鸠①在各种权力的分立和平衡中看到了自由,而且在被分立和平衡之前,各种权力首先必须存在。今天,问题在于重建它们。在五十年前,阿兰还能够用公民对权力的监督和攻击来界定共和国。但是,当不再有需要监督的行动时,监督还有什么意义呢? 在1900年以及前面两个世纪,唯一的任务是批判。今天,在继续批判的时候,应该重新组织权力。人们尽在说一些反对"个人权力"或"强权"的废话:在第四共和国权力中缺乏的是真正的力量和人格。

我们的舆论概念本身有待于重新审查:它依据的是一种有点简易的评判和决定的哲学;一种体制的现实不比一个人的现实更是一系列转瞬即逝的舆论。如果服从于舆论的每一轻微震荡,就不会有自由可言。正如黑格尔所说,自由需要实质性的东西,它需要一个能够支撑它、而它也能激励之的国家。

———————————

① 孟德斯鸠(Montesquieu,1689～1755),法国哲学家、法学家。

对于议会的分析应该从这一视点着手进行:我们对它的实际职能几乎一无所知。我仅仅知道——因为参加过国民议会的几次会议——那儿并不缺乏才智和知识,但我们在那里就像在没有被人介绍的一个"环境"中那样感到不自在。在有些时候,它并非不庄严,在别的时候(我想起某些熟悉内情者的笑,某些含蓄的评论),它是糟糕的团体,或韦尔杜兰①夫人的沙龙。当共产党人投票支持弗林姆兰政府以便迫使它把他们包含在内的时候,当独立派因害怕人民阵线也投票支持它,而弗林姆兰先生却准备悄然离开的时候,该体制的最高点无疑已经达到了。也许这就是议会制的顶点,我怀疑国民欣赏过这一点。

孟戴斯-弗朗斯政府之所以能够一度(自1944年以来没有任何一届政府能做到)使法国政治生活摆脱焦虑和烦恼,是因为他把政府设想为一种团结人的创举,把行动设想为一种运动:它不能一直受到烦扰,它设法与国民汇合,组织它自己的教育,并随着自己的发展而展示自己。这是一种活的权力,而不是西奈山上的一道闪电。但是,孟戴斯-弗朗斯只是本能地如此行事,我想说的是,因为他出身高贵;他从来没有试图把他的实践变成理论。问题在于找到一些能使这种自由实践扎根于习俗中的制度。

政治家和国民之间的这种交流使得国民不再只是承受某种命运,而是能在有人以它的名义所做的事情中重新发现自己,在此,我非常担忧的就是,戴高乐将军从来没有认识到和感觉到这一点(除了在1940年和1944年的"紧要关头"外)。作为证据,我只需

---

① 韦尔杜兰(Verdurin),普鲁斯特《追忆逝水年华》中的人物。

要提到他给予所有体制中的人,给予普列文①以及孟戴斯-弗朗斯的全面称赞。始终在否定的头脑,他最近说。他错得有多么离谱!使我们产生戒备的正是他的怀疑主义。需要很多的戒备才会夺去我对戴高乐将军的尊敬。但是,我们也应该把另一种东西,比崇拜更好的东西献给他:我们应该把我们的意见献给他。他过于年轻以致不能做我们的父亲,而我们已经过了孩子们戏要的年龄。

　　反对派的政治家更好地感受到了问题吗?我们震惊地读到了委员会成员的思考。我们想对他们说:已经结束了,问题不再是运用一个政府,你们应该创建一种政体。请你们用观念反对观念,既然你们能够做到这一点,请告诉法国人。关于最近的选举和"选举团的稳定性",我们在《民众》上惊愕地读到了"体制运转良好"。为了面对今天的种种问题,不仅仅是共产党的机器需要做祷告。谁将描绘社会党的闹剧——它的整个结构,以前被设想为是一个马克思主义工人党的结构,为的是让当选者接受活动分子们的监督,如今却是掌握在总书记手里、使议会团体服从其操作的又一个工具?但是,毕竟许多人对此比我知道得更清楚……。我有资格长时间地加以评论吗?官员们预言未来,教授们雕凿文字。人民的参议员们在哪里呢,他们告诉我们的只是他们的遗憾吗?

(1958 年 7 月)

---

① 普列文(R. Pleven,1901～1993),法国政治家,曾担任财政部长和总理等。

中西人名对照表

阿德里安娜·莫尼耶　Adrienne
　　Monnier

阿尔弗雷德·格里奥　Alfred Griot

阿尔盖　Alquié

阿基里斯　Achille

阿兰　Alain

阿隆　Aron

埃德加·富尔　Edgar Faure

埃尔韦　Hervé

埃文思–普里查德　Evans-Pritchard

艾尔斯蒂尔　Elstir

爱因斯坦　Einstein

安德烈·维尔姆塞　André Wur-
　　mser

安格尔　Ingres

俄狄浦斯　Œdipe

奥古斯丁　Augustin

奥康　Occam

奥克塔夫　Octave

巴尔扎克　Balzac

巴朗迪尔　Ballandier

巴门尼德　Parménide

巴什拉　Bachelard

柏格森　Bergson

柏拉图　Platon

鲍埃西　Boetie

贝玑　Péguy

贝诺·萨雷尔　Benno Sarel

贝诺·斯腾伯格　Benno Sternberg

本雅明·佩雷　Benjamin Péret

比朗　Biran

比梅尔　Biemel

比内　Pinay

毕达哥拉斯　Pythagore

毕加索　Picasso

庇护教皇　Pape Pie

波德莱尔　Baudelaire

波尔　Bohr

波费雷　Beaufret

波伏娃　Beauvoir

波拿巴　Bonaparte

波斯　Pos

玻恩　Born

伯纳姆　Burnham

布尔吉巴　Bourguiba	多列士　Thorez
布尔加宁　Boulganine	梵高　Van Gogh
布哈林　Boukharine	樊尚·奥里奥尔　Vincent Auriol
布拉克　Braque	范·布雷达　Van Breda
布朗肖　Blanchot	菲利普·贝特洛　Philippe Berthe-lot
布勒东　Breton	
布雷赫　Bréhier	芬克　Fink
布龙代尔　Blondel	芬奇　Vinci
布鲁姆　Blum	冯友兰　Fong Yeon-Lan
布鲁内莱斯基　Brunelleschi	佛朗哥　Franco
布鲁图斯　Brutus	弗拉基米尔·罗姆　Vladimir Romm
布伦茨威格　Brunschvicg	弗雷泽　Frazer
布努埃尔　Bunuel	弗林姆兰　Pflimlin
戴高乐　de Gaulle	弗洛伊德　Freud
戴克索纳　Deixonne	福克纳　Faulkner
但丁　Dante	该隐　Caïn
德·瑞那　de Rênal	盖鲁　Gueroult
德费尔　Defferre	哥白尼　Copernic
德拉克罗瓦　Delacroix	哥穆尔卡　Gomulka
德雷福斯　Dreyfus	歌德　Goethe
德玛底斯　Demades	格雷古瓦　Grégoire
笛卡尔　Descartes	格罗·埃诺　Geroe Erno
第欧根尼　Diogènes	格罗提渥　Grotewohl
蒂托–李维　Tite-live	郭象　Kouo-siang
杜勒斯　Dulles	哈尔斯　Hals
杜鲁门　Truman	哈特曼　Hartmann
杜桑·卢维杜尔　Toussaint Louver-ture	海德格尔　Heidegger
	赫拉克利特　Héraclite
敦克尔　Duncker	赫鲁晓夫　Khrouchtchev

黑格尔　Hegel

洪堡　Humboldt

胡塞尔　Husserl

胡志明　Ho-Chi-Minh

华尔　Wahl

吉尔松　Gilson

吉洛杜　Giraudoux

纪德　Gide

纪尧姆　Guillaume

居斯尼埃　Cuisinier

居伊·摩勒　Guy Mollet

卡汉　Kahan

卡萨诺瓦　Casanova

凯撒　Caesar

凯撒·博尔吉亚　César Borgia

科蒂　Coty

科蒂斯　Korthis

克拉夫琴柯　Kravchenko

克拉克松　Clarkson

克莱蒙梭　Clemenceau

克劳塞维茨　Clausewitz

克利　Klee

克伦斯基　Kerensky

克罗齐　Groce

克洛代尔　Claudel

孔德　Comte

孔子　Confucius

库封丹　Coûfontaine

库萨的尼古拉　Nicolas de Cuse

库斯勒　Koestler

拉贝马南雅拉　Rabemannjara

拉布吕耶尔　La Bruyère

拉克鲁瓦　Lacroix

拉克洛　Laclos

拉马迪埃　Ramadier

拉姆丹　Ramdane

拉斯科　Hlasko

拉辛　Racine

拉伊克·拉斯洛　Rajk László

莱布尼茨　Leibniz

兰波　Rimbaud

老子　Lao-tseu

勒福尔　Lefort

勒诺德　Renaudet

雷诺阿　Renoir

黎塞留　Richelieu

李卜克内西　Liebknecht

利科　Ricoeur

列宁　Lénine

列维-布留尔　Lévy-Bruhl

列维-斯特劳斯　Lévi-Strauss

娄万　Leuwen

卢卡奇　Lukács

卢塞　Rousset

鲁道夫·赫尔恩施塔德　Roudolf
　　Herrnstadt

路西法　Lucifer

罗贝尔·拉科斯特　Robert Lacoste

罗德里格　Rodrigue

罗斯福　Roosevelt

罗斯默　Rosmer

洛伦佐·德·美第奇　Laurent de Medicis

马蒂斯　Matisse

马尔罗　Malraux

马里坦　Maritain

马里沃　Marivaux

马林科夫　Malenkov

马塞尔·塞尔万　Marcel Servin

马松-乌黑塞　Masson-Oursel

马索赫　Masoch

马歇尔　Marshall

玛蒂尔德　Matilde

玛拉　Mara

玛拉美　Mallarmé

曼德尔鲍姆　Mandelbaum

梅里美　Mérimée

梅特伊　Merteuil

美第奇家族　Les Medicis

门捷列夫　Mendeleeff

蒙田　Montaigne

孟戴斯-弗朗斯　Mendès-France

孟德斯鸠　Montesquieu

孟子　Mencius

米松　Myson

密尔　Mill

莫尔　More

莫拉斯　Maurras

莫里亚克　Mauriac

莫洛托夫　Molotov

莫斯　Mauss

墨菲斯托费勒斯　Mephistopheles

纳塔利娅·塞多娃-托洛茨基　Natalia Sedova-Trosky

尼赞　Nizan

帕斯卡尔　Pascal

培根　Bacon

蓬热　Ponge

皮埃尔·戴　Pierre Daix

皮埃尔·德布雷　Pierre Debray

皮特　Pitt

皮提亚　Pythie

珀尔修斯　Persée

普雷沃　Prévost

普列文　Pleven

普鲁斯特　Proust

普洛透斯　Protée

普努塔克　Plutarque

普森　Poussin

奇巴尔奇什　Chibaltchish Kilbatchiche

乔治·库特林　Georges Courteline

乔治·莫瓦努　Georges Moinaux

丘吉尔　Churchill

让·波朗　Jean Paulhan

让·斯塔罗宾斯基 Jean Starobin-
　ski

热尔梅娜·蒂里翁 Germaine Til-
　lion

儒贝尔 Joubert

撒旦 Satan

萨德 Sade

萨特 Sartre

塞尔热·马勒 Serge Mallet

塞尚 Cézanne

塞特朗日 Sertillanges

塞西尔 Cécile

塞泽尔 Césaire

沙赫特曼 Schachtman

莎士比亚 Shakespeare

圣阿德利比顿 saint Adlibitum

圣安娜 sainte Anne

舒尔茨伯格 Sulzberger

斯宾诺莎 Spinoza

斯达汉诺夫 Stakhanov

斯大林 Stalin

斯福尔扎 Sforza

斯汤达 Stendhal

苏斯洛夫 Suslov

苏瓦林 Souvarine

索黑尔 Sorel

索维 Sauvy

索绪尔 Saussure

泰勒 Taylor

堂·门德斯·莱尔 Don Mendez
　Leal

陶里亚蒂 Togliatti

忒修斯 Thésée

特兰基叶 Trinquier

特鲁别茨科伊 Troubetzkoy

梯耶尔·莫尼埃 Thierry Maulnier

铁托 Tito

图尔勒尔 Turelure

涂尔干 Durkheim

托尔斯泰 Tolstoï

陀思妥耶夫斯基 Dostoïevski

瓦恩克 Warnke

瓦尔蒙 Valmont

瓦莱里 Valéry

瓦隆 Wallon

瓦伦廷 Vallentin

威尔伯福斯 Wilberforce

韦尔杜兰 Verdurin

韦辛杰托里克斯 Vercingétorix

维埃特 Viète

维奥莱 Violaine

维克多·塞尔日 Victor Serge

维米尔 Vermeer

维尼 Vigny

维斯孔蒂 Visconti

维辛斯基 Vichinsky

乌布利希 Ulbricht

西留斯 Sirius

西涅　Sygne

希特勒　Hitler

悉尼·胡克　Sydney Hook

夏多布里昂　Chateaubriand

夏尔丹　Chardin

肖伯纳　Shaw

谢林　Schelling

荀子　Siun-tseu

雅克·里维埃尔　Jacques Rivière

雅克·莫纳尔　Jacques Mornard

雅努斯　Janus

亚历山大·斯塔克　Alexander Stark

伊夫·弗朗　Yves Velan

伊姆雷·纳吉　Imre Nagy

伊斯曼　Eastman

英费尔德　Infeld

于贝尔·伯夫－梅里　Hubert Beuve-Méry

于连·索黑尔　Julien Sorel

于耶曼　Vuillemin

约巴尔巴拉　Jobarbara

詹姆士　James

芝诺　Zénon

朱可夫　Joukov

朱熹　Tchou-hi

庄子　Tchouang-tseu

西中人名对照表

Achille　阿基里斯

Adrienne Monnier　阿德里安娜·
莫尼耶

Alain　阿兰

Alexander Stark　亚历山大·斯塔
克

Alfred Griot　阿尔弗雷德·格里
奥

Alquié　阿尔盖

André Wurmser　安德烈·维尔姆
塞

Aron　阿隆

Augustin　奥古斯丁

Bachelard　巴什拉

Bacon　培根

Ballandier　巴朗迪尔

Balzac　巴尔扎克

Baudelaire　波德莱尔

Beaufret　波费雷

Beauvoir　波伏娃

Benjamin Péret　本雅明·佩雷

Benno Sarel　贝诺·萨雷尔

Benno Sternberg　贝诺·斯腾伯格

Bergson　柏格森

Biemel　比梅尔

Biran　比朗

Blanchot　布朗肖

Blondel　布龙代尔

Blum　布鲁姆

Boetie　鲍埃西

Bohr　波尔

Bonaparte　波拿巴

Born　玻恩

Boukharine　布哈林

Boulganine　布尔加宁

Bourguiba　布尔吉巴

Braque　布拉克

Bréhier　布雷赫

Breton　布勒东

Brunelleschi　布鲁内莱斯基

Brunschvicg　布伦茨威格

Brutus　布鲁图斯

Bunuel　布努埃尔

Burnham　伯纳姆

Caesar　凯撒

Caïn　该隐

Casanova　卡萨诺瓦

Cécile　塞西尔

Césaire　塞泽尔

César Borgia　凯撒·博尔吉亚

Cézanne　塞尚

Chardin　夏尔丹

Chateaubriand　夏多布里昂

Chibaltchish　奇巴尔奇什

Churchill　丘吉尔

Clarkson　克拉克松

Claudel　克洛代尔

Clausewitz　克劳塞维茨

Clemenceau　克莱蒙梭

Comte　孔德

Confucius　孔子

Copernic　哥白尼

Coty　科蒂

Coûfontaine　库封丹

Cuisinier　居斯尼埃

Dante　但丁

de Gaulle　戴高乐

de Renal　德·瑞那

Defferre　德费尔

Deixonne　戴克索纳

Delacroix　德拉克罗瓦

Demades　德玛底斯

Descartes　笛卡尔

Diogènes　第欧根尼

Don Mendez Leal　堂·门德斯·
莱尔

Dostoïevski　陀思妥耶夫斯基

Dreyfus　德雷福斯

Dulles　杜勒斯

Duncker　敦克尔

Durkheim　涂尔干

Eastman　伊斯曼

Edgar Faure　埃德加·富尔

Einstein　爱因斯坦

Elstir　艾尔斯蒂尔

Evans-Pritchard　埃文斯-普里查德

Faulkner　福克纳

Fink　芬克

Fong Yeon-Lan　冯友兰

Franco　佛朗哥

Frazer　弗雷泽

Freud　弗洛伊德

Georges Courteline　乔治·库特林

Georges Moinaux　乔治·莫瓦努

Germaine Tillion　热尔梅娜·蒂
里翁

Geroe Erno　格罗·埃诺

Gide　纪德

Gilson　吉尔松

Giraudoux　吉洛杜

Goethe　歌德

Gomulka　哥穆尔卡

Grégoire　格雷古瓦

Groce　克罗齐

Grotewohl　格罗提渥

Gueroult　盖鲁

Guillaume　纪尧姆

Guy Mollet　居伊·摩勒

Hals　哈尔斯

Hartmann　哈特曼

Hegel　黑格尔

Heidegger　海德格尔

Héraclite　赫拉克利特

Hervé　埃尔韦

Hitler　希特勒

Hlasko　拉斯科

Ho-Chi-Minh　胡志明

Hubert Beuve-Méry　于贝尔·伯

　夫-梅里

Humboldt　洪堡

Husserl　胡塞尔

Imre Nagy　伊姆雷·纳吉

Infeld　英费尔德

Ingres　安格尔

Jacques Mornard　雅克·莫纳尔

Jacques Rivière　雅克·里维埃尔

James　詹姆士

Janus　雅努斯

Jobarbara　约巴尔巴拉

Joubert　儒贝尔

Joukov　朱可夫

Julien Sorel　于连·索黑尔

Kahan　卡汉

Kerensky　克伦斯基

Khrouchtchev　赫鲁晓夫

Kilbatchiche　奇巴尔奇什

Klee　克利

Koestler　库斯勒

Korthis　科蒂斯

Kouo-siang　郭象

Kravchenko　克拉夫琴柯

La Bruyère　拉布吕耶尔

Laclos　拉克洛

Lacroix　拉克鲁瓦

Lao-tseu　老子

Laurentde Medicis　洛伦佐·德·

　美第奇

Lefort　勒福尔

Leibniz　莱布尼茨

Lénine　列宁

Les Medicis　美第奇家族

Leuwen　娄万

Lévi-Strauss　列维-斯特劳斯

Lévy-Bruhl　列维-布留尔

Liebknecht　李卜克内西

Lucifer　路西法

Lukács　卢卡奇

Malenkov　马林科夫

Mallarmé　玛拉美

Malraux　马尔罗

Mandelbaum　曼德尔鲍姆

Mara　玛拉

Marcel Servin　马塞尔·塞尔万

Maritain　马里坦

Marivaux　马里沃

Marshall　马歇尔

Masoch　马索赫

Masson-Oursel　马松–乌黑塞

Matilde　玛蒂尔德

Matisse　马蒂斯

Mauriac　莫里亚克

Maurras　莫拉斯

Mauss　莫斯

Mencius　孟子

Mendeleeff　门捷列夫

Mendès-France　孟戴斯–弗朗斯

Mephistopheles　墨菲斯托费勒斯

Mérimée　梅里美

Merteuil　梅特伊

Mill　密尔

Molotov　莫洛托夫

Montaigne　蒙田

Montesquieu　孟德斯鸠

More　莫尔

Myson　米松

Natalia Sedova-Trosky　纳塔利娅·塞多娃–托洛茨基

Nicolas de Cuse　库萨的尼古拉

Nizan　尼赞

Occam　奥康

Octave　奥克塔夫

Œdipe　俄狄浦斯

Pape Pie　庇护教皇

Parménide　巴门尼德

Pascal　帕斯卡尔

Jean Paulhan　让·波朗

Péguy　贝玑

Persée　珀尔修斯

Pflimlin　弗林姆兰

Philippe Berthelot　菲利普·贝特洛

Picasso　毕加索

Pierre Daix　皮埃尔·戴

Pierre Debray　皮埃尔·德布雷

Pinay　比内

Pitt　皮特

Platon　柏拉图

Pleven　普列文

Plutarque　普努塔克

Ponge　蓬热

Pos　波斯

Poussin　普森

Prévost　普雷沃

Protée　普洛透斯

Proust　普鲁斯特

Pythagore　毕达哥拉斯

Pythie　皮提亚

Rabemannjara　拉贝马南雅拉

Racine　拉辛

Rajk László　拉伊克·拉斯洛

Ramadier　拉马迪埃

Ramdane　拉姆丹

Renaudet　勒诺德

Renoir　雷诺阿

Richelieu　黎塞留

Ricoeur　利科

Rimbaud　兰波

Robert Lacoste　罗贝尔·拉科斯
特

Rodrigue　罗德里格

Roosevelt　罗斯福

Rosmer　罗斯默

Roudolf Herrnstadt　鲁道夫·赫
尔恩施塔德

Rousset　卢塞

Sade　萨德

saint Adlibitum　圣阿德利比顿

sainte Anne　圣安娜

Sartre　萨特

Satan　撒旦

Saussure　索绪尔

Sauvy　索维

Schachtman　沙赫特曼

Schelling　谢林

Serge Mallet　塞尔热·马勒

Sertillanges　塞特朗日

Sforza　斯福尔扎

Shakespeare　莎士比亚

Shaw　肖伯纳

Sirius　西留斯

Siun-tseu　荀子

Sorel　索黑尔

Souvarine　苏瓦林

Spinoza　斯宾诺莎

Stakhanov　斯达汉诺夫

Stalin　斯大林

Jean Starobinski　让·斯塔罗宾斯
基

Stendhal　斯汤达

Sulzberger　舒尔茨伯格

Suslov　苏斯洛夫

Sydney Hook　悉尼·胡克

Sygne　西涅

Taylor　泰勒

Tchouang-tseu　庄子

Tchou-hi　朱熹

Thésée　忒修斯

Thierry Maulnier　梯耶尔·莫尼
埃

Thorez　多列士

Tite-live　蒂托-李维

Tito　铁托

Togliatti　陶里亚蒂

Tolstoï　托尔斯泰

Toussaint Louverture　杜桑·卢维
杜尔

Trinquier　特兰基叶

Troubetzkoy　特鲁别茨科伊

Truman　杜鲁门

Turelure　图尔勒尔

Ulbricht　乌布利希

Valéry　瓦莱里

Vallentin　瓦伦廷

Valmont　瓦尔蒙

Van Breda　范·布雷达

Van Gogh　梵高

Velan　弗朗

Vercingétorix　韦辛杰托里克斯

Verdurin　韦尔杜兰

Vermeer　维米尔

Vichinsky　维辛斯基

Victor Serge　维克多·塞尔日

Viète　维埃特

Vigny　维尼

Vincent Auriol　樊尚·奥里奥尔

Vinci　芬奇

Violaine　维奥莱

Visconti　维斯孔蒂

Vladimir Romm　弗拉基米尔·罗
姆

Vuillemin　于耶曼

Wahl　华尔

Wallon　瓦隆

Warnke　瓦恩克

Wilberforce　威尔伯福斯

Zénon　芝诺

中法重要术语对照表^①

啊哈-体验　aha-Erlebnis

爱国主义　patriotisme

柏格森主义　bergonisme

暴力　violence

被试　sujet

本己身体　corps propre

本体论　ontologie

本质　essence

本质直观　intuition d'essence, intuition eidétique

变形　métamorphose

辩证法　dialectique

表达　expression

表达性　expressivité

表面现象　apparence

表象　représentation

波拿巴主义　bonapartisme

博弈论　théorie des jeux

不确定性　incertitude

常人　on

超现实主义　surréalisme

超越物　transcendant

超越性　transcendence

臣民　sujet

沉淀　sedimentation

沉淀理论　théorie de la sédimentation

持续性　succession

处境　situation

创造　invention

词语动物　animal de mots

此在　être-lá

次语言图式　schème sublinguistique

存在　être

存在论　ontologie

大革命　la Révolution

大理性主义　grand rationalisme

---

① 这里列出的为中法术语对照，个别希、德、英术语在该词首次出现时已经附在中译后面。

单独自己　solus ipse

党　parti

等级　ordre

笛卡尔主义者　cartésien

帝国主义　impérialisme

第四共和国　IVᵉ République

第 四 国 际　IVᵉ Internationale,
　　Quatrième Internationale

奠基　fondation

动机　motif,mobile

动力　mobile

动力学　dynamique

动物心理学　psychologie animale

独占爱　aimance

对象　objet

多形性　polymorphisme

多元主义　pluralisme

堕落前预定论者　supralapsaire

俄狄浦斯神话　myth d'Œdipe

二分法　dichotomie

法兰西人民联盟　R. P. F

法力　mana

法西斯主义　fascisme

反讽　ironie

反共产主义　anticommunisme

反共分子　anticommuniste

反思　réflexion

反思前的我思　cogito préréflexif

反题　antithèse

反映　reflet

反自然　antiphysis

梵天　Brahma

方向　sens

非存在　non-être

非道德主义　immoralisme

非社会党人　non-socialiste

非现时(的)　inactuel

非现实(的)　inactuel

非现象学　non- phénoménologie

非哲学　non-philosophie

费加拉　fellagha

分有　participation

否定　négation,négatif

否定性　négativité

弗洛伊德主义　freudisme

符号　signe,symbole

符号理论　théorie du signe

符号体系　symbolisme

符合　adéquation

福像　vision béatifique

复因决定　surdétermination

改良　réforme

改良主义　réformisme

感觉场　champs sensoriel

感觉行为　sentir

感染力　pathos

感受性　sensibilité

感性　sensibilité

感性的　sensible

感性反思　réflexion sensible

感性世界　monde esthétique, monde sensible

感性事物　chose sensible

感性物　sensible

感性学的　esthésiologique

感性知觉　perception sensible

感性主体　sujet sensible

革命　révolution

革命者　révolutionnaire

个人崇拜　culte de la personnalité

个人主义　individualisme

个体性　individualité

工人　ouvrier

工人阶级　classe ouvrière

公民　citoyen

功能　fonction

共变　co-variation

共产党　parti communiste

共产党人　communiste

共产主义　communisme

共存　coexistence

共和国　République

共时性　synchronie

共时语言学　linguistique synchronique

共同-知觉　co-perception

构形　configuration

构造　constitution

构造场　champ constitutif

构造分析　analyse constitutive

构造意识　conscience constituante

构造者　constituant

古典主义　classicisme

观念　idée

观念化　idéation

观念论　idéalisme

观念系统　système d'idées

观念主义　idéalisme

广延　étendue

国家　nation, État

国家机器　appareil d'État

国民　nation

国有化　nationalization

国有化工业　industrie nationalisée

还原　réduction

含混性　ambiguïté

含义　signification

含义行为　acte significatif

行动　action

行为　acte, comportement, conduite

行为的意向性　intentionalité d'acte

黑格尔主义　Hégélianisme

后柏格森主义　post-bergsonisme

话语　discours

怀疑论　scepticisme

怀疑论者　sceptique

回溯性说明　rétroréférence

会说话的思维　pensée parlante

活的语言　langage vivant

活动　action，activité，opération

活动的意向性　intentionalité opérante

活动分子　militant

机能　fonctionnement

机器　appareil

机体　organisme

机械化　méchanisme

机械论　méchanisme

基础结构　infrastructure

激进主义　radicalisme

计划　plan

计划经济　économie planifiée

记忆　mémoire

技术　technique

寂静主义　quiétisme

建构　construction

建筑术　architectonique

交融　fusion

教会　Église

教条主义　dogmatism

阶级　classe

阶级斗争　lutte des classes

结构　structure

结构性帝国主义　impérialisme structurel

结果　effet

介入　engagement

经典作家　classique

经济学　économie，science économique

精神　esprit

精神分析（学）　psychanalyse

精神分析社会学　sociologie psych-analytique

精神论　spiritualisme

精神主体　sujet spirituel

精神主义　spiritualisme

精英　élite

旧世界　ancien monde

局面　situation

局域化　localization

局域性　localité

举止　conduite

具体化　incarnation

决定论　déterminisme

绝对　absolu

绝对知识　savoir absolu

看者　voyant

考古学　archéologie

科学　science

可感的　sensible

可感世界　monde sensible

可感者　sensible

可见的　visible

可见者　visible

可能（物）　possible

可能性　possibilité

可知世界　monde intelligible

克奇那神节　Katchinas

客观（的）　objectif

客观化的观念系统　systèmes d'idées objectivées

客观性　objéctivité

客观主义　objectivisme

客体　objet

肯定　positif, position

空间　espace

空间性　spatialité

空无　vide

劳工总联盟　C. G. T

乐观主义　optimisme

类身体性　quasi-corporéité

冷战　guerre froide

理念　idée

理想化　idéalisation

理想性　idéalité

理性　raison

理性主义　rationalisme

理智　intelligence

理智意识　conscience intellectuelle

力量　force

历时性　diachronie

历时语言学　linguistique diachro-nique

历史　histoire

历史场　champ de l'histoire

历史世界　monde historique

历史哲学　philosophie de histoire

历史之肉　chair de l'histoire

历史主义　historicisme

立场　position

利己主义　égoïsme

利他主义　altruisme

联合国　O. N. U

灵化的肉　chair animée

灵化的身体　corps animé

灵魂　âme

灵机　démon

垄断资本主义　capitalism monopo-lisateur

论断　thèse

论题　thèse

逻各斯　Logos

逻辑实证主义　positivisme logique

马基亚维里主义　machiavélisme

马克思的追随者　marxien

马克思研究专家　marxologue

马克思主义　maxisme

马克思主义者　marxiste

盲目崇拜　fétichisme

美国主义　américanisme

秘术思想　pensée occultiste

秘术文学　littérature occultiste

秘术学　occultisme

绵延　durée

民主管理　régulation democratique

民族独立运动 nationalisme

民主权利　droit démocratique

民族解放阵线　F. L. N

民族主义　nationalisme

明证(性)　évidence

模仿　imitation

模棱两可　équivoque

魔法　magie

目的　fin

目的论　téléologie

目的性　finalité

内部　intérieur, dedans

内摄　introjection

内省　introspection

内在性　immanence, intériorité

能思维的言语　parole pensante

能指　signifiant

凝视　contemplation

农神节　saturnales

虐待狂　sadism

耦合现象　phénomène d'accouplement

批判主义　criticisme

平行论　parallélisme

普遍历史　histoire universelle

普遍唯理语法　grammaire générale et raisonnée

普遍语法　grammaire universelle

普通社会学　sociologie généralisée

谱系树　arbre généalogique

歧义　équivoque

迁移　transitivism

前瞻　anticipation

潜能　puissance

潜能的意向性　intentionalité latente

侵越　empiètement

亲历　vécu

亲历的几何学　géométrie du vécu

倾注　investissement

情境　situation

屈光线　ligne anaclastique

去斯大林化　déstalinisation

权力　pouvoir

全民所有制　propriété du peuple

全能　Tout-Puissant

犬儒主义　cynisme

犬儒主义者　cynique

人道主义　humanisme

人的实在　réalité humaine

人格　personnalité

人格主义态度　attitude personnaliste

人工制品　artefact

人化　hominisation

人口统计学　démographie

人类学　anthropologie

人民民主（国家）　démocratie popu-
　　laire

人民阵线　front populaire

人为性　facticité

人性　humanité

人性　humanité, nature humaine

人学　sciences de l' homme

人种学　ethnologie

融合　coïncidence

肉　chair

肉身存在　être charnel

肉身化　incarnation

肉身化存在　être incarné

肉身化精神　esprit incarné

肉身化主体　sujet incarné

肉身主体　sujet charnel

儒家　cofucianisme

萨基埃特行动　opération de Sakhi-
　　et

萨满　shamann

色情　érotisme

沙皇　tsar

善恶二元论　manichéisme

上层建筑　superstructure

社会　social, société

社会党　parti socialiste

社会党人　socialiste

社会斗争　lutte sociale

社会关系　rapport social

社会科学　science social

社会事实　fait social

社会事务　social

社会形态学　morphologie sociale

社会学　sociologie

社会制度　système social, régime

社会主义　socialisme

身体　corps

身体构造　constitution du corps

身体技术　technique du corps

身体间性　intercorporéité

身体性　corporéité

身体意向性　intentionalité corpo-
　　relle

神　Dieu

神化　déification

神话　mythe, mythologie

神话学　mythologie

神经官能症　névrose

神学　théologie

生产方式　form de production

生产力　productivité, force produc-
　　tive

生产资料　moyens de production

生存理由　raison de vivre

生命　vie

圣宠　Grâce

圣宠动力学　dynamique de la Grâce

圣诞节　Christmas

圣言　Verbe

失败主义　défaitisme

湿婆　Çiva

十月革命　Révolution d'octobre

时间　temps

时间化　temporalization

时间性　temporalité

实存　existence

实存场　champ d'existence

实践　pratique, praxis

实体　substance

实用主义　pragmatisme

实在（物）　réel

实在（性）　réalité

实在论　réalisme

实证主义　positivisme

实质民主　démocratie réelle

史前史　préhistoire

世界　monde, univers

世界论题　thèse du monde

世界之肉　chair du monde

事件　événement

事物　chose

视点　vue, point de vue, vue perspectif

视角　perspective

视觉　vision

视觉现象学　phénoménologie de la vision

手段　moyen

顺生的自然　nature naturé

说话　parler

说话者　sujet parlant

思想　pensée

思想实验　expérience en pensée

斯宾诺莎主义　spinozisme

斯大林主义　stalinisme

斯多亚主义　stoïcisme

斯多亚主义者　stoïque

苏联　U. R. S. S

苏联共产党中央委员会　P. C. U. S

苏维埃　soviet

苏维埃联盟　alliance soviétique

苏伊士运河事件　affaire de Suez

所有权　propriété

所有权制度　régime de propriété

所有制　propriété

所予　donnée

所指　signifié

他人　autre, autrui

他人构造　constitution d'autrui

他人经验　expérience d'autrui

他人知觉　perception d'autrui

他我　alter ego

他性 altérité

他者 autre

态度 attitude

泰勒制 taylorisme

提问法 problématique

体制 régime

天主教 catholicisme

同时性 simultanéité

同现 comprésence

同一性 identité

同源性 homologie

统觉 aperception

统握 appréhension

投射 projection

透视（法） perspective

透视角度 aspect perspectif

托马斯主义 thomism

完整主义 intégrisme

微观社会学 microsociologie

为己 pour soi

为他 pour autrui

唯名论 nominalisme

唯物论 matérialisme

唯物主义 matérialisme

唯物主义者 matérialiste

唯意志论 voluntarisme

维湿努 Vichnou

卫生学 hygiène

我能 je peux

我思 je pense

乌有 rien

巫师 sorcier

巫术 sorcellerie

无产阶级 prolétariat

无产阶级革命 révolution prolétarienne

无神论 athéisme

无意识 inconscient

物体 corps, objet

物质 matière

物质性 matérialité

西方 occident

西方主义 occidentalisme

先天（的） a priori

先天性 a priori

先验的还原 réduction transcendantale

先验内在性 immanence transcendantale

先验亲合性 affinité transcendantale

先验主体性 subjectivité transcendantale

显象 apparence

现代主义 modernisme

现实性 actualité

现实主义 réalisme

现象 phénomène

现象数学　mathématique des phénomènes

现象学还原　réduction phénoménologique

象征　symbolique, symbole

象征价值　valeur symbolique

象征系统　systèm de symboles, système symbolique

小理性主义　petit rationalisme

心理　psychisme

心理-现象学平行论　parallélisme psycho-phénoménologique

心理学　psychologie

心理主义　psychologisme

心灵　âme

新道家　néo-taoïsme

新经济政策　N. E. P

新资本主义　neo-capitalisme

信仰　religion

形式　forme

形式民主　démocratie formelle

形式先天　a priori formel

形式主义　formalisme

性　sexe

性欲　sexualité

修正主义　révisionnisme

虚无　néant

虚无主义　nihilisme

言语　parole

野性的精神　esprit sauvage

野性的世界　monde sauvage

伊甸园式的社会主义　socialisme édénique

移情　transfert

艺术　art

议会　assemblée

意识　conscience

意识流　courant de consience

意识形态　idéologie

意识哲学　philosophie de la conscience

意向活动　noèses

意向相关项　noème

意向性对象　objet intentionnel

意向性侵越　transgression intentionnelle

意向性越界　empiètement intentionnel

意义　sens

意义的发生　genèse du sens

音位学　phonologie

印象　impression

英雄主义　héroïsme

有神论　théisme

右派　droite

宇宙　univers

宇宙论　cosmologie

宇宙意识　conscience cosmologique

宇宙因素　facteur cosmologique

语言　langage, langue

语言场　champ du langage

语言的本质学　eidétique du langage

语言共同体　communauté linguistique

语言科学　science du langage

语言-客体　langue-objet

语言心理学　psychologie du langage

语言学　linguistique

预感　pressentiment

元结构　métastructure

原初意义　sens primordial

原历史　proto-histoire

原生的　naturant

原生的自然　nature naturante

原生者　naturant

原始存在　être brut

原因　cause

越南独立阵线　Viet-minh

运动觉　kinesthèses

蕴含　implication

在场　présence

在场之场　champ de présence

在世存在　être-au-monde

绽出　ek-stase

哲学元素　philosophème

真理　verité

真实（的）　vrai

真实物　vrai

真相　verité

整体存在　être total

正统信条　orthodoxie

政体　régime

政治形式　form politique

知觉　perception

知觉主体　sujet percevant

知识　savoir

知性　entendement

直观　intuition

直觉　intuition

殖民战争　guerre coloniale

殖民主义　colonialisme

质料　matère

秩序　ordre

重构　reconstruction

主观（的）　sujectif

主观主义　subjectivisme

主题　thème

主题化　thématisation

主体　sujet

主体性　subjectivité

注视　regard

装置　dispositif, appareil

姿势　geste

资本主义　capitalisme

资产阶级　bourgeoisie

自爱　amour-propre

自动作用　automatisme

自发性　spontanéité

自然哲学　philosophie naturelle

自然主义　naturalisme

自然主义态度　attitude naturaliste

自身　soi

自我　moi, soi, ego

自我构造　autoconstitution

自我学　égologie

自我意识　conscience de soi

自我中心主义　égocentrisme

自由　liberté

自主　autonomie

宗派　faction

宗主国　métropole

左派　gauche

左翼　aile gauche

作用　action

法中重要术语对照表

a priori formel　形式先天

a priori 先天(的)　先天性

absolu　绝对(的)

acte significatif　含义行为

acte　行为 活动

action　活动 行动 作用

activité　活动 活动性 积极性

actualité　现实性

adéquation　符合

affaire de Suez　苏伊士运河事件

affinité transcendantale　先验亲合性

aha-Erlebnis　啊哈-体验

aile gauche　左翼

aimance　独占爱

alliance soviétique　苏维埃联盟

alter ego　他我

altérité　他性

altruisme　利他主义

ambiguïté　含混性

américanisme　美国主义

âme　心灵 灵魂

amour-propre　自爱

analyse constitutive　构造分析

ancien monde　旧世界

animal de mots　词语动物

anthropologie　人类学

anticipation　前瞻

anticommunisme　反共产主义

anticommuniste　反共分子

antiphysis　反自然

antithèse　反题

aperception　统觉

appareil d'État　国家机器

appareil　机器 装置

apparence　显象 表面现象

appréhension　统握

arbre généalogique　谱系树

archéologie　考古学

architectonique　建筑术

artefact　人工制品

art　艺术

aspect perspectif　透视角度

assemblée　议会

athéisme　无神论

attitude naturaliste　自然主义态度

attitude personnaliste　人格主义态
度

attitude　态度 姿态

autoconstitution　自我构造

automatisme　自动作用

autonomie　自主

autre　他人 他者

autrui　他人

bergonisme　柏格森主义

bonapartisme　波拿巴主义

bourgeoisie　资产阶级

Brahma　梵天

C. G. T　劳工总联盟

capitalism monopolisateur　垄断资
本主义

capitalisme　资本主义

cartésien　笛卡尔主义者

catholicisme　天主教

cause　原因

chair animée　灵化的肉

chair de l'histoire　历史之肉

chair du monde　世界之肉

chair　肉

champ constitutif　构造场

champ d'existence　实存场

champ de l'histoire　历史场

champ de présence　在场之场

champ du langage　语言场

champs sensoriel　感觉场

chosesensible　感性事物

chose　事物 事情 东西

Christmas　圣诞节

citoyen　公民

Çiva　湿婆

classe ouvrière　工人阶级

classe　阶级

classicisme　古典主义

classique　经典作家 经典的

coexistence　共存

cofucianisme　儒家

cogito préréflexif　反思前的我思

coïncidence　融合

colonialisme　殖民主义

communauté linguistique　语言共
同体

communisme　共产主义

communiste　共产党人

comportement　行为

comprésence　同现

conduite　举止 行为

configuration　构形

conscience constituante　构造意识

conscience cosmologique　宇宙意
识

conscience de soi　自我意识

conscience intellectuelle　理智意识

conscience　意识

constituant　构造者 构造的

constitution d'autrui　他人构造

constitution du corps　身体构造

constitution　构造

construction　建构

contemplation　凝视

co-perception　共同-知觉

corporéité　身体性

corps animé　灵化的身体

corps propre　本己身体

corps　身体 物体

cosmologie　宇宙论

courant de consience　意识流

co-variation　共变

criticisme　批判主义

culte de lapersonnalité　个人崇拜

cynique　犬儒主义者

cynisme　犬儒主义

dedans　内部

défaitisme　失败主义

déification　神化

démocratie formelle　形式民主

démocratie populaire　人民民主
（国家）

démocratie réelle　实质民主

démographie　人口统计学

démon　灵机

déstalinisation　去斯大林化

déterminisme　决定论

diachronie　历时性

dialectique　辩证法

dichotomie　二分法

Dieu　神

discours　话语

dispositif　装置

dogmatism　教条主义

donnée　所予

droit démocratique　民主权利

droite　右派

durée　绵延

dynamique de la Grâce　圣宠动力
学

dynamique　动力学

économieplanifiée　计划经济

économie　经济学

effet　结果 效果 后果

Église　教会

ego　自我

égocentrisme　自我中心主义

égoïsme　利己主义

égologie　自我学

eidétique du langage　语言的本质
学

ek-stase　绽出

élite　精英

empiètement intentionnel　意向性
越界

empiètement　侵越

engagement　介入

entendement　知性

équivoque　模棱两可 歧义

érotisme　色情

espace　空间

esprit incarné　肉身化精神

esprit sauvage　野性的精神

esprit　精神

essence　本质

esthésiologique　感性学的

État　国家

étendue　广延

ethnologie　人种学

être brut　原始存在

être charnel　肉身存在

être incarné　肉身化存在

être total　整体存在

être-au-monde　在世存在

être-lá　此在

être　存在

événement　事件

évidence　明证(性)

existence　实存 存在

expérience d'autrui　他人经验

expérience en pensée　思想实验

expérience　经验 实验

expression　表达

expressivité　表达性

F. L. N　民族解放阵线

facteur cosmologique　宇宙因素

facticité　人为性

faction　宗派

fait social　社会事实

fascisme　法西斯主义

fellagha　费加拉

fétichisme　盲目崇拜

finalité　目的性

fin　目的

fonctionnement　机能

fonction　功能

fondation　奠基

force productive　生产力

force　力量

form de production　生产方式

form politique　政治形式

formalisme　形式主义

forme　形式

freudisme　弗洛伊德主义

front populaire　人民阵线

fusion　交融

gauche　左派

genèse du sens　意义的发生

géométrie du vécu　亲历的几何学

geste　姿势

Grâce　圣宠

grammaire générale et raisonnée
　普遍唯理语法

grammaire universelle　普遍语法

grand rationalisme　大理性主义

guerre coloniale　殖民战争

guerre froide　冷战

hégélianisme　黑格尔主义

héroïsme　英雄主义

histoire universelle　普遍历史

histoire　历史

historicisme　历史主义

hominisation　人化

homologie　同源性

humanisme　人道主义

humanité　人性 人类

hygiène　卫生学

idéalisation　理想化

idéalisme　观念论 观念主义

idéalité　理想性

idéation　观念化

idée　观念 理念 看法 想法 思想

identité　同一性

idéologie　意识形态

imitation　模仿

immanence transcendantale　先验内在性

immanence　内在性

immoralisme　非道德主义

impérialisme structurel　结构性帝国主义

impérialisme　帝国主义

implication　蕴含

impression　印象

inactuel　非现时 非现实

incarnation　具体化 肉身化

incertitude　不确定性

inconscient　无意识

individualisme　个人主义

individualité　个体性

industrie nationalisée　国有化工业

infrastructure　基础结构

intégrisme　完整主义

intelligence　理智

intentionalité corporelle　身体意向性

intentionalité d'acte　行为的意向性

intentionalité latente　潜能的意向性

intentionalité opérante　活动的意向性

intercorporéité　身体间性

intérieur　内部

intériorité　内在性

introjection　内摄

introspection　内省

intuition d'essence　本质直观

intuition eidétique　本质直观

intuition　直观 直觉

invention　创造

investissement　倾注

ironie　反讽

IVᵉ Internationale　第四国际

IVᵉ République　第四共和国

je pense　我思

je peux　我能

Katchinas　克奇那神节

kinesthèses　运动觉

langage vivant　活的语言

langage　语言

langue-objet　语言-客体

langue　语言

liberté　自由

ligne anaclastique　屈光线

linguistique diachronique　历时语言学

linguistique synchronique　共时语言学

linguistique　语言学

littérature occultiste　秘术文学

localité　局域性

localization　局域化

Logos　逻各斯

lutte des classes　阶级斗争

lutte sociale　社会斗争

machiavélisme　马基亚维里主义

magie　魔法

mana　法力

manichéisme　善恶二元论

marxien　马克思的追随者

marxiste　马克思主义者

marxologue　马克思研究专家

matère　质料

matérialisme　唯物论 唯物主义

matérialiste　唯物主义者

matérialité　物质性

mathématique des phénomènes　现象数学

matière　物质

maxisme　马克思主义

méchanisme　机械化 机械论

mémoire　记忆

métamorphose　变形

métastructure　元结构

métropole　宗主国

microsociologie　微观社会学

militant　活动分子

mobile　动机 动力

modernisme　现代主义

moi　我 自我

monde esthétique　感性世界

monde historique　历史世界

monde intelligible　可知世界

monde sauvage　野性的世界

monde sensible　可感世界 感性世界

monde　世界

morphologie sociale　社会形态学

motif　动机

moyens de production　生产资料

moyen　手段

mystique　神秘主义（者）

myth d'Œdipe　俄狄浦斯神话

mythe　神话

mythologie　神话学 神话

N. E. P　新经济政策

nationalization　国有化

nation　国家 民族 国民

naturalisme　自然主义

naturant　原生者 原生的

nature humaine　人性

nature naturante　原生的自然

nature naturé　顺生的自然

néant　虚无

négatif　否定（的）

négation　否定

négativité　否定性

neo-capitalisme　新资本主义

néo-taoïsme　新道家

névrose　神经官能症

nihilisme　虚无主义

noème　意向相关项

noèses　意向活动

nominalisme　唯名论

non- phénoménologie　非现象学

non-être　非存在

non-philosophie　非哲学

non-socialiste　非社会党人

O. N. U　联合国

objectif　客观（的）

objectivisme　客观主义

objéctivité　客观性

objet intentionnel　意向性对象

objet　客体 物体 对象

occidentalisme　西方主义

occident　西方

occultisme　秘术学

ontologie　存在论 本体论

on　常人

opération de Sakhiet　萨基埃特行动

opération　操作 运行 活动

optimisme　乐观主义

ordre　秩序 等级 口令

organisme　机体

orthodoxie　正统信条

ouvrier　工人

P. C. U. S　苏联共产党中央委员会

parallélisme psycho-phénoménologique　心理－现象学平行论

parallélisme　平行论

parler　说话

parole pensante　能思维的言语

parole　言语

parti communiste　共产党

parti socialiste　社会党

participation　分有

parti　党

pathos　感染力

patriotisme　爱国主义

pensée occultiste　秘术思想

pensée parlante　会说话的思维

pensée　思想 思维

perception d'autrui　他人知觉

perception sensible　感性知觉

perception　知觉

personnalité　人格

perspective　视角 透视（法）

petit rationalisme　小理性主义

phénomène d' accouplement　耦合现象

phénomène　现象

phénoménologie de la vision　视觉现象学

philosophème　哲学元素

philosophie de histoire　历史哲学

philosophie dela conscience　意识哲学

philosophie naturelle　自然哲学

phonologie　音位学

plan　计划

pluralisme　多元主义

point de vue　视点

polymorphisme　多形性

positif　肯定（的）积极的

position　肯定 设定 位置 立场

positivisme logique　逻辑实证主义

positivisme　实证主义

possibilité　可能性

possible　可能（物）

post-bergsonisme　后柏格森主义

pour autrui　为他

pour soi　为己

pouvoir　权力

pragmatisme　实用主义

pratique　实践

praxis　实践

préhistoire　史前史

présence　在场

pressentiment　预感

problématique　提问法

productivité　生产力

projection　投射

prolétariat　无产阶级

propriété du peuple　全民所有制

propriété　所有制 所有权

proto-histoire　原历史

psychanalyse　精神分析（学）

psychisme　心理 心理主义

psychologie animale　动物心理学

psychologie du langage　语言心理学

psychologie　心理学

puissance　潜能

quasi-corporéité　类身体性

Quatrième Internationale　第四国际

quiétisme　寂静主义

R. P. F　法兰西人民联盟

radicalisme　激进主义

raison de vivre　生存理由

raison　理性

rapport social　社会关系

rationalisme　理性主义

réalisme　实在论 现实主义

réalité humaine　人的实在

réalité　实在（性）

reconstruction　重构

réduction phénoménologique　现象学还原

réduction transcendantale　先验的还原

réduction　还原

réel　实在（物）

reflet　反映

réflexion sensible　感性反思

réflexion　反思

réforme　改良

réformisme　改良主义

regard　注视 目光

régime de propriété　所有权制度

régime　体制 政体 制度 社会制度

régulation democratique　民主管理

nationalisme　民族独立运动 民族主义

religion　信仰 宗教

réprésentation　表象

République　共和国

rétroréférence　回溯性说明

révisionnisme　修正主义

Révolution d'octobre　十月革命

révolution prolétarienne　无产阶级革命

révolutionnaire　革命者

révolution　革命

rien　乌有

sadism　虐待狂

saturnales　农神节

savoir absolu　绝对知识

savoir　知识

scepticisme　怀疑论

sceptique　怀疑论者

schème sublinguistique　次语言图式

science du langage　语言科学

science économique　经济学

science social　社会科学

sciences de l' homme　人学

science　科学

sedimentation　沉淀

sensprimordial　原初意义

sens　意义 方向

sensibilité　感受性 感性

sensible　可感的 可感者 感性的 感性物

sentir　感觉行为

sexe　性

sexualité　性欲

shamann　萨满

signe　符号

signifiant　能指

signification　含义

signifié　所指

simultanéité　同时性

situation　处境 局面 情境

socialismeéédénique　伊甸园式的社会主义

socialisme　社会主义

socialiste　社会党人

social　社会 社会事务 社会性

société　社会

sociologie généralisée　普通社会学

sociologie psychanalytique　精神分析社会学

sociologie　社会学

soi　自身 自我

solus ipse　单独自己

sorcellerie　巫术

sorcier　巫师

soviet　苏维埃

spatialité　空间性

spinozisme　斯宾诺莎主义

spiritualisme　精神论 精神主义

spontanéité　自发性

stalinisme　斯大林主义

stoïcisme　斯多亚主义

stoïque　斯多亚主义者

structure　结构

subjectivisme　主观主义

subjectivité transcendantale　先验主体性

subjectivité　主体性

substance　实体 内容 实质

succession　持续性

sujectif　主观(的)

sujet charnel　肉身主体

sujetincarné　肉身化主体

sujet parlant　说话者

sujet percevant　知觉主体

sujet sensible　感性主体

sujetspirituel　精神主体

sujet　主体 臣民 被试

superstructure　上层建筑

supralapsaire　堕落前预定论者

surdétermination　复因决定

sur-nature　超自然

surréalisme　超现实主义

symbole　符号 象征

symbolique　象征

symbolisme　符号体系

synchronie　共时性

systèm de symboles　象征系统

système d'idées　观念系统

système social　社会制度

système symbolique　象征系统

systèmes d'idées objectivées　客观
化的观念系统

taylorisme　泰勒制

technique du corps　身体技术

technique　技术

téléologie　目的论

temporalité　时间性

temporalization　时间化

temps　时间 时代

théisme　有神论

thématisation　主题化

thème　主题

théologie　神学

théorie de la sédimentation　沉淀
理论

théorie des jeux　博弈论

théorie du signe　符号理论

thèse du monde　世界论题

thèse　论题 论断 正题

thomism　托马斯主义

Tout-Puissant　全能

transcendant　超越物

transcendence　超越性

transfert　移情

transgression intentionnelle 意向性
侵越

transitivism　迁移

tsar　沙皇

U. R. S. S　苏联

univers　世界 宇宙 领域

univers　宇宙

valeur symbolique　象征价值

vécu　亲历

Verbe　圣言

verité　真理 真相

Vichnou　维湿努

vide　空无

Viet-minh　越南独立阵线

vie　生命

violence　暴力

visible　可见者 可见的

vision béatifique　福像

vision　视觉

voluntarisme　唯意志论

voyant　看者 能看的

vrai　真实(的) 真实物

vue perspectif　视点

vue　视点

译　后　记

　　译稿前言、第一、第二、第十一、第十二部分是由张尧均翻译的,这是本书的主体部分。杨大春的主要工作是翻译了其余各部分(这些部分同时也被收入到了《哲学赞词》中),并进行了全书的校对和统稿,完成了主要的注释、中西人名对照表、西中人名对照表、中法术语对照表、法中术语对照表。

　　《符号》已经有一个中文译本,借完成国家社科基金重大项目"《梅洛-庞蒂著作集》编译与研究"的机会,我们进行了重译的尝试,以便为读者提供一个选择的机会,希望多译本共存有利于加深和推进梅洛-庞蒂的研究工作。尽管我们尽力做好翻译工作,但始终无法克服自身局限,对于各种错误,还请读者批评指正。

　　感谢陈小文、关群德以及商务印书馆其他各位老师对包括《符号》在内的《梅洛-庞蒂文集》翻译和出版的大力支持。

杨大春　张尧均

2020 年 1 月 20 日

图书在版编目(CIP)数据

梅洛-庞蒂文集. 第 7 卷,符号/(法)梅洛-庞蒂著;张尧
均,杨大春译.—北京:商务印书馆,2023
ISBN 978 - 7 - 100 - 21993 - 8

Ⅰ.①梅… Ⅱ.①梅… ②张… ③杨… Ⅲ.①社
会科学－文集 Ⅳ.①C53

中国国家版本馆 CIP 数据核字(2023)第 027896 号

梅洛-庞蒂文集
第 7 卷
符号
张尧均 杨大春 译

商 务 印 书 馆 出 版
(北京王府井大街 36 号 邮政编码 100710)
商 务 印 书 馆 发 行
北京通州皇家印刷厂印刷
ISBN 978 - 7 - 100 - 21993 - 8

2023 年 6 月第 1 版 开本 710×1000 1/16
2023 年 6 月北京第 1 次印刷 印张 32¾
定价:135.00 元